统计、计量与投入产出研究文集

廖明球 ◎ 著

首都经济贸易大学出版社
Capital University of Economics and Business Press
·北 京·

图书在版编目（CIP）数据

统计、计量与投入产出研究文集 / 廖明球著．-- 北京：首都经济贸易大学出版社，2021.11

ISBN 978-7-5638-3292-7

Ⅰ.①统… Ⅱ.①廖… Ⅲ.①经济计量分析-文集 Ⅳ.①F224.0-53

中国版本图书馆 CIP 数据核字（2021）第 224105 号

统计、计量与投入产出研究文集

廖明球　著

TONGJI JILIANG YU TOURU CHANCHU YANJIU WENJI

责任编辑　杨丹璇　陈雪莲

封面设计　砚祥志远·激光照排 TEL：010-65976003

出版发行　首都经济贸易大学出版社

地　　址　北京市朝阳区红庙（邮编 100026）

电　　话　（010）65976483　65065761　65071505（传真）

网　　址　http://www.sjmcb.com

E - mail　publish@cueb.edu.cn

经　　销　全国新华书店

照　　排　北京砚祥志远激光照排技术有限公司

印　　刷　北京建宏印刷有限公司

成品尺寸　170 毫米×240 毫米　1/16

字　　数　485 千字

印　　张　26.25

版　　次　2021 年 11 月第 1 版　2021 年 11 月第 1 次印刷

书　　号　ISBN 978-7-5638-3292-7

定　　价　89.00 元

图书印装若有质量问题，本社负责调换

序

廖明球先生1982年7月本科毕业于中国人民大学统计学专业，毕业以后到湖南省统计局从事国民经济核算与分析工作，先后任科员、副主任科员、副处长、调研员、高级统计师。工作期间，他以第一负责人的身份承担了4项省部级课题，主要工作是编制各种投入产出表，从实物表到价值表，从静态表到动态表，从经济表到资源、环境表，从一般表到扩展表，通过编表深化国民经济核算与实证分析。

他于1997年在中南财经大学研究生班学习，并于1998年9月考入中国人民大学攻读国民经济学专业博士学位。博士毕业后，他于2001年底调入首都经济贸易大学工作，先后在信息学院与经济学院任教。他担任数量经济学博士生导师，主要为博士研究生、硕士研究生和本科生讲授计量经济学、投入产出分析、国民经济核算与分析三门课程。他关注经济社会现实问题，注重将理论与现实问题相结合，方法创新与应用创新相融合，模型与实证相统一。在首都经济贸易大学工作期间，他高质量主持完成了1项国家社会科学基金课题、6项省部级课题和4项局级课题，研究主题主要是投入产出分析在生态文明建设中的应用，在研究过程中运用了绿色核算与低碳核算、计量模型与投入产出模型。具体研究模型有奥运经济投入产出与计量模型、绿色国内生产总值（GDP）投入产出模型、节能减排投入产出模型、低碳经济量化模型。

他大学毕业后至今发表了多篇高水平研究论文，出版了多部著作，获省部级科研成果奖7项，其中北京市哲学社会科学优秀成果一等奖1项，省部级科研成果二等奖2项，三等奖4项。

本论文集汇集了他近40年来发表的论文，与他所从事的研究工作息息相关，其中有学术论文也有工作论文，有方法论研究也有实证研究，有长篇也有短篇。由于湖南省统计局是保密单位，内部发表的文章没有收录。

希望本文集出版后能得到同行们的关注、评论与指正，读者能够体会他的学术成长和匠心所在。

王文举

北京物资学院党委书记

中国数量经济学会　副会长

首都经济贸易大学数量经济学博士生导师

2021 年 4 月 5 日

目　录

理论篇

实证篇

理论实证篇

理 论 篇

LI LUN PIAN

绿色国内生产总值核算存在的问题与对策①

改革开放以来，我国经济建设取得了辉煌成就。科学发展成为新形势下经济社会发展的理念之一，而要适应科学发展理念，国民经济核算的内容必须做适当调整。原有的国内生产总值指标由于不反映资源节约和环境保护，不符合科学发展的要求，需要转化成绿色国内生产总值，并运用投入产出法推进绿色国民经济核算。随着经济的发展，绿色国内生产总值核算开始受到广泛关注。

一、我国实行绿色国内生产总值核算存在的问题

自从联合国推行1993年新国民账户核算体系（SNA）版本以来，绿色国内生产总值指标备受关注。但目前尚未形成核算制度，特别是在我国推行遇到一些障碍。

（一）实现联合国环境与经济综合核算体系（SEEA）框架有一定难度

在1993年的SNA版本里，绿色国内生产总值核算附属在SEEA中。SEEA的全称为“环境与经济综合核算体系”，它把资源与环境核算引入经济核算中，第一次完整给出了经济、资源、环境的综合核算。为达到核算的全面性，SEEA不仅提出资源、环境的流量核算，而且提出资源、环境的存量核算。该框架给出了计算绿色国内生产总值的公式和方法。简单地说，绿色国内生产总值等于国内生产总值减去资源耗减与环境降级，主要是做减法，只有植树造林保持水土可做加法。在具体计算时，关键是计算资源耗减与环境降级，为保证核算的完整性，还需计算自然资产转化成的经济资产。

从核算内容看，资源耗减指矿物耗减，森林中开采木材，水土流失对农业用地生产能力的影响，酸雨对农业、林业的影响等；环境降级指过度捕杀鱼类、在原始森林中开采燃材与木材、猎取野生动物和残余物排放对水、空气、鱼类和森林质量的影响；自然资产转化为经济资产指土地向经济使用的

① 本文原载于《经济纵横》2010年第1期。

转移，已探明矿藏净增加，野生森林转变为林场、农田等。

我们暂不讨论上述核算存在的困难，只讨论其框架中非生产自然资产期初与期末存量的核算困难。一谈到资源的存量首先想到实物量，如已探明但尚未开采的各种矿物数量、原始森林与林地的林木蓄积量和土地面积数量、水资源数量、鱼类资源数量等。而将这些实物量转化为价值量，遇到的困难首先是计价。例如，矿物尚未开采，按核算期当年已开采矿物价格计价显然不符合实际。因为树种繁多，林木蓄积量难以按树种计价，一般用混合平均价，而混合平均价的把握非常困难，稍有偏差得到的价值量会相差甚远。土地面积更复杂，一部分城市非农用地进入市场，而大部分土地没有进入市场，其价值难以估计。水资源可计算每年的数量，也可计算多年平均值，其计价也非常困难。目前农业用水、工业用水、城市生活用水可参照水费计价，但没有进入市场的其他水资源难以计价。如果说 SEEA 实现有一定难度，主要还是在存量核算上。

（二）我国资源、环境价值量核算基础较差

在计划经济体制下，资源、环境的使用是无偿的，根本没有价值量核算。1992 年我国开始建立资源、环境价值量核算。因为建立时间短，国家开征的资源、环境税难以弥补治理资源耗减和环境降级所需的费用，所以其价值量核算难以反映实际情况。近年来，我国逐步开展各种资源普查、污染源普查，并在部分地区开展绿色国民经济核算试点，已掌握大部分第一手资料，为我国资源、环境价值量的核算奠定了基础。目前的任务是建立资源、环境价值量的常规统计，为资源耗减、环境降级的核算提供数据，特别是提供计价的标准。

（三）非市场定价与产权界定方面造成制约

资源、环境价值量核算的困难是计价，而影响计价的因素有两方面：一是非市场定价，二是产权界定。我国建立社会主义市场经济体制的时间不长，资源、环境由无价到有价有一个过程。从理论上讲，非公共用品完全可通过市场定价，而公共用品只能参照市场定价。如果说资源、环境存量难以通过市场定价，制约资源、环境存量的价值量核算，那么资源、环境的流量核算则可通过市场定价，至少可参照市场定价。例如，资源矿物的耗减，可根据每吨矿物的开采费（或资源税）计价；在森林与原始森林中开采木材，可从市场上得到各种木材的价格；水土流失对农业用地生产能力的影响，可根据水土流失面积测算恢复其生产能力的费用；酸雨对农业、林业的影响，可利

用专家研究提供的数据；对鱼的过度捕杀，可根据多年捕杀均值确定正常的捕杀值，利用市场上各鱼种的价格测算过度捕杀值；猎取野生动物，在农业产值统计中已有数据；残余物排放对水、空气、鱼类和野生森林质量的影响，主要计算残余物排放是否达标，未达标部分按达标排放计算虚拟费用。可以说，非市场定价对资源、环境流量核算的制约是有限的。产权界定是资源、环境核算的难点，可根据权责发生制原则进行确定，资源谁开采谁付费，环境谁污染谁治理（或付费）。无论是国有法人单位还是非国有法人单位，都要交资源、环境税，有些短缺资源可考虑收消费税。目前可根据国情按直接法核算，即哪个行业直接造成资源耗减和环境降级，就从哪个行业的增加值中做相应扣除。总之，避开资源、环境的存量核算，可缓冲非市场定价与产权界定对资源、环境核算造成的制约。

二、以投入产出核算为手段推进绿色国内生产总值核算

投入产出方法最大的优势是分行业核算。在行业核算基础较差时，用投入产出方法能达到事半功倍的效果。现有的全国价值型投入产出表是对国内生产总值的细化。正因为投入产出核算起到细化国内生产总值核算的作用，在研究深层次经济问题时，必须借助投入产出表。由于投入产出分析的灵活性，投入产出核算不仅能细化国内生产总值核算，而且能细化绿色国内生产总值核算。在细化时，只需将用生产法、收入法、支出法计算国内生产总值的公式改为计算绿色国内生产总值的公式。生产法的公式：绿色国内生产总值=总产出-中间投入-资源耗减与环境降级；收入法的公式：绿色国内生产总值=固定资产折旧+劳动者报酬+生产税净额+营业纯盈余；支出法的公式：绿色国内生产总值=最终消费+资本形成总额+净出口-资源环境支出。用上述三种方法计算的绿色国内生产总值重新建立的投入产出表就是绿色国内生产总值投入产出表。绿色国内生产总值投入产出表可设计为三个象限表或五个象限表，三个象限表是一步到位法，在此表中看不到国内生产总值的任何痕迹，纯粹是绿色国内生产总值的细化。五个象限表是两步到位法，此表保留国内生产总值指标，同时细化国内生产总值与绿色国内生产总值。

投入产出核算属于流量核算，绿色投入产出核算也是流量核算，不同的是绿色投入产出核算增加了资源耗减和环境降级的核算。它只涉及资源与环境的流量核算，因此，用投入产出方法推进绿色国内生产总值的核算可先绕开资源、环境的存量核算，将绿色国内生产总值核算建立起来。

我国目前每逢2、7年份进行投入产出调查，逢3、8年份进行经济普查，如果在投入产出调查与经济普查中增加资源、环境流量方面的内容，完全可

将行业绿色增加值核算建立起来。考虑到投入产出调查与经济普查具有周期性，可在非调查与非普查年份通过年报形式建立农业、工业、建筑业等主要行业的绿色增加值报表，这样绿色国内生产总值核算就能通过法定程序确立起来。

三、绿色国内生产总值核算和投入产出核算的结合方法

将绿色国内生产总值核算与投入产出核算结合起来，首要任务是编制绿色国内生产总值投入产出表。

（一）绿色国内生产总值投入产出表的设计方法

绿色国内生产总值投入产出表的设计有两种方法：一种是一步到位法，另一种是两步到位法。一步到位法直接以绿色国内生产总值为总控制数设计投入产出表，表中见不到国内生产总值指标的任何痕迹；两步到位法保留现有投入产出表的基本框架，增加资源耗减与环境降级矩阵。现以一步到位法设计绿色国内生产总值投入产出表（见表1）。

表1　绿色国内生产总值投入产出表

<table>
<tr><th colspan="2" rowspan="3">投入</th><th colspan="11">产出</th></tr>
<tr><th colspan="5">中间使用</th><th colspan="5">最终净使用</th><th rowspan="2">总产出</th></tr>
<tr><th>1部门</th><th>2部门</th><th>…</th><th>n部门</th><th>合计</th><th>最终消费</th><th>资本形成总额</th><th>净出口</th><th>资源环境支出</th><th>合计</th></tr>
<tr><td>中间投入
资源耗减
环境降级</td><td>1部门
2部门
⋮
n部门
合计</td><td colspan="5">Ⅰ</td><td colspan="5">Ⅱ</td><td></td></tr>
<tr><td>绿色增加值</td><td>固定资产损耗
劳动者报酬
生产税净额
营业纯盈余
合计</td><td colspan="5">Ⅲ</td><td colspan="5"></td><td></td></tr>
<tr><td colspan="2">总投入</td><td colspan="5"></td><td colspan="5"></td><td></td></tr>
</table>

绿色国内生产总值投入产出表与原来的投入产出表都由三个象限组成，只是各象限的内容发生了变化。绿色国内生产总值投入产出表第Ⅰ象限主栏为中间投入和资源耗减、环境降级，宾栏为中间使用（包含资源环境支出），反映生产过程中各部门的中间投入和资源耗减、环境降级；第Ⅱ象限主栏同第Ⅰ象限，宾栏为最终净使用，即最终使用扣除资源环境支出，反映支出法的绿色国内生产总值的部门构成和项目构成；第Ⅲ象限主栏为绿色增加值，宾栏同第Ⅰ象限，反映收入法的绿色国内生产总值的部门构成和项目构成。第Ⅰ象限和第Ⅲ象限结合起来反映生产法的绿色国内生产总值。

（二）行业绿色增加值核算的资料收集方法

编制绿色国内生产总值投入产出表需要分行业（部门）的绿色增加值核算资料，而目前的统计只有分行业的增加值核算资料，因此需要另外收集。行业绿色增加值与增加值之间只相差资源耗减和环境降级的资料，可根据农业、工业、建筑业和服务业的各自特点分别收集。与农业有关的数据资料主要有水土流失对农业用地生产能力的影响、猎取野生动物、对鱼的过度捕捞、农用化学品不当使用对环境的污染等。与工业和建筑业有关的数据资料主要有矿物的耗减，森林中开采木材，酸雨对农业、林业造成的损失，废水、废气、废物排放对水、空气、鱼类及森林质量的影响，以及工业与建筑业的噪声污染等。与服务业有关的数据资料主要有废水排放、废气排放、产生的垃圾和噪声等。其中对废水、废气、废物排放只计算未治理部分。

一般来讲，总量资料可采取宏观取材的办法，如统计年鉴和有关统计资料的数据；结构资料只能依靠专项调查，如在年度的投入产出调查中增加相关调查，也可在经济普查或污染源普查中增加相关资料。我国资源、环境数据大部分有统计报表，并分散在各部门，只要政府统计部门牵头将这些报表进行协调，特别是对部门分类采用统一标准，完全可满足计算行业绿色增加值的需要。但要从根本上解决问题，可选择工业企业作为绿色增加值核算试点，将核算所需的数据资料放在相应的工业报表中。其他行业的基础数据资料按缺什么补什么的办法，有报表的放在报表中，没有报表的再进行专项调查。

（三）绿色国内生产总值投入产出表的编制方法

绿色国内生产总值投入产出表的编制，按先确定总量再进行部门（行业）分解的办法，主要任务是编制出资源耗减与环境降级矩阵。在编制资源耗减与环境降级矩阵时采取分项目与分行业结合核算的办法，其核算的基本原则是权责发生制和复式记账。权责发生制就是哪个行业造成资源耗减与环境降级，就计算哪个行业；对大自然造成的资源耗减与环境降级，则计算到被损失的行业。复式记账按投入产出账户的基本要求，将每一笔账放在资源耗减与环境降级矩阵中。例如，酸雨对农业、林业造成的损失价值，先将其总损失价值按各行业排放二氧化硫量分摊，再将其放在资源耗减与环境降级矩阵中农业（包括林业）那一行，可反映某个行业因排放二氧化硫引起酸雨，进而造成对农业、林业的损失。

水土流失对农业用地生产能力的影响、猎取野生动物、对鱼的过度捕捞等项应从农业扣减并放在资源耗减与环境降级矩阵中农业那一行；农用化学品过量或不当使用、牲畜粪便处理不当对环境的污染应从农业中扣减，对水造成的污染放在资源耗减与环境降级矩阵中水的生产供应业那一行，对农产品造成的损失放在农业自身那一行。农村居民生活排放的污染物如果大自然不能净化，计算虚拟成本，先放在农业中，编表时再从农村居民消费中扣减。

矿物耗减只核算矿物开采业交纳的资源税或开采费，从矿物开采业中扣除，放在资源耗减与环境降级矩阵中相应的矿物开采业那一行。开采木材按全价计算，属于非金属矿开采业，从非金属矿开采业中扣除，放在资源耗减与环境降级矩阵中相应的非金属矿开采业那一行。采掘造成地面塌陷与污染土壤对农业的影响，从采掘业中扣除，放在资源耗减与环境降级矩阵中农业那一行。工业与建筑业噪声只计算城市的城区与近郊区，其虚拟费用从工业与建筑业中扣除，放在资源耗减与环境降级矩阵中相应行业那一行。

废水、废气、废物的排放对国民经济造成的损失只考虑未治理部分，将未治理部分排放量比照治理部分排放量计算虚拟成本，先分别计算废水、废气、废物分行业的虚拟成本，合计得到分行业的排放总虚拟成本，将废水的虚拟成本放在资源耗减与环境降级矩阵中水的生产供应业那一行，将废物的虚拟成本放在资源耗减与环境降级矩阵中废品废料那一行，将废气的虚拟成本按其内容分别放在资源耗减与环境降级矩阵中煤炭开采和洗选业、石油加工业相应的行，工业粉尘的虚拟成本则放在工业各行业自身的那一行。

服务业和城镇居民生活的废水、废气、废物（包括垃圾与粪便）的排放核算和编表中的处理与上述废水、废气、废物的排放相同。其中，城镇居民生活的污染物排放的虚拟成本先放在服务业中，编表时再从城镇居民消费中扣除。城市交通噪声和社会生活噪声引起的污染比照工业与建筑业噪声处理。

行业绿色增加值核算方法的讨论[①]

科学发展观要求国民经济又好又快发展，这就要求有相应的宏观经济指标反映这一发展。而现在我们采用国际上通行的国内生产总值（GDP）反映国民经济运行，由于GDP不能反映资源耗减和环境降级，难以准确说明国民经济发展的质量，于是联合国统计委员会在1993年的SNA版本中提出了绿色GDP指标的概念。然而，由于绿色GDP没有行业核算与企业核算的基础，因此很难推行。本文试图从行业核算的角度讨论绿色GDP核算的方法，即行业绿色增加值核算的方法。

一、行业绿色增加值核算的主要原则

参照增加值核算的方法，行业绿色增加值核算应遵循的主要原则有如下几个方面。

一是平衡原则。为了便于操作，行业绿色增加值的核算应该以行业增加值核算为基础，主要用生产法和收入法进行核算。根据绿色GDP指标的含义，行业绿色增加值应该在增加值的基础上扣除资源耗减和环境降级。其具体的计算公式如下。

生产法：行业绿色增加值=总产出-中间投入-资源耗减与环境降级。

收入法：行业绿色增加值=固定资本的损耗+劳动者报酬+生产税净额+营业纯盈余。

其中，营业纯盈余=营业盈余-资源耗减与环境降级。这样根据国民经济核算的平衡原则，生产法和收入法计算的行业绿色增加值是相等的。资源耗减与环境降级的具体核算内容参考1993年SEEA框架中的有关内容。

二是权责发生制原则。行业绿色增加值核算的困难是产权界定，在分行业核算时只能大致按照权责发生制原则。对资源耗减与环境降级的核算以直接为主，即哪个行业直接造成资源耗减与环境降级就计算到哪个行业，避免

① 本文刊载于《山东财政学院学报》2010年第1期，作者：廖明球、刘结华、王欢、刘菲。本文系教育部人文社会科学研究规划基金项目（08JA790086）和北京市教育委员会人文社会科学研究计划重点项目（SZ200710038017）。

重复计算，对于间接造成的影响，通过投入产出分析测算。但对于大自然直接造成的影响，我们则不能把责任计算到大自然的头上，比如由暴风雨造成的山洪暴发与水土流失等，只能计算到受其害的行业头上。而依据投入产出分析的需要，必须采用复式记账方法，比如酸雨造成的农业、林业损失，根据责任应该扣减未按标准排放废气造成酸雨的行业，不能扣减农业、林业本身。

三是市场原则。行业绿色增加值核算的另一困难是非市场定价，目前只能参照市场定价。根据社会主义市场经济的发展，资源与环境应该由无价逐步变为有价，资源的开采权由企业向政府购买；废水、废气、废物的排放由企业与环境保护部门签订协议，可以由企业自己处理，达标排放，也可以由企业交纳费用由环保企业统一处理。资源耗减特别是矿物耗减按企业向政府购买开采权的费用计算，未交纳开采费的按交纳标准计算虚拟费用。环境降级中废水、废气、废物排放部分只计算未按标准排放的数量，参照达标排放的标准计算虚拟费用。

有了以上基本原则，我们可以按行业计算其资源耗减与环境降级费用，从而进一步计算行业绿色增加值。

二、农业绿色增加值的核算

农业绿色增加值等于农业增加值减去属于农业经济活动所引起的资源耗减与环境降级，同时也包括大自然引起的对农业资源造成的影响与耗减。

属于农业经济活动所引起的资源耗减几乎没有，比如森林中开采木材属于资源耗减，但计算在森林工业，农民对自己种的树进行零星砍伐没有单独计算，如果计算也应该扣减林业的产值。属于大自然引起的农业资源的耗减主要有水土流失对农业用地生产能力的影响。

水土流失对农业用地生产能力影响的测算有两个方面的内容：一是直接引起耕地的减少，二是引起其他耕地的肥力下降。耕地的减少可以用再造耕地的费用计算。耕地肥力下降的计算可以抓住两个要素：其一，水土流失带走农业用地的土壤量是多少；其二，每千克土壤中氮、磷、钾的平均含量是多少。有了这两个要素，可以计算水土流失带走的农业用地的氮、磷、钾总量，也就是说要恢复这些农业用地的生产能力需要施用相应数量的氮、磷、钾肥，再利用当年氮、磷、钾肥的平均价格计算其费用。

农业经济活动所引起的环境降级包括猎取野生动物、对鱼的过度捕杀、农用化学品（包括农药、化肥、塑料薄膜等）过量或不当使用造成的对环境的污染和农产品质量的下降、牲畜粪便的不当处理对环境的污染、兽药和激素的不当使用造成畜产品质量的下降、水产品的养殖中过量地投食投药造成水产品质量下降和对水体的污染。

猎取野生动物已计算在畜牧业的产值中，可以直接从畜牧业的总产出中找到该项数据，予以扣除。对鱼的过度捕杀难以直接计算，它包含了鱼类资源的减少和某些鱼种的灭绝。可以根据多年的历史数据确定一个捕杀量平均值，将超过的数量作为过度捕杀量，并根据渔业产值计算中的平均价格测算出过度捕杀的相应数据。

农用化学品（包括农药、化肥、塑料薄膜等）过量或不当使用造成的对环境的污染和农产品质量的下降这一部分计算较为复杂，目前正在全国开展的污染源普查包括了这一项内容。其使用不当和过量应以造成的后果为准：一是检测土壤中残留的农用化学品，二是检测农田附近的水域是否污染，三是检测农产品中残留的农药，如果检测没有超标，则不予以扣减。如果超标，其污染的土壤与水体以需要的治理费用进行虚拟计算；其农产品质量的下降以蒙受的损失计算。

牲畜粪便处理不当会对环境造成污染，因此被列入污染源调查。实际计算应以造成的后果为准。如果进行无害化处理，如生产沼气或作为肥料，不会对环境造成污染。但不当处理并对环境造成污染后应该计算其环境恢复所需要的费用。

对于兽药和激素的不当使用造成畜产品质量的下降，直接计算其质量下降造成的损失，畜产品质量的下降应该通过正式的检测确定。

水产品的养殖中过量地投食投药造成水产品质量下降和对水体的污染应根据具体情况计算。水产品质量通过检测确定，一旦下降扣减相关损失；对于水体污染一定要弄清是否有其他原因，比如由种植业、畜牧业引起的以及由工业或其他行业引起的。如果由多种原因引起，只计算由水产品养殖需要承担的污染部分。

计算绿色增加值一般是从增加值中做减法，但农业比较特殊，它可以做加法。例如，种树使得森林面积增加，不仅可以减少水土流失还可以净化水质和空气。这一项的计算应先确定当年增加的森林面积，计算每公顷森林可以减少的水土流失量并根据前述方法测算价值量；再计算每公顷森林净化的水质和空气的实物量，依据治理相当数量的污水和废气所花费的费用计算其价值量。

根据以上分析，农业绿色增加值等于农业增加值减去相应的资源耗减与环境降级再加上森林增加带来的环境保护价值。

三、工业与建筑业绿色增加值的核算

工业与建筑业绿色增加值等于工业与建筑业实现增加值扣除工业与建筑业经济活动造成的资源耗减与环境降级。

属于工业与建筑业经济活动所引起的资源耗减包括矿物的耗减，森林中开采木材，酸雨对农业、林业的影响。

矿物的耗减主要指当年的矿物开采量，不能用进口（或调入）的矿物数量冲减。其实物量可以通过工业统计中的矿产品产量或国土资源部门矿产品开采数量计算，其价格按照企业向政府购买开采权的费用计算，从理论上讲这一价格至少能够补偿找矿的费用，如果过低应做适当调整。

森林中开采木材指当年的砍伐量，这里的森林不同于原始森林，原始森林中开采木材在环境降级中计算。森林中开采木材的实物量按活立木计算，其价格按砍伐前的价格计算，即该树木按生长期计算每立方米值多少钱。如果有不同树种的价格则分树种计算，如果没有分树种的价格按混合平均价计算。

对于酸雨对农业、林业的影响，尽管蒙受损失的是农业与林业，但其直接原因是废气排放，主要元凶是二氧化硫。我国的废气排放以工业废气排放为主，因此主要从工业中扣减损失。酸雨对农业、林业造成的影响没有统计数据，只有一些专家在研究的论文中进行大致测算的数据，我们可以依据有关专家的研究成果进行测算。

属于工业与建筑业经济活动所引起的环境降级包括原始森林中开采木材，废水、废气、废物的排放对水、空气、鱼类和野生森林质量的影响，采掘造成的地面塌陷与污染土壤对种植业、林业的影响，工业噪声与建筑施工噪声污染。

原始森林中开采木材的计算方法大致同森林中开采木材，如果是原始次生林，应将天然林与人工林按比例分开，天然林开采属于环境降级，而人工林开采属于资源耗减。

废水、废气、废物的排放对水、空气、鱼类和野生森林质量的影响是最受人关注的问题，也是全国污染源普查的重点。目前工业的废水、废气、废物排放有环保统计资料，是重点调查得到的，没有覆盖所有工业企业，其全部数据是利用工业产值放大计算的。在环境保护统计中废水有总排放量、达标排放量以及废水中所含的污染物等统计指标，废气有排放量、经过消烟除尘的排放量等统计指标，废物有产生量、综合利用量、处置量、贮存量等统计指标。由于环境的治理，已符合达标排放的部分不从增加值中进行扣减，需要扣减的是未达标排放的部分，一般采用虚拟计算的方法，即按照达标排放的标准治理需要多少费用，将这部分虚拟费用从工业增加值中扣减。建筑业的废水、废气、废物排放均存在，但主要是建筑垃圾，目前还没有专门的统计报表，如果建筑垃圾放在城市生活垃圾中，应将其单独计算并将所需处置费用从建筑业增加值中扣减。

采掘造成的地面塌陷与土壤污染对种植业、林业的影响在环境保护统计中没有反映，作为农业管理部门的环境监测站负责监测，也没有相应的统计数据。目前只能从相关专家的研究论文中找到相应数据进行测算，并从工业中的采掘业增加值中将其扣减。

工业噪声与建筑施工噪声污染属于城市环境治理范围，即在城市的城区与近郊区才有噪声监测与相应数据。环境统计中有环境噪声达标区（个/平方千米），由于环境噪声包括社会生活噪声和交通噪声，应该分别计算，对环境噪声不达标的部分应该测算其治理的费用，将工业与建筑业应该分担的部分分别从工业增加值与建筑业增加值中扣减。

四、服务业绿色增加值的核算

服务业属于无形产品行业，一般不直接造成资源耗减，主要消耗的资源性产品都是工业产品。因此，服务业绿色增加值主要通过从增加值中扣除环境降级来得到。

属于服务业经济活动引起的环境降级主要有废水排放、废气排放、产生的垃圾、产生的噪声等。

对于服务业产生的污染，大家都习惯称之为生活污染。其实服务业活动产生的污染与居民生活产生的污染不同，一个是生产活动产生的，一个是消费活动产生的。但是，这两者又难以完全区别，因为服务业的活动是生产活动与消费活动同时完成的，比如：在餐馆和食堂吃饭产生的污染计算在餐饮服务业中，在家自己做饭产生的污染计算在消费活动中；衣服在洗衣店洗产生的污染计算在服务业中，在家洗则计算在消费活动中，但产生污染的原因并没有本质区别。此外，值得说明的是在计算行业绿色增加值时只能采用生产法和收入法，这两种计算方法都不包括消费活动，因此只能把消费活动产生的污染放在服务业中的环境管理业，便于从增加值中做相应的扣除。

服务业与居民生活的废水是直接排放的，在城市如果有污水处理厂则统一进行处理，凡是没有污水处理厂的城镇与农村则靠大自然净化。在计算废水排放对环境的影响时视不同情况而定：对城市有污水处理厂的按照污水处理率与达标率推算尚未处理以及处理了未达标的部分，再参照已处理与已达标的部分计算虚拟费用；对于农村能够靠大自然净化的则不予以计算；对于县城及以下的小城镇，若既没有污水处理厂又不能靠大自然净化，则计算每吨废水进行简单处理需要的费用，根据排放废水数量计算虚拟费用。

服务业与居民生活的废气排放包括汽车等交通工具的尾气、取暖与做饭等生活用煤产生的废气、餐饮服务业产生的油烟、空调产生的氟污染等。无论在城镇还是农村这些废气基本上是直接排放的，对于小城镇与农村一般认为可以由大自然净化，不予以计算；但是在大中城市难以由大自然净化，与工业废气一道形成大气污染的，应该虚拟计算其治理费用。

服务业与居民生活产生的垃圾备受人们关注，是污染源普查的重要内容。无论城镇垃圾还是农村垃圾都必须进行处理，没有办法靠大自然去净化，包括有“无烟工业”美誉之称的旅游业，在回归大自然的同时也会产生大自然所净化不了的垃圾，也同样需要处理。目前县城及以上的城市都进行了垃圾无害化处理；居住分散的农村也可以进行垃圾自然填埋；存在问题的是有不少小城镇将垃圾随意堆放，没有进行无害化处理或自然填埋。因此要通过统计城镇垃圾的无害化处理或自然填埋率推算其未处理数量，再虚拟计算其处理费用。

对于粪便的处理，在农村与小城镇大都由农民收集作为肥料，一般不需要处理费用。但县城以上的城市都要由环卫部门对粪便进行清运，对其中一部分进行了无害化处理，可以计算无害化处理率，再虚拟计算其处理费用。

服务业与居民生活产生的噪声包括交通噪声和社会生活噪声，目前在城市有噪声监测，在小城镇和农村一般没有进行噪声监测。对于没有进行噪声监测的小城镇和农村因无数据依据略而不计；对于有噪声监测的城市，可以按照达标率测算需要进一步治理的费用。

根据以上分类计算的虚拟费用，从各相关的服务行业增加值中进行扣除。

五、几个专门问题

行业绿色增加值的核算是一个庞大的工程，应由粗到细，逐步展开。在细化的过程中还需要解决几个问题。

（一）关于企业核算

行业绿色增加值核算离不开企业核算，根据我国的情况可以在有增加值核算基础的企业推行绿色增加值核算。对于规模以上工业企业、有资质等级四级及以上建筑业企业、限额以上批发和零售业、住宿和餐饮业企业可以先行试点，逐步建立绿色增加值核算制度。在企业推行绿色增加值核算可以促使企业节约资源、减少排放，符合国家节能减排的政策目标，有利于保护资源与环境；同时也为行业绿色增加值核算提供了第一手资料，为行业内部的结构优化调整提供了数据支撑体系。

（二）关于主要参数的收集

行业绿色增加值核算的重点是对行业经济活动引起的资源耗减和环境降级的核算，在核算中涉及大量的技术、经济参数，需要进行专门收集，比如农产品质量检测的标准，农田是否被污染的标准，水土流失的计算标准，资源充分利用的标准，废水、废气、废物治理达标的标准等。有一些行业在基层核算中已有统一标准，有些行业由于核算不完善还没有标准或者没有统一的标准。因此，要根据我国现有的行业核算状况进行收集，有国家标准的用国家标准，没有国家标准而有行业标准的用行业标准，没有行业标准的参照企业标准或从有关专家的研究论文中去收集，以满足行业绿色增加值核算的需要。

（三）关于核算方法

绿色增加值核算中对资源耗减与环境降级的核算方法较多，主要有市场价值法、机会成本法、收入损失法、补偿与维护费用法。市场价值法是先计算资源耗减与环境降级的有关实物量，参照当期的市场价格计算。机会成本法同样是先计算资源耗减与环境降级的实物量，再乘以单位实物量的机会成本（用于此用途而放弃其他用途所造成的损失、付出的代价）计算。收入损失法主要用于计算环境降级造成生产率下降所引起的收入损失，属于直接计算方法。补偿与维护费用法分别用于计算资源耗减需要的补偿费用和防止环境降级需要的维护费用，属于间接计算方法，虚拟费用法属于此类方法。

（四）关于核算范围的扩大

在我们研究绿色 GDP 的同时，有人提出橙色 GDP 概念，橙色 GDP 不要求从 GDP 中扣除资源耗减与环境降级方面的费用，而是要扣除生产中用于安全方面支出的费用以及安全事故造成的损失。如果在计算绿色 GDP 的同时考虑橙色 GDP 的概念，势必扩大扣除量的核算范围。为了不混淆概念，绿色 GDP 核算可以暂不考虑对安全生产方面有关费用的扣除。但是，对环境污染事故造成的人们生命财产安全方面的损失应该计算，特别是对人体健康造成的危害应该计算其医疗费、误工费。对于减灾防灾的核算问题，在 GDP 核算中已经考虑，减灾防灾的费用已纳入核算内容，减少的损失在 GDP 生产法计算中已反映出来。

基于“节能减排”的投入产出模型研究①

一、问题的提出

在我国工业化的进程中，出现了不可忽视的能源与环境问题，即能源供应紧张和工业的废水、废气、废物排放问题。党中央、国务院提出了科学发展的理念，即发展绿色经济，将节能减排作为一项基本国策在全国实行，并作为考核地方政府的重要指标。发展绿色经济、节能减排是其中的一项重要内容。绿色经济是根据绿色国内生产总值（GDP）指标提出的，绿色 GDP 指标的经济含义是在 GDP 指标的基础上扣除资源耗减和环境降级的价值，由于涉及面广，目前这一指标还处在研究和试算阶段，短时期内还难以成为考核指标。而节能减排包含在绿色 GDP 的核算中，在绿色 GDP 还没有作为考核指标之前，先采用节能减排指标进行考核，既是必要的，又是可行的。我国节能减排采用的具体指标是万元 GDP 的能耗下降率、万元 GDP 的排放量（未达标）下降率。

实现节能减排目标需要做两个方面的工作：一是科学技术层面的工作，即通过技术进步实现节能减排；二是经济结构层面的工作，即通过产业结构调整实现节能减排。在产业结构调整中，一方面是提高服务业即第三产业的比重，因为大部分服务业被称为无烟工业，发展服务业可以达到节能减排的目的；另一方面是调整工业内部的结构，限制高耗能、高污染行业发展，进而鼓励低能耗、低污染甚至零排放行业的发展，这样也可以达到节能减排的目的。从经济结构层面研究节能减排，仅仅依靠万元 GDP 的能耗下降率、万元 GDP 的排放量（未达标）下降率的总量指标是不够的，需要分行业进行计算。因为 GDP 是各行业的增加值之和，分行业考核则计算分行业的万元增加值的能耗下降率、万元增加值的排放量（未达标）下降率。分行业考核节能减排利用 GDP 及其使用表已经不够了，需要利用投入产出表特别是能源、环

---

① 本文原载于《中国工业经济》2011 年第 7 期。本文为北京市哲学社会科学规划项目“北京节能环保产业发展与经济可持续增长研究”（批准号 09AbJG305）；教育部人文社会科学研究规划基金项目“中国绿色 GDP 投入产出表编制与分析研究”（批准号 08JA790086）。

境、经济投入产出表来研究节能减排问题。

二、已有研究及其局限性

由于我国管理体制的原因，节能减排分属能源和环境两个部门。反映在统计上，节能和减排也是分别统计的。因此，运用投入产出方法研究节能减排问题采取的办法是分别编制能源、经济投入产出表和环境、经济投入产出表。这两张表相对独立，分别研究不同的问题，即能源、经济投入产出表研究节能问题，环境、经济投入产出表研究减排问题。由于两张表的设计思路不同，因此很难将这两个问题结合起来研究。

我们先看能源、经济投入产出表（见表1）。能源、经济投入产出表的特点是利用经济投入产出表的基本分析框架，只是将原来经济投入产出表中的部门划分为能源部门和非能源部门，这样原有的经济投入产出表的第Ⅰ象限被分成四部分，第Ⅱ、Ⅲ象限被分成两部分。在第Ⅰ象限中，第（1）部分用以分析能源部门对能源部门的自身消耗；第（2）部分用以分析能源部门对非能源部门的消耗；第（3）部分用以分析非能源部门对能源部门的消耗；第（4）部分用以分析非能源部门对非能源部门的消耗。在第Ⅱ象限中，第（1）部分用以分析能源产品的最终使用；第（2）部分用以分析非能源产品的最终使用。在第Ⅲ象限中，第（1）部分用以分析能源部门的增加值构成；第（2）部分用以分析非能源部门的增加值构成。能源、经济投入产出表可以研究能源部门与非能源部门之间的关系，也可以研究各个部门的节能问题。能源、经济投入产出表没有改变原有经济投入产出表的基本分析框架，编制起来较为简单。

表1　能源、经济投入产出表

<table>
<tr><th colspan="2" rowspan="3">投入</th><th colspan="9">产出</th></tr>
<tr><th colspan="3">中间产品（使用）</th><th colspan="5">最终产品（使用）</th><th rowspan="2">总产出</th></tr>
<tr><th>能源部门（1，2，…，m）</th><th>非能源部门（m+1，m+2，…，n）</th><th>小计</th><th>消费</th><th>投资</th><th>出口</th><th>进口</th><th>小计</th></tr>
<tr><td rowspan="3">中间投入</td><td>能源部门（1，2，…，m）</td><td>Ⅰ（1）</td><td>Ⅰ（3）</td><td></td><td colspan="4">Ⅱ（1）</td><td></td><td></td></tr>
<tr><td>非能源部门（m+1，m+2，…，n）</td><td rowspan="2">Ⅰ（2）</td><td rowspan="2">Ⅰ（4）</td><td rowspan="2"></td><td colspan="4" rowspan="2">Ⅱ（2）</td><td rowspan="2"></td><td rowspan="2"></td></tr>
<tr><td>小计</td></tr>
</table>

续表

<table>
<tr><th colspan="2" rowspan="3">投入</th><th colspan="9">产出</th></tr>
<tr><th colspan="3">中间产品（使用）</th><th colspan="5">最终产品（使用）</th><th rowspan="2">总产出</th></tr>
<tr><th>能源部门（1，2，…，m）</th><th>非能源部门（m+1，m+2，…，n）</th><th>小计</th><th>消费</th><th>投资</th><th>出口</th><th>进口</th><th>小计</th></tr>
<tr><td>增加值</td><td>固定资产折旧
劳动者报酬
生产税净额
营业盈余
小计</td><td>Ⅲ（1）</td><td>Ⅲ（2）</td><td></td><td></td><td></td><td></td><td></td><td></td><td></td></tr>
<tr><td colspan="2">总投入</td><td></td><td></td><td></td><td></td><td></td><td></td><td></td><td></td><td></td></tr>
</table>

我们再看环境、经济投入产出表。环境、经济投入产出表的表式较多，比较简单的一种表式如表2所示。环境、经济投入产出表的特点是在原有经济投入产出表的基础上，采用增加象限的办法反映污染物的排放与治理，属于实物-价值型投入产出表，即该表中同时存在实物流量和价值流量，污染物采用实物量，其他采用价值量。该表将原有经济投入产出表的第Ⅰ、Ⅲ象限分为两个部分，第Ⅱ象限基本不变，再增加第Ⅳ、Ⅴ象限，其中第Ⅳ象限分为两个部分。在第Ⅰ象限中，第（1）部分反映产业部门的中间投入，即在原有中间投入的基础上扣除消除污染部门的中间投入；第（2）部分反映消除污染部门的中间投入（消除污染部门是指进行消除污染活动的部门，可以是治理自身污染的企业，也可以是专门治理污染的部门，如污水处理厂、垃圾处理厂）。产业部门的中间投入加上消除污染部门的中间投入等于原有经济投入产出表的中间投入。第Ⅱ象限同原来的经济投入产出表，反映最终产品的使用。在第Ⅲ象限中，第（1）部分反映产业部门的增加值构成，它已不包含消除污染部门的增加值构成；第（2）部分反映消除污染部门的增加值构成，与中间投入一样，这两部分增加值相加等于原有经济投入产出表的增加值。在第Ⅳ象限中，第（1）部分反映产业部门的排污量（未达标的排放量）；第（2）部分反映消除污染部门的治污量（达标的排放量），这两部分相加反映生产领域的污染物产生量，即：排污量+治污量=产污量。第Ⅴ象限反映最终需求领域的产污量，即通常所说的生活污染产生量。所有的污染物采用实物量，按废水、废气、废物等污染物的种类分类。利用环境、经济投入产出表可以分析各个部门的产出量与排放量的关系，也可以分析各个部门的治污投入与污染治理量的关系。因此，可以深入研究各个产业部门的减排问题。上

述的环境、经济投入产出表的编制较为简单，主要工作是调查消除污染部门的中间投入与增加值，同时调查污染物的产生量与治理量，进行部门分解。由于要展开相关调查，编制工作较能源、经济投入产出表要复杂一些。

由于能源、经济投入产出表和环境、经济投入产出表的编制方法有所不同，分析方法也不尽相同，两者结合起来研究存在一定的局限性：一是研究重点不同。能源、经济投入产出表研究能源部门与非能源部门之间的联系，而环境、经济投入产出表主要研究消除污染部门与产业部门之间的联系，由于消除污染部门是虚拟部门，不存在严格的部门之间的联系，给两者结合研究带来不便。二是计量单位不统一。能源、经济投入产出表采用价值型，而环境、经济投入产出表采用实物-价值型，使得两者难以结合研究。三是部门划分交叉。在能源、经济投入产出表中，能源部门包含了产业部门和消除污染部门，非能源部门也包含了产业部门和消除污染部门，但两张表的部门划分不一致，这样会给研究某一部门的节能减排带来困难。

表 2　环境、经济投入产出表

<table>
<tr><th colspan="2" rowspan="3">投入</th><th colspan="10">产出</th></tr>
<tr><th colspan="4">中间产品（使用）</th><th colspan="5">最终产品（使用）</th><th rowspan="2">总产出及产污</th></tr>
<tr><th>产业部门（1，2，…，n）</th><th>小计</th><th>消除污染部门（1，2，…，n）</th><th>小计</th><th>消费</th><th>投资</th><th>出口</th><th>进口</th><th>小计</th></tr>
<tr><td>中间投入</td><td>部门（1，2，…，n）
小计</td><td>Ⅰ（1）</td><td></td><td>Ⅰ（2）</td><td></td><td colspan="4">Ⅱ</td><td></td><td></td></tr>
<tr><td>增加值</td><td>固定资产折旧
劳动者报酬
生产税净额
营业盈余
小计</td><td>Ⅲ（1）</td><td></td><td>Ⅲ（2）</td><td></td><td colspan="4"></td><td></td><td></td></tr>
<tr><td colspan="2">总投入</td><td></td><td></td><td></td><td></td><td colspan="4"></td><td></td><td></td></tr>
<tr><td>污染物</td><td>1，2，…，k</td><td>Ⅳ（1）</td><td></td><td>Ⅳ（2）</td><td></td><td colspan="4">Ⅴ</td><td></td><td></td></tr>
</table>

三、模型设计的基本思想

由于能源、经济投入产出表和环境、经济投入产出表难以结合研究，如何运用投入产出方法研究节能减排问题、编制基于“节能减排”的投入产出表显得十分重要。为了反映和分析节能减排问题，我们将此表命名为能源、环境、经济投入产出表。

（一）能源、环境、经济投入产出表的设计

能源、环境、经济投入产出表的设计要考虑以下几个方面：一是充分运用原有经济投入产出表的基本分析框架，使得数据的收集和模型的建立有坚实的基础，具体讲，就是在原有经济投入产出表的第Ⅰ、Ⅱ、Ⅲ象限的基础上架构。二是抓住能源、经济投入产出表和环境、经济投入产出表的共同点，在中间投入中考虑能源的投入和消除污染部门的投入，这样中间投入分为能源投入、环境投入和其他投入三部分，为了与原有的经济投入产出表第Ⅰ象限对应，将其他投入放在前面，表示扣除能源投入和环境投入后的剩余部分。三是第Ⅱ象限设计与第Ⅰ象限对等，也分为三个部分，即其他最终产品、能源最终产品、环境最终产品，可以研究其他产品、能源产品和环境产品的平衡，也可以研究总产品的平衡。四是将第Ⅲ象限的增加值改为调整增加值，因为在环境投入中既有实际投入也有虚拟投入，所谓虚拟投入是指未达标排放部分所需的治理费用，这部分费用从增加值中扣除，因此将增加值改为调整的增加值。需要说明的是环境投入中的设备折旧和人员工资属于增加值范畴，不从增加值中扣除。为了方便分析，环境的实际治理与虚拟治理投入先分别计算，再放入表中。也可以根据研究需要将环境虚拟投入直接从增加值中单列出一个矩阵，不改变原有中间投入的总量，只是这样的设计会使投入产出表不够简洁。依据以上几个方面的考虑，我们设计的“能源、环境、经济投入产出表”的表式见表3。

表3　能源、环境、经济投入产出表

<table>
<tr><th colspan="2" rowspan="3">投入</th><th colspan="9">产出</th></tr>
<tr><th colspan="2">中间产品（使用）</th><th colspan="6">最终产品（使用）</th><th rowspan="2">总产出</th></tr>
<tr><th>（1，2，…，n）</th><th>合计</th><th>消费</th><th>投资</th><th>出口</th><th>进口</th><th>环境支出</th><th>合计</th></tr>
<tr><td rowspan="3">中间投入</td><td>其他投入（1，2，…，n）
小计</td><td>Ⅰ（1）</td><td></td><td colspan="5">Ⅱ（1）</td><td></td><td></td></tr>
<tr><td>能源投入（1，2，…，n）
小计</td><td>Ⅰ（2）</td><td></td><td colspan="5">Ⅱ（2）</td><td></td><td></td></tr>
<tr><td>环境投入（1，2，…，n）
小计
合计</td><td>Ⅰ（3）</td><td></td><td colspan="5">Ⅱ（3）</td><td></td><td></td></tr>
</table>

续表

投入		产出								
		中间产品（使用）		最终产品（使用）						总产出
		（1，2，…，n）	合计	消费	投资	出口	进口	环境支出	合计	
调整增加值	固定资产折旧									
	劳动者报酬									
	生产税净额	Ⅲ								
	营业纯盈余									
	合计									
总投入										

表3仍然是三个象限投入产出表，只是第Ⅰ象限和第Ⅱ象限都分为三个部分。在第Ⅰ象限中，第（1）部分反映生产中其他产品的中间投入，即扣除能源投入与环境投入后的剩余部分；第（2）部分反映生产中能源产品的中间投入；第（3）部分反映生产中的环境中间投入。在第Ⅱ象限中，第（1）部分反映其他产品的最终使用；第（2）部分反映能源产品的最终使用；第（3）部分反映环境产品的最终使用，即最终需求领域的环境投入。第Ⅲ象限反映调整后的增加值，即扣除环境治理的虚拟费用后的增加值，调整后的增加值中营业盈余已成为营业纯盈余。该表的设计是将环境虚拟投入与环境实际投入放在一起的，分析时一定要注意分开。

能源、环境、经济投入产出表可以同时研究某一个部门的节能减排问题，也可以从国民经济整体分析节能减排问题。研究节能问题可以计算各部门单位总产出（或增加值）的能源消耗量，研究减排问题可以计算各部门单位总产出（或增加值）的未达标排放的虚拟治理费用。也可以将节能减排结合起来分析，计算各部门单位总产出（或增加值）的能源消耗额和环境虚拟治理费用，进而研究深层次的产业结构调整问题。

（二）能源、环境、经济投入产出模型的设计

为了深入研究，我们还可以利用能源、环境、经济投入产出表的数据，建立能源、环境、经济投入产出模型，包括行模型和列模型。

1. 行模型的建立。建立行模型要利用能源、环境、经济投入产出表的行平衡关系式，该行平衡关系式是：中间产品+最终产品=总产品，即将表3的第Ⅰ象限和第Ⅱ象限的第（1）、（2）、（3）部分对应行相加。

具体是：其他中间产品+能源中间产品+环境中间产品+全部最终产品=总产品。

设：其他中间产品的元素为 $x_{ij}^{(1)}$，能源中间产品的元素为 $x_{ij}^{(2)}$，环境中间产品的元素为 $x_{ij}^{(3)}$；其他最终产品的元素为 $Y_i^{(1)}$，能源最终产品的元素为 $Y_i^{(2)}$，环境最终产品的元素为 $Y_i^{(3)}$，$Y_i^{(1)}+Y_i^{(2)}+Y_i^{(3)}=Y_i$；总产品的元素为 X_i，即 $X_i^{(1)}+X_i^{(2)}+X_i^{(3)}=X_i$。根据行平衡关系式，有：

$$\begin{cases}(x_{11}^{(1)}+\cdots+x_{1n}^{(1)})+(x_{11}^{(2)}+\cdots+x_{1n}^{(2)})+(x_{11}^{(3)}+\cdots+x_{1n}^{(3)})+Y_1=X_1\\(x_{21}^{(1)}+\cdots+x_{2n}^{(1)})+(x_{21}^{(2)}+\cdots+x_{2n}^{(2)})+(x_{21}^{(3)}+\cdots+x_{2n}^{(3)})+Y_2=X_2\\\vdots\\(x_{n1}^{(1)}+\cdots+x_{nn}^{(1)})+(x_{n1}^{(2)}+\cdots+x_{nn}^{(2)})+(x_{n1}^{(3)}+\cdots+x_{nn}^{(3)})+Y_n=X_n\end{cases} \tag{1}$$

式（1）中：$x_{ij}^{(1)}$ 表示 j 部门生产中对其他产品的消耗量，对应第Ⅰ象限的第（1）部分；$x_{ij}^{(2)}$ 表示 j 部门生产中对能源产品的消耗量，对应第Ⅰ象限的第（2）部分；$x_{ij}^{(3)}$ 表示 j 部门生产中对环境产品的消耗量，对应第Ⅰ象限的第（3）部分。同样，$Y_i^{(1)}$ 对应第Ⅱ象限的第（1）部分，$Y_i^{(2)}$ 对应第Ⅱ象限的第（2）部分，$Y_i^{(3)}$ 对应第Ⅱ象限的第（3）部分，这三部分相加为全部最终产品。X_i 为 i 部门的总产品（总产出）。在式（1）基础上引入其他产品直接消耗系数 $a_{ij}^{(1)}$、能源直接消耗系数 $a_{ij}^{(2)}$、环境直接消耗系数 $a_{ij}^{(3)}$ 如下：

$$a_{ij}^{(1)}=\frac{x_{ij}^{(1)}}{X_j} \tag{2}$$

$$a_{ij}^{(2)}=\frac{x_{ij}^{(2)}}{X_j} \tag{3}$$

$$a_{ij}^{(3)}=\frac{x_{ij}^{(3)}}{X_j} \tag{4}$$

式（2）中 $a_{ij}^{(1)}$ 表示 j 部门单位总产出所消耗的其他中间产品数量，式（3）中 $a_{ij}^{(2)}$ 表示 j 部门单位总产出所消耗的能源中间产品数量，式（4）中 $a_{ij}^{(3)}$ 表示 j 部门单位总产出所消耗的环境中间产品数量。将式（2）、（3）、（4）代入式（1），有：

$$\begin{cases}(a_{11}^{(1)}X_1+\cdots+a_{1n}^{(1)}X_n)+(a_{11}^{(2)}X_1+\cdots+a_{1n}^{(2)}X_n)+(a_{11}^{(3)}X_1+\cdots+a_{1n}^{(3)}X_n)+Y_1=X_1\\(a_{21}^{(1)}X_1+\cdots+a_{2n}^{(1)}X_n)+(a_{21}^{(2)}X_1+\cdots+a_{2n}^{(2)}X_n)+(a_{21}^{(3)}X_1+\cdots+a_{2n}^{(3)}X_n)+Y_2=X_2\\\vdots\\(a_{n1}^{(1)}X_1+\cdots+a_{nn}^{(1)}X_n)+(a_{n1}^{(2)}X_1+\cdots+a_{nn}^{(2)}X_n)+(a_{n1}^{(3)}X_1+\cdots+a_{nn}^{(3)}X_n)+Y_n=X_n\end{cases} \tag{5}$$

将式（5）用求和符号表示，即：

$$\sum_{j=1}^{n}a_{ij}^{(1)}X_j+\sum_{j=1}^{n}a_{ij}^{(2)}X_j+\sum_{j=1}^{n}a_{ij}^{(3)}X_j+Y_i=X_i(i=1,\ 2,\ \cdots,\ n) \tag{6}$$

式（6）用矩阵形式表示为：

$$A^{(1)}X+A^{(2)}X+A^{(3)}X+Y=X \tag{7}$$

对式（7）进行整理，有：

$$(I-A^{(1)}-A^{(2)}-A^{(3)})\ X=Y \tag{8}$$

$$X=\ (I-A^{(1)}-A^{(2)}-A^{(3)})^{-1}Y \tag{9}$$

式（8）、（9）是考虑了能源和环境因素的投入产出行模型。

为了研究节能减排对整个国民经济的影响，也可以建立如下行模型：

$$(I-A^{(1)})\ X=Y \tag{10}$$

$$X=\ (I-A^{(1)}-A^{(2)}-A^{(3)})^{-1}Y^{(1)} \tag{11}$$

式（10）、（11）是没有考虑能源和环境因素的投入产出行模型。

将式（8）与式（10）比较，可以分析已知总产品求最终产品时能源与环境因素所付出的代价；将式（9）与式（11）比较，可以分析已知最终产品求总产品时能源与环境因素所发挥的作用。

2. 列模型的建立。建立列模型要用到能源、环境、经济投入产出表的列平衡关系式，该列平衡关系式为：其他产品中间投入+能源产品中间投入+环境产品中间投入+调整增加值=总投入，即将表3的第Ⅰ象限的第（1）、（2）、（3）部分和第Ⅲ象限的对应列相加。

根据列平衡关系式，有：

$$\begin{cases}(x_{11}^{(1)}+\cdots+x_{n1}^{(1)})\ +\ (x_{11}^{(2)}+\cdots+x_{n1}^{(2)})\ +\ (x_{11}^{(3)}+\cdots+x_{n1}^{(3)})\ +H_1=X_1\\(x_{12}^{(1)}+\cdots+x_{n2}^{(1)})\ +\ (x_{12}^{(2)}+\cdots+x_{n2}^{(2)})\ +\ (x_{12}^{(3)}+\cdots+x_{n2}^{(3)})\ +H_2=X_2\\\qquad\vdots\\(x_{1n}^{(1)}+\cdots+x_{nn}^{(1)})\ +\ (x_{1n}^{(2)}+\cdots+x_{nn}^{(2)})\ +\ (x_{1n}^{(3)}+\cdots+x_{nn}^{(3)})\ +H_n=X_n\end{cases} \tag{12}$$

式（12）中，$x_{ij}^{(1)}$、$x_{ij}^{(2)}$、$x_{ij}^{(3)}$ 的经济含义同行模型；H_j 表示 j 部门调整增加值；X_j 表示 j 部门总投入。

同样、引入其他产品直接消耗系数 $a_{ij}^{(1)}$、能源产品直接消耗系数 $a_{ij}^{(2)}$ 和环境产品直接消耗系数 $a_{ij}^{(3)}$，其经济含义同行模型中式（2）、式（3）和式（4），将其代入式（12），有：

$$\begin{cases}(a_{11}^{(1)}X_1+\cdots+a_{n1}^{(1)}X_1)\ +\ (a_{11}^{(2)}X_1+\cdots+a_{n1}^{(2)}X_1)\ +\ (a_{11}^{(3)}X_1+\cdots+a_{n1}^{(3)}X_1)\ +H_1=X_1\\(a_{12}^{(1)}X_2+\cdots+a_{n2}^{(1)}X_2)\ +\ (a_{12}^{(2)}X_2+\cdots+a_{n2}^{(2)}X_2)\ +\ (a_{12}^{(3)}X_2+\cdots+a_{n2}^{(3)}X_2)\ +H_2=X_2\\\qquad\vdots\\(a_{1n}^{(1)}X_n+\cdots+a_{nn}^{(1)}X_n)\ +\ (a_{1n}^{(2)}X_n+\cdots+a_{nn}^{(2)}X_n)\ +\ (a_{1n}^{(3)}X_n+\cdots+a_{nn}^{(3)}X_n)\ +H_n=X_n\end{cases} \tag{13}$$

将式（13）用求和符号表示，即：

$$\sum_{i=1}^{n} a_{ij}^{(1)} X_j + \sum_{i=1}^{n} a_{ij}^{(2)} X_j + \sum_{i=1}^{n} a_{ij}^{(3)} X_j + H_j = X_j (j = 1,\ 2,\ \cdots,\ n) \tag{14}$$

用矩阵形式表示为：

$$\hat{A}_c^{(1)} X+\hat{A}_c^{(2)} X+\hat{A}_c^{(3)} X+H=X \tag{15}$$

在式（15）中，有以下三个对角矩阵：

$$\hat{A}_c^{(1)} = \begin{pmatrix} \sum_{i=1}^{n} a_{i1}^{(1)} & & & \\ & \sum_{i=1}^{n} a_{i2}^{(1)} & & \\ & & \ddots & \\ & & & \sum_{i=1}^{n} a_{in}^{(1)} \end{pmatrix},\ \hat{A}_c^{(2)} = \begin{pmatrix} \sum_{i=1}^{n} a_{i1}^{(2)} & & & \\ & \sum_{i=1}^{n} a_{i2}^{(2)} & & \\ & & \ddots & \\ & & & \sum_{i=1}^{n} a_{in}^{(2)} \end{pmatrix},$$

$$\hat{A}_c^{(3)} = \begin{pmatrix} \sum_{i=1}^{n} a_{i1}^{(3)} & & & \\ & \sum_{i=1}^{n} a_{i2}^{(3)} & & \\ & & \ddots & \\ & & & \sum_{i=1}^{n} a_{in}^{(3)} \end{pmatrix}。$$

将式（15）进行整理，则：

$$(I-\hat{A}_c^{(1)}-\hat{A}_c^{(2)}-\hat{A}_c^{(3)})\ X=H \tag{16}$$

$$X=\ (I-\hat{A}_c^{(1)}-\hat{A}_c^{(2)}-\hat{A}_c^{(3)})^{-1}H \tag{17}$$

式（16）、(17）是考虑了能源和环境因素的投入产出列模型。

为了研究节能减排对整个国民经济的影响，可以建立如下列模型：

$$(I-\hat{A}_c^{(1)})\ X=H \tag{18}$$

$$X=\ (I-\hat{A}_c^{(1)})^{-1}H \tag{19}$$

式（18）、(19）是没有考虑能源和环境因素的投入产出列模型。

将式（16）与式（18）比较，可以分析已知总产品求调整增加值时能源与环境因素所付出的代价；将式（17）与式（19）比较，可以分析已知调整增加值求总产品时能源与环境因素所发挥的作用。

四、表的编制方法和模型应用前景的讨论

(一) 能源、环境、经济投入产出表的编制方法

编制能源、环境、经济投入产出表，要解决以下几个方面的问题。

1. 部门的合理划分。为了能深入研究节能减排问题，在划分部门时，能源部门要细分，以全面反映我国能源产品的消耗结构。应按一次能源和二次能源的具体产品划分，特别是将化石能源与非化石能源分开，并且将清洁能源单列；对于消除污染部门，不要以为是虚拟部门而忽视，既要考虑各个产业部门自身的治理污染活动，又要考虑环境保护产业部门的治理污染活动，至少按废水治理、废气治理、废物治理进行划分，便于计算其实际治理费用和虚拟治理费用。由于编表工作量较大，在划分部门时宜将部门总数控制在30个左右，最多40个，所以部门划分必须突出重点，以便研究节能减排和产业结构调整。

2. 资料的全面收集。能源、环境、经济投入产出表与原有的经济投入产出表比较，主要增加了消除污染部门的中间投入，这部分中间投入在原有的投入产出表中是不单列的。要解决这部分资料来源，有两个办法：一是同步收集法，二是异步收集法。同步收集法是在编制投入产出基准表（逢2、7年份）时增加一张消除污染部门的中间投入结构调查表，直接解决资料来源问题。异步收集法是在编制投入产出延长表（逢0、5年份）时收集环境保护部门和有关环境保护产业的数据。此外，还要收集各个部门环境的虚拟投入数据，即未达标排放污染物所需的治理费用，以满足编表的需要。

3. 对未达标排放问题的正确处理。在原有的环境、经济投入产出表中对未达标排放的污染物采用实物形态方法处理，将未达标排放污染物与产业部门的产出结合起来计算直接排污系数和完全排污系数；与之对应，将达标排放污染物（实物形态）与消除污染部门的产出结合起来计算直接治污系数和完全治污系数。在能源、环境、经济投入产出表中由于完全采用价值形态，不列出污染物的实物量，计算时只考虑治理污染的费用。对于达标排放的费用在原有投入产出表的中间投入已经计算，从原有投入产出表的中间投入中分离出来就行了。对于未达标排放部分可以参照达标排放部分计算虚拟费用，从增加值中扣除放在中间投入中。这样，对未达标排放问题的处理与达标排放统一起来了。虚拟费用从增加值的营业盈余中扣除，扣除后的营业盈余称为营业纯盈余，相应的增加值为调整增加值。

在解决以上几个基本问题后，我们再来讨论能源、环境、经济投入产出表的编制方法。我国目前拥有的数据资料是2007年投入产出表、2004年绿色国民经济核算的试点资料和2008年全国第一次污染源普查的有关资料，利用这些资料可以试编能源、环境、经济投入产出表。

编表的第一项工作是将已有的中间投入分为其他投入、能源投入、环境投入，先将中间投入象限分成三个同样的象限，再将能源投入、环境投入从中间投入中分离出来，剩下的是其他投入。能源投入就是中间投入中各部门生产对能源产品的投入，可以直接从能源部门分离。比较困难的是环境投入的分离，没有现成资料，可以参考的是现有的环境统计资料和北京市2002年环境、经济投入产出表，从环境统计年报中确定当年环境治理的实际投入金额，包括企业（主要是工业企业）和环境保护部门的实际投入，将这些实际投入按投入产出表的部门分类作为该部门的环境投入总控制数，结合北京市2002年环境、经济投入产出表计算其环境的中间投入（不包括环境设备的折旧和人员工资）及其结构，以此作为环境投入从中间投入中分离出来。由于收集资料的渠道不同，如果在分离能源投入和环境投入之后其他投入是负值，应当进行调整使之为0，并且进行相应的行、列平衡调整。当中间投入象限（第Ⅰ象限）分成三部分之后，最终使用象限（第Ⅱ象限）也应相应地分成三部分，比较简单的方法是根据这三部分中间投入的行合计占原来中间投入对应行合计的比例，将最终使用每行的数据分成三部分。

编表的第二项工作是将环境的虚拟投入从增加值的营业盈余中分离出来作为虚拟环境投入，简单的办法是先从增加值（第Ⅲ象限）中生成一个虚拟环境投入象限，将虚拟环境投入分离出来以后，剩下来的是调整增加值。可以根据废水、废气、废物排放数据，计算废水、废气、废物的达标排放量所占比例和治理费用，推算未达标排放所需的治理费用，即采取维护费用法计算虚拟环境投入。具体计算时从环境统计年报推算虚拟环境投入的总额，即总控制数据，参考全国绿色国民经济核算试点的数据计算各部门的虚拟环境投入，将各部门增加值减去虚拟环境投入得到各部门的调整增加值。各部门的虚拟环境投入计算出来以后还要分解成矩阵形式，将其中废水的虚拟费用放在水的生产和供应业，废气的虚拟费用根据比例放在煤的开采和洗选业与石油开采和加工业两个部门，废物的虚拟费用直接放在废品和废料部门。当虚拟环境投入矩阵编制完以后其数据先单独保留一份再与实际环境投入合并，以方便不同的分析。当虚拟环境投入合并到实际环境投入之后，在最终产品象限中也设调整项使之平衡。

为了简化编表工作，对于生活污染造成的虚拟环境费用，农村居民的可以放在农业或者略而不计（视为自然净化），城镇居民的先放在服务业中的环境管理服务业。如果需要进行单独分析，即研究消费领域的节能减排，可以将其并入居民消费中，同时对最终产品象限做平衡调整。

（二）能源、环境、经济投入产出模型的应用前景

1. 计算各种系数进行分析。利用该表能源投入矩阵数据除以总产出，计

算能源直接消耗系数矩阵，可以反映各部门的能源消耗情况，分析各部门的能源消耗结构和消耗强度；在此基础上，利用能源投入矩阵数据除以增加值，可以分析各部门单位增加值的能源消耗额，将这两者结合起来可以通过研究产业结构调整达到节能的目的。利用实际环境投入矩阵数据除以总产出计算环境直接投入系数矩阵，分析各部门的环境投入结构和投入强度，以此为基础，再分别利用实际环境投入矩阵和虚拟环境投入矩阵除以增加值，可以分析各部门单位增加值的实际环境投入额和虚拟环境投入额，将这两者结合起来可以通过研究产业结构调整达到减排的目的。把以上系数结合起来就能通过研究产业结构调整达到既节能又减排的目的。例如，对于一些高耗能高排放的部门要限制其发展规模，对于一些环境实际投入小而虚拟投入大的部门要求其加大环境治理力度，对于一些环境实际投入大、虚拟投入仍然大的部门也要限制其发展规模。

2. 建立各种模型进行研究。我们在前文中已经提到了建立能源、环境、经济投入产出行模型和列模型并给出相应的模型表达式，利用这些模型可以单独研究节能或者研究减排，也可以同时研究节能减排问题。由于环境投入矩阵可以分为实际投入矩阵与虚拟投入矩阵，建立行模型和列模型还可以更加灵活，可以研究其任何一部分或者全部。例如，利用行模型研究总产品与最终产品的关系时可以分别考虑能源因素、环境实际投入因素、环境虚拟投入因素的影响，也可以考虑这三者的共同影响；利用列模型研究总投入与调整增加值的关系时可以分别考虑能源、环境所发挥的作用与付出的代价，也可以考虑它们共同发挥的作用与付出的代价。

3. 与其他模型结合应用，主要是将能源、环境、经济投入产出模型与计量经济学模型和线性规划模型结合。目前我国对“节能减排”实行目标考核制度，其中用到了两个重要的考核指标，一个是万元 GDP 的能耗，一个是万元 GDP 的排放量。其能耗可以用万吨标准煤的实物单位，也可以转化为价值单位。同样，污染物排放（未达标部分）可以采用实物量单位，也可用虚拟费用替代。如果将能源消耗作为被解释变量，将 GDP 作为解释变量，可以建立能源计量经济模型。将污染物排放作为被解释变量，将 GDP 作为解释变量，可以建立环境计量经济模型。利用时间序列模型预测出 GDP，利用结构模型预测能源消耗量和污染物排放量，将预测数据代入能源、环境、经济投入产出模型中，可以研究规划期的节能减排问题。同时，还可以与线性规划模型结合，通过给定能源和环境的约束条件，研究规划期比如“十二五”规划期节能减排目标下的产业结构调整，为国家制定合理的产业政策提供依据。

4. 与绿色国民经济核算体系的连接。能源、环境、经济投入产出表的编制是投入产出核算的扩展，必须与绿色国民经济核算体系连接，主要是将能源核算和环境核算纳入国民经济核算体系中，特别是在现有考核指标的基础上进一步完善。现有的考核指标如万元 GDP 能耗和万元 GDP 排放量都属于宏观经济指标，我们知道 GDP 是各行业的增加值之和，如果能够通过投入产出核算划分行业，计算分行业的万元增加值能耗和万元增加值排放量，可以实现分行业考核甚至分企业考核，使节能减排研究有行业基础和企业基础，真正把基于“节能减排”的核算纳入绿色国民经济核算体系中，为全面建立绿色国民经济核算奠定基础。

5. 建立能源、环境、经济投入产出调查制度。我国已经建立投入产出调查制度，从 1987 年开始，每逢 2、7 年份开展全国投入产出调查。如果在原有的投入产出调查中将能源产品细分，同时增加环境实际投入与虚拟投入的有关调查数据，就可以很方便地编制能源、环境、经济投入产出表，使基于“节能减排”的投入产出分析能够制度化和常态化。也就是说，通过建立调查制度，在不增加过多调查经费的情况下，研制能源、环境、经济投入产出模型并推广其应用。

参考文献

[1] 钟契夫，陈锡康，刘起运．投入产出分析［M］．北京：中国财政经济出版社，1993.

[2] 廖明球．经济、资源、环境投入产出模型研究［M］．北京：首都经济贸易大学出版社，2005.

[3] 廖明球，等．中国北京奥运经济投入产出与计量模型研究［M］．北京：首都经济贸易大学出版社，2007.

[4] 廖明球．投入产出及其扩展分析［M］．北京：首都经济贸易大学出版社，2009.

[5] 廖明球．绿色 GDP 投入产出模型建立的构想［J］．统计与决策，2009 (20)．

[6] 廖明球．绿色国内生产总值核算存在的问题与对策［J］．经济纵横，2010 (1)．

扩展投入产出表　建立国民经济核算体系[①]

如果说，社会总产值和国民收入核算是我国统计工作的老产品，国民生产总值核算是新产品，那么，投入产出核算则是介于新老之间的产品。目前大多数人倾向于新老并存，三足鼎立。对此我们颇有异议，因为在一个国家同时采用不同的核算体系，不仅会把外行搞糊涂，就是内行也搞不清楚。比较明智的办法是把不同的核算体系结合起来，建立一套新的国民经济核算体系。

那么如何建立起新的国民经济核算体系呢？我们认为，一要从我国的统计核算现状出发，二要从几种不同核算的内部联系出发。我国统计核算的现状是，社会总产值和国民收入核算基础牢固，并且投入产出核算也是建立在它的基础之上的，而国民生产总值核算刚刚起步，经验不多。因此，建立新的国民经济核算体系比较稳妥的办法是由社会总产值和国民收入核算向国民生产总值核算扩展。再从这几种核算的内部联系来看，社会总产值和国民收入核算不包括非物质生产部门，但包括了中间产品和增加值；国民生产总值核算包括了非物质生产部门，但不包括中间产品；投入产出核算作为一种核算方法，既适用于社会总产值和国民收入核算体系，又适用于国民生产总值核算体系。鉴于以上原因，如果把社会总产品投入产出表向非物质生产部门扩展，编制包括产品和劳务的投入产出表，新的国民经济核算体系也就建立起来了。

根据以上观点，核算体系框架的设计也就是扩展的投入产出表表式的设计。表 1 是我们设计的一张既包括产品又包括劳务的投入产出表的简化表式。

① 本文原载于《统计》1987 年第 1 期。

表 1 动态投入产出表简化表式

<table>
<tr><th colspan="3" rowspan="3">投入</th><th colspan="10">产出</th></tr>
<tr><th colspan="3">中间产出</th><th colspan="3">投资产出</th><th colspan="3">最终净产出</th><th rowspan="2">总产出</th></tr>
<tr><th>物质生产部门 1，…，k</th><th>非物质生产部门 $k+1$，…，n</th><th>合计</th><th>物质生产部门 1，…，k</th><th>非物质生产部门 $k+1$，…，n</th><th>合计</th><th>消费</th><th>净调出</th><th>合计</th></tr>
<tr><td rowspan="3">中间投入</td><td colspan="2">物质生产部门 1，…，k</td><td colspan="3" rowspan="3">Ⅰ</td><td colspan="3" rowspan="3">Ⅱ</td><td colspan="3" rowspan="3">Ⅳ</td><td rowspan="3"></td></tr>
<tr><td colspan="2">非物质生产部门 $k+1$，…，n</td></tr>
<tr><td colspan="2">合计</td></tr>
<tr><td rowspan="2">最初投入</td><td>折旧</td><td>基本折旧
⋮</td><td colspan="3" rowspan="3">Ⅲ</td></tr>
<tr><td>净值</td><td>劳动者报酬
⋮</td></tr>
<tr><td colspan="3">总投入</td></tr>
</table>

这张表共分为四个象限，第Ⅰ象限纵向看是中间投入，横向看是中间产出，它反映在社会生产中所消耗的产品和劳务；第Ⅱ象限是投资产出，反映国民经济各部门的投资；第Ⅲ象限是最初投入，反映国民经济各部门的增加值；第Ⅳ象限是最终净产出，反映消费与净调出情况。

从这张表所包括的内容可以看出，它是社会总产品投入产出表的扩展。这张表的总投入便是新国民经济核算体系的总量指标，目前有人把它称为“社会产品和劳务总值”，我们认为应称为“社会生产总值”，因为劳务生产和产品生产都统归于社会生产，用“社会生产总值”比“社会产品和劳务总值”更为确切，而且能够抹掉两种核算体系结合的痕迹。如果把总投入称为“社会生产总值”，那么最初投入总量就是“社会生产增加值”，从“社会生产增加值”中扣除“折旧”就是“社会生产净值”。中间投入总量拟称为

“社会生产消耗总额”（中间产出总量同中间投入总量），投资产出总量拟称为“投资总额”。最终净产出包括消费与净调出两部分，拟分别称为“消费总额”和“净调出总额”。“消费总额”可分为“个人消费总额”与“公共消费总额”。

以上依据投入和产出两方面而设置的一系列指标，便形成了国民经济核算体系的框架。这个框架与原有核算体系框架比较，有明显的特点：其一，它比现存的社会总产值和国民收入核算更为全面，既能反映物质生产部门又能反映非物质生产部门；其二，它比目前试行的国民生产总值核算更加完整，不仅核算增加值部分，而且核算总值；其三，它比社会总产品投入产出核算更为完善，它的投资产出矩阵的部门与中间产出矩阵的部门能够完全对应，便于建立动态投入产出模型；其四，它把社会总产值和国民收入核算与国民生产总值核算统一到投入产出核算中，既能消除两种核算体系并存的现象，又能把投入产出核算推向一个新的阶段；其五，它的第Ⅰ象限能够清楚地反映物质生产部门与非物质生产部门的内在联系。

编制扩展的动态投入产出表以建立起崭新的国民经济核算体系，必须运用系统工程的思想，制订出一整套切实可行的实施方案。根据我国目前统计核算的实际情况，拟分三个层次：第一个层次是进行总投入的核算；第二个层次是进行分块矩阵总量的核算；第三个层次进行矩阵流量的核算。

总投入的核算属于第一个层次的核算。它的核算内容是国民经济各部门（包括非物质生产部门）生产总值之和，即“社会生产总值”。我国的物质生产部门的总值核算有一定的基础，只要按投入产出核算原则做一些调整就可以了。进行总投入核算的重点在于建立非物质生产部门的总值核算。非物质生产部门总值核算可以在增加值核算的基础上补充中间投入部分，补充时可以依据财政决算报表和非物质生产部门财务会计报表。物质生产部门对非物质生产部门的支出也应计算在非物质生产部门的生产总值中。

分块矩阵总量的核算属于第二个层次的核算。它的核算内容较为复杂，可按象限的顺序进行阐述。第Ⅰ象限有四个分块矩阵，即物质生产部门自身消耗矩阵、物质生产部门对非物质生产部门消耗矩阵、非物质生产部门对物质生产部门消耗矩阵、非物质生产部门自身消耗矩阵。核算时可以分为两大块，一块是物质生产部门的中间投入，一块是非物质生产部门的中间投入。物质生产部门的中间投入，可以在社会总产品投入产出表中间投入的基础上补充物质生产部门对非物质生产部门消耗的部分，补充时可依据企业成本核算资料，将其非物质消耗减去其中属于增加值的项目。非物质生产部门的中间投入，可以在社会总产品投入产出表社会消费的基础上加上非物质生产部门的自身消耗，其自身消耗的核算可根据非物质生产部门的财务支出，找出既不属于产品消耗又不属于增加值的那部分内容。第Ⅱ象限的核算是投资总额的核算，固定资产部分根据固定资产投资年报中“全社会固定资产投资总额”确定。流动资产部分根据各部门流动资产核算数据加工整理。此外，根据投入产出核算原则，大修理所消耗的产品和劳务也应列入投资总额。将固定资产、流动资产、大修理消耗三部分加起来就得到了投资产出总额。第Ⅲ象限的核算是增加值的核算，拟在目前试行的国民生产总值核算基础上做一些调整，主要是将物质生产部门对非物质生产部门的支出减掉。第Ⅳ象限的核算是最终净产出核算，主要有两大块，一块是消费总额，一块是流出流入总额。消费总额中的居民消费应是居民个人的实际消费支出，包括产品和劳务两个方面，拟利用家计调查资料。“公共消费”是指不能直接列入个人消费的其他消费，不能从家计调查资料取得，只能通过投入与产出之间的平衡推算。净调出总额拟采用差额平衡法计算，用社会生产增加值减投资总额和消费总额得到。

矩阵流量的核算属于第三个层次的核算，其核算的目的是弄清每个矩阵的内部结构和矩阵之间的联系。根据以前投入产出核算的经验，第Ⅰ、Ⅲ象限的流量采取投入结构调查，选择部分典型单位进行培训指导，按照统一要求填报。第Ⅱ象限的流量也就是投资结构，可结合固定资产投资年报进行投资构成的调查。第Ⅳ象限最终净产出流量包括消费构成和净调出构成，消费构成利用家计调查的住户账本，将消费支出按投入产出表目录进行整理后再进行汇总。净调出的构成需要弄清调出构成和调入构成，可采取对企业进行全面调查的办法。

按照三个层次建立起来的投入产出核算作为国民经济核算的主体，有着广阔的前景。它把国民经济核算同编制投入产出表结合起来，具有广泛的实用性。人们可以根据不同的核算范围和核算要求来确定核算的层次。核算力量强的地区，核算到第三个层次的工作可每年进行，而核算力量不够的地区可每五年进行一次。

从核算内容来看，第二个层次的数据基本上能够满足一般综合平衡分析，第三个层次的数据则能够满足一定深度的综合平衡分析。如果以动态投入产出表为中心，以各专业统计核算为外围，建立起国民经济和社会发展核算体系，就可以形成宏观经济分析的数据库。在这个数据库的基础上再建立起以动态投入产出模型为核心的国民经济和社会发展宏观模型，那么综合平衡分析就会出现质的飞跃。

此外，建立起以投入产出核算为主体的国民经济核算体系，必然要推动统计、会计和业务三大核算的统一，推动综合平衡统计和专业统计之间的协调。这样，也为开拓资金流量核算和国民财富核算创造了良好条件。

做好综合平衡统计工作应解决的几个认识问题①

近几年来，作为调查研究的一个重要机构——统计部门得到了迅速发展。各级统计部门的恢复和不断加强，城市、农村两支调查队的成立，人口和工业普查的接连开展，使统计信息源不断扩大，对综合加工处理信息的能力、综合平衡统计提出了更高的要求。同时，国民经济三大核算（统计、会计、业务核算）是以统计核算为首的。而统计核算又可分为三个层次，核心层是综合平衡统计，中间层是各专业统计，最外层是单项统计。因此，为了更好地发挥统计的整体功能，必须强调综合平衡统计在整个核算中的核心地位。这里想着重谈谈目前做好综合平衡统计工作要解决的几个认识问题。

一、关于统计认识和统计监督的问题

统计认识和统计监督是统计的两个职能，统计认识是统计的基本职能，统计监督是统计的派生职能。统计先要回答“是什么”，然后才能回答“为什么”。回答“是什么”属于统计认识的范畴，也是统计工作最基本的方面；回答“为什么”属于统计认识的发展，其目的是实现统计监督的职能。这是统计工作发挥作用的重要方面。统计认识有三个基本环节，第一个环节是依据所研究的社会经济总体特征设置指标和指标体系，第二个环节是对统计资料进行综合或者分类，第三个环节是对统计数据进行加工计算。进行这三个环节的工作，就是实现统计认识的职能。统计认识的目的在于了解社会经济规律在一定地点、时间条件下的具体表现，为社会经济科学的研究提供“确凿的事实”和“可靠的基础”。而统计监督则是对统计认识提供的事实进行分析判断后，根据一定的标准来监督社会经济的运行。一般来说，统计监督有两个基本环节，第一个环节是进行统计分析，第二个环节是开展预测预报。我们开展工作首先是搞好核算、弄清数据并进行加工整理，继而开展分析研究与预测预报，两者不能偏废。

① 本文原载于《中国统计》1991年第5期。

二、核算体系和指标体系的关系的问题

核算体系是指国民经济核算体系，例如MPS体系和SNA体系；指标体系是指经济、社会、人口、科技等指标体系，包括综合平衡指标体系、各项专业统计指标体系以及单项统计指标体系，例如发表的统计公报和出版的年鉴就是按指标体系编排的。核算体系和指标体系之间既有区别又有联系。核算体系是从编制各种账户、平衡表的角度来研究社会再生产的各个方面，而指标体系则主要是将各种专业统计的主要指标进行归纳整理来反映经济、社会、人口、科技各个方面的情况。按照综合平衡统计目前的分工，平衡统计主要是搞核算体系，综合统计主要是搞指标体系。我们讲的开展大块核算（国民生产总值、投入产出、资金流量、国民财富、国际收支）并实现向新的核算体系转轨，属于核算体系范畴。一般来讲，核算体系仅指国民经济范畴，而指标体系除经济外，还有社会、科技、人口等各个方面。此外，核算体系除了反映总量外，还要反映流量；而指标体系一般是进行综合归纳，只反映总量及其基本分组。核算体系与指标体系的内在联系表现为核算体系的总量指标都属于指标体系的范畴。从事综合平衡统计工作，要一手抓核算，一手抓统计资料的归纳整理，使统计数据规范化、标准化，为社会经济研究提供依据。

三、社会经济与统计的关系的问题

我们这里讲的统计是社会经济统计，不是广义的统计。我们进行社会经济统计，应先弄清社会经济与统计的关系。简单地讲，社会经济是统计认识的基础和前提，统计为认识社会经济提供服务。大家知道，统计工作包括统计设计、统计调查、统计整理和统计分析四个阶段。从认识论上讲，统计包括统计描述、统计推断、统计分析三大阶段。统计作为一个认识工具，必然离不开所认识的客体。也就是说，你要对社会经济进行统计描述，必须先了解社会经济。你要在统计描述的基础上进一步开展统计推断和分析，同样离不开对社会经济的深入了解。正因为统计与社会经济有着密切关系，人们不仅把社会经济统计学看成统计学的一个分支，还看成社会经济科学的一个分支。统计的目的不是统计本身，而是为研究社会经济服务的。但这种服务也不是被动的，在服务的过程中，统计服务不仅促进社会经济的发展，同样也促进了自身的建设。了解社会经济与统计的辩证关系，可以帮助我们处理好统计工作与各个经济部门工作间的关系。我们要做好统计工作特别是综合平衡统计工作，必须全面了解社会经济的历史与现状，这就需要与社会经济各

个部门特别是宏观管理部门交换信息。但是统计不能包办这些部门的工作，统计还要进行自身的研究，而这些研究恰恰是别的部门所不能代替的，像完善统计指标体系、核算体系、统计调查方法等还得靠统计部门自己研究。

四、关于如何协调新、旧核算体系的交替问题

目前我们国家处于一个新、旧体制交替的阶段，与此相适应，核算体系也有一个新旧交替的问题。目前国民收入核算体系（MPS）中的社会总产值核算还没有放弃，而SNA中国民生产总值核算又由粗到细地在拓宽核算内容。为了把增加值作为各行各业的考核指标，国民生产总值除了计算总量外，今后还要求基层单位起报。另外，综合平衡统计工作的原有成果，即以前开展的工作要巩固，但又增加了一些新的工作内容，例如近年增加了总供给总需求的测算以及国家、集体、个人三者分配的测算等。如何协调新旧交替呢？关键是先立后破，把新的核算体系逐步建立起来，取代旧的核算体系，但又不能把旧的一套弃之不顾，另起炉灶去搞新的核算体系，使核算体系在转轨过程中出现断层。应该经过艰苦努力，去开展新的核算体系的试算工作和基层试点工作，使这种量变达到一定程度后引起质的变化，从而实现由旧到新的交替。

五、核算与分析的关系问题

统计的特点是进行计量，因此统计的很大一部分工作是进行统计核算，统计分析是将统计核算的原材料进行再加工，使统计信息由一般的社会经济信息变成向领导提供的决策信息。核算和分析反映了统计工作的两个方面，用大家的话讲，就是一手抓数字，一手抓分析。很明显，分析与核算的关系是统计产品加工与被加工的关系。不搞好核算，分析研究是无源之水；不搞好分析，核算也是无流之源。从统计工作现状看，初级产品较多，深加工产品较少。其客观原因有两个方面：一是核算任务太繁重，二是缺乏现代化的数据处理工具。但是也有主观上的原因，就是不重视分析研究。有些同志忽视了分析对核算的反作用，没有考虑到分析研究可以发现核算资料的不足，促进核算工作的完善。例如，如果不分析应用，小城镇的统计资料就不知道其报表质量如何，也不知道怎样改进这个报表以适应小城镇研究的需要。统计局是生产统计产品的厂家，厂家要考虑用户需要。因此，核算和分析必须两者兼顾，不可偏废。

对实施新国民经济核算体系的几点看法[①]

1995 年是我国向新国民经济核算体系全面转轨的一年，工作任务非常繁重。想要成功转轨，应解决以下几个问题。

一、认识问题

我国的新国民经济核算体系是吸收东方体系（MPS 体系）和西方体系（SNA 体系）各自的长处，按积木式、板块式框架设计为基础的，然而以此为框架的核算体系过于复杂，很难付诸实践。之所以会出现这种情况，主要还是因为认识问题。

其一，我国实行 MPS 体系四十多年，在部门分类上已经习惯于按物质生产部门和非物质生产部门划分，认为完善核算体系只要把非物质生产部门包括进来，进行板块式组合就行了；在编制方法上不愿舍弃平衡表，不管是不是属于核算体系的内容都往体系中塞，以致我国的平衡表体系过于庞大。

其二，核算体系转轨的方向是向 SNA 体系靠拢，说是只吸收 SNA 体系的长处，而核算内容却包含了 SNA 体系的全部内容。同时，从方法上看，新国民经济核算体系已经采用了 SNA 体系的账户编制方法。随着苏联解体，东欧国家都已逐步放弃了 MPS 体系，我们已经没有必要保持 MPS 体系的特色去搞两套东西，做一些重复劳动。例如，编投入产出表，非得编一张 MPS 投入产出表，再编一张 SNA 投入产出表，既费时费力，又没有增加什么用途。

二、补充表问题

核算体系的内容一般来讲就是五大核算，即国内生产总值核算、投入产出核算、资金流量核算、对外收支核算、资产负债核算，因此能把这五大核算的表编出来就行了。

然而在新国民经济核算体系中这五张表只是基本表，另外又补充了人口平衡表、劳动力平衡表、自然资源表、主要商品资源与使用平衡表、综合价

① 本文原载于《中国统计》1995 年第 5 期。

格指数表、企业部门投入表、企业部门产出表、财政信贷资金平衡表等八张表，即所谓五张基本表、八张补充表。

这八张补充表虽然与核算体系有关，但并不直接构成核算体系的内容，因此，完全不必纳入新国民经济核算体系。这八张补充表本可以根据各专业统计的需要和力量，有选择地进行编制，如人口平衡表、劳动力平衡表、综合价格指数表，由有关专业人员去编，企业部门投入表（U 表）、企业部门产出表（V 表）在不采取 UV 推导法编制投入产出表时就可以不编。如果撤下八张补充表，新国民经济核算体系就是编制五张基本表和循环账户。

三、实施范围与时间周期问题

新国民经济核算体系主要满足宏观管理的需要。因此，应根据不同层次的行政管理需要来确定不同的实施范围。从我国国情来看，宏观决策管理主要由国家和省这两级政府负责，这就要求国家和省这两级核算完全按五大核算的要求，建立和完善核算体系。对于地区和中心城市来说，完全不必按五大核算的要求去做，只要建立国内生产总值、投入产出核算就行了，条件成熟的也可以开展资产负债核算。对于县一级来说，一般只需开展国内生产总值核算，有条件的地方可以计算实物资产。

新国民经济核算体系中的五大核算由于其内容的繁简程度不同，有必要确定不同的核算时间周期。从我国的实践来看，国内生产总值分年度、季度核算；资金流量分年度核算；投入产出、资产负债每五年一个核算周期；对外收支核算，国家可分年度进行，即编制国际收支平衡表，而省一级以五年为周期比较合适。在这里需要说明的是，我国的投入产出核算是逢 2、7 年份进行的，拟改为逢 0、5 年份进行，以便与五年计划的基年吻合。同时将资产负债核算也定为逢 0、5 年份进行，以便整个核算体系更趋完善。

四、资料来源问题

新国民经济核算体系能否顺利实施，关键是解决资料来源问题。我国核算工作的传统取材模式有两种，一个是宏观取材，一个是微观取材。这两种取材方法各有利弊，前者工作量小，但核算结果比较粗；后者工作量大，但核算结果比较细。从发展趋势看，核算要由宏观取材逐步过渡到微观取材。要实现核算工作的微观取材，我们认为，重点是从三个方面疏通资料来源渠道。

其一是改革并利用专业统计报表和会计报表，如分年度或季度核算的国内生产总值与资金流量宜采用这种办法。对于现行报表渠道还不能满足的部分资料，可以通过逐步改革和完善报表制度予以解决。

其二是借助部门统计。我国部门统计工作比较完善，如工商统计、财政统计、税务统计、资金统计、外汇统计、外贸统计等。在编制对外收支与资金流量表时应当充分利用各部门统计资料。

其三是开展一次性调查。对于核算周期较长、正常报表渠道又难以提供的资料，应采取一次性调查。我国的投入产出核算和资产负债核算大都使用这种办法。一次性调查在设计表格方面比较灵活，能够根据形势发展修改或调整调查项目与调查表，便于完善核算工作。

普查中的几个问题[①]

普查已经成为政府统计部门的一项重要工作，笔者想根据自己参加第三产业普查的体验，提出几个值得探讨的一般性问题。

无论什么普查都有一个条块结合问题，关键是条与块怎样进行分工。例如，第三产业普查，要求铁道、武警、军队三个系统以条进行普查，其他以省市为块进行普查，而块普查切到县（市）一级时，又出现了各个县（市）自己的条块结合普查。从总结经验来看，普查应以块为主、以条为辅，这样的条块结合才会基本消除遗漏。今后的普查尽量减少条，并且要求条普查的资料尽快反馈给块，以便条块结合。

法人单位和非法人单位的划分也是普查中遇到的难题。第三产业普查采用独立核算单位为法人单位、单独核算单位为非法人单位的原则来处理这一问题，能编制资产负债表的为独立核算单位，否则为单独核算单位，也就是独立核算单位的下属单位。笔者认为，这种划分与称谓并不严谨。应按照国际惯例，用新核算体系的常住机构单位取代独立核算单位，把单独核算单位称为常住机构单位的附属单位，其附属单位的报表由常住机构单位统一填报。

价值指标，特别是增加值指标，是产业普查要搜集的主要信息，第三产业普查却没有直接设置增加值指标，而是通过设计一套财务指标来间接计算。笔者认为，普查作为经常性统计的基础，必须广泛宣传增加值指标，至少应使常住机构单位能够了解和计算这一指标，今后的产业普查要直接设置增加值指标，以便增加值核算知识的普及，从而推动新核算体系的不断完善。

在普查中采取抽样无非出于两种目的：一是了解更为详细的信息，指定一部分单位多填一张或几张表；二是对点多面广、难以进行普查的个体户进行抽样，减少工作量。一般来讲，普查中的抽样多采用非概率抽样，其原因是难以确定抽样框。如果要减少抽样误差，最好采用概率抽样，这样普查前的调查单位摸底显得非常重要。

人口普查、工业普查和农业普查等，由于专业单一，似乎不存在与正规

---

① 本文原载于《中国统计》1997 年第 3 期。

化统计衔接的问题。但上述普查内容都与一项专业统计对口，当普查工作结束后，能够较快地由专业统计处室承担经常性统计。第三产业普查显得有些特殊，由于涉及的专业多，而普查任务一般由核算处（或综合处）担当，而核算处主要承担国民经济核算任务，不可能承担起第三产业的经常性统计任务，只好将这一任务分解到贸易外经、房地产、交通、社会科技等专业统计。而由这些专业统计承担，无论怎么分工协作都难免存在遗漏，还得由核算处（或综合处）来协调。因此普查与经常性统计衔接本身是一个统计体制问题，重点在于协调。

任何一项普查都要耗费巨资，如果只满足于普查结果的发布，那是对信息资源的严重浪费。所以应该重视普查资料的开发应用问题。在笔者看来，普查资料的开发应用要超前考虑，力求为一些重大课题研究搜集第一手资料。此外，考虑到普查的周期较长，应先拟定好若干题目，等数据一出来就能在短期内拿出研究报告。对于普查资料的开发应用，应把重点放在研究结构性问题上。总之，普查资料的开发应用是一项庞大的系统工程，除了普查办的人员外，还要借助外力，共同开发，以提高普查的社会效益。

怎样做好调查研究[①]

做领导工作也好，做具体工作也好，都要注重调查研究，因为通过调查研究可以获得最新的信息，了解下情、民情，有助于决策。本文想专门讨论一下领导干部怎样做好调查研究。

一、实事求是是做好调查研究的前提

调查研究的目的是获得真实、准确和可靠的信息和情况，因此必须实事求是。

根据唯物论的反映论，一切真知灼见必须来源于客观实际，而不是某个人的头脑。这就要求每位领导干部在做调查研究的时候要尊重实际，尊重客观，切忌主观。做调查研究不要搞形式主义，不要为调查研究而调查研究，或者将其看成是工作中的额外负担和任务。毛泽东、邓小平等老一辈无产阶级革命家和中央领导同志非常重视调查研究，并且强调调查研究要实事求是。毛泽东同志有一句名言“没有调查就没有发言权”，这句话包括两层含义：一是要做调查研究，二是要实事求是。可见实事求是非常重要的，它贯穿于调查研究的始终。

调查研究与实事求是之间既是矛盾的又是统一的。调查研究的目的是了解真实情况，它要求实事求是，在这方面两者是统一的；但是调查研究是一种个人或集团的行为，它本身具有主观意志，难免与客观实际存在不相符的地方，在这方面两者又是矛盾的。因此在调查研究过程中，一定要主观符合客观，坚持实事求是。不要先有思维定式，再去做客观求证。

二、制订方案是做好调查研究的关键

做好一项调查研究必须有一个蓝本，这就是调查方案。一般来讲，制订方案要把握以下三个要素。

其一，要注意调查方案的周密性。领导同志一般很忙，要保证以较少的

---

① 本文原载于《中国统计》1997年第9期。

时间获得较多的信息和情况。一定要注意调查方案的周密性，包括内容、时间、地点、方式、程序等。

其二，要注意调查方案的科学性。调查方案的选题要准确，即调查的题目针对性要强；调查方法要科学，根据不同情况，可以采取实地考察、听取汇报、组织座谈、对比研究等。其对比主要是横向对比，也包括同一地点不同时间的对比研究。当需要进行定量分析时，可以采用典型调查和重点调查的方法收集数据。

其三，要注意调查方案的可行性。调查方案的可行性是指调查主体与调查客体是否相符。调查主体即调查者，调查客体即调查对象。根据主观与客观相互一致的原则，要对调查方案的可行性进行研究。

三、归纳分析是做好调查研究的重要环节

无论哪一项调查都离不开归纳分析。归纳分析就是把调查获得的第一手资料进行整理，把其中的精华部分提炼出来。在归纳分析中要注意以下三点。

其一是调查情况的综合。一项调查首先得到的是第一手资料，一般来讲，第一手资料比较零乱，因此首先必须进行综合，包括情况的综合和数字的综合。

其二是调查情况的深入分析。一项好的调查研究不仅要发现问题而且要解决问题，因此仅有调查情况的综合是不够的，还要进行深入分析。要从问题的表层原因到深层原因，从问题（事物）之间的内在联系中捕捉其本质的东西，以求找到问题的症结。

其三是调查情况的表述。一项调查研究完成后要有调查报告。调查报告有两种表述形式，一种是口头表述，一种是文字表述。领导干部搞调查研究更注重口头表述，因为其调查时间较紧，往往一项调查研究刚完成就得进行情况交流，这就要求领导干部有较高的口头表述能力。

四、善于总结是做好调查研究的有效途径

当一项调查研究结束后，要认真总结其中的经验与教训，归纳起来就是以下两点。

（一）要善于借鉴他人调查研究的经验

借鉴他人的调查研究经验，可以通过查阅有关文献资料、走访当事人的办法。在制订方案时要注意共同性问题和特殊性问题，如调查方法大都为共同性问题，而调查内容大都为特殊性问题。

（二）认真总结自己调查研究的不足

每做完一项调查研究，都要自己坐下来总结一番，找出哪些地方还有不足，这是很有益的。每项调查研究都有一个既定目标、一个完整的方案，而在实施过程中，往往存在方案与实际有些不吻合的地方。这就要求找原因、查问题，再把自己所做的多次调查进行比较，找出其不足之处，为做好下次调查提供有益的启示。

我国统计学界三派纷争之我见[①]

我国统计学界由于统计学对象之争形成了三大派别，即方法派、规律派、数理派。几乎各派都从自己既定的立论出发寻找论据进而论证，尽管某些派别如方法派暂时占有优势，但并未独占鳌头，现在仍然围绕着统计学研究的对象进行纷争。

一、统计学三大派别争论的焦点与各自的理论依据

怎样给统计学对象下定义和它属于什么性质的科学是三大派别展开争论的焦点。方法派认为统计学由一个大家族组成，作为这个大家族中一员的社会经济统计学，其研究对象是社会经济现象总体的数量方面，统计学属于方法论科学。规律派认为统计学的研究对象是具体社会经济现象的客观联系和相互依存关系，即其规律性，统计学是一门独立的社会科学，不是方法论科学。数理派则首先宣称国际科学界只有一门统计学，即作为应用数学分支的数理统计学，统计学的研究对象是客观世界普遍存在的偶然性与必然性这一对矛盾运动，统计学所阐明的就是大量客观现象中个别偶然性和集体必然性之间对立统一的数量规律。

三大派为了使自己在理论上自圆其说，论证时大都立驳兼并。方法派的论证分五个层次逐层论述。第一层做两点说明：其一，定义不是研究的起点，而只是科学发展到一定程度的概括，因此不要把精力放在定义之争上；其二，统计学老是在对象性质上争论不休，并非人为而是与统计学的特点和发展过程有关。第二层即从统计学的特点来立论，指出统计是调查研究活动，与世界上客观存在的许多调查研究活动一样，千万次由实践到认识、由认识到实践的反复，在认识规律的同时也总结出了认识方法，这就是方法派有名的“规律变方法”定律。第三层从统计学的发展过程立论，指出统计学在政治算术时代既包括对社会经济关系的研究，也包括认识方法，两者结合在一起。后来科学分工，有了政治经济学、人口学等独立科学，也由于数理统计学的

---

① 本文原载于《统计研究文集》第一辑（中国统计出版社，1993 年第 12 月）。

发展影响，统计学向研究认识方法的方向发展。这是方法派寻求的历史根源。第四层驳斥规律派，指出由于统计学属方法论科学，产生了认识对象与认识方法的联系和区分问题，统计学认识的是客观事物的数量方面，研究的则是客观事物数量方面的认识方法。而实质性科学属于阐明客观事物性质、特点和规律的科学，它的研究对象与叙述内容一致，所以不产生这一类争论。方法论科学则不一样，其认识对象是第一性的，认识方法是第二性的，不去分析规律就得不出认识规律的方法。方法派认为规律派的错误是考察统计学的对象和性质时没有把统计学和统计实际活动区别开来，所以认为统计学也是在研究规律。第五层驳斥数理派，指出由于客观事物存在共性与个性，对它们的认识方法也有通用与特殊之分。社会现象与自然现象之间存在共性，都存在量的方法，都存在随机现象量的规律性，在随机现象范围内，数理统计方法对自然现象与社会现象通用；但在肯定性现象范围，这种方法不能用。方法派经过五个层次的论证得出结论：统计的认识范围是客观事物的数量方面，包罗万象的研究既没有必要也没有可能。统计学研究的则是对客观事物数量方面的认识方法，即特定对象的方法论。

规律派的论证方法比较独特，是从对列宁经典著作关于“统计”的一些命题的阐述展开的。首先，指出列宁在对资产阶级统计进行深刻的批评当中系统地阐明了包括社会经济统计学的性质、对象和方法等马列主义统计的基本理论，为无产阶级统计奠定了科学基础。其次，提出如何通过对列宁关于社会经济统计学是“社会认识最有力武器之一”这样一句名言的理解来把握统计学的性质和作用。强调要从列宁的有关著作中把握以下几个基本点：其一，列宁对问题的提出和解决都是针对社会现象的，是为了确定社会现象的“确凿的事实”；其二，指出以“确凿的事实”来建立这个真正的基础，就是要确定事实之间的联系和相互依存性，弄清全部历史现象的客观联系和相互依存关系；其三，关于“怎样搜集事实”和“怎样确定事实之间的联系和相互依存性问题”，列宁回答是“从全部事实的总和”，“从事实的联系去掌握事实”。最后，驳斥方法论：一是没有讲清为什么只研究“数量方面”和“数量表现”，把“数量表现”与“确凿的事实”等同起来毫无道理；二是怎样做到在质与量的密切联系中研究，“怎么只研究数量方面就能揭示数量关系发展变化的根本原因和弄清研究对象的客观本质”；三是强调对“大量”的社会现象要用大量观察法，实际是概率论的大数法则，这种只限于对变异数值本身变化规律的观察和研究与“从事实的全部总和”“从事实的联系去掌握事实”的思想毫无共同点；四是阐述社会经济统计学的基本方法并指出目前统计教材中所提及方法的不足，认为社会经济统计学应以矛盾分析的方法为基本指导线索，运用点与面相结合、分析和综合相结合的方法进行调查和研究，并在质与量的辩证统一中广泛结合运用经济类型分组和统计指标法，以正确运用统计数字反映大量社会经济现象和过程的具体情况及其客观联系和相互依存性，反映社会经济类型及其经济关系。此外，规律派还指出方法派的教材仍以数理统计理论为基础，见不到自己独立的理论体系，从而形不成独立的科学。由以上论述，规律派得出结论：社会经济统计学研究的是社会经济发展规律在一定具体地点、时间条件下的具体表现，为社会经济科学的研究提供“确凿的事实”和“可靠的基础”。

数理派的论点是先将社会经济统计学归结为政府统计工作，划到科学范围之外，再论述作为数学分支的数理统计学是唯一的统计科学。整个论述分三步。第一步，论述什么是科学，做了两点概括：其一，符合真理的科学必须是客观运动形式中种种特殊矛盾运动的反映；其二，人们观察客观事物而产生的种种学说是否属于科学，必须通过大量反复的实践检验。第二步，论述社会经济统计学不是科学，强调了两点：一是要弄清统计数字与统计学这两个完全不同的基本概念，统计数字和统计方法结合在一起是统计活动，计量的数字与计算比较数字的方法是两回事。从历史看，记录、政治算术和数理统计三个学派，实际上是融合形成现代统计科学方法的三个来源，其中概率论和大量观察平均法是最基本的理论和方法。记录学派与政治算术学派所从事的那部分统计数字由政府统计机构承担，只剩下一个历史的概念。几千年来由原始状态的计量活动发展到专门政府部门的统计工作与近百年来作为应用数学分支的统计科学是两回事。二是根据苏联《统计理论》改名的我国现行《社会经济统计学》是编制全国统计数字的经验，而不是一门科学，因为它的内容是政府统计部门调查、整理、加工、表列统计资料的实务经验和一部分社会、经济统计指标口径的计算经验。这种统计工作调查、计算的经验与自然、社会等运动形式的客观规律并没有什么关系，因而不可能、也无从上升为反映客观规律性的科学理论。第三步，论述数理统计学是经过科学实践检验的一门方法论科学，指出它是应用数学的一个分支，它的理论则是以概率论为基础的数学理论。数理派由此得出结论：社会经济统计学是政府部门统计工作的经验总结，是一门学科，上升不到科学范畴，只有应用数学分支的数理统计学才是真正的统计学。

二、统计学三大派别纷争之我见

我们可以清楚地看到，统计学三大派别在论述中尽管针锋相对，但仍然有一致的地方，笔者认为至少有两点是一致的：一是社会经济统计学作为一门学科仍然是存在的，二是统计离不开研究方法。那么分歧又是怎样产生的呢？问题还是出在这两点上，就是各派对这两点的认识角度不一致。方法派强调统计学是一个大家族，社会经济统计学与数理统计学都是其中的一员；规律派认为统计是认识社会的有力武器，统计学只能是社会经济统计学，数理统计学是数学的一个分支，它与统计学只不过是同名罢了；数理派则认为社会经济统计学只能算作一个学科，真正的统计科学应是数理统计学。在方法论上，方法派认为统计是方法论科学，不仅包括数理统计方法还包括指标设计和社会经济领域内一些独有的统计方法，如指数法等；规律派则认为统计不只是方法论科学，作为认识工具它既研究方法又研究认识过程，是一门实质性科学，其研究范围已超出了统计方法；数理派则认为统计学是一门方法论科学，其方法只限于数理统计学方法，因为指标设计、资料搜集加工只是工作经验，不属于统计学研究范围。这里，后一点的不一致主要来自前一点的不一致，归纳起来就是给统计学所定的范围不一致。数理派的统计学范围最小，只限于数理统计学，其他各门统计学只是数理统计学的应用。规律派的统计学范围也不大，只限于社会经济统计学一门，数理统计学只是一门应用数学。唯独方法派的统计学范围较大，包括数理统计学、社会经济统计学、生物统计学等各门统计学分支。具体在一门社会经济统计学上讲，规律派研究范围又比方法派大，除认识方法外还有认识过程。

怎样划定统计学的范围，笔者认为应该尊重客观事实。统计学应包括三大统计学，即数理统计学、社会经济统计学、自然科学统计学。社会经济统计学包括：社会经济统计学原理；社会统计学，包括人口统计学、教育统计学、卫生统计学等；经济统计学，包括国民经济综合平衡统计学、工业统计学、农业统计学等。自然科学统计学包括生物统计学、统计物理学、统计化学等。

这三大统计学都属于实质性科学，因为用不同的排列组合，可以把数理统计学归入数学，把社会经济统计学归入不同的社会经济科学，把自然科学统计学归入不同的自然科学，而这些科学无疑都属于实质性科学。

值得提出来的是，社会经济统计学原理究竟属于方法论科学还是实质性科学？目前的统计学原理侧重于讲方法，但这并不意味着社会经济统计学原理应是方法论科学。离开特定内容的统计去抽象地谈原理显然是不可能的。社会经济统计学原理的主要内容不应该是介绍数理统计方法，因为“数理统计方法在经济工作中的应用”可以单独作为一门课程（从应用领域讲，数理统计方法可划为方法论科学）。统计学原理的主要内容应该是讲述各具体社会经济统计的共同性问题，其中最重要的是统计认识对象所包括的人与人的关系问题，这就涉及统计组织、统计法规、统计原则和以此为基础的特定统计方法。很明显，这些内容是不可能简单用“方法”二字所包括得了的。不认识这一点，只会误入把应具有丰富内容的社会经济统计学原理引入方法论的歧途。

社会经济统计学是实质性科学，这一点还可以从它与计划学和会计学的关系中得以说明。国民经济计划学不仅研究计划经济理论、体制、法规，也研究指标与方法，它与社会经济统计学在研究内容上大体相似，计划与统计之别只是一个在事前、一个在事后。会计作为一种经济核算与统计核算更为接近，都把研究方法制度作为一个重要内容，只是一个侧重于微观，一个侧重于宏观。随着电子计算机的逐步运用，会计核算与统计核算在很多方面将要越来越一致。如果我们置这些事实于不顾，把社会经济统计学归入方法论，如同把国民经济计划学与会计学也归入方法论一样荒谬可笑。

三、社会经济统计学研究事物既要计量又要究质

鉴于以上分析，笔者认为社会经济统计学的研究对象是社会经济现象的数量及其质的规定性，也就是说社会经济统计学对社会经济的研究不仅要计量而且要究质。

我们知道统计学与统计工作的关系是理论与实践的关系，社会经济统计学的任务是把社会经济统计工作实践中的经验加以总结上升为理论。社会经济统计工作包括统计计量与统计分析，社会经济统计学就理所当然地要担负起研究统计计量与统计分析的任务。近些年经济体制改革对统计改革提出了新的要求，统计机构要办成社会经济信息的中心，要承担信息、咨询、监督三大职能。统计机构不仅要提供简单的信息产品，而且要提供精加工的信息产品。这就对社会经济统计学提出了挑战：不能停留在原有的对指标的一般解释上，而应着重从揭示社会经济现象的内在联系出发来研究指标体系的设置与运用，使社会经济统计学能够真正从理论上指导社会经济统计计量与统计分析实践。社会经济统计学要担负起理论指导实践的任务，这就决定了它对社会经济现象的研究不能只停留在计量上，必须把质与量统一起来。纯粹的计量只是为统计而统计，只有为分析与研究服务的统计才是统计的真谛。在社会经济统计工作中经常运用的统计分组法与综合指标法，实际上就是研究事物的质。

社会经济统计学研究社会经济现象的质主要在两方面：一是划分不同的质，二是揭示不同质的事物间的内在联系。统计要进行这两方面的研究，必须借助于相应的社会经济科学知识。例如，要划分“固定资产”这样一个质

的范围，必须掌握“固定资产”与“流动资产”的政治经济学含义，但是社会经济统计学的研究不能停留在政治经济学对“固定资产”与“流动资产”的含义的区分上，必须根据统计计量与统计分析的实际，在指标含义、计量范围与口径上给予具体的统计规定。这样，社会经济统计学上的“固定资产”与“流动资产”不再是政治经济学上的抽象概念，而有着具体的内容。当然社会经济统计学对质的研究不只是一般的规定指标的含义、范围、口径，更重要的是设置适应各种不同分析需要的指标体系，建立社会、经济数学模型。这也不是简单地把社会经济知识与数学知识相加，而是社会经济统计学在运用社会经济知识与数学知识的基础上利用统计特有的指标体系与一些特有的分析方法来揭示社会经济现象间的内在联系，如投入产出经济数学模型。

从哲学的角度看，任何具体事物都同时具有质和量两个方面，都是质和量的统一体。我们研究任何事物都要把质与量辩证地统一起来进行研究，绝对不能把量孤立起来。要使质与量统一起来，很重要的是把握体现事物质与量对立统一的“度”，即把握一定事物保持自己质的限度、幅度、范围，找到度两端的界限，即通常所说的临界点。在统计分析中经常碰到的是要回答“是什么”，比如是好还是不好，是高还是低。如果只是游离于统计数字的表面，把统计计量作为最终目标，是做不出正确回答的。

持方法派观点的同志担心社会经济统计学一研究质就会成为包罗万象的东西，结果会什么也研究不了。其实这种担心是多余的。之所以担心是没有弄清统计在质的研究上的特点，它是在相应的社会经济学科对质研究的基础上，用统计特有的指标来表现一个个具体的事物，来把握和划分不同的质，使质由抽象的定义变为可以捉摸的具体的东西，同时用指标体系与特定的统计方法把这些具体内容不同的质联系起来，揭示其内在的关联和依存关系，为社会经济科学完善对质的研究提供充分的依据。可以说社会经济统计学对质的研究是各门具体社会经济科学对质研究的一个重要环节。我们应该结束以往那种社会经济研究不注重统计研究、从概念到概念，统计研究不注重经济理论、从数字到数字的错误倾向，既要划定各自的研究范围，又要把各自的研究有机结合起来。社会经济统计学不用去研究生产关系与上层建筑，政治经济学与其他部门经济学也不用去研究统计计量与统计分析，但是必须彼此利用研究成果。更确切一些，是把社会经济统计学视为整个社会经济科学的一个重要组成部分。

持数理派观点的同志，由于要把众多的统计学统一到一门统计学中，就必然要找各门统计学的共同点，这个共同点就自然而然是数理统计方法。研究数理统计方法在社会科学与自然科学上的应用是一门方法论科学，它既不研究数理统计本身也不研究各门具体的统计学，无实质而言，因此他们看不到统计学研究对象上质与量的统一，从根本上不承认社会经济统计学与各门统计学的存在，只注重数理统计方法作为研究种种大量现象偶然性与必然性对立统一数量规律的工具这样一个方面。然而统计不只是研究数量，还必须把质与量的研究统一起来，这一客观事实是任何理论上的偏见所否定不了的。

持规律派观点的同志从学习列宁经典著作入手来分析研究社会经济统计学的性质以及研究对象，是值得肯定的。它比较接近社会经济统计工作者的实际，为大家所接受。笔者希望这派观点的理论能随着统计体制改革的深入和统计实践的发展更加完善，去着重研究社会经济统计学怎样把社会现象质与量的研究统一起来、社会经济统计学研究质与具体社会经济科学研究质的区别与联系、社会经济统计学原理和各门经济统计学应由什么内容和体系组成等，真正使社会经济统计理论走到社会经济统计实践的前面。

分解法和推导法结合编表初探①

编制投入产出表最基本的方法有两种：一种是东欧国家常用的分解法，一种是联合国推荐的推导法。如何将这两种方法结合起来，以提高编表质量和缩短编表过程呢？本文想就湖南省 1983 年投入产出表的编制对此做一些探讨。

一、分解法和推导法的异同点

分解法又称纯部门法，它的主要特点是从基层调查开始，按产品分类建立投入产出关系，其投入量（包括中间投入和最初投入）和产出量（包括中间产品和最终产品）都必须按产品分解。推导法也称 UV 法，它的主要特点是先编出 U 表（投入矩阵表）和 V 表（产出矩阵表），再运用矩阵运算推导出投入产出表。

这两种编表方法的特点不同决定了它们之间的差异。

首先是资料搜集上的差异，分解法无论是搜集投入资料还是搜集产出资料都要求按产品部门（即纯部门）分解，说得具体一点，就是要求每个填报企业特别是工业企业将总产值、物质消耗、净产值从本部门主产品中剔除出来，划归到相应的部门中；而推导法则不然，它只要求搜集产出资料时按产品部门分解，搜集投入资料时不必分解，只填一列数据。

其次是数据处理上的差异，分解法只需将调查资料进行汇总整理，就可直接编制出投入产出表；而推导法不仅要对调查资料进行汇总整理，还要通过矩阵运算才能编制出投入产出表。

最后是编制结果上的差异，分解法直接得到的是纯部门表，想要得到企业部门表，需要将纯部门换算为企业部门；而推导法只要给定假定条件，就可以分别得到纯部门表和企业部门表。

尽管分解法和推导法之间存在较大差异，但仍有许多共同之处。一是基层调查的内容相同，都是为了弄清投入结构和产出结构。两种编表方法的投

① 本文原载于《统计研究参考资料》1987 年第 5 期（总第 13 期）。

入结构基层调查表的主栏相同，都是总产值、物质消耗、净产值，主栏所列的部门都要求是纯部门。只是在宾栏设计上略有不同，分解法要求分主产品、副产品，并有主副产品“合计”栏；而推导法只设计“合计”一栏。至于产出结构基层调查表，两种编表方法的设计要求完全一致，主要进行按纯部门分解工业总产值的调查。二是工作程序大体相同，两种编表方法都是先按纵向（即投入方向）搜集资料进行纵向平衡，再进行横向（即产出方向）的平衡和调整，然后进行综合平衡得到投入产出表。略有不同的是，分解法在综合平衡时采用由外层向里层推进的平衡，即先控制总投入和总产出，而后控制第Ⅲ象限（最初投入部分）和第Ⅱ象限（最终产品部分），从而控制第Ⅰ象限（该象限纵向看是中间投入部分，横向看是中间产品部分），实现横向和纵向的平衡，这种平衡被称为“关门打狗”；而推导法在综合平衡时采用由里层向外层推进的平衡，即先把第Ⅰ象限确定下来，然后调整第Ⅱ、Ⅲ象限，从而实现横向和纵向的平衡。三是编表目标相同，都是要分别编出纯部门表和企业部门表。分解法的过程是先编出纯部门表，再根据纯部门与企业部门之间的数量关系对纯部门表的主栏和宾栏分别进行换算从而得到企业部门表。推导法的过程是先由U表和V表得到两个系数矩阵后，采用不同的矩阵乘法同时得到纯部门表和企业部门表。

二、分解法和推导法结合的意义与方式

由分解法和推导法的异同分析我们不难明白，这两种方法的差异不外乎是直接分解与间接分解的差异，这种差异存在的原因在于实际经济生活存在于纯部门还是企业部门。我们要编制的投入产出表有纯部门和企业部门两种表，怎么不能利用这种差异，把两种方法结合起来扬两者之长呢？我们最初考虑分解法和推导法结合的意义也是从这里开始的。

具体地说，分解法和推导法结合编表还有这样一些意义。

第一，它能克服单纯采用分解法编表的两大缺点。前面已经提到分解法的特点是从基层企业直接分解，因此基层调查工作量大，一般进行典型调查，此外直接汇总整理编制的是纯部门表，于是存在表的综合利用率低和不能直接编制出企业部门表两大缺点。两种方法结合下，可以在一部分典型企业直接分解而大多数企业不必直接分解的前提下布置普查表，使一张调查表层层利用，再是利用U表和V表能直接编出企业部门表，这些都是分解法所不能及的。

第二，它能克服单纯采用推导法的一大弱点。推导法由于采取间接分解的办法，其部门工艺假定和产品工艺假定的前提不能不说是一大弱点。部门

工艺假定是假定同一个企业（部门）生产的各种产品都有相同的投入结构，产品工艺假定是假定同一种产品不论哪个部门生产都有相同的投入结构。这种假定条件必然带来误差，而两种方法结合编表可以避开这些假定条件，以保证编表质量。

第三，与采用一种方法编表相比，两种方法结合编表具有能够互相验证和减少编表环节两大优点。采用一种方法编表由于资料的局限性，难以对用来编表的数据进行验证，不能把握分解法中典型调查的代表性程度和推导法中假定条件所引起的误差大小。两种方法结合编表能够将两方面取得的资料进行验证，也便于总表的平衡调整。至于两种方法结合减少编表环节的优点更是明显，它既不像分解法编制企业部门表需要换算，也不像推导法编制纯部门表需要间接分解。

分解法和推导法结合编表的意义不在于理论上有什么突破，而在于实践中有推广的价值。在投入产出表的编制实践中，应该重视结合，尤其应该重视结合方式。通常的结合方式有两种：板块式和渗透式。我们认为渗透式结合较好，因为这种结合方式不是把两种编表方法简单相加，而是互相融合、互相补充成为一种新的方法。可以说渗透式结合就是综合法，它可集中两种方法的长处，既能保证编表质量又能简化编表过程。

三、分解法和推导法结合编表的一般过程

把分解法和推导法进行结合的综合法，它的编表过程虽然与分解法和推导法有某些相同的地方，但它毕竟已超越分解法和推导法，有自己的独特之处。大致地讲，综合法编表要经历投入表和产出表的编制，投入产出表第Ⅰ、Ⅲ象限（中间投入和最初投入）的编制，投入产出表第Ⅱ象限（最终产品）的编制，投入产出表总表的平衡四个阶段。

（一）投入表和产出表的编制

投入表分纯部门投入表和企业部门投入表两种。纯部门投入表是为了满足纯部门投入产出表的编制需要，企业部门投入表是为了满足企业部门投入产出表的编制需要。纯部门投入表的主栏方向（投入方向）和宾栏方向都是纯部门。企业部门投入表的主栏方向（投入方向）是纯部门，宾栏方向是企业部门。纯部门投入表在分解法中已成为投入产出表，企业部门投入表在推导法中被称为U表。

编制这两个投入表的关键是搞好基层调查。为了把两个投入表的基层调查统一起来，可以设计一套表、两种表式。这个表的表名目前习惯叫作“生

产（经营）价值构成调查表”。我们认为拟改为“生产（经营）投入构成调查表”。这个表的主栏设计包括总投入、中间投入、最初投入三大项，总投入即总产值，中间投入即物质消耗，最初投入包括折旧与净产值，值得说明的是，该调查表的中间投入在进行基层调查时是按产品分类填列的，故称主栏为纯部门（即产品部门）。这个表的宾栏设计采用两种表式：一种只设计“总计”栏，一种除设计“总计”栏外有“空白”栏。对于只设计“总计”栏的表式，基层企业填报时不必对投入按产品分解，而设计有“空白”栏的则要求将投入按产品进行分解。在布置报表时指定一部分产品复杂的典型企业填报设计有“空白”栏的表式，其他企业都填报只设计有“总计”栏的表式，这样能够把全面调查和典型调查结合起来，既不增加基层调查的工作量，也不加重数据处理的工作量。对这套具有两种表式的投入构成基层调查表，按“总计”栏进行超级汇总可以编制出企业部门投入表，按“空白”栏进行超级汇总可以编制出纯部门投入表。

产出表只有一种，编制纯部门投入产出表和企业部门投入产出表都要用到它。这个表的主栏方向是企业部门，宾栏方向（产出方向）是纯部门，所反映的是企业部门生产的产品结构。产出表在推导法中被称为 V 表。编制产出表的主要调查任务是将工业总产值按纯部门分解，其他物质生产部门总产值不存在企业部门与纯部门的差异，不必分解。把按纯部门分解工业总产值的调查表超级汇总可以生成工业部分的产出表，在工业部分产出表的基础上，再把其他物质生产部门的总产值依序排列在对角线上就可以得到完整的产出表。产出表是一个方阵，横向合计为各企业部门产值，纵向合计为各纯部门（产品部门）产值。该表的特点是：主对角线上为主产品产值，数据较大；非主对角线上为副产品产值，数据较小。

（二）投入产出表第Ⅰ、Ⅲ象限（中间投入和最初投入）的编制

有了投入表和产出表，投入产出表第Ⅰ、Ⅲ象限则比较容易编制。

编制纯部门投入产出表的第Ⅰ、Ⅲ象限大体分三步：先将典型调查企业汇总的纯部门投入表以总投入（即总产值）为 1 求投入系数，再将投入系数矩阵左乘主对角线上为各纯部门总产值的对角矩阵（推导法中称该对角矩阵为 Q 矩阵），最后进行流通费用分解将消费者价格换算成生产者价格即可。

编制企业部门投入产出表第Ⅰ、Ⅲ象限略为复杂一些，一般将第Ⅰ、Ⅲ象限分开编制。第Ⅰ象限编制大体分四步：先将全面调查的企业部门投入表（UV 法中的 U 表）的中间投入部分以总投入为 1 求系数，得到中间投入系数矩阵（推导法中称该系数矩阵为 B 矩阵）；再将产出表以纯部门总产值为 1 求

系数，得到产出系数矩阵（推导法中称该系数矩阵为D矩阵）；紧接着用产出系数矩阵左乘投入系数矩阵再左乘主对角线上为各企业部门总产值的对角阵（推导法公式为DBG，G即主对角线为各企业部门总产值的对角阵）；最后进行流通费用分解得到按生产者价格编制的表。第Ⅲ象限不必重新编制，只要将企业部门投入表中的最初投入部分照搬过来，进行列平衡调整就行。

（三）投入产出表第Ⅱ象限（最终产品）的编制

第Ⅱ象限的编制一般从纯部门表开始，即主栏是纯部门，宾栏是最终产品的积累、消费、调出、调入等项目。其调查内容就是最终产品的产品构成，包括积累的产品构成、消费的产品构成、调出和调入的产品构成。为了与最初投入中的折旧对应，最终产品中还增加了固定资产更改大修的产品构成。

积累的产品构成一般采取全面调查，固定资产积累部分设计了“固定资产投资价值构成”调查表，流动资产部分利用其库存资料设计了“产品销售与库存总值”和“物资消费与库存总值”调查表，消费的产品构成没有采取全面调查，居民消费部分利用家计调查资料。将住户记账本按投入产出产品和部门要求重新过录进行机器汇总；社会消费则选择一部分典型单位进行调查。调出和调入的产品构成企业部分采取全面调查，在“产品销售与库存总值”和“物资消费与库存总值”两张表中列入，商业、物资部分采取直接向省直厅局、公司调查。至于固定资产更改大修产品构成，其更改部分我们利用“固定资产投资价值构成”资料，其大修部分利用典型企业调查资料。以上各项调查表的具体设计，可以参阅《湖南省一九八三年投入产出调查文件汇编》，这里就不再一一分述了。

纯部门表第Ⅱ象限编制出来以后，企业部门表第Ⅱ象限的编制就比较简单了，只需将纯部门表第Ⅱ象限的主栏由纯部门转换成企业部门。具体做法是用V表系数矩阵（D矩阵）左乘纯部门投入产出表的第Ⅱ象限。

（四）投入产出表总表的平衡

由于投入产出表第Ⅰ、Ⅲ象限和第Ⅱ象限是分别编制的，尽管三个象限已分别平衡，但编制总表还有一个综合平衡的问题。

纯部门表总表平衡主要是行平衡。当把各列已经平衡的第Ⅰ、Ⅲ象限和第Ⅱ象限拼在一起时，编表数据所存在的矛盾都集中地反映出来了，这就要根据经验数据和行家意见逐项分析，找出不平衡的原因，以确定数据调整的方案。对于在平衡过程中引起的新的列不平衡又要再进行调整，直至全表行列都平衡为止。无论是行平衡还是列平衡，第Ⅰ象限的数据调整都要特别慎重。最好用企业部门投入表和产出表的数据根据推导法求 BDQ，得出间接分解的纯部门第Ⅰ象限数据来验证在调整时所修改的数据。

企业部门总表平衡在纯部门总表平衡之后进行，相对来说工作量要小一些。第Ⅱ象限可以根据已平衡的纯部门总表的第Ⅱ象限做一个纯部门向企业部门的转换得到。第Ⅲ象限可以在企业部门表第Ⅲ象限的基础上再根据纯部门表第Ⅲ象限由纯部门转换为企业部门的数据做一些调整得到。第Ⅱ、Ⅲ象限确定后，第Ⅰ象限的各行、列控制数就得到了，再根据第Ⅰ象限各行、列控制数对第Ⅰ象限各行和各列进行调整以至平衡。调整的原则是尽量少偏离原企业部门第Ⅰ象限的投入结构和产出结构。

投入产出模型由静态向动态转化的方法①

一、静态模型向动态模型转化的构想

静态模型建立的一个最大特点是利用了投入产出表的横向平衡关系，即中间产品+最终产品=总产品。要把静态模型转化为动态模型，也应该从投入产出表的横向平衡入手进行构想。依据列昂节夫投入产出动态模型的思想，把最终产品分成投资产品和最终净产品两部分，这样可以将投入产出表的横向平衡关系写成：中间产品+投资产品+最终净产品=总产品。这个平衡表达式，就是投入产出动态模型的框架。

有了框架，接着要构想数学表达式。静态模型的数学表达式是 $X-AX=Y$，这个表达式有两个特点：一是抓住了总产品（X）和最终产品（Y）之间的关系；二是引入了直接消耗系数（A）的概念。从静态模型数学表达式的这两个特点再引申一下，就不难得出动态模型数学表达式应具备的两个特点：其一要抓住总产品（X）和最终净产品（Y'）之间的关系；其二在引入直接消耗系数（A）的基础上，引入投资系数（B）。从而，根据由静态模型数学表达式引申出来的两个特点，结合列昂节夫动态模型的基本思想，得到动态模型的数学表达式：$X-AX-B\Delta X=Y'$，这里 ΔX 是投资所带来的产品增量。

一般来讲，$X-AX-B\Delta X=Y'$ 是投入产出动态模型较为完整的数学表达式，但是应用起来很不方便，因为它比静态模型多了一个变量 ΔX。如何使动态模型像静态模型一样，只存在 X、Y' 两个变量，这是构想动态模型的一个关键。把动态模型 $X-AX-B\Delta X=Y'$ 与静态模型 $X-AX=Y$ 再做比较就会发现，投资所带来的产品增量（ΔX）与总产品（X）有着内在的联系，只要抓住了这个联系，就可以消除 ΔX 这个变量。这里，引进增长速度 S 这个概念，把 ΔX 表述为 SX，则 $X-AX-B\Delta X=Y'$ 的数学表达式就成了 $X-AX-BSX=Y$。为了使表述更清楚，我们将动态模型后面的一次变形做一下数学推导。假定时滞为一年，则动态模型为：

① 本文原载于《统计研究》1987 年第 1 期。

$$X_t - A_tX_t - B_t\Delta X_{t+1} = Y_t' \quad (1)$$

由于 $\Delta X_{t+1} = X_{t+1} - X_t$，则（1）式可写成：

$$X_t - A_tX_t - B_t\ (X_{t+1} - X_t)\ = Y_t' \quad (2)$$

又由于 $X_{t+1} =\ (1+S)\ X_t$（S 为增长速度），则（2）式可写成：

$$X_t - A_tX_t - B_t\ [\ (1+S)\ X_t - X_t]\ = Y_t' \quad (3)$$

整理（3）式得：

$$X_t - A_tX_t - B_tSX_t = Y_t' \quad (4)$$

（4）式便是投入产出动态模型的标准方程式。

二、编制投资矩阵的基本方法

投入产出模型的数据基础是投入产出表，要将静态模型转化为动态模型，主要工作是编制投资矩阵。把原投入产出表中的投资部分细化得到表 1 形式的新投入产出表。

表 1　新投入产出表

投入		产出														
		中间产品					投资产品					最终净产品				总产出
		农业	林业	…	商业	合计	农业	林业	…	商业	合计	非物质部门投资	消费	净调出	合计	
中间投入	农业															
	林业															
	⋮															
	商业															
	合计															
最初投入	基本折旧															
	大修理折旧															
	折旧合计															
	工资															
	⋮															
	净产值合计															
总投入																

将以上新表式与原表式比较，相同的是中间产品（中间投入）象限和最初投入象限，不同的是最终产品象限。原表的最终产品象限，投资和消费等项目都是列向量，而新表则要求把投资产品化成矩阵形式从最终产品中单列出来，使最终产品成为投资产品和最终净产品两部分。

编制这种新表，必须对原表最终产品的各个项目进行分析，划分出投资产品和最终净产品的范围。投资产品包括固定资产更新改造、固定资产大修理、积累三个项目，剩下来的消费、净调出（调出减调入）属于最终净产品。但是由于编制的投入产出表不包括非物质生产部门，为了与中间产品的物质生产部门对应，把非物质生产部门的投资产品也列入了最终净产品。具体做法如下。

第一，把原表流动资产积累列向量化成矩阵形式。流动资产积累资料来源较为复杂，采取分部门整理的办法。工业部门流动资产分为储备资金、成品资金、生产资金三部分，储备资金利用投普表《物资消费与库存调查表》中库存资料整理，成品资金利用投普表《产品销售与库存调查表》中库存资料整理，生产资金利用投普表《产品销售与库存调查表》附注指标“在制品、半成品期末与期初库存”资料整理。建筑业、运输业、商业部门利用 投典表《生产（经营）价值构成调查表》附表指标“库存增减”资料整理。农业部门利用国有农场的流动资金资料和国民收入计算明细表中农民粮食与牲畜库存资料整理。

第二，把原表的固定资产积累部分和固定资产更新改造部分合并成为固定资产投资列向量，再根据原布置的投普表《固定资产价值构成调查表》的有关构成资料，将固定资产列向量扩展成固定资产投资矩阵。这个投资矩阵是长方形矩阵，包括了非物质生产部门的投资，需要把非物质生产部门分割出来，使之成为与中间产品矩阵对应的方阵。

第三，把原表中固定资产大修理列向量扩展成矩阵。扩展方法是从原布置的投典表《生产（经营）价值构成调查表》中找到所列“固定资产大修理”构成资料，进行加工整理。这个矩阵只包括物质生产部门，是方阵。

第四，将流动资产投资矩阵、固定资产投资矩阵、固定资产大修理矩阵相加合并为投资矩阵，将没有纳入投资矩阵的那部分投资产品与消费、净调出并列于最终净产品中。

三、投资矩阵和投资系数矩阵的确定原则

（一）投资矩阵的确定原则

1. 流动资产投资的确定原则。流动资产从理论上讲应分为两部分：一部

分与生产（经营）活动密切相关，随着生产（经营）活动的扩大（或缩小）而增加（或减少），即通常所说的正常库存；一部分属于生产不对路或流通渠道不畅引起的，即通常所说的超储物资。但目前的统计资料还无法把这两部分流动资产分开，因此都放在投资矩阵中。至于农民手中种子以外的粮食储备和牲畜增加，明显地与农业生产无关又能取得数据资料，就不必放在投资矩阵中。流动资产积累的计算方法是年末库存减年初库存，其结果必然出现负数项，这容易造成一种误解，好像生产（经营）活动愈是扩大，流动资产愈是减少。其实，把国民经济作为一个整体看，库存减少是由于生产消耗、生活消费和调出增加。这里的负数并不影响国民经济的整体平衡，而恰恰是整体平衡的体现。从这一点上讲，投资矩阵有负数项是它与中间产品矩阵的一大区别。

2. 固定资产投资的确定原则。固定资产投资包括固定资产积累和固定资产折旧。计算国民收入使用额时，固定资产积累是由固定资产投资减固定资产折旧得来的，确定投资矩阵时就没有必要再把固定资产分成积累和折旧两部分了。固定资产投资从理论上讲可以分成生产性和非生产性，并且也有相应的统计数据，但是不能简单地说生产性固定资产投资与生产的增长有关，而非生产性固定资产投资与生产增长无关。统计制度对生产性与非生产性固定资产投资的规定与实际情况也不尽一致，如城市道路的修建放在非生产性固定资产投资中，实际与生产密切相关，因此没有必要将非生产性固定资产投资从投资矩阵中分离出来。非物质生产部门的投资受东方核算体系（MPS体系）的限制，不能列入投资矩阵中，只好视同最终净产品。但非物质生产部门中的有些部门与物质生产部门联系密切，连统计数据都分不开，也可以将这些部门的投资加入物质生产部门的投资中，例如：客运业与货运业的投资分不开，可以放在货运业中；地质勘探业与建筑业中的地质勘探设计难以分开，可放在建筑业中；农、林、水、气的投资与农业生产密切相关，应分摊到农业、林业、畜牧业、副业、渔业五业中。对于非物质生产部门投资可以确定这样一条原则，即凡能放在投资矩阵中的尽量放在投资矩阵中，凡是能作为内生变量的不要作为外生变量。

3. 固定资产大修理的确定。在原表中最终产品象限的固定资产大修理是对应最初投入象限中的大修理折旧而设置的，是指大修理所消耗的动力与原材料。根据现有的投入产出核算原则，它不属于中间产品，而且大修理作为恢复固定资产的使用价值，与新增的固定资产并无两样，不失为一种投资，因此放在投资产品里。我国现存的核算体系主要对五大物质生产部门的独立核算企业进行大修理核算，不存在区分物质与非物质生产部门或生产性与非生产性的问题。

(二) 投资系数矩阵的确定原则

投资矩阵确定以后，投资系数矩阵的确定主要取决于新增产品。新增产品按理说应分为两部分，一是追加投资带来的，二是改进了管理和提高了生产人员积极性带来的。但是从统计核算上讲，很难划分出这两部分。只能承认这样一个假定，即新增产品全部是追加投资带来的。前面设计投入产出动态模型时提出了时滞一年的假定，即当年投资下年受益，或者说下年新增产品全部由上年追加投资带来。其投资系数为：

$$(b_{ij})_t = \frac{(f_{ij})_t}{(\Delta X_j)_{t+1}}$$

用文字表示，即

$$\text{本年（或}t\text{年）投资系数} = \frac{\text{本年（或}t\text{年）投资额}}{\text{下年（或}t+1\text{年）新增产品}}$$

应当承认，时滞一年的假定与实际经济情况有一定的差距，因为各行业的投资周期不同，追加的投资可能经过一年、两年或者三年、五年受益不等。但是用全面考虑时滞因素来确定新增产品的办法，又会出现基础数据搜集困难和主观臆断因素增加的弊端。倒不如用时滞一年的办法，计算起来方便，进行经济预测时也便于对投资系数进行修订。

在用 1983 年的投入产出数据对“七五”计划进行论证时，投资系数是这样处理的，将 $\frac{\text{1983 年投资额}}{\text{1983 年产值}\times\text{1984 年相比 1983 年的增长速度}}$ 改为 $\frac{\text{1983 年投资额}}{\text{1983 年产值}\times\text{“六五”期间年平均增长速度}}$。改动的理由是，1983 年是“六五”时期的中间一年，其投资额和产值都处于“六五”时期的平均水平。如果用“六五”时期的产值年平均增长速度所计算的投资系数能够代表“六五”时期的一般水平，用它来预测“七五”期间的投资，比用 1984 年相比 1983 年的增长速度所计算的投资系数更科学。

关于投入产出扩展模型的探讨①

在国民经济综合平衡分析中，投入产出分析方法愈来愈被广泛运用。目前运用较多并且比较成熟的是投入产出静态模型和动态模型，然而，要完整地反映国民经济综合平衡的状况，只停留在静态模型和动态模型上显然是不够的，应当再加扩展，即建立投入产出扩展模型（以下简称“扩展模型”）。

扩展模型可以有不同的扩展方法，但原则只有一个，就是增强其对国民经济循环的分析解释能力，一方面要反映社会再生产的各个环节，一方面要反映实物、资金两大运动。本文根据湖南省1987年投入产出扩展表的编制实践，就如何进行投入产出分析的扩展进行一些探讨。

一、扩展模型的设计

基于我国现阶段的基本经济特征和国民经济核算的基础条件，我们设计了湖南省1987年投入产出扩展表并以此表为基础建立投入产出扩展模型（见表1）。该表共有六个象限，也称六象限表。表中第Ⅰ、Ⅱ、Ⅲ象限是静态表中原有的，第Ⅳ、Ⅴ、Ⅵ象限是扩展的。

六象限表的主要特点如下：

一是能够全面反映国民经济的循环，即社会再生产的各个环节。在原有的三象限表中只有中间投入与中间产出一一对应，最初投入与最终使用的对应问题一直未解决。由于扩展了第Ⅳ、Ⅴ、Ⅵ三个象限，初次分配与最终使用的对应通过再分配收入与再分配支出的过渡由最终支出实现了。这样以生产为起点、以最终使用为终点的循环就完成了。

二是反映了实物、资金两大运动。由于在第Ⅴ、Ⅵ象限中引进了资金流量表中实物交易部分的内容，既保留了原有的三象限表着重反映实物运动的特点，又补充了它不能完整反映实物和资金两大运动的不足。在三象限表中，水平方向的第Ⅰ、Ⅱ象限反映的是实物的流出（产品劳务的中间产出和最终产出）和资金的流入（资金的中间收入和最终收入）；垂直方向

① 本文原载于《统计研究》1990年第5期。

的第Ⅰ、Ⅲ象限反映的是实物的流入（产品劳务的中间投入和初始投入）和资金的流出（资金的中间支出和原始支出）。第Ⅰ象限中的中间投入与中间产出的对应交换过程已经完成，但第Ⅲ象限的最初投入与第Ⅱ象限的最终产出的交换尚未最终实现，而扩展的第Ⅳ、Ⅴ、Ⅵ三个象限正实现了这一衔接，以致完整地反映资金运动过程，从而达到完整反映实物运动的目的。我们知道，第Ⅲ象限纵栏（宾栏指标）反映的是资金的原始支出，横栏（主栏指标）反映的是资金的初次分配收入。那么第Ⅴ象限横栏则反映了资金的再分配收入，在资金流量表中称为资金来源，第Ⅵ象限横栏和第Ⅴ象限对应，反映资金的再分配支出，在资金流量表中称为资金运用。第Ⅳ象限则将第Ⅵ象限的数据按第Ⅳ象限主栏指标进行变换，仍属于资金的支出，为了与第Ⅱ象限最终产出对应，我们称它为资金的最终支出。这样，资金的原始支出与最终收入之间由最终支出象限衔接起来了。

表1　投入产出扩展表表式

<table>
<tr><td rowspan="4" colspan="3">投入</td><td colspan="18">产出</td></tr>
<tr><td colspan="5">中间产出</td><td colspan="12">最终产出</td><td rowspan="3">总产出</td></tr>
<tr><td rowspan="2">农业</td><td rowspan="2">林业</td><td rowspan="2">…</td><td rowspan="2">行政机关</td><td rowspan="2">合计</td><td colspan="3">固定资产</td><td colspan="2">固定资产</td><td rowspan="2">积累合计</td><td colspan="3">消费</td><td rowspan="2">消费合计</td><td rowspan="2">净调出</td><td rowspan="2">储蓄投资差</td></tr>
<tr><td></td><td></td><td>小计</td><td></td><td>小计</td><td>农民</td><td>非农</td><td>社会</td></tr>
<tr><td rowspan="5">生产</td><td rowspan="5">中间投入</td><td>农业</td><td colspan="5" rowspan="5">Ⅰ</td><td colspan="12" rowspan="5">Ⅱ</td><td rowspan="5"></td></tr>
<tr><td>林业</td></tr>
<tr><td>…</td></tr>
<tr><td>行政机关</td></tr>
<tr><td>中间投入合计</td></tr>
<tr><td rowspan="7">初次分配</td><td rowspan="7">最初投入</td><td>基本折旧</td><td colspan="5" rowspan="7">Ⅲ</td><td colspan="12" rowspan="7">Ⅳ</td><td rowspan="7"></td></tr>
<tr><td>大修理折旧</td></tr>
<tr><td>劳动者收入</td></tr>
<tr><td>福利基金</td></tr>
<tr><td>利润和税金</td></tr>
<tr><td>其他</td></tr>
<tr><td>最初投入合计</td></tr>
<tr><td colspan="3">总投入</td><td colspan="5"></td><td colspan="12"></td><td></td></tr>
</table>

续表

<table>
<tr><th colspan="2" rowspan="3">投入</th><th colspan="18">产出</th></tr>
<tr><th colspan="5">中间产出</th><th colspan="12">最终产出</th><th rowspan="3">总产出</th></tr>
<tr><th rowspan="2">农业</th><th rowspan="2">林业</th><th rowspan="2">…</th><th rowspan="2">行政机关</th><th rowspan="2">合计</th><th colspan="3">固定资产</th><th colspan="2">固定资产</th><th rowspan="2">积累合计</th><th colspan="3">消费</th><th rowspan="2">消费合计</th><th rowspan="2">净调出</th><th rowspan="2">储蓄投资差</th></tr>
<tr><th colspan="2"></th><th></th><th></th><th>小计</th><th></th><th>小计</th><th>农民</th><th>非农</th><th>社会</th></tr>
<tr><td rowspan="7">再分配</td><td>居民</td><td colspan="5" rowspan="7">Ⅴ</td><td colspan="12" rowspan="7">Ⅵ</td><td rowspan="7"></td></tr>
<tr><td>企业</td></tr>
<tr><td>行政事业单位</td></tr>
<tr><td>地方财政</td></tr>
<tr><td>金融</td></tr>
<tr><td>省外</td></tr>
<tr><td>机构部门合计</td></tr>
</table>

三是反映了国内生产总值、资金流量核算与投入产出核算（静态表编制）的结合。由于投入产出静态表的编制已由物质生产部门扩展到非物质生产部门，三象限表已完成了国内生产总值核算与投入产出核算的结合。在六象限表中又引进了资金流量表的内容，使得投入产出核算与资金流量核算有机地结合起来了。

二、扩展表的编制方法

编制扩展表就是根据扩展模型所设计的表式以及所赋予的经济内容，进行资料的搜集与加工整理，来填充相应的表格。由于扩展表是在静态表基础上扩展的，那么第Ⅰ、Ⅱ、Ⅲ象限不需要再行编制，主要是编制第Ⅴ、Ⅵ、Ⅳ象限。下面根据编制程序分别予以介绍。

（一）第Ⅴ象限的编制

第Ⅴ象限的主栏是根据资金流量表的机构部门设置的，包括居民、企业、行政事业单位、地方财政、金融、省外六个项目；宾栏则与第Ⅰ、Ⅲ象限相同，是国民经济各部门，包括物质生产部门和非物质生产部门。第Ⅴ象限的总控制数同第Ⅲ象限，是各部门的增加值。各行的合计取自资金流量表中的各机构部门可支配收入，即通过财政再分配形式后各机构部门形成的可供支配的收入。第Ⅴ象限编制的关键是将各机构部门的可支配收入按投入产出的部门进行分解，仅有投入产出静态表和资金流量表是不够的。为了完成这个分解，我们在进行投入产出基层调查时，专门设计了一张基层投入产出专题调查表（投专1表略），在这张表中设置了劳动者收入、利润、已缴税金总额、购买国库券、上缴能源交通基金、当年国家投资与拨款、其他收支、债权、债务、库存现金等项目。计算机超级汇总放大后再经过技术处理，使之变为投入产出表的产品部门，便得到了这些项目按投入产出部门划分的数据。有了这些数据，各机构部门的可支配收入按投入产出部门的划分就有了依据。

在分解时，基本思路是先将各部门的增加值分解成个人、国家、集体三部分。个人部分是主栏中的居民，国家部分是主栏中的地方财政和省外（包含中央财政），集体部分是主栏中的企业、行政事业单位、金融。计算个人部分，要用投专1表中各部门的工资占劳动者收入的比重乘第Ⅲ象限中各部门的工资额再减去各部门个人购买的国库券数额。计算国家部分，要将投专1表中已缴税金总额、购买国库券、上缴能源交通基金以及利润的上缴部分（一般按利润乘百分之三十）几项相加再减去当年国家投资与拨款。企业部分，用各部门增加值减去个人与国家所分配部分得到。这样各列就平衡了。行合计不等于六个机构部门按个人、国家、集体三部分划分的控制数，要按行进行平衡调整。在行平衡调整时要注意以下几个问题的处理。

一是各部门的个人所得数据要小于资金流量表中居民可支配收入，其原因大致有两个：其一，资金流量表中的居民可支配收入包括城乡个体工商户经营收入；其二，居民可支配收入包括了物价补贴。在处理时，将物价补贴部分从商业企业集体所得部分减去，加到个人所得部分，个体工商户经营收入部分从相应企业部门集体所得减去，加到该部门的个人所得中。

二是农业农村部分没有基层调查资料，在处理时，根据地方财政决算表有关项目划分出国家所得，剩下来的都放在个人所得中。

三是平衡的顺序：先是个人部分行平衡，再是国家部分行平衡，最后是集体部分行平衡。当三部分的行列都平衡后，个人部分不再分解了，只要把集体部分划分为企业、行政事业单位、金融三小部分，国家部分划分为地方财政、省外两小部分就行了。集体部分的划分不算复杂，把工业、建筑业、货运邮电业、旅客运输业划归到企业；文卫、科研事业、行政机关划归到行政事业单位；金融保险业一部分划归到金融，一部分划归到行政事业单位；公用事业及居民服务业一部分划归到企业，一部分划归到行政事业单位。国家部分的划分较为复杂，一般先从资金流量表中弄清地方财政、省外（包含中央财政）的可支配收入的数据来源，再根据地方财政决算表、投专1表有关资料予以划归。国库券、上缴能源交通基金等明显项目划归到省外，中央所属企业、行政事业单位利税直接上缴和经费下拨要根据有关资料划归到省外。这样，第Ⅴ象限就编制完了。

（二）第Ⅵ象限的编制

第Ⅵ象限的主要数据取自资金流量表。由于它是第Ⅴ象限的横向延长与第Ⅱ、Ⅳ象限的纵向延长，其总控制数也同第Ⅱ、Ⅴ象限总控制数。其列合计与第Ⅱ象限列合计对应相等，反映积累、消费、净调出总额；其行合计与第Ⅴ象限行合计对应相等，反映六个机构部门的资金运用。在资金流量表中资金运用与资金来源并不对应相等，是通过储蓄投资差的项目进行平衡的，所以在第Ⅱ象限宾栏中要增设“储蓄投资差”的平衡项目。资金流量表中各机构部门的固定资产投资、流动资产积累（库存增减额）、消费等数据可直接取得。由于国内生产总值、资金流量核算与投入产出核算的范围、口径不完全一致，固定资产大修理在资金流量表中没有反映，在行平衡时应把这项放在机构部门的企业中。在消费的划分中，居民消费放在机构部门的居民中，社会消费分别放在机构部门的企业与行政事业单位中。净调出的项目在资金流量表中没有单独反映，行平衡时应放在机构部门的省外中。当资金流量表中的固定资产投资、流动资产积累（库存增减额）、消费等合计数字与投入产出表第Ⅱ象限的数据略有出入时，应以第Ⅱ象限数据为准，不要轻易改动原有三个象限的数据。

（三）第Ⅳ象限的编制

第Ⅳ象限是第Ⅱ、Ⅲ象限的共同延长，其行合计与第Ⅲ象限对应相等，列合计与第Ⅱ象限对应相等。当第Ⅴ、Ⅵ象限编制出来以后，根据第Ⅲ象限和第Ⅴ象限之间的关系，可以将第Ⅵ象限数据按第Ⅳ象限主栏指标的要求进行转换，从而编制出第Ⅳ象限。具体的转换方法是先由投专1表获得，第Ⅲ、Ⅳ象限的行合计控制数等有关数据，确定一个第Ⅲ、Ⅴ象限的数据对应关系。例如，第Ⅴ象限居民的再分配收入，其中属于第Ⅲ象限初次分配的工资、福利、利税、其他、折旧等项各是多少？第Ⅴ象限企业、行政事业单位的再分配收入，其中折旧、福利、利税、其他各占多少？有了第Ⅲ、Ⅴ象限对应关系式，再将固定资产投资、流动资产积累、消费、净调出、储蓄投资差逐项进行分解归类，使第Ⅳ象限行、列平衡相等。

当第Ⅴ、Ⅵ、Ⅳ象限都编制出来后，再根据第Ⅰ、Ⅱ、Ⅲ象限做一些整体平衡调整，就编制出了六象限扩展表。

三、扩展模型的应用

（一）经济系数

在进行国民经济的分析和预测中，扩展模型除直接消耗系数和完全消耗系数外，还有这样一些经济系数。

1. 增加值结构系数：根据第Ⅲ象限计算，由第Ⅲ象限列合计为分母求得。它所反映的是各个部门的增加值构成。

2. 再分配收入结构系数：根据第Ⅴ象限计算，由第Ⅴ象限的列合计为分母求得。它所反映的是各个部门增加值的再分配要素构成。

3. 再分配支出结构系数：根据第Ⅵ象限计算，由第Ⅵ象限的行合计为分母求得。它所反映的是各机构部门的资金运用要素构成。

4. 最终支出结构系数：根据第Ⅳ象限计算，由第Ⅳ象限的列合计为分母求得。它所反映的是积累、消费、净调出、储蓄投资差等项的资金支出构成。

5. 最终使用结构系数：根据第Ⅱ象限计算，由第Ⅱ象限的列合计为分母求得。它所反映的是积累、消费、净调出的产品劳务构成。

根据以上系数，可以建立国民经济循环的经济数学模型：第一步，根据第Ⅰ、Ⅱ象限行模型（包括静态、动态两种）确定总投入；第二步，根据第Ⅰ、Ⅲ象限列模型确定最初投入（增加值）；第三步，根据第Ⅲ、Ⅴ象限列模型确定再分配收入；第四步，根据第Ⅴ、Ⅵ象限行模型确 定再分配支出；第五步，根据第Ⅳ、Ⅵ象限列模型确定最终支出；第六步，根据第Ⅱ、Ⅳ象限列模型确定最终产出。只要将第Ⅱ象限最终产出作为外生变量预测出来，输入模型体系，就可以使国民经济循环模型运转起来。

（二）循环模型的数学表达式

令第Ⅰ至Ⅵ象限的数据分别为 X、Y、H、Q、G、D 矩阵，则分别有如下模型。

第Ⅰ、Ⅱ象限行模型：

$$\sum_{j=1}^{n} x_{ij} + \sum_{j=1}^{m} y_{ij} = X_i (i = 1, 2, \cdots, n)$$

第Ⅰ、Ⅲ象限列模型：

$$\sum_{i=1}^{n} x_{ij} + \sum_{i=1}^{s} h_{ij} = X_j (j = 1, 2, \cdots, n)$$

第Ⅲ、Ⅴ象限列模型：

$$\sum_{i=1}^{s} h_{ij} = \sum_{i=1}^{r} g_{ij}(j = 1, 2, \cdots, n)$$

第Ⅴ、Ⅵ象限行模型：

$$\sum_{j=1}^{n} g_{ij} = \sum_{j=1}^{m} d_{ij}(i = 1, 2, \cdots, r)$$

第Ⅳ、Ⅵ象限列模型：

$$\sum_{i=1}^{s} q_{ij} = \sum_{i=1}^{r} d_{ij}(j = 1, 2, \cdots, m)$$

第Ⅱ、Ⅳ象限列模型：

$$\sum_{i=1}^{n} y_{ij} = \sum_{i=1}^{s} q_{ij}(j = 1, 2, \cdots, m)$$

引入直接消耗系数 a_{ij}（$i= 1, 2, \cdots, n; j=1, 2, \cdots, n$）。

增加值结构系数 e_{ij}（$i=1, 2, \cdots, s; j=1, 2, \cdots, n$）。

再分配收入结构系数 f_{ij}（$i=1, 2, \cdots, r; j=1, 2, \cdots, n$）。

再分配支出结构系数 k_{ij}（$i=1, 2, \cdots, r; j=1, 2, \cdots, m$）。

最终支出结构系数 l_{ij}（$i=1, 2, \cdots, s; j=1, 2, \cdots, m$）。

最终使用结构系数 w_{ij}（$i=1, 2, \cdots, n; j=1, 2, \cdots, m$），则各象限模型如下。

第Ⅰ、Ⅱ象限行模型为：

$$\sum_{j=1}^{n} a_{ij}X_j + Y_i = X_i(i = 1, 2, \cdots, n)$$

第Ⅰ、Ⅲ象限列模型为：

$$\sum_{i=1}^{n} a_{ij}X_j + h_j = X_j(j = 1, 2, \cdots, n)$$

第Ⅲ、Ⅴ象限列模型为：

$$\sum_{i=1}^{s} e_{ij}h_j = \sum_{j=1}^{r} f_{ij}g_j(j = 1, 2, \cdots, n)$$

第Ⅴ、Ⅵ象限行模型为：

$$g_i = \sum_{j=1}^{m} k_{ij}d_i(i = 1, 2, \cdots, r)$$

第Ⅳ、Ⅵ象限列模型为：

$$\sum_{i=1}^{s} l_{ij}q_j = d_j(j = 1, 2, \cdots, m)$$

第Ⅱ、Ⅳ象限列模型为：

$$\sum_{i=1}^{n} w_{ij}y_j = q_j(j = 1, 2, \cdots, m)$$

宏观经济循环矩阵与五大基本核算的统一①

通常所讲的宏观经济循环矩阵是指在编制生产、消费、积累、对外以及资产负债账户后所编制的循环矩阵。而本文所讲的宏观经济循环矩阵是在投入产出静态表的基础上扩充象限所形成的循环矩阵（以下简称“宏观循环矩阵”）。

一、宏观循环矩阵的建立

以往的五大基本核算是分别编制五张平衡表，即国内生产总值及其使用表、投入产出表、资金流量表、对外收支平衡表、资产负债表。由于五张基本表是从不同的角度和按不同的要求设计的，分析应用起来很难统一。如何在不编制基本账户的情况下，把五大基本核算统一起来？编制宏观循环矩阵，是一个可行的途径。

如果要从五张基本表中选取一张表为母表，将其他表的内容放入母表中，形成新的宏观循环矩阵，只有投入产出表最为合适。原因如下：

首先，投入产出表已经包括了国内生产总值及其使用表的内容，三个象限分别反映了社会再生产中的生产、初次分配、最终使用。

其次，投入产出表第Ⅲ象限反映的部门增加值是再分配的初始流量，便于资金流量表的实物交易部分与之对接。在投入产出表原有的第Ⅰ、Ⅱ、Ⅲ象限的基础上再扩充三个象限，即第Ⅳ、Ⅴ、Ⅵ象限。第Ⅴ象限反映再分配收入，第Ⅵ象限反映再分配支出，第Ⅳ象限反映最终支出。如果说第Ⅰ、Ⅱ、Ⅲ象限着重反映实物运动，那么第Ⅳ、Ⅴ、Ⅵ象限着重反映资金运动。在原有的三象限表中只有中间投入与中间产出一一对应，最初投入与最终使用的对应问题一直未解决，由于扩充了第Ⅳ、Ⅴ、Ⅵ三个象限，初次分配与最终使用的对应通过再分配收入与再分配支出的过渡由最终支出实现了，这样以生产为起点、以最终使用为终点的循环就完成了。

再次，扩充第Ⅶ象限引入占用产出分析，把存量核算的资产负债的有关内容纳入宏观循环矩阵，并且将对外收支核算结合市场预测作为外生变量，

① 本文原载于《统计研究》1994 年第 2 期。

那么，整个模型体系就可把五大基本核算统一起来了，如图 1 所示。

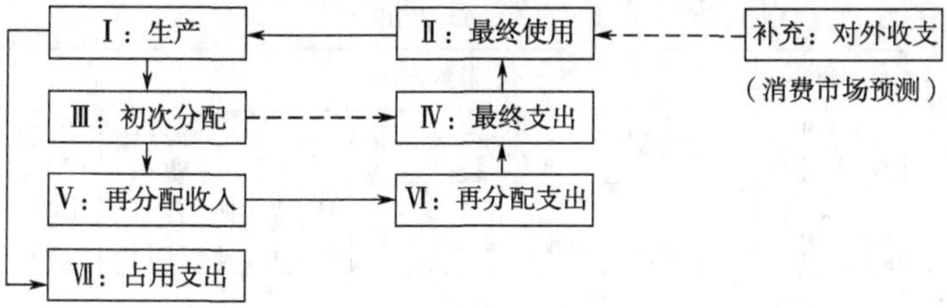

图 1　循环模型体系

根据图 1 我们建立的宏观循环矩阵如表 1 所示。

表 1　宏观循环矩阵表

<table>
<tr><th colspan="3" rowspan="4">投入</th><th colspan="20">产出</th></tr>
<tr><th colspan="2">中间产出</th><th colspan="13">最终产出</th><th rowspan="3">总产出</th><th rowspan="3">调出</th><th rowspan="3">调入</th><th rowspan="3">消费</th><th rowspan="3">合计</th></tr>
<tr><th rowspan="2">1，2，…，n</th><th rowspan="2">合计</th><th colspan="4">固定资产</th><th colspan="3">流动资产</th><th rowspan="2">积累合计</th><th colspan="3">消　费</th><th rowspan="2">消费合计</th><th rowspan="2">净调出</th></tr>
<tr><th></th><th></th><th></th><th>小计</th><th></th><th></th><th>小计</th><th>农民</th><th>非农民</th><th>社会</th></tr>
<tr><td rowspan="2">生产</td><td rowspan="2">中间投入</td><td>1，2，…，n</td><td rowspan="2" colspan="2">Ⅰ</td><td rowspan="2" colspan="14">Ⅱ</td><td rowspan="2" colspan="4">补充象限</td></tr>
<tr><td>合计</td></tr>
<tr><td rowspan="6">初次分配</td><td rowspan="5">最初投入</td><td>折旧</td><td rowspan="6" colspan="2">Ⅲ</td><td rowspan="6" colspan="14">Ⅳ</td><td rowspan="6" colspan="4"></td></tr>
<tr><td>劳动者报酬</td></tr>
<tr><td>生产税净额</td></tr>
<tr><td>营业盈余</td></tr>
<tr><td>合计</td></tr>
<tr><td colspan="2">总投入</td></tr>
<tr><td rowspan="7">再分配</td><td colspan="2">居民</td><td rowspan="7" colspan="2">Ⅴ</td><td rowspan="7" colspan="14">Ⅵ</td><td rowspan="7" colspan="4"></td></tr>
<tr><td colspan="2">企业</td></tr>
<tr><td colspan="2">行政事业单位</td></tr>
<tr><td colspan="2">金融</td></tr>
<tr><td colspan="2">地方财政</td></tr>
<tr><td colspan="2">国（省）外</td></tr>
<tr><td colspan="2">合计</td></tr>
</table>

续表

<table>
<tr><th colspan="2" rowspan="4">投入</th><th colspan="20">产出</th></tr>
<tr><th colspan="2">中间产出</th><th colspan="13">最终产出</th><th rowspan="3">总产出</th><th rowspan="3">调出</th><th rowspan="3">调入</th><th rowspan="3">消费</th><th rowspan="3">合计</th></tr>
<tr><th rowspan="2">1，2，…，n</th><th rowspan="2">合计</th><th colspan="4">固定资产</th><th colspan="3">流动资产</th><th rowspan="2">积累合计</th><th colspan="3">消费</th><th rowspan="2">消费合计</th><th rowspan="2">净调出</th></tr>
<tr><th></th><th></th><th></th><th>小计</th><th></th><th></th><th>小计</th><th>农民</th><th>非农民</th><th>社会</th></tr>
<tr><td rowspan="3">资产占用</td><td>固定资产</td><td colspan="2" rowspan="3">Ⅶ</td><td colspan="14" rowspan="3"></td><td colspan="4" rowspan="3"></td></tr>
<tr><td>流动资产</td></tr>
<tr><td>净金融资产</td></tr>
</table>

宏观循环矩阵表是在投入产出静态表基础上扩展的，第Ⅰ、Ⅱ、Ⅲ象限的经济含义仍同投入产出静态表，其扩展的几个象限的经济含义是：第Ⅴ象限主栏是机构部门，宾栏是投入产出部门（产品部门），它反映的是各行业部门的再分配收入结构。第Ⅵ象限主栏是机构部门，宾栏是最终产出，它反映的是各机构部门再分配支出结构。第Ⅳ象限是联结初始收入与最终使用象限的桥梁。它是通过最初收入与再分配收入的内在联系，根据第Ⅵ象限的再分配支出匡算而来的。第Ⅶ象限是一个存量象限，它与总产出结合可以计算出占用产出系数。补充象限可以解决对外收支以及消费的预测问题，每年进行编制，作为宏观经济循环模型的外生变量。

把投入产出表扩展到宏观循环矩阵表，就把国内生产总值核算、资金流量核算、资产负债核算的内容都囊括了，此外补充对外收支核算，使投入产出分析在宏观经济核算体系中的地位更加突出。在新建立的宏观循环矩阵中，国内生产总值为它的总量核算，投入产出核算（静态表编制）、资金流量核算以及对外收支核算为它的流量核算，资产负债核算为它的存量核算。当总量核算、流量核算、存量核算有机结合起来，并集中在一张表上反映出来以后，纵观国民经济全貌就会更加深入，进行国民经济综合平衡分析就能更加深化。

二、宏观循环矩阵与总量核算

总量核算是宏观循环矩阵建立的基础，它的核算状况在一定程度上决定着宏观循环矩阵的规模和水平。总量核算即宏观循环矩阵的各项总控制数的核算，包括总投入（或总产出）和各部门投入（或产出）的核算，国内生产总值和各部门增加值的核算，总消费与总积累（或总投资）的核算，净调出（净出口）核算等。一般来说，部门分类的粗细程度决定着宏观循环矩阵的规模大小，各部门总量核算的质量决定着宏观循环矩阵总控制数的质量。

总量核算具有相对的独立性，在不编制宏观循环矩阵的年份也能单独进行核算。一般是核算总产出（或总投入）、国内生产总值。其核算方法是：

总产出=各部门产品（服务）总值之和

按生产法计算的国内生产总值=各部门总产出-各部门中间投入

按收入法计算的国内生产总值=折旧+劳动者收入+生产税净额+营业盈余

按支出法计算的国内生产总值=总消费+总投资+净调出

在编制宏观循环矩阵的年份，总量核算直接为宏观循环矩阵提供总控制数据。宏观循环矩阵的纵向为投入项目，第Ⅰ、Ⅲ象限为中间投入、初始投入，中间投入+初始投入=总投入。总投入的控制数为总量核算中各部门产品（或服务）总值；初始投入的控制数为总量核算中各部门产品（或服务）增加值；中间投入控制数为总量核算中各部门产品（或服务）总值减去增加值的差额。宏观循环矩阵的横向为产出项目，第Ⅰ、Ⅱ象限分别为中间产出（或中间使用）、最终产出（或最终使用），中间产出+最终产出=总产出。总产出的控制数等于总投入控制数，为总量核算中的各部门产品（或服务）总值；最终产出的控制数为总量核算中按支出法计算的国内生产总值，即最终产出=总消费+总投资+净调出，中间产出的控制数为总量核算中各部门的产品（或服务）总值减去最终产出各部门构成额所得到的差额。此外，宏观循环矩阵的第Ⅳ、Ⅴ、Ⅵ象限的总控制数为总量核算中的国内生产总值。第Ⅶ象限进行占用产出分析时要采用总量核算中的总产出指标。

三、宏观循环矩阵与流量核算

流量核算在宏观循环矩阵中主要有两个部分：一部分是投入产出静态表，即宏观循环矩阵第Ⅰ、Ⅱ、Ⅲ象限的编制，通称为投入产出核算；一部分是资金流量表与宏观循环矩阵第Ⅳ、Ⅴ、Ⅵ象限的编制，通称为资金流量核算。投入产出核算（第Ⅰ、Ⅱ、Ⅲ象限编制）在宏观循环矩阵中是最基本的部分，也是工作量最繁杂的部分。一般在总量核算提供了控制数之后，投入产出核算的基本任务是进行典型调查求得流量矩阵。要把总量指标分解成流量矩阵，一个重要内容是进行部门分类和指标分组，部门分类主要是第Ⅰ象限，指标分组是第Ⅱ、Ⅲ象限。部门分类和指标分组的粗细直接决定着流量矩阵的规模和核算工作量，分得太粗不便于分析应用，分得太细其工作量太大并且数据也不容易弄准，因此分组要适中。

投入产出核算也有相对的独立性，不编制宏观循环矩阵时，第Ⅰ、Ⅱ、Ⅲ象限仍保持原来的面貌。

在部门分类和指标分组确定后，随即便是确定编表方法和相应的搜集资料的方法。编表方法大致有两种，一种是分解法，一种是推导法。为了吸收两种编表方法的长处，一般采用分解法和推导法相结合的方法。搜集流量矩阵资料时由于按产出方向比较困难，大都采用按投入方向搜集，在搜集时第Ⅰ、Ⅲ象限同时搜集，第Ⅱ象限单独搜集。

资金流量是宏观循环矩阵的扩充部分。它的核算步骤是先编制资金流量表，再编制宏观循环矩阵中对应的第Ⅳ、Ⅴ、Ⅵ三个象限。资金流量表是表示机构单位金融债权交易的表式，表的主栏为交易项目，宾栏为机构部门。资金流量表通过机构部门乘以交易项目的矩阵形式提供资金流量的数据，概括地反映了各经济部门之间借贷关系的状况。资金流量表的交易项目为实物交易和金融交易两大项，实物交易主要反映国内生产总值和消费、投资以及各种转移，金融交易反映各种金融资产和金融负债的变动。资金流量表的机构部门是按居民、企业、行政事业、财政、金融、国外六个部门分类的。资金流量是一个平衡结构严密的核算模式，其结构表现为内部平衡和外部平衡。内部平衡是指各机构部门本身的资金来源总计等于资金运用总计；外部平衡是指各金融交易的资金来源总计等于资金运用总计。资金流量表的编制顺序是：先编制各机构部门的分表，再编制总表。

资金流量表编制出来以后，宏观循环矩阵中的资金流量核算任务还未完成，还必须编制出扩充的第Ⅳ、Ⅴ、Ⅵ三个象限。按照宏观循环矩阵的设计，第Ⅴ、Ⅵ象限反映国内生产总值再分配，第Ⅴ象限反映再分配收入，第Ⅵ象限反映再分配支出，第Ⅳ象限则反映对应初始收入（初次分配）的最终支出，因此它们的编制只涉及资金流量表的实物交易部分。第Ⅴ、Ⅵ象限的主栏是机构部门，宾栏是与第Ⅰ、Ⅱ象限对应的。第Ⅴ象限的编制任务是把各机构部门通过再分配之后形成的可支配收入按投入产出部门划分。第Ⅵ象限的编制任务则是把各机构部门可支配收入与储蓄投资差再次形成的最终收入分解成消费、投资、净调出三部分。第Ⅳ象限的主栏是第Ⅲ象限初始投入项目，其编制任务是把第Ⅵ象限数据按第Ⅳ象限主栏要求进行转换。

资金流量核算有相对独立性，不编制宏观循环矩阵时，只要编制出资金流量表就行了。利用资金流量表的数据来编制宏观循环矩阵的第Ⅳ、Ⅴ、Ⅵ三个象限时，资金流量表也仍然能够单独进行分析应用。

对外收支核算也属于流量核算的重要组成部分，编制出来后作为外生变量与市场预测一道完成与宏观循环矩阵的结合。

四、宏观循环矩阵与存量核算

存量核算是宏观循环矩阵的重要组成部分，它是引入占用产出分析的基本环节。

存量核算的基本内容是资产负债核算，它包括编制资产负债表和宏观循环矩阵的第Ⅶ象限。资产负债表是反映国家（或地区）各个机构部门的存量的表式。存量是指过去的生产活动所生产和积累起来的产品、货物、金融资产负债的累计数。它的核算立足于时点。资产负债表有矩阵式和账户式两种。矩阵式的资产负债表，其主栏为实物资产、金融资产、负债、净值等项目，宾栏为居民、企业、行政事业、财政、金融、国外等机构部门。账户式资产负债表分左右两方，左方为资产，分为实物资产、金融资产两个项目；右方为负债，分为金融负债和净值两个项目。编制资产负债表大都采用直接从各种经济单位收集资料的办法。

由于宏观循环矩阵的容量有限，第Ⅶ象限只反映占用产出分析，占用在资产负债中为资产方，即实物资产和金融资产。由于资产是时点数，包括期初、期末两项，第Ⅶ象限只反映平均占用，需要加工计算，即（期初资产+期末资产）/2。由于宏观循环矩阵要反映各个行业的占用产出，因此必须在编制资产负债表的基础上，再按投入产出部门进行专题调查，以得到国民经济各行业（部门）的实物资产和金融资产。

资产负债核算有其独立性，不编制宏观循环矩阵时也能单独编制资产负债表进行分析研究；当利用资产负债的有关数据资料编制宏观循环矩阵的第Ⅶ象限后，由于资产负债表的内容没有完全包括进来，因此资产负债表的应用仍有重要的价值。

国民经济核算基本表和机构部门账户的重组①

我国实现向新国民经济核算体系全面过渡的标志是编制出五张基本表和机构部门账户。利用这些数据进行宏观分析和编制宏观预测模型时，必须对核算体系的数据结构进行重组。

一、重组的基本理论

国民经济核算的基本理论不外乎两方面，即经济理论和核算理论。而数据结构的重组，除了上述理论外，还有一个方法论问题。

在经济理论方面，应根据马克思主义再生产理论，结合社会主义市场经济的实际，从市场即从消费出发来组织数据结构，这是最基本的，此外经济均衡理论是整个数据结构的支撑点。

在核算理论方面，应该扬产品平衡表体系与账户的三位一体理论之长。主要应吸收产品经济思想理论，但应把产品范围扩大到服务范围。对账户的三位一体理论应加以改造，根据劳动三要素思想去加以理解，活劳动投入创造工资和利税，物化劳动投入创造其他附加价值。

在方法论方面，主要根据投入产出方法来进行生产与使用的衔接，再根据资金平衡的方法进行再分配收入与支出的衔接，然后按账户的方法完成整个矩阵的衔接。

二、重组的思路

根据数据结构三个方面的理论，拟从市场（外部市场与内部消费市场）开始构架，再由市场进入生产，而后由生产进入分配与再分配，最后使分配与使用衔接。

因为国内生产总值的生产与使用都在投入产出表中体现出来了，所以以投入产出表为基本表比较合适。根据以市场为起点的原理，与外部市场相连的应是对外收支表中的经常往来部分。再由生产与初次分配和再分配相连的

① 本文原载于《统计研究》1996 年第 3 期。

原理，在投入产出表第Ⅲ象限（即初次分配）之下连接资金流量表（即再分配表）。再根据投入占用产出原理，把资产负债表中的资产占用部分衔接起来。这样组成的数据结构把核算体系的五张基本表连接起来了。

再从账户体系来看，投入产出表的第Ⅰ象限反映了生产账户，第Ⅱ象限反映了投资与消费账户，第Ⅲ象限与资金流量表（第Ⅳ、Ⅴ、Ⅵ象限）反映了收入分配账户，对外收支（补充象限）数据反映了对外收支账户，占用产出表部分反映了资产负债账户，这样账户体系的数据也衔接起来了。整个重组数据结构如表1所示。

表1 国民经济核算表

项目		中间使用	最终使用	储蓄投资差	总产出	借方（调入）	贷方（调出）
		1，2，…，n 合计	总消费 总投资 净调出				
中间投入	1，2，…，n 合计	Ⅰ	Ⅱ			补充（经常往来）	
固定资产折旧 劳动者报酬 生产税净额 营业盈余 合计		Ⅲ	Ⅳ				
总投入							
居民 企业 行政事业单位 地方财政 金融		Ⅴ	Ⅵ				
省外						（资本往来）	
合计							
固定资产 流动资产 净金融资产 金融资产 金融负债		Ⅶ					
合计							

以上重组的国民经济核算表，对于资金运动只反映了一部分，即机构部门×产业部门的增加值表，还缺乏较详细的反映资金运动的表，有必要列一个机构部门×机构部门的资金流量辅助矩阵和各机构部门的金融账户。两张辅助表见表2、表3。

表2　资金流量辅助矩阵

项目	最初收入	居　民	企　业	行政事业	地方财政	金　融	省　外	最终收入
居民								
企业								
行政事业								
地方财政								
金融								
省外								
合计								

表3　机构部门的金融账户

1. 通货 2. 存款 3. 贷款 4. 证券（不含股票） 5. 股票及其他股权 6. 保险准备金 7. 其他金融资产	8. 通货 9. 存款 10. 贷款 11. 证券（不含股票） 12. 股票及其他股权 13. 保险准备金 14. 其他负债 15. 资金余缺
金融资产	负债净增额与资金余缺

国民经济核算表和两张辅助表基本囊括了国民经济核算体系的主要数据。

国民经济核算表与辅助表的框架定下来以后，紧接着是搜集数据，解决资料来源。国民经济核算表第Ⅰ、Ⅱ、Ⅲ象限数据取自投入产出表，第Ⅴ象限的数据搜集可以与投入产出基层调查同步，主要是国家、集体、个人三者的再分配。第Ⅵ象限反映的是再分配支出，可以直接取自资金流量表。第Ⅳ象限的数据可以通过第Ⅲ、Ⅴ象限之间的数据关系反推，即将第Ⅵ象限的数据根据第Ⅲ、Ⅴ象限主栏关系往第Ⅳ象限反推得到。第Ⅶ象限的数据主要取自资产负债表，可以取期初、期末的数据再予以平均，得到平均占用。补充象限的数据取自对外收支平衡表和投入产出表。

两张辅助表的数据可以分别取自资金流量表和机构部门的金融账户。

以上数据一方面可以通过投入产出调查获得，另一方面可随投入产出调查做一些辅助调查来获得，如资产负债调查和再分配调查，其他资料可以直接取自基本表和机构部门账户。

三、应用的前景

将五张基本表和机构部门账户的数据结构重组后所形成的国民经济核算表与辅助表的应用主要有三方面：

一是促进国民经济核算体系的完善。在国民经济核算体系中五张基本表是分开设计的，表与表之间连结不密切，机构部门的几个账户之间虽然联系密切，但不便于建立模型。编制国民经济核算表，可以使几张联系并不密切的表在部门分类、指标解释和统计标准上统一，便于衔接。

二是推进宏观经济分析。国民经济核算表描述了国民经济循环过程，这样可以从市场的研究开始，带动整个宏观经济的循环分析。

三是建立中长期预测模型。在国民经济核算表与辅助表的基础上结合动态投入产出模型，可以建立中长期预测模型。其模型体系的框图见图1。

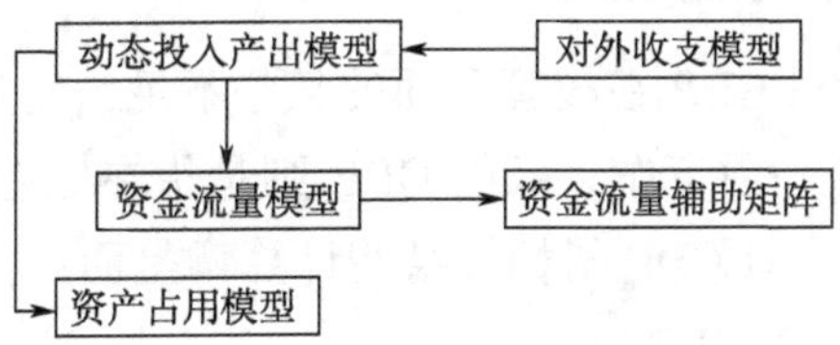

图1　中长期预测模型

国民经济核算中绿色 GDP 测算探讨[①]

国内生产总值（GDP）是国民经济核算体系中的核心指标，它被用来计算国民经济增长速度，衡量一个国家或地区的经济发展水平，分析和评价经济发展的态势，有时甚至用于考核地方政府工作的政绩，成了政府官员、经济学家、社会学家、统计学家言必谈的指标。由于 GDP 是侧重于经济方面核算的总量指标，没有充分考虑资源与环境因素，随着可持续发展战略的实施，资源、环境、经济之间的协调发展提上了议事日程。为此，理论界提出了清洁生产、GDP 绿化的概念，这样绿色 GDP 的测算尤显重要。

一、GDP 绿化和绿色 GDP

GDP 绿化是指针对 GDP 在核算方面的某些不足，制定新的指标及指标体系来代替 GDP 指标这一项工作。绿色 GDP 则是指在原有 GDP 核算的基础上考虑资源与环境因素，对 GDP 指标做某些计算调整而产生的一个新的总量指标。绿色 GDP 又称生态 GDP。

GDP 绿化是计算绿色 GDP 的前提，它为绿色 GDP 的核算提供理论基础与总体框架。目前理论界认为 GDP 应从两个方面绿化。一是 GDP 包括了不良的物品和服务，如烟草使实际 GDP 增长，同时提高了癌症和心脏病的发病率，这又导致了医疗和保险开支的上升，于是又增加了 GDP。因此应扣除这部分不良物品与服务。二是 GDP 没有考虑资源环境因素，如通过滥用资源、污染水体、砍伐森林、侵蚀土壤和灭绝生物的手段所带来的 GDP 增长显然是一种损失，因此应从 GDP 中扣除这部分资源和环境损失。为此经济学家诺德豪斯等人设计了净经济福利指标（NEW），意在以此指标反映一个国家生活质量的变化，该指标的计算是从 GDP 中将污染、其他不良的物品和服务扣除之后所获得的净值。由于该指标在对 GDP 中不良的物品和服务扣除时随意性较大，因此并没有得到学者们的普遍认同。

---

① 本文原载于《统计研究》2000 年第 6 期。

联合国统计委员会所设计的环境与经济综合核算体系（SEEA）则较好地解决了这一问题。一方面它没有打乱 GDP 原有的核算模式和框架，另一方面它又将资源环境核算纳入，形成一个新的核算模式和框架，新的框架中包含了原有的框架。在新的框架中绿色 GDP 成了核心指标。绿色 GDP 并不扣除 GDP 中的不良物品和服务，只扣除资源耗减和环境降级所造成的损失（见表 1）。

从该表的第 1 列和第 8 行的平衡关系中我们可以知道绿色 GDP 的计算方法。

表 1　环境与经济综合核算体系（SEEA）的基本结构

项　目	经济活动					环　境
	生　产	国　外	最终消费	经济资产		其他非生产自然资产
				生产资产	非生产自然资产	
1. 期初资产存量				期初存量	期初存量	
2. 供给	总产出	进口				
3. 经济使用	中间投入	出口	最终消费	资本形成总额		
4. 固定资产损耗	固定资产损耗			固定资产损耗		
5. 国内生产净值	国内生产净值	净出口	最终消费	资本形成净额		
6. 非生产自然资产的使用	生产中使用的非生产自然资产				非生产经济资产耗减	非生产自然资产降级
7. 非生产自然资产的其他积累					自然资产转为经济资产	自然资产减少
8. 绿色国内生产净值	绿色国内生产净值	净出口	最终消费	资本形成净额	非生产经济资产净耗减	自然资产降级与减少
9. 持有损益				持有损益	持有损益	

续表

项目	经济活动					环境
	生产	国外	最终消费	经济资产		其他非生产自然资产
				生产资产	非生产自然资产	
10. 资产物量其他变化				其他变化	其他变化	
11. 期末资产存量				期末存量	期末存量	

注：绿色 GDP＝绿色国内生产净值+固定资产损耗

先看第 1 列的平衡关系：

总产出－中间投入－固定资产损耗＝国内生产净值

国内生产净值－生产中使用的非生产自然资产＝绿色国内生产净值

上述第二个等式给出了绿色国内生产净值的计算方法，也就是从国内生产净值中扣除生产中使用的非生产自然资产。由表第 6 行可知，生产中使用的非生产自然资产包括非生产经济资产耗减和非生产自然资产降级两项内容，具体扣除时扣除这两项内容。

再看第 8 行的平衡关系：

绿色国内生产净值＝(净出口+最终消费+资本形成净额）－非生产经济资产净耗减－自然资产降级与减少

等式右边前三项之和为国内生产净值，后两项为扣除项。前一个扣除项为非生产经济资产净耗减，它是非生产经济资产耗减抵消自然资产转为经济资产部分后的净耗减额。后一项为自然资产降级与减少，它包括非生产自然资产降级和自然资产减少两部分。从表的第 7 行可知自然资产减少额等于自然资产转为经济资产额，即上式中前一个扣除项中抵消的自然资产转为经济资产数额等于后一个扣除项中的自然资产减少数额。因此，等式中实际扣除的数额仍为非生产经济资产耗减和非生产自然资产降级这两项内容。也就是说第 8 行所计算的绿色国内生产净值等于第 1 列所计算的绿色国内生产净值。

二、绿色 GDP 的测算

由 SEEA 的基本结构分析，计算绿色 GDP 就是在 GDP 指标基础上扣除非生产经济资产耗减和非生产自然资产降级。

（一）非生产经济资产耗减的测算

非生产经济资产耗减包括矿物耗减，森林中开采木材，水土流失对农业用地生产能力的影响，酸雨对农业、林业的影响等。

矿物耗减的测算可以通过直接统计当期各种矿物的耗减量乘以相应的价格得到。这种直接测算工作量较大，可采用间接推算方法：利用期初矿物的保有储量加上本期矿物的新发现量，减去期末矿物的保有储量，得到本期矿物耗减量，其保有储量和新增储量都有潜在价值统计，需要利用有关矿产品价格指数将其调整为当期价值量。考虑到一个地区有矿物的调出与调入，在计算本地区矿物耗减量时要加上矿物的净调入量，当净调入量为负时做零处理，不要去抵扣本地的矿物耗减量，以免给人造成错觉，不利于资源的保护。目前国家对采矿者征收的矿产资源补偿费较低，还有一些根本没有收上来，补偿不了找矿的费用，因此在计算矿物耗减的价值量时要考虑这一因素并做相应调整。

森林中开采木材的测算，严格地讲应该用采伐的不同树种的活立木量乘以相应的市场价格汇总得出，这样需要较为详细的统计资料。当缺乏这些资料或者资料不全时，可以直接采用活立木总消耗量乘以混合平均单价求得其总消耗额。为了鼓励保护森林资源，需要对活立木蓄积量的消长变化做特别处理：当活立木蓄积量净增加时允许对国内生产总值做增加的调整，或者视为自然资产转为经济资产；当活立木蓄积量净减少时，要在国内生产总值中再做一次扣减。

水土流失对农业用地生产能力影响的测算较为复杂，一是水土流失带走的土壤的厚度不同，二是土壤中含有的有机质不同，这需要走访有关专家做一些大致的测算。测算方法是先根据农业部门土肥站提供的单位流失面积所流失土壤的重量和每千克土壤中氮、磷、钾的含量，得出每公顷流失面积所流失的氮、磷、钾的数量，再根据水利部门提供的水土流失面积测算出所流失的氮、磷、钾总量，并按当期市场价格计算出金额，视为要恢复其生产能力所需要的费用，即维持费用法。此外还要测算因灾害毁地减少耕地所造成的对农业的影响。耕地减少对农业的影响难以直接计算，可以考虑用再造耕地的成本费用代替，即根据国土管理部门提供的再造每亩耕地所需的平均成本费用乘以灾害毁坏的耕地面积求出。

酸雨对农业、林业的影响目前尚在理论研究阶段，没有具体的统计数据。目前环保部门可以提供某一地区的酸雨覆盖率，从而大体测算出受损耕地和林地的面积，来推算所受损失。再是从酸雨治理的角度测算治理酸雨的虚拟费用。酸雨的成因较为复杂，二氧化硫的排放是主要元凶，环保部门主要采取控制二氧化硫排放量的办法。根据环保部门提供的情况，对酸雨按达标治理，所需费用较高。

（二）非生产自然资产降级的测算

非生产自然资产降级即环境降级，包括对鱼的过度捕杀，原始森林中开采燃材与木材，猎取野生动物以及残余物排放对水、空气、鱼类和野生森林的质量的影响等。

对鱼的过度捕杀难以直接测算，主要是过度的标准难以掌握。从理论上讲，过度捕杀是指对鱼的捕杀量超过鱼自身的繁殖量，造成鱼类资源的减少和某些鱼种的灭绝。目前鱼类资源家底不清，而要弄清家底又要耗费相当的人力、物力和财力，因此只能进行一些间接的匡算。可以根据鱼的捕捞产量（值）占全部渔业产量（值）比重多年的平均值确定一个大体的数量界限，将其超量部分作为过度捕杀。

原始森林中开采燃材与木材的测算和森林中开采木材的测算大致相同。要注意的是有些原始森林是原始次生林，既有天然生成的又有人工栽培的。可以视其比例分开测算，将人工栽培包括飞播造林部分放入森林开采之中，不要重复计算在原始森林开采之中。

猎取野生动物的测算相对容易，可以直接从农林牧渔业总产值的分项计算中找到打猎的产量和产值。

残余物排放对水、空气、鱼类和野生森林质量的影响的测算是环境降级测算的重要部分。受环境统计资料的限制，直接计算残余物排放对环境影响的虚拟费用比较困难，可以从对残余物排放的治理角度测算其所需的治理费用，以此来替代。残余物排放包括废水排放、废气排放、废物（渣）排放、噪声污染等。由于污染物的排放有处理和达标排放的，有未处理和未达标排放的，计算虚拟的治理费用只对未处理和未达标排放的部分进行测算。下面简要介绍一下其测算方法。

1. 废水排放虚拟费用=废水排放总量×（1-废水排放达标率）×每吨废水治理费用。

2. 废气排放虚拟费用=废气排放总量×（1-废气处理率）×每标立方米废气处理费用。

3. 废物（渣）排放虚拟费用=废物（渣）排放总量×［1-废物（渣）处置率］×每吨废物（渣）处置费用。

4. 噪声污染虚拟费用=当期用于治理噪声费用×（1-噪声达标覆盖率）/

噪声达标覆盖率。

以上的计算方法难以确定的单位污染物的治理费用，从理论上讲应按实际治理所需费用测算，如每吨废水处理后达到排放标准需要花多少经费，可以用经验数据。如果没有经验数据，可按环保部门用于治污的实际支出除以达标排放量求出每单位达标量所需的环境保护的维持费用。

残余物还有城镇的生活垃圾与粪便，这些垃圾与粪便在清运后一部分进行了无害化处理，还有一部分只采取简易的自然填埋，对于没有进行无害化处理的部分要计算虚拟费用。其计算公式是：

虚拟费用=垃圾与粪便清运量×（1-无害化处理率）×每吨无害化处理费用

当非生产经济资产耗减和非生产自然资产降级测算出来以后，便可在 GDP 基础上做相应扣除测算出绿色 GDP。

三、自然资产转为经济资产的测算

自然资产转为经济资产指标，一方面反映自然资产减少，一方面反映非生产经济资产增加，并不影响绿色 GDP 的总量，只是在 SEEA 表中第 8 行进行了反映，有必要进行测算。

自然资产向经济资产转化的测算包括土地向经济使用的转移，已探明矿藏净增加，野生森林转变为林场、农田，鱼类转变为受经济控制等。

土地向经济使用的转移是新开垦耕地和对荒山荒坡进行植树种草所增加的耕地、林地和草地等。其测算方法是将新增的耕地、林地和草地面积乘以相应的营造成本费用，营造成本费用要包括在新增耕地、林地和草地时所修建的水利设施以及恢复地力的费用。为了鼓励农民开荒，乡镇政府按照开垦数量给予一定的奖励，奖励数额往往低于成本费用，应按实际的投工投料费用计算。由于不同地域的营造成本费用不同，计算时要取其平均值。

已探明矿藏净增加的测算可以直接采用新发现矿藏的潜在价值数额，再根据相应价格指数做些调整。

野生森林转变为林场、农田，从严格意义上讲目前几乎没有，它已成为一个历史概念，要说转变早就已经转变了。当然也不排除有些地域还有转变的情况。测算时对转变为林场的按林木蓄积量乘以平均单价计算，对转变为农田的按农田面积乘以营造成本费用计算。

鱼类转变为受经济控制，在短时期不会有大的变化。应该说江河湖海的野生鱼类已大都转变为受经济控制。目前主要问题是底数不清，因为水产资源的详查大都只查有多少种类而不是查有多少数量。鱼类转变为受经济控制作为一个概念存在，确切的测算尚待时日，只能通过走访有关专家匡算。

四、值得探讨的几个问题

为了准确测算绿色 GDP，增强人们对资源和环境的保护意识，便于研究资源、环境与经济发展之间的关系，在测算上还有几个值得提出讨论的问题。

（一）关于水资源的消耗

水资源消耗与矿藏资源和森林资源的消耗有些不同。水在不停地循环，按水资源受降水的影响可分为丰水年份和少水年份。计算水资源总量包括地表水资源总量和地下（浅层）水资源总量。地表水资源是直接按降雨量计算的，地下（浅层）水资源也靠降水补给，是根据数学模型推算的。我国是水资源短缺的国家，并且分布不均衡，有必要将水资源的消耗在 GDP 中做相应的扣除。水资源消耗中有两个数量，一个是用水量，一个是耗水量，并且耗水量占用水量的比重相对稳定。考虑到我们计算增加值时已将水费作为中间消耗扣除了，为了增强保护水资源意识，可考虑将耗水量的费用从 GDP 中扣除。计算方法是用耗水量占用水量的比重乘以用水量的收费额。

（二）关于鱼类的过度捕捞

我们在计算环境降级时，对野生动物的捕猎是捕猎多少计算多少，而对鱼类捕捞只计算过度捕捞部分。从保护野生资源的角度来讲，鱼类的捕捞也同野生动物的捕猎一样，应该按全额计算，这也便于鼓励养殖业。即使是海洋中的鱼类资源，也不是取之不竭的，因此鱼类捕捞在环境降级中按全额计算较为恰当。

（三）关于酸雨的影响

我们在计算非生产经济资产的使用时，只考虑酸雨对农业和林业的影响，其实酸雨引起的损失不只是对农业和林业的影响。酸雨在城市的覆盖率高于农村，酸雨带在城市集中的地区对构筑物和桥梁同样造成损害。再是酸雨造成的损失从治理角度计算虚拟费用时难以按城乡进行分摊，因此对酸雨造成的影响要全部进行计算，不要仅限于对农业和林业的影响。

（四）关于水利资源的消耗

水利资源是一种有限的资源，开发一点就少一点。但它又不同于矿藏资源，一个矿井开采完了不会再生，水利资源开发后可反复利用。由于这种特点，水利资源在非生产经济资产使用中不予计算。为了在资源的综合核算中加以反映，可以考虑把已开发的水利资源作为一种资产存量，将新开发的水利资源作为自然资产向经济资产转移处理。开发的水利资源测算时不要包括所投入的物化劳动和活劳动，只计算资源有偿使用的费用。

（五）关于虚拟费用的计价

虚拟费用不是实际支付的费用，因此其计价标准难以掌握。常用的计价方法有成本费用法、维持费用法等。为了使虚拟费用比较接近实际，在计价时尽可能地利用有关资料反复测算，并走访有关专家。计算时还可以确定一个浮动区间，最后做平衡调整。由于虚拟费用的计价有弹性，对测算绿色 GDP 的基本数据要予以保存，并进行多年计算数据的比较，使计算逐步趋于稳定。

二阶段投入产出分析及应用研究[①]

目前经济学中的总量概念体系是以 GDP 为核心的，在这种情况下，为了使投入产出分析技术与统计体系的口径一致，同时又保持其在结构问题、完全联系分析等方面的优势，中国人民大学刘起运教授提出了“二阶段投入产出分析技术”。该技术将现有的投入产出表的第Ⅰ象限中间投入去掉，将第Ⅱ象限的消费（或投资）编制成矩阵形式放在第Ⅰ象限，以 GDP 指标为核心编制成平衡表式，用以分析最终产品的某部分（投资、消费或出口）对最终产品整体的乘数效应。

二阶段投入产出技术方法目前处于方法论研究阶段，还没有在实际部门应用。二阶段投入产出表的编制问题以及模型的构建和系数的经济意义解释等问题，仍需要进一步讨论。本文正是从应用的角度将消费矩阵放在第Ⅰ象限，并对凯恩斯投资乘数的结构化进行了一些探索。

一、二阶段投入产出表的编制

由于我国目前还没有编制消费矩阵的经验，基础资料也不够完善，很难取得消费矩阵的翔实数据。所以，本文尝试采用另外一种略显粗略的方法，即将各行业最终产品中的消费列向量按照列向各行业从业人员的劳动者报酬比例结构，结合农村和城市居民的消费结构按比例拆分，形成消费矩阵。编制表的资料来源主要是中国 2002 年投入产出表第Ⅱ、Ⅲ象限的数据，以及中国统计年鉴中 2002 年城镇、农村住户居民消费结构的数据，并以 2002 年 42 部门的投入产出表为基础，做少量变动。消费矩阵的列向表示各部门劳动者的消费结构，然而消费结构的差异并不主要表现在不同部门上，而主要表现在具有不同消费结构的阶层之间。因此，根据各行业从业人员的收入水平的相似性和由收入水平决定的消费结构的相似性将 42 个部门部分合并成为 34 个部门。其中，农业部门 1 个，工业部门 18 个，建筑业 1 个，服务部门 14 个。

---

① 本文原载于《统计研究》2009 年第 2 期，作者：廖明球、马晓东。本文获国家社会基金重大项目“我国经济结构战略性调整和增长方式转变”（06&ZD010）资助。

具体编制方法是将主栏各行业的最终消费品按照宾栏各行业劳动者报酬占劳动者报酬总和的比例做分拆，同时结合各行业从业人员中城镇居民和农村居民的比例和城乡居民不同的消费结构做比例调整。将消费矩阵作为投入产出表的第Ⅰ象限，对第Ⅱ、Ⅲ象限做少量调整就得到了二阶段投入产出表(见表1)。

表1　二阶段投入产出表表式

<table>
<tr><td rowspan="3" colspan="2">初始投入</td><td colspan="6">最终产品</td></tr>
<tr><td colspan="4">消费品</td><td rowspan="2">投资品</td><td rowspan="2">出口品</td><td rowspan="2">合　计</td></tr>
<tr><td>部门1</td><td>部门2</td><td>…</td><td>部门 n</td></tr>
<tr><td rowspan="4">劳动报酬</td><td>部门1</td><td>W_{11}</td><td>W_{12}</td><td>…</td><td>W_{1n}</td><td>K_1</td><td>F_1</td><td>Y_1</td></tr>
<tr><td>部门2</td><td>W_{21}</td><td>W_{22}</td><td>…</td><td>W_{2n}</td><td>K_2</td><td>F_2</td><td>Y_2</td></tr>
<tr><td>⋮</td><td>⋮</td><td>⋮</td><td></td><td>⋮</td><td>⋮</td><td>⋮</td><td>⋮</td></tr>
<tr><td>部门 n</td><td>W_{n1}</td><td>W_{n2}</td><td>…</td><td>W_{nn}</td><td>K_n</td><td>F_n</td><td>Y_n</td></tr>
<tr><td colspan="2">折旧</td><td>G_1</td><td>G_2</td><td>…</td><td>G_n</td><td></td><td></td><td></td></tr>
<tr><td colspan="2">社会纯收入</td><td>M_1</td><td>M_2</td><td>…</td><td>M_n</td><td></td><td></td><td></td></tr>
<tr><td colspan="2">初始投入合计</td><td>N_1</td><td>N_2</td><td>…</td><td>N_n</td><td></td><td></td><td></td></tr>
<tr><td colspan="2">调整项</td><td>Z_1</td><td>Z_2</td><td>…</td><td>Z_n</td><td></td><td></td><td></td></tr>
<tr><td colspan="2">合计</td><td>Y_1</td><td>Y_2</td><td>…</td><td>Y_n</td><td></td><td></td><td></td></tr>
</table>

编表过程中有如下几点需要说明。

(一) 消费结构问题

以住户调查的户主所在行业、按部门划分的户主及其家庭消费活动、每一个消费者的消费活动都归入相应的部门。对于一些部门分类不够详细、需要细分的，首先根据该行业从业人员和劳动者报酬计算人均收入，参照不同收入水平的家庭的消费结构来确定。

(二) 控制总量问题

二阶段投入产出表的第Ⅱ、Ⅲ象限，是由列昂惕夫投入产出模型中的第Ⅱ、Ⅲ象限变化而来的。从第Ⅱ象限看，列昂惕夫投入产出表第Ⅱ象限的居民消费和公共消费在消费结构矩阵中被移入第Ⅰ象限，形成 n 行 n 列的方阵，列昂惕夫投入产出表第Ⅱ象限的投资、出口仍保留在消费结构矩阵中的第Ⅱ象限。从第Ⅲ象限看，列昂惕夫投入产出表第Ⅲ象限的劳动者报酬一部分用于消费活动，这部分在消费结构矩阵中被移入第Ⅰ象限，形成 n 行 n 列的方阵，未进行消费的收入部分以及列昂惕夫投入产出表中的固定资产折旧、营业盈余仍保留在消费结构矩阵的第Ⅲ象限。

（三）公共消费问题

列昂惕夫投入产出表中第Ⅱ象限中的政府消费实际上是公共消费，是政府集中一定的资源，代表公众购买的用于公共事业、服务于公众的产品和服务。为了保持消费结构矩阵的完整性，需要将政府消费做虚拟化处理，作为居民对公共服务的购买，并入消费结构矩阵的第Ⅰ象限。

政府消费只限于农业，交通运输业及仓储业，社会服务业，卫生，社会保障及文体娱乐业，科学研究和综合技术服务业，公共管理和社会组织六类。这六类政府消费由于服务对象的不同，处理方法也不相同：一是政府对农业的消费，服务对象或受众主要是农业劳动者，因而应将这部分消费划入农民的公共消费；二是交通运输业及仓储业属于政府支出，主要用于城镇居民，因此这两种政府消费按城镇居民的消费规模进行分摊；三是卫生、社会保障及文体娱乐业与人口规模有密切的关系，因此这部分政府消费按不同行业的从业人员数量进行分摊；四是科学研究和综合技术服务业、公共管理和社会组织、社会服务业按各部门居民消费占全部居民消费的比重分摊。政府消费是由政府用公众及企业上交的税收购买的，如果将政府消费虚拟分摊并入第Ⅰ象限，那么税收也应做虚拟化处理，还原为劳动者报酬，作为各部门劳动者收入的一部分。经过这样的处理，消费结构矩阵第Ⅱ象限就没有了政府消费，第Ⅲ象限也不单设生产税净额，政府税收购买投资品部分放入社会纯收入栏目。

（四）二阶段表的平衡问题

从行方向看，第Ⅰ象限表示产品或服务销售给居民的数量，每一行的消费合计等于列昂惕夫投入产出表第Ⅱ象限中对应行的消费。第Ⅰ象限的所有的消费合计应等于列昂惕夫投入产出表中第Ⅱ象限的消费合计。从列方向看，每一列表示居民的消费行为，其消费额应当是其收入的一部分，因此，每一列消费合计与消费剩余之和应当等于该行业的劳动者报酬。

通过上述过程，我们按表 1 形式编制了我国 2002 年 34×34 部门的用于构建结构式凯恩斯投资乘数模型的二阶段投入产出表。

二、模型的构建

（一）引入直接消费实现系数矩阵

类似原模型直接消耗系数的计算方法，利用二阶段表第Ⅰ象限所载矩阵和最终产品列向量 Y 计算一种新的系数矩阵 C：

$$C=(w_{ij})_{n\times n}\hat{Y}^{-1} \tag{1}$$

系数矩阵 C 被称为直接消费实现系数矩阵。该矩阵是包含 n 行 n 列的一个方阵。

$$C=\begin{bmatrix} c_{11} & c_{12} & \cdots & c_{1n} \\ c_{21} & c_{22} & \cdots & c_{2n} \\ \vdots & \vdots & \ddots & \vdots \\ c_{n1} & c_{n2} & \cdots & c_{nn} \end{bmatrix}$$

相应的 C 矩阵元素 c_{ij} 的计算式为：

$$c_{ij}=W_{ij}/Y_j \tag{2}$$

式中，W_{ij} 为第 j 部门劳动者购买第 i 类（部门）消费品的数量，Y_j 为第 j 部门最终产品量，c_{ij} 为第 j 部门单位最终产值购买第 i 类消费品的数量。

由此可见，直接消费实现系数 c_{ij} 反映出一种消费结构，表现出第 j 部门最终产品售出后所获得的价值用以购买各类消费品的比例结构。

（二）建立含系数矩阵 C 的行向数学模型

依据二阶段投入产出表上的行向数量关系可建立如下数学式：

$$\sum W_{ij}+K_i+F_i=Y_i(i=1,\ 2,\ \cdots,\ n) \tag{3}$$

上式表示，某 i 类产品作为消费品、投资品、出口品之和为该 i 类产品作为最终产品使用的数量。以此式为基础，引入直接消费实现系数 c_{ij}，则有：

$$W_{ij}=c_{ij}Y_j \tag{4}$$

将上式代入式（3），则有：

$$\sum c_{ij}Y_j+K_i+F_i=Y_i(i=1,\ 2,\ \cdots,\ n) \tag{5}$$

其矩阵表达式为：

$$CY+K+F=Y \tag{6}$$

经整理：

$$Y-CY=K+F$$

$$(I-C)Y=K+F \tag{7}$$

式（7）反映了引入直接消费实现系数之后最终产品与投资品、出口品之间的数量关系。若不考虑出口品因素，则有：

$$K=(I-C)Y \tag{8}$$

式中（$I-C$）的矩阵形式为：

$$(I-C)=\begin{bmatrix} 1-c_{11} & -c_{12} & \cdots & -c_{1n} \\ -c_{21} & 1-c_{22} & \cdots & -c_{2n} \\ \vdots & \vdots & \ddots & \vdots \\ -c_{n1} & -c_{n2} & \cdots & 1-c_{nn} \end{bmatrix} \tag{9}$$

（三）建立含完全消费实现系数矩阵 D 的行向数学模型

正如原模型中有直接消耗系数矩阵 A 和完全消耗系数矩阵 B 一样，二阶段模型也是如此。与直接消费实现系数矩阵 C 相对应的则是完全消费实现系数矩阵 D。它们之间的数量关系亦如此（原理相同，推导省略），由于矩阵 C 表现的是部门间的直接联系，矩阵 D 表现的是完全联系，而完全联系在数量上等于直接联系加上全部的间接联系，记为：

$$D=C+DC \tag{10}$$

式中 DC 即为全部的间接联系，进一步导出：

$$D-DC=C$$

$$D(I-C)=C$$

$$D=C(I-C)^{-1}$$

$$D=[I-(I-C)](I-C)^{-1}$$

$$D=(I-C)^{-1}-I \tag{11}$$

最后，我们给出含完全消费实现系数矩阵 D 的行向数学模型。由式（8）可以直接导出（注意，这里未考虑进口问题，只是反映投资与消费之间的关系）。

由： $$K=(I-C)Y$$

得： $$Y=(I-C)^{-1}K \tag{12}$$

即： $$Y=(D+I)K \tag{13}$$

该式就是含完全消费实现系数矩阵 D 的行向数学模型，其中 $(I-C)^{-1}$ 就是 $\bar{D}$ 矩阵，它包含了一个 D 矩阵。从模型中可以看出，上述对矩阵 $(I-C)^{-1}$ 的解释是非常贴切的。看模型等号右侧，既然 $(I-C)^{-1}$ 被解释为一个单位投资对最终产值的完全需求量，那么现在共有 K 个单位投资，二者相乘自然会得到由于投资而形成的最终产品价值，即等号左侧的 Y。

三、结构式凯恩斯投资乘数模型分析

（一）直接消费实现系数分析

直接消费实现系数 c_{ij} 反映出一种消费结构，表现出第 j 部门最终产品售出后所获得的价值用以购买各类消费品的比例结构。

c_{ij} 的计算式为：

$$c_{ij} = W_{ij}/Y_j$$

式中，W_{ij} 为第 j 部门劳动者购买第 i 类（部门）消费品的数量；Y_j 为第 j 部门最终产品量。由于部门消费是由各个部门从业者的消费来体现的，所以 c_{ij} 越大说明 j 部门从业者购买 i 类消费品的数量占其所在部门生产的最终产品的比例越大。由消费矩阵计算得到直接消费实现矩阵 C。从行向看，我们令 $c_j = \sum_{i=1}^{34} c_{ij}$，表示 j 部门对所有部门产品的消费占其最终产值的比例，我们称 c_j 为 j 部门的直接消费实现系数。按 c_j 的大小将各部门排序（见表 2）。

表 2　2002 年中国各部门直接消费实现系数表

产品部门	c_j	产品部门	c_j
金属、非金属矿采选业	0.99	邮政业	0.48
农业	0.96	公共管理和社会组织	0.47
煤炭、石油和天然气开采业	0.96	木材加工及家具制造业	0.44
非金属矿物制品业	0.89	金属制品业	0.40
石油加工、炼焦及核燃料加工业	0.86	建筑业	0.35
电力、热力的生产和供应业	0.80	纺织业	0.33
造纸印刷及文教用品制造业	0.78	其他制造业及废品废料	0.32
金属冶炼及压延加工业	0.75	住宿和餐饮业	0.31
批发和零售贸易业	0.66	食品制造及烟草加工业	0.30
租赁和商务服务业	0.65	旅游业	0.27
化学工业	0.62	通用、专用、交通运输及电机设备制造业	0.25
教育事业	0.60	房地产业	0.23
燃气和水的生产和供应业	0.57	卫生、社会保障及文体娱乐业	0.17

续表

产品部门	c_j	产品部门	c_j
信息传输、计算机服务和软件业	0.56	仪器仪表及文化办公用品制造业	0.16
其他社会服务业	0.54	科学研究及综合技术服务业	0.16
服装皮革羽绒及其制品业	0.51	金融保险业	0.14
交通运输及仓储业	0.51	通信设备、计算机及其他电子设备制造业	0.12

可以看到，金属、非金属采选业，农业，煤炭、石油和天然气开采业，非金属矿物制品业，石油加工、炼焦及核燃料加工业等部门的直接消费实现系数较高，均在0.80以上，这些部门的最终产值基本上用于消费。直接消费实现系数较低的有通信设备、计算机及其他电子设备制造业，金融保险业，科学研究及综合技术服务业，仪器仪表及文化办公用品制造业，卫生、社会保障及文体娱乐业等，其值均在0.20以下。消费占其最终产值的比重很小。

（二）完全消费实现系数（投资乘数）分析

由结构式投资乘数模型 $Y=(I-C)^{-1}(K+F)$ 或 $Y=\overline{D}(K+F)$，可知 $\overline{D}$ 表示每增加一个单位投资或出口对最终产值的完全需求量，即表示投资、出口对GDP的放大效应，又可称为投资乘数。

若不考虑出口，令 $d_j=\sum_{i=1}^{34} d_{ij}$，则 d_j 即为第 j 部门每增加一个单位投资对GDP的拉动。

由直接消费实现系数矩阵 C 求得完全消费实现系数矩阵 $\overline{D}$。根据计算，各部门的投资乘数如表3所示。

表3　2002年中国各部门投资乘数表

产品部门	投资乘数	产品部门	投资乘数
农业	2.929 1	电力、热力的生产和供应业	2.599 0
煤炭、石油和天然气开采业	2.913 5	燃气和水的生产和供应业	2.144 6
金属、非金属矿采选业	2.980 4	建筑业	1.314 0
食品制造及烟草加工业	1.329 2	交通运输及仓储业	2.010 5
纺织业	1.653 5	邮政业	1.970 2
服装皮革羽绒及其制品业	1.336 6	信息传输、计算机服务和软件业	2.119 1

续表

产品部门	投资乘数	产品部门	投资乘数
木材加工及家具制造业	1.880 6	批发和零售贸易业	2.328 4
造纸印刷及文教用品制造业	2.558 3	住宿和餐饮业	1.615 7
石油加工、炼焦及核燃料加工业	2.728 5	金融保险业	1.606 0
化学工业	2.241 8	房地产业	1.455 8
非金属矿物制品业	2.783 3	租赁和商务服务业	2.290 6
金属冶炼及压延加工业	2.499 2	旅游业	1.537 5
金属制品业	1.796 8	科学研究及综合技术服务业	1.705 9
通用、专用、交通运输及电机设备制造业	1.494 2	其他社会服务业	2.075 6
通信设备、计算机及其他电子设备制造业	1.231 2	教育事业	2.207 4
仪器仪表及文化办公用机械制造业	1.271 0	卫生、社会保障及文体娱乐业	2.026 0
其他制造业及废品废料	1.636 1	公共管理和社会组织	1.996 4

由表3可以看出：

第一，各部门投资乘数均大于1，表明增加投资对GDP确实存在放大效应。这种效应可以解释为：当投资增加时，消费会因为收入增加而增加，消费增加进而带动投资增加，从而带动GDP的增加。这种效应在列昂惕夫投入产出表及模型中是无法反映的。

第二，投资乘数与直接消费实现系数有密切的关系，当直接消费实现系数越大时，投资乘数就越大。

第三，全行业的平均投资乘数为2.007 8，表明投资的社会平均乘数效应为：当全社会增加投资1亿元，相应拉动GDP增加2.007 8亿元。

第四，投资的行业不同，投资乘数也不相同。从表3中可以看出，高于平均投资乘数的行业主要是农业（2.929 1），煤炭、石油和天然气开采业（2.913 5），金属、非金属矿采选业（2.980 4），造纸印刷及文教用品制造业（2.558 3），石油加工、炼焦及核燃料加工业（2.728 5），化学工业（2.241 8），非金属矿物制品业（2.783 3），金属冶炼及压延加工业（2.499 2），电力、热力的生产和供应业（2.599 0），燃气和水的生产和供应业（2.144 6），交通运输及仓储业（2.010 5），信息传输、计算机服务和软件业（2.119 1），批发和零售贸易业（2.328 4），租赁和商务服务业（2.290 6），教育事业（2.207 4），卫生、社会保障及文体娱乐业（2.026 0）。

第五，在凯恩斯投资结构乘数模型中，出口和投资的地位是一样的，如果考虑出口，那么各部门出口对 GDP 的放大效应和投资的放大效应是相同的。

四、结论与建议

通过对二阶段投入产出表的实际编制和结构化乘数的分析，我们有以下结论与建议。

第一，通过结构化凯恩斯投资乘数分析，我们得到全行业的平均投资乘数为 2.007 8，即投资的社会平均乘数效应：当全社会增加投资 1 亿元，相应拉动 GDP 增加 2.007 8 亿元。另外，高于平均投资乘数的行业主要有农业，煤炭、石油和天然气开采业，金属、非金属矿采选业，造纸印刷及文教用品制造业，石油加工、炼焦及核燃料加工业，化学工业，非金属矿物制品业，金属冶炼及压延加工业，电力、热力的生产和供应业，燃气和水的生产和供应业，交通运输及仓储业等。如果我们对这些行业加大投资力度，进行产业结构战略性调整，对 GDP 的拉动作用将是比较明显的。

第二，在编制消费矩阵时，部门分类宜粗不宜细，应在能体现出各部门从业者消费结构不同的基础上，根据实际研究的问题对部门分类做较大调整。

第三，关于政府消费问题，对于农业和交通运输及仓储业应按照服务对象或受众分别按照农村和城镇居民的消费规模进行分摊；对于卫生、社会保障及文体娱乐业应按不同行业的从业人员数量进行分摊；由于其余（部门）消费品的消费结构对各类消费群体差别不大，按各部门居民消费占全部居民消费的比重分摊即可。将政府消费做虚拟化处理后，第Ⅲ象限就没有了生产税净额。

参考文献

[1] 列昂惕夫．投入产出经济学［M］．北京：商务印书馆，1980.

[2] 钟契夫，陈锡康，刘起运．投入产出分析［M］．北京：中国财政经济出版社，1993.

[3] 刘起运．宏观经济系统的投入产出分析［M］．北京：中国人民大学出版社，2003.

[4] 许宪春．中国国民经济核算体系改革与发展［M］．北京：经济科学出版社，1999.

[5] 国家统计局国民经济核算司．中国投入产出表（延长表）编制办法［M］．北京：中国统计出版社，1997.
[6] 彭志龙，齐舒畅．国民经济乘数分析［J］．统计研究，1998（5）．
[7] 刘起运．正确认识和使用投入产出乘数［J］．中国人民大学学报，2003（6）．
[8] 刘起运．结构式凯恩斯乘数模型研究［J］．统计研究，2004（11）．
[9] 国家统计局．中国统计年鉴（2003）［M］．北京：中国统计出版社，2003.

多产品价格影响模型及其应用研究[①]

多产品价格影响模型是指两种及两种以上产品的价格变动对其他产品价格以及综合价格指数影响的模型。该模型从方法论上涉及投入产出模型和计量经济模型方法，投入产出模型方法主要分析多产品价格变动对其他产品价格的影响程度，计量经济模型方法主要分析多产品价格变动对综合价格指数的影响预期。本文利用这两种模型各自的长处，结合起来研究多产品价格影响模型。

一、对其他产品价格影响的模型

多产品价格影响模型与单产品价格影响模型从理论上讲是一致的。为了便于理解，我们先讨论单产品价格影响模型，再讨论多产品价格影响模型。这两类模型都是通过投入产出分析方法建立的。

（一）单产品价格影响模型

利用投入产出模型测算某种产品价格变动对其他产品价格的影响，需要给定一些假设条件：产品价格的变动都是由成本中物质消耗费用变化引起的，不考虑折旧、劳动者报酬、生产税净额、营业盈余的变化，不考虑企业降低成本的措施和供求关系变动。提出这些假设的主要原因有两方面：一是投入产出模型只利用了投入产出分析中的直接消耗系数、完全消耗系数，没有利用增加值（包括折旧、劳动者报酬、生产税净额、营业盈余）方面的数据；二是投入产出模型通常只利用某年数据，没有考虑企业降低成本的措施和供求关系变动。

由于以上假设条件的存在，投入产出模型一般应用于价格政策的模拟，即研究一些产品价格变动会对其他产品价格变动带来多大的影响。由于该模型采用了直接消耗系数，因此在实证分析时，我们要利用最新的投入产出表。我国目前逢2、7年份编制基本表，逢0、5年份编制延长表，在没有编制投

① 本文原载于《统计研究》2013年第2期，作者：廖明球、王明哲。

入产出表的年份只能利用接近年份的直接消耗系数。现在有人提出新的办法，即利用多张投入产出表进行趋势外推的方法修订直接消耗系数。

投入产出价格影响理论模型可以根据多种方法推导，包括根据成本结构推导、根据完全消耗系数思想推导、根据投入产出流量表推导、根据再分配理论推导。由于各种推导方法的理论模型一致，下面我们仅选择根据成本结构推导其理论模型。

设：国民经济中共有 n 种产品，其中 K 产品价格变动 ΔP_K（%），其他（$n-1$）种产品为受 K 产品影响的产品，是成本推动型变化，设其价格变动为 ΔP_j（$j\neq k$），ΔP_j 由以下两部分组成。一是直接影响：$\Delta P_k\times a_{kj}$，ΔP_K 表示 K 产品价格变动幅度，a_{kj} 表示 j 产品生产对 K 产品的直接消耗系数，两者相乘为 K 产品价格变动对 j 产品的价格的直接影响。二是间接影响：$\sum\limits_{i\neq k}\Delta P_i\times a_{ij}$，$\Delta P_i$ 为 i 产品价格变动幅度，a_{ij} 为 j 产品生产对 i 产品的直接消耗系数，两者相乘后再按所有的 i（$i\neq K$）产品部门相加为间接影响，即 k 产品价格变动通过 i 产品传递给 j 产品的影响。

直接影响加上间接影响有：

$$\Delta P_j=\Delta P_K\times a_{ij}+\sum_{i\neq K}\Delta P_i\times a_{ij}$$

引入矩阵：

$$\Delta P_{n-1}=(\Delta P_1\Delta P_2\cdots\ \Delta P_{k-1}\Delta P_{k+1}\cdots\ \Delta P_n)_{1\times(n-1)}$$

$$A_{n-1}=\begin{pmatrix} a_{11} & a_{12} & \cdots & a_{1,k-1} & a_{1,k+1} & \cdots & a_{1n} \\ a_{21} & a_{22} & \cdots & a_{2,k-1} & a_{2,k+1} & \cdots & a_{2n} \\ \vdots & \vdots & \ddots & \vdots & \vdots & \ddots & \vdots \\ a_{k-1,1} & a_{k-1,2} & \cdots & a_{k-1,k-1} & a_{k-1,k+1} & \cdots & a_{k-1,n} \\ a_{k+1,1} & a_{k+1,2} & \cdots & a_{k+1,k-1} & a_{k+1,k+1} & \cdots & a_{k+1,n} \\ \vdots & \vdots & \ddots & \vdots & \vdots & \ddots & \vdots \\ a_{n1} & a_{n2} & \cdots & a_{n,k-1} & a_{n,k+1} & \cdots & a_{nn} \end{pmatrix}_{(n-1)\times(n-1)}$$

$$A_k=(a_{k1}a_{k2}\cdots a_{k,k-1}a_{k,k+1}\cdots a_{kn})_{1\times(n-1)}$$

有：

$$\Delta P_{n-1}=\Delta P_kA_k+\Delta P_{n-1}A_{n-1}$$

$$\Delta P_{n-1}(I-A_{n-1})=\Delta P_kA_k$$

$$\Delta P_{n-1}=\Delta P_kA_k(I-A_{n-1})^{-1} \tag{1}$$

式（1）为 1 种产品价格变动引起其他（$n-1$）种产品的价格变动的理论模型。实际应用时，多采用以下简单公式：

$$\begin{pmatrix} \Delta P_1 \\ \Delta P_2 \\ \vdots \\ \Delta P_{k-1} \\ \Delta P_{k+1} \\ \vdots \\ \Delta P_n \end{pmatrix} = \begin{pmatrix} \bar{b}_{k1}/\bar{b}_{kk} \\ \bar{b}_{k2}/\bar{b}_{kk} \\ \vdots \\ \bar{b}_{k,k-1}/\bar{b}_{kk} \\ \bar{b}_{k,k+1}/\bar{b}_{kk} \\ \vdots \\ \bar{b}_{kn}/\bar{b}_{kk} \end{pmatrix} \times \Delta P_k \tag{2}$$

式（2）中 $\bar{b}_{ij}$ 表示完全需要系数矩阵的元素，即完全消耗系数矩阵加单位矩阵的元素。从式（2）可以看出，计算时仅用了完全需要系数矩阵的第 K 行元素。

（二）多产品价格影响模型

多产品价格影响模型建立的理论同单产品价格影响模型。为了讨论的方便，大多采用分块矩阵进行计算。令：

$$\Delta P = \begin{pmatrix} \Delta P_1 \\ \Delta P_2 \end{pmatrix} \tag{3}$$

其中：

$$\Delta P_1 = \begin{pmatrix} \Delta P_1 \\ \Delta P_2 \\ \vdots \\ \Delta P_{n-k} \end{pmatrix}; \ \Delta P_2 = \begin{pmatrix} \Delta P_{n-k+1} \\ \Delta P_{n-k+2} \\ \vdots \\ \Delta P_n \end{pmatrix}$$

式（3）中，ΔP_{n-k+1}，…，ΔP_n 表示 K 种要调价产品价格的变动幅度；ΔP_1，…，ΔP_{n-k} 表示（$n-k$）种产品受到调价影响后的价格变动幅度。

将（$I-A^{\mathrm{T}}$）也分块，成为：

$$(I-A^{\mathrm{T}}) = \begin{bmatrix} 1-A_{11}^{\mathrm{T}} & -U \\ -V & I-A_{22}^{\mathrm{T}} \end{bmatrix} \tag{4}$$

式（4）中，（$1-A_{11}^{\mathrm{T}}$）为由（$n-k$）行、（$n-k$）列组成的 a_{ij} 系数转置矩阵：

$$(I-A_{11}^{\mathrm{T}}) = \begin{pmatrix} 1-a_{11} & \cdots & -a_{n-k,1} \\ \vdots & & \vdots \\ -a_{1,n-k} & \cdots & 1-a_{n-k,n-k} \end{pmatrix}_{(n-k)\times(n-k)}$$

U 为由（$n-k$）行、k 列组成的 a_{ij} 系数转置矩阵：

$$-U=\begin{pmatrix} -a_{n-k+1,1} & \cdots & -a_{n,1} \\ \vdots & & \vdots \\ -a_{n-k+1,n-k} & \cdots & -a_{n,n-k} \end{pmatrix}_{(n-k)\times k}$$

V 为由 k 行、$(n-k)$ 列组成的 a_{ij} 系数转置矩阵：

$$-V=\begin{pmatrix} -a_{1,n-k+1} & \cdots & -a_{n-k,n-k+1} \\ \vdots & & \vdots \\ -a_{1,n} & \cdots & -a_{n-k,n} \end{pmatrix}_{k\times(n-k)}$$

$(I-A_{22}^{\mathrm{T}})$ 为由 k 行、k 列组成的 a_{ij} 系数转置矩阵：

$$(I-A_{22}^{\mathrm{T}})=\begin{pmatrix} 1-a_{n-k+1,n-k+1} & \cdots & -a_{n,n-k+1} \\ \vdots & & \vdots \\ -a_{n-k+1,n} & \cdots & 1-a_{nn} \end{pmatrix}_{k\times k}$$

由分块矩阵得到的计算调价影响的公式为：

$$\begin{pmatrix} I-A_{11}^{\mathrm{T}} & -U \\ -V & I-A_{22}^{\mathrm{T}} \end{pmatrix}\begin{pmatrix} \Delta P_1 \\ \Delta P_2 \end{pmatrix}=\begin{pmatrix} 0 \\ 0 \end{pmatrix} \tag{5}$$

将式（5）展开得到：

$$(I-A_{11}^{\mathrm{T}})\ \Delta P_1-U\Delta P_2=0$$

即：

$$\Delta P_1=(I-A_{11}^{\mathrm{T}})^{-1}U\Delta P_2$$

$$\Delta P_1=[(I-A_{11})^{-1}]^{\mathrm{T}}U\Delta P_2 \tag{6}$$

式（6）表示已知 ΔP_2，求 ΔP_1。具体计算公式为：

$$\begin{pmatrix} \Delta P_1 \\ \Delta P_2 \\ \vdots \\ \Delta P_{n-k} \end{pmatrix}=[(I-A_{11})^{-1}]^{\mathrm{T}}\begin{pmatrix} a_{n-k+1,1} & \cdots & a_{n,1} \\ \vdots & & \vdots \\ a_{n-k+1,n-k} & \cdots & a_{n,n-k} \end{pmatrix}\begin{pmatrix} \Delta P_{n-k+1} \\ \Delta P_{n-k+2} \\ \vdots \\ \Delta P_n \end{pmatrix} \tag{7}$$

运用式（7）可以计算 k 种产品价格变动对 $(n-k)$ 种产品产生的影响。

二、对综合价格指数影响的模型

在计算多产品价格变动对其他产品价格的影响之后，可以计算多产品价格变动对综合价格指数的影响。比较简单的方法是直接利用现有投入产出表数据进行测算，如果需要精确一些，可以利用计量经济模型对未来年份的生产、消费、投资的产品结构进行预测。

（一）利用现有投入产出表测算的方法

利用现有的投入产出表可以计算总产出、中间投入、消费、投资、进口、出口的产品结构，即通过归一化处理得到合计数为 1 的总产出、中间投入、消费、投资、进口、出口的各产品的权重。通过多产品价格影响模型计算出各产品的价格变动幅度，再乘上归一化处理后各产品的权重，便得到多产品价格变动对综合价格指数的影响幅度。其计算公式为：

$$P = \sum_{i=1}^{n} \Delta P_i \times Q_i \tag{8}$$

式（8）中，P 为综合价格指数，ΔP_i 为多产品价格变动后所有产品的价格变动幅度，Q_i 为影响综合价格指数的归一化处理后的各产品权重。由于可以利用现有投入产出表计算归一化处理后的各产品权重，所以该方法利用起来比较方便。

（二）利用计量经济模型测算的方法

利用现有投入产出表测算多产品价格变动对综合价格指数的影响固然方便，但是投入产出表的编制是在特定年份进行的，要滞后于我们分析的年份，即分析年份的生产、消费、投资的产品结构已经发生变化，需要重新计算各产品的权重。还有的专家认为价格影响模型用到了直接消耗系数，需要对直接消耗系数进行修订。国家统计局逢 2、7 年份编制投入产出表，逢 0、5 年份编制延长表，我们可以利用最新的投入产出表，没有必要花大量时间去修订直接消耗系数。而对生产、消费、投资的产品结构变化，我们可以利用计量经济模型进行测算。

1. 总产出产品结构的测算。对总产出产品结构的测算，我们可以采用生产函数模型。为了预测的方便，采用时间序列模型和截面数据模型相结合的方法，对第一产业、第二产业、第三产业采用时间序列模型方法并利用历史资料，可以准确地对三次产业的结构进行预测；再是利用投入产出调查得到的分部门的截面数据，按照 42 个部门的划分分别建立生产函数模型，计算出参数，这样将三次产业的产品结构进一步分解为 42 个部门的产品结构。

生产函数模型种类很多，我们采用了最常用的柯布-道格拉斯生产函数模型。其表达式为：

$$Q = AK^{\alpha}L^{\beta}\mu \tag{9}$$

式（9）中，Q 为总产出；A 为综合技术水平；K 为资本数量，可以利用联合国推荐的永续盘存法得到；L 为劳动力数量；α 为资本弹性系数，即资本增长 1 个百分点，总产出增长多少百分点；β 为劳动弹性系数，即劳动增长 1 个百分点，总产出增长多少百分点；μ 为随机误差项。

将式（9）两边取对数，得到生产函数计量经济学模型：

$$\ln Q = \ln A + \alpha \ln K + \beta \ln L + \ln u \tag{10}$$

利用式（10）可以建立分三次产业的时间序列模型和分 42 个部门的截面数据模型。通过时间序列模型预测得到三次产业总产出的总量，再利用截面数据模型的参数与相关数据分别预测，将三次产业总产出总量分解为 42 个部门的总产出总量。

2. 居民消费的结构测算。对居民消费结构的测算主要应用消费函数模型。首先，利用居民消费支出总额与支出法国内生产总值的数据建立居民消费函数模型，以便进行消费总量预测；其次，分别建立农村居民人均生活消费支出与人均纯收入之间关系的模型、城镇居民人均消费支出与人均可支配收入之间关系的模型，分别对农村居民和城镇居民的消费总量进行预测；再次，利用农村居民和城镇居民的住户调查资料，建立居民八大类消费模型，将居民消费总量分解成八大类产品结构，这八大类包括食品支出、衣着支出、居住支出、家庭设备用品及服务支出、医疗保健支出、交通和通信支出、教育文化娱乐及服务支出、其他商品和服务支出。最后，利用八大类消费与 42 个部门产品的对应关系，将八大类消费产品结构转换成 42 个部门消费产品结构。

居民消费函数模型有很多种，但常用的是绝对收入假设的消费函数模型和相对收入假设的消费函数模型。绝对收入假设的消费模型为：

$$Y_i=\beta_0+\beta_1X_t+\mu_t \qquad (11)$$

式（11）中，Y 表示居民消费，X 表示居民收入，β_0 表示自发性消费，β_1 表示边际消费倾向，即居民收入增加 1 元钱的消费增加了多少钱。该消费函数模型认为收入是决定消费的唯一因素，因此称为绝对收入假设的消费函数模型。

相对收入假设的消费函数模型为：

$$Y_t=\beta_0+\beta_1X_t+\beta_2Y_{t-1}+\mu_t \qquad (12)$$

式（12）与式（11）比较，增加了解释变量 Y_{t-1}，即上一年的消费。这一模型认为消费除了受收入影响外还受消费惯性影响，即消费不可逆性，因此称之为相对收入假设的消费函数模型。

在建立居民消费总量、八大类产品消费模型过程中，可以分别建立绝对收入假设和相对收入假设的消费函数模型，哪一个模型预测精度高，就利用哪一个模型进行预测。由于要进行预测，消费函数模型全部采用时间序列模型，八大类产品向 42 个部门产品进行转换时最好利用最新的投入产出表或者住户调查资料。

3. 固定资本形成结构的测算。对固定资本形成结构的测算采用投资函数模型。首先利用投资函数模型测算固定资产总量，再根据多年的统计资料将投资分成建筑业、设备购置、其他费用三部分，然后将这三项数据按 42 个部门产品细分。

我国比较成熟的投资函数模型为：

$$I_t = \alpha + \beta_0 \Delta Y_t + \beta_1 I_{t-1} + \beta_2 I_{t-2} + \cdots + \beta_l I_{t-l} + \mu_t \tag{13}$$

式（13）中，I 表示固定资本投资额，ΔY 表示国内生产总值相比上年的增加额，α、β 为相应的参数。该模型表示固定资产投资受国内生产总值增加额和前期投资额的影响。

通过实际数据对投资函数模型进行滞后期筛选，得到的投资函数模型为：

$$I_t = \alpha + \beta_0 \Delta Y_t + \beta_1 I_{t-1} + \beta_2 I_{t-2} + \mu_t \tag{14}$$

式（14）反映我国的固定资产投资受国内生产总值增加额和前一期与前二期投资的共同影响。通过模型（14）可以预测资本形成总额，对其产品结构的分解起到了决定性的作用。

三、实证分析

北京市能源和水短缺，需要对其价格进行调节，我们选择北京市能源和水价格影响模型进行实证分析。根据北京市 2007 年 42 个部门的投入产出表，有煤炭开采和洗选业、石油和天然气开采业、石油加工炼焦及核燃料加工业、电力热力的生产和供应业、燃气生产和供应业、水的生产和供应业等 6 个产品部门属于能源和水产品部门，因此我们研究的是 6 个部门价格变动对其余 36 个部门的影响。同时，对综合价格指数的变动研究则考虑 42 个部门的价格变动幅度和其产品在某类产品中的权重。

（一）北京市能源和水价格影响模型的计算

依据公式（6），我们可以先计算出 $[(I-A_{11})^{-1}]^{T}U$，其计算结果见表 1。

在表 1 中，宾栏 6 个部门为能源和水的产品部门，主栏 36 个部门为非能源和水产品部门，该表反映了能源和水部门与非能源和水部门的价格链关系。如果假定能源和水部门产品均涨价 1%，即在表 1 的基础上乘以矩阵 ΔP_2，即乘以 $(1, 1, \cdots, 1)^{T}_{1\times 6}$ 的向量，得到表 2。

表 1　能源和水价格综合变动对其他产品价格影响的计算表

代码	02	03	11	23	24	25
01	0.017 5	0.000 4	0.059 0	0.058 6	0.001 5	0.002 4
04	0.004 9	0.000 2	0.038 0	0.079 4	0.000 8	0.000 6
05	0.008 0	0.001 5	0.174 8	0.088 1	0.003 0	0.001 8

续表

代码	02	03	11	23	24	25
06	0.015 9	0.000 8	0.052 7	0.052 1	0.002 8	0.002 6
07	0.009 9	0.000 4	0.039 3	0.046 5	0.002 3	0.002 5
08	0.008 1	0.000 3	0.030 2	0.033 9	0.001 7	0.001 8
09	0.018 0	0.000 7	0.059 2	0.073 0	0.003 6	0.003 1
10	0.011 3	0.000 9	0.070 7	0.064 5	0.004 9	0.002 9
12	0.012 6	0.002 2	0.098 8	0.079 5	0.007 4	0.001 8
13	0.039 1	0.016 8	0.150 5	0.089 9	0.009 7	0.002 1
14	0.078 4	0.000 3	0.112 1	0.086 9	0.001 1	0.000 8
15	0.046 8	0.000 5	0.083 8	0.074 2	0.004 3	0.001 6
16	0.022 9	0.000 4	0.054 2	0.050 3	0.001 7	0.002 8
17	0.016 5	0.000 7	0.049 7	0.044 4	0.003 8	0.001 8
18	0.021 9	0.000 7	0.055 9	0.048 0	0.002 2	0.002 8
19	0.010 2	0.001 1	0.047 3	0.043 7	0.002 5	0.002 6
20	0.011 8	0.000 6	0.042 1	0.037 0	0.002 0	0.002 1
21	0.089 5	0.000 6	0.075 2	0.060 0	0.001 6	0.001 6
22	0.004 4	0.000 3	0.069 5	0.162 0	0.005 3	0.001 7
26	0.032 5	0.002 8	0.090 6	0.060 9	0.002 8	0.002 4
27	0.006 0	0.000 2	0.207 4	0.036 0	0.005 5	0.001 8
28	0.004 7	0.000 2	0.073 9	0.027 4	0.002 5	0.002 5
29	0.005 3	0.000 5	0.029 2	0.031 0	0.001 5	0.001 6
30	0.003 8	0.000 2	0.030 0	0.023 3	0.001 4	0.001 0
31	0.006 5	0.000 3	0.028 6	0.065 6	0.009 6	0.004 0
32	0.002 1	0.000 1	0.023 8	0.019 8	0.000 9	0.000 9
33	0.002 2	0.000 1	0.020 9	0.038 7	0.001 1	0.002 0
34	0.006 7	0.000 3	0.053 1	0.033 2	0.002 3	0.001 6
35	0.009 8	0.001 0	0.052 0	0.058 3	0.003 7	0.003 0
36	0.011 0	0.000 5	0.048 2	0.037 0	0.002 0	0.001 9
37	0.010 3	0.000 8	0.068 4	0.047 9	0.001 8	0.006 4
38	0.008 5	0.000 6	0.058 1	0.048 6	0.006 4	0.003 1
39	0.005 2	0.000 7	0.047 1	0.059 3	0.003 3	0.003 7
40	0.008 2	0.001 3	0.063 9	0.061 8	0.004 9	0.003 0
41	0.005 6	0.000 5	0.042 8	0.045 9	0.002 9	0.002 8
42	0.004 3	0.000 4	0.040 1	0.052 0	0.002 6	0.002 4

注：42 个部门的名称见表 2

表2反映了能源和水产品均涨价1%，其他受涨价影响的产品部门的价格变动幅度。从表2可知，若能源和水同时涨价1%，受其影响较大的前5个部门分别是：非金属矿物制品业（上涨0.308 1%），金属冶炼及压延加工业（上涨0.279 5%），非金属矿及其他矿采选业（上涨0.277 1%），交通运输及仓储业（上涨0.256 7%），废品废料（上涨0.243 1%）。可见，由于非金属矿采选、非金属物制造以及金属冶炼对能源和水的需求相对较大，如果能源和水同时提价，对它们的冲击也相对较大。另外由于交通运输对汽油等能源的消耗也很大，因此交通运输及仓储业受影响较大。受影响较小的前五个部门分别是：金融业（上涨0.047 5%），批发和零售业（上涨0.059 8%），房地产业（上涨0.065 1%），信息传输、计算机服务和软件业（上涨0.069 1%），纺织服装鞋帽皮革毛皮羽毛（绒）及其制品业（上涨0.076 0%），说明这几个部门对能源和水的需求及消耗不太大。

表2　能源和水部门产品均涨价1%对其他部门产品价格的影响

部门	代码	涨价幅度（%）
农林牧渔业	01	0.139 4
煤炭开采和洗选业	02	1
石油和天然气开采业	03	1
金属矿采选业	04	0.123 9
非金属矿及其他矿采选业	05	0.277 1
食品制造及烟草加工业	06	0.126 9
纺织业	07	0.100 9
纺织服装鞋帽皮革毛皮羽毛（绒）及其制品业	08	0.076 0
木材加工及家具制造业	09	0.157 6
造纸印刷及文教体育用品制造业	10	0.155 2
石油加工、炼焦及核燃料加工业	11	1
化学工业	12	0.202 3
非金属矿物制品业	13	0.308 1
金属冶炼及压延加工业	14	0.279 5
金属制品业	15	0.211 2
通用、专用设备制造业	16	0.132 4
交通运输设备制造业	17	0.117 0
电气机械及器材制造业	18	0.131 4

续表

部门	代码	涨价幅度（%）
通信设备、计算机及其他电子设备制造业	19	0.107 4
仪器仪表及文化、办公用机械制造业	20	0.095 6
工艺品及其他制造业	21	0.228 6
废品废料	22	0.243 1
电力、热力的生产和供应业	23	1
燃气生产和供应业	24	1
水的生产和供应业	25	1
建筑业	26	0.192 0
交通运输及仓储业	27	0.256 7
邮政业	28	0.111 2
信息传输、计算机服务和软件业	29	0.069 1
批发和零售业	30	0.059 8
住宿和餐饮业	31	0.114 6
金融业	32	0.047 5
房地产业	33	0.065 1
租赁和商务服务业	34	0.097 3
研究与试验发展业	35	0.127 7
综合技术服务业	36	0.100 7
水利、环境和公共设施管理业	37	0.135 6
居民服务和其他服务业	38	0.125 3
教育	39	0.119 2
卫生、社会保障和社会福利业	40	0.143 0
文化、体育和娱乐业	41	0.100 4
公共管理和社会组织	42	0.101 7

（二）北京市能源和水价格变动对综合价格指数的影响计算

依据公式（8）先采用生产函数、消费函数、投资函数模型分别对 2012 年北京市的总产出、居民消费、农村居民消费、城镇居民消费、固定资本形成的产品结构进行预测，得到 42 个部门相应的产品权重，再与表 2 的 42 个部门价格变动幅度相乘并汇总，可以计算出北京市 2012 年能源和水价格变动对各种综合价格指数的影响。

根据2012年总产出的预测结果，若能源和水同时涨价1%，对总产出价格指数的影响预期为0.161 9%。如果除去调价部门本身，对该指数影响预期最大的五个部门是：交通运输及仓储业（上涨0.014 7%），建筑业（上涨0.012 1%），通信设备、计算机及其他电子设备制造业（上涨0.008 4%），综合技术服务业（上涨0.006 9%），信息传输、计算机服务和软件业（上涨0.006 5%）。而受影响最小的五个部门是：纺织服装鞋帽皮革毛皮羽毛（绒）及其制品业、纺织业、金属矿采选业、非金属矿及其他矿采选业、废品废料，它们对该指数的影响预期都在0.000 3%以下。

若能源和水同时涨价1%，则对2012年居民消费价格指数、农村居民消费价格指数和城镇居民消费价格指数的影响预期分别为0.178 2%、0.273 2%和0.172 7%。如果除去调价部门本身，则对居民消费价格指数的影响预期最大的5个部门是：食品制造及烟草加工业（上涨0.024 3%），化学工业（上涨0.011 0%），农林牧渔业（上涨0.010 3%），住宿和餐饮业（上涨0.009 4%），卫生、社会保障和社会福利业（上涨0.008 7%）；对农村居民消费价格指数的影响预期最大的五个部门是：卫生、社会保障和社会福利业（上涨0.019 5%），食品制造及烟草加工业（上涨0.019 4%），农林牧渔业（上涨 0.015 3%），教育（上涨 0.011 6%），住宿和餐饮业（上涨0.009 9%）；对城镇居民消费价格指数的影响预期最大的5个部门是：食品制造及烟草加工业（上涨 0.024 5%），化学工业（上涨0.011 3%），农林牧渔业（上涨0.010 0%），住宿和餐饮业（上涨0.009 4%），卫生、社会保障和社会福利业（上涨0.008 0%）。

若能源和水同时涨价1%，则对2012年固定资本形成价格指数的影响预期为0.118 5%。如果除去调价部门本身，对该指数影响最大的5个部门是：建筑业（上涨0.062 9%），房地产业（上涨0.016 8%），信息传输、计算机服务和软件业（上涨0.015 5%），通用、专用设备制造业（上涨0.010 7%），电气机械及器材制造业（上涨0.003 8%）。

四、政策模拟

（一）价格政策模拟的方法

为了方便，以上讨论我们均按能源和水涨价1%计算对其他产品价格的影响以及对综合价格指数的影响。而在政策模拟中，我们需要计算能源和水不同的涨价幅度对其他产品特别是对综合价格指数的影响，提出多种涨价的备选方案。

针对北京市能源和水短缺状况，我们提出了2012年能源和水调价的四套可供选择的方案。方案一为能源和水同时涨价5%，方案二为能源和水同时涨价10%，方案三为能源涨价5%、水涨价10%，方案四为能源涨价10%、水涨价5%，其计算结果见表3。

表3 能源与水价格变动模拟计算表

单位：%

方案一：能源与水同时涨价5%

年份	总产出	居民消费	农村居民消费	城镇居民消费	固定资本形成
2012	0. 809 5	0. 891 2	1. 365 8	0. 863 6	0. 592 3

方案二：能源与水同时涨价10%

年份	总产出	居民消费	农村居民消费	城镇居民消费	固定资本形成
2012	1. 619 0	1. 782 3	2. 731 6	1. 727 2	1. 184 6

方案三：能源涨价5%、水涨价10%

年份	总产出	居民消费	农村居民消费	城镇居民消费	固定资本形成
2012	0. 824 9	0. 927 3	1. 391 5	0. 900 3	0. 603 0

方案四：能源涨价10%、水涨价5%

年份	总产出	居民消费	农村居民消费	城镇居民消费	固定资本形成
2012	1. 603 6	1. 746 2	2. 705 9	1. 690 4	1. 173 9

从表3可知：

按照方案一，2012年如果能源与水同时涨价5%，北京市的总产出上涨0. 809 5%；居民消费上涨0. 891 2%，其中农村居民消费上涨1. 365 8%，城镇居民消费上涨 0. 863 6%；固定资本形成上涨 0. 592 3%。只有农村居民消费价格指数预期超过1%，其他价格指数预期均在1%以下。消费价格指数预期高于生产价格指数、投资价格指数预期；农村居民消费价格指数预期高于城镇居民消费价格指数预期。

按照方案二，2012年如果能源与水同时涨价10%，北京市的总产出上涨1. 619 0%；居民消费上涨1. 782 3%，其中农村居民消费上涨2. 731 6%，城镇居民消费上涨 1. 727 2%；固定资本形成上涨1. 184 6%。所有价格指数预期均超过1%，其中农村居民消费价格指数预期超过2%。价格指数预期的排序依然是消费价格指数预期高于生产价格和投资价格指数预期。

按照方案三，2012年如果能源涨价5%、水涨价10%，北京市总产出上涨 0.824 9%；居民消费上涨 0.927 3%，其中农村居民消费上涨 1.391 5%，城镇居民消费上涨 0.900 3%；固定资本形成上涨 0.603 0%。方案三的计算结果接近方案一，只有农村居民消费价格指数预期超过 1%，其他价格指数预期均在 1%以下。价格指数预期的排序也同方案一。

按照方案四，2012 年如果能源涨价 10%、水涨价 5%，北京市总产出上涨 1.603 6%；居民消费上涨 1.746 2%，其中农村居民消费上涨 2.705 9%，城镇居民消费上涨 1.690 4%；固定资本形成上涨 1.173 9%。方案四的计算结果接近方案二，所有价格指数预期均超过 1%，其中农村居民消费价格指数预期超过 2%。价格指数预期的排序也同方案二。

（二）对策与建议

根据以上讨论，我们提出如下建议：

第一，北京市能源价格应根据品种有升有降，既要考虑价格的升降空间，又要考虑促进节能和减少温室气体排放。根据对单个产品价格模拟测算，天然气作为清洁能源有涨价空间，应该利用价格调节鼓励生产企业供气。石油则应根据国际油价的变动适时调整。煤炭是北京市消耗较多的能源，其价格波动对其他产品价格影响较大，因此节能首先考虑节省煤炭的消耗量，可以减少温室气体排放；如果仅靠价格上涨，难以减少煤炭的消耗数量。

第二，北京市水价上涨还有一定空间，但有必要实行阶梯水价以保证生产、生活的基本用水。可以适度涨价，但要考虑到水是生产、生活的必需品，关注民生必须保证生产、生活的基本用水，因此只能采取阶梯水价，培养市民的节水意识，一方面限制高耗水行业的发展，一方面保证基本用水的供应。

第三，从对表 3 的分析来看，我们认为能源上涨 5%、水上涨 10%的方案较好，既考虑了各项指数的涨价空间，又考虑了企业与消费者的承受能力，可以考虑择机出台，同时制定相应政策，保证基本的用能用水。对于决策者来说，也可以考虑其他因素，选择另外 3 套方案或相应方案。

参考文献

[1] 列昂惕夫．投入产出经济学［M］．北京：商务印书馆，1980.

[2] 钟契夫，陈锡康，刘起运．投入产出分析［M］．北京：中国财政经济出版社，1993.

[3] 刘起运，陈璋，苏汝劼．投入产出分析［M］．北京：中国人民大学出版社，2006.

[4] 许宪春，刘起运．中国投入产出分析应用论文精粹［M］．北京：中国

统计出版社，2004.
[5] 廖明球．投入产出及其扩展分析［M］．北京：首都经济贸易大学出版社，2009.
[6] 廖明球．经济、资源、环境投入产出模型研究［M］．北京：首都经济贸易大学出版社，2005.
[7] 廖明球．中国北京奥运经济投入产出与计量模型研究［J］．首都经济贸易大学学报，2007（1）：49-56.
[8] 李子奈．计量经济学：方法和应用［M］．北京：清华大学出版社，1992.
[9] 李子奈，潘文卿．计量经济学［M］.2 版．北京：高等教育出版社，2005.
[10] 张晓峒．计量经济分析（修订版）［M］．北京：经济科学出版社，2006.
[11] 李雪松．高级经济计量学［M］．北京：中国社会科学出版社，2008.
[12] 谢识予，朱弘鑫．高级计量经济学［M］．上海：复旦大学出版社，2005.
[13] 廖明球，李雪，等．计量经济学简明教程［M］．北京：首都经济贸易大学出版社，2007.
[14] 北京市统计局，国家统计局北京市调查总队．北京统计年鉴 2009［M］．北京：中国统计出版社，2009.

二氧化碳排放的IO-SDA模型及其实证研究①

一、二氧化碳排放的IO-SDA模型设计

在投入产出模型中，直接消耗系数 a_{ij} 本身的经济意义是 j 部门生产单位总产出对 i 部门产品的消耗数量。同样道理，能够在可比价格“碳排”投入产出表中计算直接能源消耗系数 f_{ij}，于是有：

$$f_{ij}=\frac{r_{ij}}{X_j}，i=1，2，\cdots，m，j=1，2，\cdots，n \tag{1}$$

为了后面分析的方便，r_{ij} 需要用标准煤折算系数对各种能源消耗量进行标准换算。f_{ij} 是 j 部门生产单位总产出对第 i 类能源的直接消耗量，反映由生产方式特征决定的对这一能源形式的依赖程度，f_{ij} 构成 $m\times n$ 阶直接能源消耗系数矩阵 F。

依照我们编制的可比价格“碳排”投入产出表，根据指标之间的联系，有下面相应矩阵形式的等式成立：

$$R = FX \tag{2}$$

将投入产出模型 $X=（1-A）^{-1}Y$ 代入上式，则有：

$$R=F（I-A）^{-1}Y \tag{3}$$

令 $\bar{F}=F（I-A）^{-1}$，$\bar{F}$ 中元素 $\bar{f}_{ij}$ 为获取 j 部门单位最终产出对第 i 类能源的完全消耗量。

假设在国民经济运行中所有二氧化碳排放都是由生产中的能耗引起的，c_j 表示第 j 种能源消耗过程中用标准煤表示的二氧化碳排放系数，则所有的 c_j 构成 $1\times m$ 阶向量 C。用 L 表示列昂惕夫逆矩阵，即 $L=（I-A）^{-1}$，TE 为生产时产生的二氧化碳排放总量：

$$TE = CFLY \tag{4}$$

上式说明了二氧化碳排放总量与最终产出、能源消耗之间的联系。根据

---

① 本文原载于《统计研究》2017年第7期，作者：廖明球、许雷鸣。本文获国家社会科学基金一般项目“中国低碳经济统计数据库及其量化模型研究”（14BTJ026）资助。

公式，能够进一步建立二氧化碳排放总量的 IO-SDA 模型。直接能源消耗系数矩阵 F 可以写成如下形式：

$$F=\begin{pmatrix} \frac{r_{11}}{X_1} & \frac{r_{12}}{X_2} & \cdots & \frac{r_{1n}}{X_n} \\ \frac{r_{21}}{X_1} & \frac{r_{22}}{X_2} & \cdots & \frac{r_{2n}}{X_n} \\ \vdots & \vdots & \ddots & \vdots \\ \frac{r_{m1}}{X_1} & \frac{r_{m2}}{X_2} & \cdots & \frac{r_{mn}}{X_n} \end{pmatrix} \tag{5}$$

把直接能源消耗系数矩阵 F 再一次进行变形，可以得到：

$$F=\begin{pmatrix} \frac{r_{11}}{X_1} & \frac{r_{12}}{X_2} & \cdots & \frac{r_{1n}}{X_n} \\ \frac{r_{21}}{X_1} & \frac{r_{22}}{X_2} & \cdots & \frac{r_{2n}}{X_n} \\ \vdots & \vdots & \ddots & \vdots \\ \frac{r_{m1}}{X_1} & \frac{r_{m2}}{X_2} & \cdots & \frac{r_{mn}}{X_n} \end{pmatrix}=\begin{pmatrix} \frac{r_{11}}{\sum_{i=1}^{m} r_{i1}} & \frac{r_{12}}{\sum_{i=1}^{m} r_{i2}} & \cdots & \frac{r_{1n}}{\sum_{i=1}^{m} r_{in}} \\ \frac{r_{21}}{\sum_{i=1}^{m} r_{i1}} & \frac{r_{22}}{\sum_{i=1}^{m} r_{i2}} & \cdots & \frac{r_{2n}}{\sum_{i=1}^{m} r_{in}} \\ \vdots & \vdots & \ddots & \vdots \\ \frac{r_{m1}}{\sum_{i=1}^{m} r_{i1}} & \frac{r_{m2}}{\sum_{i=1}^{m} r_{i2}} & \cdots & \frac{r_{mn}}{\sum_{i=1}^{m} r_{in}} \end{pmatrix}\begin{pmatrix} \frac{\sum_{i=1}^{m} r_{i1}}{X_1} & 0 & \cdots & 0 \\ 0 & \frac{\sum_{i=1}^{m} r_{i2}}{X_2} & \cdots & 0 \\ \vdots & \vdots & \ddots & \vdots \\ 0 & 0 & \cdots & \frac{\sum_{i=1}^{m} r_{in}}{X_n} \end{pmatrix}$$

$$=S\times T \tag{6}$$

式（6）中，S 是 $m\times n$ 阶矩阵，s_{ij} 表示 j 部门能源消耗总量中第 i 类能源所占的比重，可以称为能耗结构矩阵；T 是 $n\times n$ 阶对角矩阵，对角线上各项 t_{ii} 表示 j 部门的直接能耗强度，即 j 部门总产出与该部门的能耗量之比，可以称为直接能耗强度矩阵。

根据式（4）和式（6）可以得到二氧化碳排放总量为：

$$TE = CSTLY \tag{7}$$

式（7）中，C 是二氧化碳排放系数矩阵，为 $1\times m$ 阶矩阵，矩阵中各项 c_j 表示第 j 类能源的二氧化碳排放系数，反映了二氧化碳排放系数对二氧化碳排放总量的影响；S 是能耗结构矩阵，为 $m\times n$ 阶矩阵，矩阵中各项 s_{ij} 表示 j 部门能源消耗总量中第 i 类能源所占比重，反映能耗结构对二氧化碳排放总量的影响；T 是直接能耗强度矩阵，为 $n\times n$ 阶对角矩阵，对角线上各元素 t_{ii} 表示 j 部门的总产出与该部门能源消耗总量之比，反映直接能耗强度对二氧化碳排放总量的影响；L 是可比价格“碳排”投入产出表的列昂惕夫逆矩阵（即投入产出逆阵），为 $n\times n$ 阶矩阵，矩阵中各项 l_{ij} 表示 j 部门每提供单位最终产品对

i 部门产品的完全需要量，反映最终产品生产过程中的投入结构对二氧化碳排放总量的影响；Y 是最终产品矩阵，为 $n\times1$ 阶矩阵，矩阵中各元素 Y_i 表示对第 i 种产品的最终需要量，反映最终产品对二氧化碳排放总量的影响。式（7）表明，二氧化碳排放总量与能耗结构、直接能耗强度、投入结构和最终产品有关。

在式（7）中，CST 为 $1\times n$ 阶矩阵，矩阵中各项表示 j 部门的总产出与二氧化碳排放量之比，反映各部门的二氧化碳直接排放强度，称为二氧化碳直接排放强度矩阵。而 $CSTL$ 是各部门直接二氧化碳排放强度矩阵与列昂惕夫逆阵相乘得到的矩阵，反映各部门二氧化碳的完全排放强度，称为二氧化碳完全排放强度矩阵，可以写成：

$$CI = CSTL \tag{8}$$

式（8）表明，各部门二氧化碳完全排放强度与能耗结构、直接能耗强度及投入结构有关（隗斌贤、顾继红、黄敏，2012）。

IO-SDA 模型可以将不同时期的投入产出表进行比较研究。本文运用 IO-SDA 模型对影响我国二氧化碳排放总量和各部门二氧化碳完全排放强度的因素进行分解，分析各影响因素的大小与方向并找出影响其变动的主要因素。根据式（7），可以运用结构分解分析法（SDA）对二氧化碳排放总量进行因素分解分析。用下标 0、t 分别代表各变量在第 0 期与第 t 期的取值，Δ 代表变量在第 0 期到第 t 期的变化，由于二氧化碳排放系数是各类能源形式的自然属性，在分析阶段内可以保持不变，于是二氧化碳排放总量可以分解为：

$$\Delta TE=\frac{C\Delta ST_tL_tY_t+C\Delta ST_0L_0Y_0}{2}+\frac{CS_0\Delta TL_tY_t+CS_t\Delta TL_0Y_0}{2}+\frac{CS_0T_0\Delta LY_t+CS_tT_t\Delta LY_0}{2}+\frac{CS_0T_0L_0\Delta Y+CS_tT_tL_t\Delta Y}{2} \tag{9}$$

式（9）（唐德才等，2014）中，等号右边第 1 项为能源的结构效应，记为 ΔTE（S），反映当分析过程中其他变量保持不变时，各部门能耗结构的变化引致的二氧化碳排放总量的变化；第 2 项为直接能耗强度效应，记为 ΔTE（T），反映当分析过程中其他变量保持不变时，各部门直接能耗强度变化引致的二氧化碳排放总量的变化；第 3 项为投入结构效应，记为 ΔTE（L），反映当分析过程中其他变量保持不变时，中间投入结构的变化引致的二氧化碳排放总量的变化；第 4 项为最终产品效应，记为 ΔTE（Y），反映当分析过程中其他变量保持不变时，最终产品变化引致的二氧化碳排放总量的变化。

同样，根据式（8），可对各部门二氧化碳完全排放强度进行分解：

$$\Delta CI=\frac{C\Delta ST_tL_t+C\Delta ST_0L_0}{2}+\frac{CS_0\Delta TL_t+CS_t\Delta TL_0}{2}+\frac{CS_0T_0\Delta L+CS_tT_t\Delta L}{2} \tag{10}$$

式中，等号右边第1项为能源结构效应，记为 $\Delta CI(S)$，反映当分析过程中其他变量保持不变时，各部门能耗结构的变动引致的各部门二氧化碳完全排放强度的变化；第2项为直接能耗强度效应，记为 $\Delta CI(T)$，反映当分析过程中其他变量保持不变时，各部门直接能耗强度变动引致的各部门二氧化碳完全排放强度的变化；第3项为投入结构效应，记为 $\Delta CI(L)$，反映当分析过程中其他变量保持不变时，中间投入结构的变化引致的各部门二氧化碳完全排放强度的变化。

二、各部门二氧化碳排放总量的结构分解分析

根据已经编制的2007年、2010年、2012年可比价格“碳排”投入产出表，可以利用已知的二氧化碳排放系数矩阵和根据式（7）计算出的能耗结构矩阵、直接能耗强度的对角矩阵、列昂惕夫逆矩阵、最终产品矩阵，对各部门二氧化碳排放总量进行因素分解，以找出影响我国二氧化碳排放总量的各主要因素。

（一）各部门二氧化碳排放总量的变化趋势

依据2007年、2010年、2012年的可比价格“碳排”投入产出表，对41个部门的二氧化碳排放量求和，可以计算出各部门二氧化碳排放量。

我国2007—2012年各部门的二氧化碳排放量不断上升，5年间增长幅度达36.24%，年均增长幅度为6.38%，二氧化碳排放总量的增长相对来说还是比较快的，因此节能减排的任务很重。2007—2010年二氧化碳排放总量年均增长6.28%，2010—2012年二氧化碳排放总量年均增长6.53%。

（二）分阶段各部门二氧化碳排放总量的影响效应分析

根据式（9），利用2007年、2010年、2012年可比价格“碳排”投入产出表对2007—2012年各部门二氧化碳排放量的变动进行结构分解分析，结果如表1所示。

表1　二氧化碳排放总量分解结果

项目		2007—2010年	2010—2012年	2007—2012年
排放量变动（万吨）	能耗结构效应	-5 662.70	-6 582.64	-12 341.58
	直接能耗强度效应	-56 076.93	12 481.13	-48 890.20
	投入结构效应	10 087.02	-81 058.23	-60 938.38
	最终需求效应	219 761.20	210 898.24	426 017.24
	总效应	168 108.58	135 738.50	303 847.08

续表

项目		2007—2010 年	2010—2012 年	2007—2012 年
各种效应占比（%）	能耗结构效应	-3.37	-4.85	-4.06
	直接能耗强度效应	-33.36	9.19	-16.09
	投入结构效应	6.00	-59.72	-20.06
	最终需求效应	130.73	155.38	140.21
	总效应	100.00	100.00	100.00

表 1 说明了 2007—2012 年分阶段各种效应引起我国各部门二氧化碳排放总量变动的情况。可以看出，在不同阶段，能耗结构效应都是负值，即能耗结构的变动始终有利于降低二氧化碳排放总量；而最终需求效应在各个时期均为正值，即最终需求效应不利于二氧化碳排放总量的降低。直接能耗强度效应与投入结构效应在各个期间的表现却不一致。在 2007—2012 年能耗结构效应、直接能耗强度效应与投入结构效应是使各部门二氧化碳排放总量下降的效应，合计下降 122 170.16 万吨，达到总效应的-40.21%。其中，直接能耗强度效应与投入结构效应起到了主要作用。最终需求效应是使各部门二氧化碳排放总量上升的影响因素，上升 426 017.24 万吨，占总效应的 140.21%。整体来看，在 2007—2012 年最终产品从 34.6 万亿吨上升到 45.8 万亿吨，最终产品效应的影响比能源结构效应、直接能耗强度效应和投入结构效应影响的总和还要大，使得引致二氧化碳排放总量上升的效应远大于下降的效应，进而各部门二氧化碳排放总量有较大幅度上升。

2007—2010 年能耗结构效应与直接能耗强度效应是导致各部门二氧化碳排放总量下降的效应。能耗结构效应使二氧化碳排放总量下降 5 662.70 万吨，占总效应的-3.37%；直接能耗强度效应使二氧化碳排放总量下降 56 076.93 万吨，占总效应的-33.36%，几乎是能耗结构效应的 10 倍，是使二氧化碳排放总量下降的主要因素。投入结构效应与最终需求效应是使各部门二氧化碳排放总量上升的重要效应。投入结构效应使二氧化碳排放总量上升 10 087.02 万吨，占总效应的 6.00%；最终需求效应使二氧化碳排放总量上升 219 761.20 万吨，占总效应的 130.73%。整体来看，使二氧化碳排放总量上升的效应远大于下降的效应，所以各部门二氧化碳排放总量有较大幅度的上升。

在 2010—2012 年，能耗结构效应和投入结构效应是使各部门二氧化碳排放总量下降的效应。能耗结构效应使二氧化碳排放总量减少 6 582.64 万吨，达到总效应的-4.85%；投入结构效应使二氧化碳排放总量下降 81 058.23 万吨，占总效应的-59.72%，远大于能耗结构效应，是使二氧化碳排放总量下降的主要因素。直接能耗强度效应与最终需求效应是使各部门二氧化碳排放总量上升的重要效应。直接能耗强度效应使二氧化碳排放总量上升12 481.13万吨，占总效应的9.19%；最终需求效应使二氧化碳排放总量上升210 898.24万吨，占总效应的155.37%。整体来看，使二氧化碳排放总量上升的效应远大于下降的效应，所以各部门二氧化碳排放总量有较大幅度上升。

三、各部门二氧化碳排放强度的结构分解分析

（一）各部门二氧化碳排放强度变动趋势

根据式（8），利用2007年、2010年、2012年可比价格“碳排”投入产出表计算各部门的二氧化碳排放强度，所得结果如表2所示。

从表2可以看出，不同部门的二氧化碳排放强度相差很大，总体来看，第二产业的二氧化碳排放强度普遍大于第一产业和第三产业。第二产业特别是工业部门的煤炭采选，金属冶炼及压延加工，石油、焦炭及核燃料加工，非金属矿物制品，电力、热力的产供业的二氧化碳排放强度在各个年份相比其他部门都相对较高。这些部门属于能源密集型产业，在生产过程中需要大量能源的直接投入，引致二氧化碳排放强度相对较高。而第三产业的房地产，教育，批发和零售，金融，住宿和餐饮的二氧化碳排放强度在各个年份相比其他部门都低，主要原因是这几个部门属于人力资本密集型产业，更多地需要人力资本的投入。2007—2012年，第一产业二氧化碳排放强度先减少后增加，总体来看呈上升趋势。第二产业中除了煤炭采选，石油、焦炭及核燃料加工两个部门外，二氧化碳排放强度都是下降的。其中，金属冶炼及压延加工，燃气产供业，电气机械及器材，通信设备、计算机及其他电子设备不仅一直保持下降趋势而且下降幅度较大。第三产业中除了教育部门的二氧化碳排放强度一直保持下降趋势，其他部门总体来看都是上升的，但住宿和餐饮，房地产，交通运输及仓储部门二氧化碳排放强度在2010—2012年有小幅降低。

（二）分阶段各部门二氧化碳排放强度影响效应分析

为了进一步研究不同阶段各部门二氧化碳排放强度变动的原因，根据式（10），利用结构分解公式计算，即对各部门的二氧化碳排放强度进行分解分析，也就是将各部门的二氧化碳排放强度变动拆分为能耗结构（S）、直接能耗强度（T）和投入结构（L）三个变动因素。所得结果见表3。

从表3可以看出，在2007—2010年各部门的二氧化碳排放强度变动方向并不一致，第一产业和第二产业的大部分部门二氧化碳排放强度是下降的，下降较快的有燃气产供业，电力、热力的产供业两个部门；而第三产业大部分部门二氧化碳排放强度是上升的，上升较快的有水利、环境和公共设施管理，研究与试验发展两个部门。影响各部门二氧化碳排放强度的因素中，除了煤炭采选、水的产供业、住宿和餐饮、教育部门以外，能耗结构效应均为负值，说明该阶段能耗结构变化有利于二氧化碳排放强度的下降，但从数值来看贡献很小，导致各部门二氧化碳排放强度变化的重要原因是直接能耗强度效应和投入结构效应。直接能耗强度效应在第一产业和第二产业部门均为负值，在第三产业部门则差异较大，有正有负；而投入结构效应在第二产业部门中有少部分为负值，在第一产业和除教育外的第三产业部门中均为正值。总体来看投入结构效应对各部门二氧化碳排放强度变动的影响最大，大部分部门的二氧化碳排放强度变动与投入结构效应的变动一致，直接能耗强度效应对各部门二氧化碳排放强度变动的影响略小于投入结构效应，而能耗结构效应对各部门二氧化碳排放强度变化没有很大影响。

表2　各产业部门二氧化碳排放强度　　单位：吨/万元

产业部门	2007年	2010年	2012年
农林牧渔	1.318 5	1.258 7	1.354 1
煤炭采选	5.213 6	5.330 0	5.277 8
石油和天然气开采	3.438 6	3.239 0	3.131 0
金属矿采选	4.806 6	4.454 9	3.540 2
非金属矿及其他矿采选	3.723 7	4.089 6	3.694 5
食品制造及烟草加工	1.837 1	1.704 7	1.469 2
纺织	3.026 9	2.454 0	2.219 8
服装鞋帽皮革羽绒及其制品	2.544 2	2.168 4	1.836 5
木材加工及家具制造	2.985 6	2.911 0	2.297 8
造纸印刷及文教体育用品	3.786 9	3.420 0	2.995 0
石油、焦炭及核燃料加工	8.783 9	9.591 7	9.660 0
化学工业	5.569 1	4.634 5	4.295 8
非金属矿物制品	6.000 8	5.689 6	5.209 1
金属冶炼及压延加工	7.749 4	6.872 9	6.020 1

续表

产业部门	2007年	2010年	2012年
金属制品	5.293 3	4.888 5	4.235 9
通用、专用设备	4.390 1	3.908 7	3.206 8
交通运输设备	3.917 8	3.301 1	2.765 2
电气机械及器材	4.892 4	4.076 0	3.555 4
通信设备、计算机及其他电子设备	3.541 7	2.833 2	2.144 6
仪器仪表及文化办公用机械制造	3.502 9	2.950 4	2.460 0
工艺品及其他制造（含废品废料）	2.309 6	2.077 5	1.768 7
电力、热力的产供业	16.819 8	14.564 0	15.245 4
燃气产供业	6.268 6	4.459 3	3.730 0
水的产供业	4.344 4	4.556 6	3.479 2
建筑业	4.089 2	3.678 5	3.534 9
交通运输及仓储	3.638 5	4.145 9	4.069 3
邮政	1.812 4	2.333 1	3.394 9
信息传输、计算机服务和软件	1.070 9	1.540 0	1.543 7
批发和零售	0.922 1	0.955 7	1.148 3
住宿和餐饮	1.326 8	1.580 9	1.418 8
金融	0.582 0	0.849 7	1.179 9
房地产	0.362 4	0.799 3	0.601 0
租赁和商务服务	1.355 1	2.216 5	2.910 7
研究与试验发展	1.316 3	2.352 2	3.053 1
综合技术服务	0.978 5	1.724 6	2.910 4
水利、环境和公共设施管理	1.470 8	2.600 8	2.802 0
居民服务和其他服务	1.520 8	1.762 6	1.820 7
教育	1.193 7	0.978 4	0.912 6
卫生、社会保障和社会福利	2.172 5	2.773 9	3.061 1
文化、体育和娱乐	1.222 2	1.521 0	1.568 8
公共管理和社会组织	0.994 3	1.242 0	1.305 3

表 3　2007—2010 年各产业部门二氧化碳排放强度分解结果　单位：吨/万元

产业部门	*S*	*T*	*L*	合计
农林牧渔	−0.002 2	−0.014 9	0.011 1	−0.006 0
煤炭采选	0.000 7	−0.026 8	0.037 7	0.011 6
石油和天然气开采	−0.002 1	−0.014 3	−0.003 5	−0.020 0
金属矿采选	−0.001 4	−0.032 4	−0.001 4	−0.035 2
非金属矿及其他矿采选	−0.004 4	−0.022 3	0.063 3	0.036 6
食品制造及烟草加工	−0.001 6	−0.014 6	0.003 0	−0.013 2
纺织	−0.002 3	−0.022 2	−0.032 8	−0.057 3
服装鞋帽皮革羽绒及其制品	−0.002 1	−0.016 5	−0.018 9	−0.037 6
木材加工及家具制造	−0.002 7	−0.019 5	0.014 8	−0.007 5
造纸印刷及文教体育用品制造	−0.001 3	−0.026 0	−0.009 4	−0.036 7
石油、焦炭及核燃料加工	−0.007 4	0.064 0	0.024 2	0.080 8
化学工业	−0.002 8	−0.044 2	−0.046 5	−0.093 5
非金属矿物制品	−0.000 1	−0.058 3	0.027 2	−0.031 1
金属冶炼及压延加工	−0.003 2	−0.041 0	−0.043 4	−0.087 6
金属制品	−0.003 6	−0.031 8	−0.005 1	−0.040 5
通用、专用设备	−0.002 6	−0.025 5	−0.020 1	−0.048 1
交通运输设备	−0.003 6	−0.022 3	−0.035 8	−0.061 7
电气机械及器材	−0.002 1	−0.026 8	−0.052 7	−0.081 6
通信设备、计算机及其他电子设备	−0.002 0	−0.020 8	−0.048 0	−0.070 8
仪器仪表及文化办公用机械	−0.001 7	−0.021 0	−0.032 6	−0.055 3
工艺品及其他制造（含废品废料）	−0.002 2	−0.014 3	−0.006 7	−0.023 2
电力、热力的产供业	−0.009 6	−0.169 0	−0.047 0	−0.225 6
燃气产供业	−0.014 1	−0.152 4	−0.014 4	−0.180 9
水的产供业	0.000 8	−0.040 4	0.060 8	0.021 2
建筑业	−0.001 9	−0.023 5	−0.015 7	−0.041 1
交通运输及仓储	−0.004 1	0.015 0	0.039 9	0.050 7
邮政	−0.002 8	0.000 5	0.054 4	0.052 1
计算机服务和软件	−0.000 8	−0.007 3	0.055 0	0.046 9
批发和零售	−0.001 5	−0.003 1	0.008 0	0.003 4
住宿和餐饮	0.001 4	−0.003 4	0.027 5	0.025 4

续表

产业部门	S	T	L	合计
金融	-0.000 6	-0.001 4	0.028 8	0.026 8
房地产	-0.000 4	0.000 7	0.043 3	0.043 7
租赁和商务服务	-0.000 8	0.000 3	0.086 7	0.086 1
研究与试验发展	-0.000 6	-0.008 5	0.112 6	0.103 6
综合技术服务	-0.000 5	0.000 1	0.075 0	0.074 6
水利、环境和公共设施管理	-0.000 3	0.001 4	0.111 9	0.113 0
居民服务和其他服务	-0.000 1	-0.004 0	0.028 2	0.024 2
教育	0.000 2	-0.005 5	-0.016 2	-0.021 5
卫生、社会保障和社会福利	-0.000 1	-0.017 5	0.077 7	0.060 1
文化、体育和娱乐	-0.000 5	-0.006 7	0.037 1	0.029 9
公共管理和社会组织	-0.000 2	-0.001 4	0.026 4	0.024 8

2010—2012年各产业部门二氧化碳排放强度分解结果见表4。可以看出，在2010—2012年，大部分部门的二氧化碳排放强度是下降或微幅上升的，只有邮政与综合技术服务的二氧化碳排放强度上升幅度在0.1吨/万元以上。影响各部门二氧化碳排放强度的各种效应中，除了教育，综合技术服务，住宿和餐饮，邮政，租赁和商务，石油、焦炭及核燃料加工以外，能耗结构效应在大部分部门中仍为负值，但是影响各部门二氧化碳排放强度变动的力度不大。而大部分部门的直接能耗强度效应为正值，和上一阶段出现差异，说明在2010—2012年，直接能耗强度效应阻碍了各部门二氧化碳排放强度的下降，并且是阻碍二氧化碳排放强度下降的首要因素。然而投入结构效应在各个部门的差异较大，在有些部门促进二氧化碳排放强度下降，在有些部门阻碍二氧化碳排放强度下降。整体来看投入结构效应仍然对各部门二氧化碳排放强度变动影响最大，各部门二氧化碳排放强度变动基本上与投入结构效应保持一致。

表4　2010—2012年各产业部门二氧化碳排放强度分解结果　单位：吨/万元

产业部门	S	T	L	合计
农林牧渔	-0.000 3	0.003 7	0.006 2	0.009 5
煤炭采选	-0.001 8	0.034 5	-0.037 9	-0.005 2
石油和天然气开采	-0.002 9	0.016 2	-0.024 1	-0.010 8
金属矿采选	-0.001 7	0.020 4	-0.110 2	-0.091 5

续表

产业部门	*S*	*T*	*L*	合计
非金属矿及其他矿采选	-0.002 4	0.035 6	-0.072 7	-0.039 5
食品制造及烟草加工	-0.001 2	0.003 2	-0.025 5	-0.023 5
纺织	-0.005 5	0.004 6	-0.022 6	-0.023 4
服装鞋帽皮革羽绒及其制品	-0.003 5	0.005 1	-0.034 8	-0.033 2
木材加工及家具制造	-0.002 0	0.006 3	-0.065d	-0.061 3
造纸印刷及文教体育用品制造	-0.001 8	-0.007 4	-0.033 3	-0.042 5
石油、焦炭及核燃料加工	0.002 5	0.018 5	-0.014 1	0.006 8
化学工业	-0.000 8	0.009 7	-0.042 7	-0.033 9
非金属矿物制品	-0.004 3	0.015 0	-0.058 8	-0.048 0
金属冶炼及压延加工	-0.003 3	-0.027 8	-0.054 2	-0.085 3
金属制品	-0.001 7	-0.002 7	-0.060 8	-0.065 3
通用、专用设备	-0.002 5	-0.002 6	-0.065 1	-0.070 2
交通运输设备	-0.001 6	-0.001 0	-0.051 1	-0.053 6
电气机械及器材	-0.001 5	-0.003 9	-0.046 7	-0.052 1
通信设备、计算机及其他电子设备	-0.001 4	0.003 2	-0.070 6	-0.068 9
仪器仪表及文化办公用机械	-0.001 4	0.002 4	-0.050 1	-0.049 0
工艺品及其他制造（含废品废料）	-0.001 3	0.015 3	-0.044 9	-0.030 9
电力、热力的产供业	-0.001 1	0.117 2	-0.047 9	0.068 1
燃气产供业	-0.008 7	-0.037 3	-0.026 9	-0.072 9
水的产供业	-0.003 3	0.027 8	-0.132 2	-0.107 7
建筑业	-0.002 0	0.002 5	-0.014 8	-0.014 4
交通运输及仓储	-0.000 9	0.020 3	-0.027 1	-0.007 7
邮政	0.003 6	0.020 8	0.081 7	0.106 2
信息传输、计算机服务和软件	-0.000 9	0.003 8	-0.002 5	0.000 4
批发和零售	-0.004 3	0.005 2	0.018 3	0.019 3
住宿和餐饮	0.006 8	0.010 8	-0.033 7	-0.016 2
金融	-0.000 7	0.003 5	0.030 2	0.033 0
房地产	-0.002 1	0.001 0	-0.018 7	-0.019 8
租赁和商务服务	0.000 9	0.009 3	0.059 2	0.069 4
研究与试验发展	-0.002 9	0.008 1	0.064 9	0.070 1

续表

产业部门	S	T	L	合计
综合技术服务	0.000 4	0.010 7	0.107 4	0.118 6
水利、环境和公共设施管理	-0.005 4	0.013 1	0.012 4	0.020 1
居民服务和其他服务	-0.005 3	0.005 5	0.005 6	0.005 8
教育	0.002 5	0.003 1	-0.012 3	-0.006 6
卫生、社会保障和社会福利	-0.000 8	0.008 3	0.021 1	0.028 7
文化、体育和娱乐	-0.000 1	0.005 0	-0.000 2	0.004 8
公共管理和社会组织	-0.000 7	0.004 8	0.002 2	0.006 3

四、结论与建议

（一）研究结论

2007—2012年，各部门二氧化碳排放量一直保持增长趋势，导致二氧化碳排放总量上升的主要原因是最终需求的上升。能耗结构效应也一直是抑制二氧化碳排放总量上升的因素，但作用较小；直接能耗强度效应和投入结构效应在各个阶段起的作用不一致，有时会促进二氧化碳排放总量上升，有时会抑制二氧化碳排放总量上升。

从各部门二氧化碳排放强度分析，导致各部门二氧化碳排放强度变动较大的因素是投入结构效应。在第一、二、三产业中，第一产业与第三产业部门的二氧化碳排放强度普遍低于第二产业，加大第三产业在国民经济中的比例可以有效降低二氧化碳排放总量。但同时需要看到第二产业的二氧化碳排放强度由于节能减排的政策也一直趋于下降，而第三产业中有的部门二氧化碳排放强度却时有上升。

（二）政策建议

1. 调整能源供给结构。我国以煤炭为主的能源供给结构不仅导致二氧化碳排放量过高，也是引起空气质量恶化的重要因素。通过上述研究可以看出，能耗结构变动对我国各产业部门的二氧化碳排放总量和二氧化碳排放强度的影响很小，这说明我国调整能源消耗结构、降低二氧化碳排放量还有很大的空间。能源供给结构的调整主要包括两个方面的内容：一是减少化石能源等高二氧化碳排放量的能源产品的使用，从而减少能源消耗导致的二氧化碳排放；二是开发清洁能源，例如太阳能、风力、水力资源，代替化石能源等传统能源产品。目前我国清洁能源的利用率不高，因此政府应大力支持开发清洁能源，可以采取财政补贴的形式促进企业对这方面技术的研发。

2. 调整产业结构。国民经济各部门二氧化碳排放强度存在很大差异，对于二氧化碳排放强度超过平均水平的部门，比如金属冶炼及加工，石油、焦炭及核燃料加工，电力、热力的产供业等部门应该重点关注。总体来看，第二产业的二氧化碳排放强度一般要高于第一产业和第三产业，降低二氧化碳排放总量可以通过提高第三产业比重的方式实现，这也与我国产业结构调整的方向一致。同时产业结构的优化升级也对能耗结构的调整有利，二氧化碳排放强度较高的部门很多都是化石能源消耗量较大的部门，而第三产业部门的煤炭消耗量较小，优化产业结构的同时也会使能耗结构趋于合理。

3. 促进生产技术创新。当前我国的经济发展处于新常态，即经济增长是中低速，经济发展质量是中高端。政府鼓励创业与创新，通过生产技术创新使用更为先进的节能技术，降低能源消耗强度，从而抑制碳排放量的上升。同时，技术创新还会影响国民经济各部门投入的结构，可以减少高二氧化碳排放量产品的投入，从而实现降低二氧化碳排放量的目的。生产技术创新项目一般存在研发成本高、市场风险大的特点，这就需要政府在税收环节予以支持，提高企业研发的积极性。

4. 实现最终产品低碳化。为了控制二氧化碳排放总量的增加，政府通过市场引导居民消费，倡导低碳生活的理念，从而使消费产品中低碳产品不断增加。同时，还要在投资和出口方面实现低碳发展，使整个最终产品低碳化。

参考文献

[1] 隗斌贤，顾继红，黄敏．基于 IO-SDA 模型的浙江省外贸隐含碳影响因素分析［J］．统计研究，2012（1）：101-105.

[2] 唐德才，王云，仲凤霞，等．基于 IO-SDA 模型的广东省外贸隐含碳的分解分析［J］．中国科技论坛，2014（1）：140-146.

略论我国新国民经济核算体系方案实施目标的选择①

我国向新国民经济核算体系过渡已进入实质性阶段，其过渡的标志是编制出五张基本表和经济循环账户。本文就我国平衡表和账户两种形式并存的核算体系方案，来讨论一下实施目标的选择。

一、问题的提出

我国的核算体系大致经历了三个阶段：第一阶段是1949年至1985年，所实施的是物质产品平衡表体系；第二阶段是1985年至1992年，所实施的是物质产品平衡表和国民经济账户并存的混合体系；第三阶段是1992年至1996年，所实施的是国民经济账户体系。我国在较长时间内实施了混合体系，使得新体系中带有老体系的痕迹。讲得确切一些是核心指标转过来了，即废止了社会总产值、国民收入两个指标，采用总产出与国内生产总值两个指标，并以国内生产总值为核心指标。但在表现形式上仍保留了平衡表，这样就出现了平衡表与账户两种形式并存的核算体系方案。

由于平衡表与账户表现形式上的并存，在实施过程中就出现了两种情况：一种是先编制出平衡表，再根据平衡表的数据转换成账户形式；另一种是先编制出经济循环账户，再根据账户的数据转换成平衡表形式。因为我们国家编制平衡表经验丰富，所以先编制平衡表再转换成账户的情况较为普遍。但从实际操作上看，是先编出账户再转换成平衡表相对容易一些。笔者认为，在两种形式并存的情况下，应以一种表现形式为主，另一种表现形式作为补充。为了与国际上的核算体系接轨，应选择以账户体系为主。

二、目标的选择

我国1995年修订的新国民经济核算体系方案的基本框架是编制出五张基本表、七张补充表和经济循环账户。五张基本表为国内生产总值及其使用表、

---

① 本文原载于《武汉统计》1997年第3期。

投入产出表、资金流量表、国际（对外）收支平衡表、资产负债表，七张补充表为人口平衡表、劳动力平衡表、自然资源表、主要商品平衡表、综合价格指数表、投入表、产出表，经济循环账户为总体账户、机构部门账户和产业部门账户。在笔者看来，这是一个总体目标，它所得到的是一个较为完备的宏观经济数据库。如果我们既不减少总体目标所能得到的信息量，又能减轻一些编制工作量，就可以对具体编制内容进行取舍，即进行实施目标的选择。

根据社会主义市场经济的需要和与国际接轨的要求，对我国1995年拟订的核算体系方案的编制内容可做如下取舍。

其一，编制完整的账户体系，包括总体账户、机构部门账户和产业部门账户。今后核算工作的思路不应是先编制平衡表，而应是先编制账户。

其二，取消部分与账户数据结构相同的基本表（平衡表）。如产业部门账户包括了按生产法和收入法计算的国内生产总值，可以取消国内生产总值及其使用表的生产部分，只保留使用表部分。又由于机构部门金融账户包括了资金流量表的金融交易部分内容，则对资金流量表只保留非金融交易（收入分配）部分。再由于机构部门对外收支账户和资产负债账户包含了对外收支平衡表和资产负债表的内容，因此取消对外收支平衡表和资产负债表。这样五张基本表只保留按支出法计算的国内生产总值使用表、投入产出表和资金流量表的非金融交易（收入分配）部分。

其三，将七张补充表纳入专业统计或专项统计报表，不再作为核算体系的具体内容。如人口平衡表与劳动力平衡表纳入人口与就业统计，自然资源表纳入综合统计，主要商品平衡表纳入贸易统计，综合价格指数表纳入价格统计。投入表（U表）与产出表（V表）只有在用推导法编制投入产出表时才作为专项统计，用分解法编制投入产出表时可以取消。

对账户与平衡表的编制内容进行取舍后，还要根据编制任务大小确定年度核算目标与五年度核算目标。年度核算目标是编制总体账户、机构部门账户、产业部门账户与国内生产总值使用表、资金流量表的非金融交易（收入分配）部分，五年度（即逢0、5年份）的核算目标除了年度核算目标外，还增加了编制投入产出表的内容。一般来讲，完成年度核算任务时不做基层调查，而完成五年度核算任务时要做一些基层调查，包括投入产出调查、资产负债调查以及收入分配调查等。

三、实施的办法

核算目标选择好以后，在组织实施时要采用较为灵活的办法，既要考虑核算数据的完整性，又要考虑核算数据的实用性。

其一，可以把总体账户和机构部门账户连结在一起，按账户内容分列。这样一个账户实际上也是一张平衡表，如表1所示。

表1　生产账户（或××账户）

项　目	非金融企业	金融企业	居　民	政　府	省　外	合　计

上表的项目是“T”型账户的指标；宾栏的机构部门反映机构部门账户，合计栏反映总体账户。这就要求每个机构部门账户在指标设置上与总体账户完全一致，既能分开成账户，又能合并为平衡表。

其二，在基本表中可以把投入产出表与资金流量表的非金融交易（收入分配）部分联结在一起。其基本思路是在投入产出表第Ⅰ、Ⅱ、Ⅲ象限的基础上，扩展第Ⅳ、Ⅴ、Ⅵ象限，所扩展的象限主要反映部门增加值的收入与分配，即资金流量表的非金融交易（收入分配）部分的内容。六象限表的框图如图1所示。

Ⅰ 生产	Ⅱ 最终使用
Ⅲ 初次分配收入	Ⅳ 最终支出
Ⅴ 再分配收入	Ⅵ 再分配支出

图1　六象限表框图

以上框图中，第Ⅰ象限反映生产，第Ⅲ象限反映初次分配收入，第Ⅴ象限反映再分配收入，第Ⅵ象限反映再分配支出，第Ⅳ象限反映最终支出，第Ⅱ象限反映最终使用。

其三，把账户与基本表联结起来。在目标选择中我们提到年度核算目标和五年度核算目标，五年度核算目标主要考虑到编制宏观经济模型，要求编制全部账户以及国内生产总值使用表、投入产出表、资金流量表的非金融交易（收入分配）部分。这样我们可以将核算数据构筑为两大模块：一大模块为账户体系模块，它要求核算数据的完整性；另一大模块为平衡表模块，它要求核算数据的实用性，便于建立数学模型。

账户体系模块把总体账户与机构部门账户连在一起，按生产账户、收入分配及支出账户、投资及金融账户、调整账户、资产负债账户分别编制。产业部门账户在投入产出表中已经反映，不放入账户体系模块中。账户体系模块框图如图 2 所示。

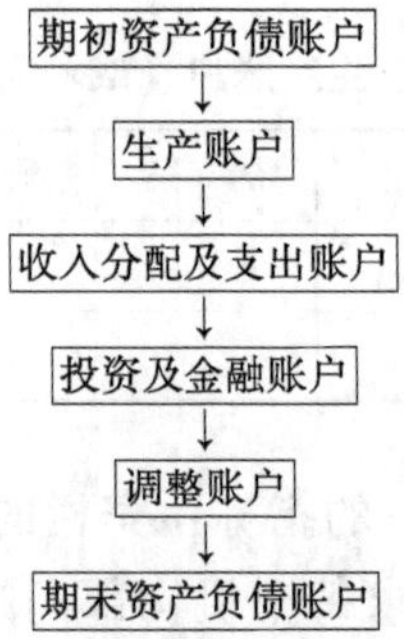

图 2　账户体系模块框图

平衡表模块在前面所叙六象限表的基础上增加两个象限：一个是第Ⅶ象限，反映资产占用；一个是补充象限，反映对外收支。由于这两个象限也与投入产出表连在一起，一方面要利用对外收支账户与资产负债账户的数据，另一方面要按产品（或产业）部门进行分解，因此要随投入产出调查一道进行专项调查。平衡表模块的框图如图 3 所示。

Ⅰ 生产	Ⅱ 最终使用	补充： 对外收支
Ⅲ 初次分配收入	Ⅳ 最终支出	
Ⅴ 再分配收入	Ⅵ 再分配支出	
Ⅶ 资产占用		

图 3　平衡表模块框图

有了以上两大模块，我们进行宏观经济分析和建立宏观经济预测模型就较为方便了。

实 证 篇

SHI ZHENG PIAN

对湖南省食品工业优势的初步研究①

中华人民共和国成立以来，湖南省食品工业发展很快，除“二五”时期下降和“三五”时期增长速度较慢外，其他各个时期的年平均增长速度都超过了5%。特别是近三个五年时期，年平均增长速度都在10%以上，加上解放初期又有一定的基础，使得食品工业在湖南省工业当中一直占据重要地位，其产值在全部工业产值中所占比重在20%左右。1983年湖南省食品工业产品产值占全部工业产品产值的比重为18.6%，与机械工业并列居于十五大工业部门之首。可见食品工业在湖南省工业当中有着举足轻重的作用，已成为湖南省的一大优势。

食品工业能成为湖南省的一大优势，其主要原因有四。

第一，有丰富的农业资源为食品工业提供原料。据1983年投入产出调查，食品工业的全部中间投入中，农业产品的投入占了75.7%。也就是说，在食品工业所消耗的原料、燃料、动力及低值易耗品当中，有3/4以上是农产品。这充分说明食品工业发展对农业的依赖性。湖南省素称“鱼米之乡”，农业在全国一直居前五位，这是食品工业得以发展的得天独厚的条件。据匡算，湖南省农产品转化为工业产品有70%是靠食品工业。1983年工业生产直接消化掉的农产品价值30.86亿元，其中食品工业生产直接消化掉的农产品价值就有21.46亿元。从食品工业对农业产品的依赖程度和食品工业对农业产品的消化能力这两个方面可以看出，湖南省农业优势转化为食品工业优势的局面已经形成。

第二，有三大产品作为食品工业的支柱。据近几年统计，粮油加工、肉类加工、卷烟三大产品产值占食品工业产值的70%左右，已成为湖南省食品工业的三大支柱。这三大产品除满足省内需求外，还调出省外或者出口，是湖南省工业产品打出去的“一只强有力的拳头”。1983年湖南省净调出的消费资料为17.64亿元，这三大产品就占了10.98亿元。可以说，湖南省用消费资料从省外换回生产资料主要靠三大产品，也正是这三大产品形成了湖南省

---

① 本文原载于《系统工程》专辑第1号，1986年6月。

食品工业的优势。

第三，有较为合理的生产布局作为食品工业发展的依托。根据近几年统计资料计算，在全省食品工业产值中，长株潭经济区约占23%，洞庭湖经济区约占40%，湘东南地区约占21%，湘西地区约占7%，娄邵地区约占9%。分布合理加上各地区间的发展比较平衡，促成了湖南省食品工业的优势。

第四，有正确的决策作为食品工业发展的保证。湖南省历来重视发展食品工业，用于食品工业建设的投资逐年增加。仅国家用于食品工业的固定资产投资由“一五”时期的一千多万元增加到“六五”时期的四亿三千多万元。“六五”时期，国家用于食品工业的固定资产投资占全部工业固定资产投资的6%以上。特别是十一届三中全会以来，湖南省把发展食品工业作为议事日程的重点，在加强行政管理的同时注意了政策上的引导。“六五”期间我省食品工业稳步上升，年平均增长速度为10.5%，快于同一时期工业总产值年平均增长9.2%的速度，有力地发挥了湖南省食品工业优势。

食品工业虽然已成为湖南省的一大优势，并且在全国有一定地位，但与把湖南省农业优势转化为食品工业优势的目标相比还有较大差距，主要表现为深度加工不够，名优产品不多，新开发产品不力。

深度加工不够是湖南省食品工业存在的最大问题。据近几年统计，湖南省食品工业中粗加工产品产值占一半以上。这些粗加工产品里面有两个产品是食品工业的骨干产品，一个是由稻谷碾成的大米，一个是由牲猪加工成的肉类。另外不到一半的精加工产品，其加工深度也很有限。据1983年投入产出调查，食品工业自身消耗的产品只占食品工业所消耗的农副产品的10%，也就是说一个亿的农副产品被加工成食品工业产品后只有一千万被拿来再度加工。再度加工的产品主要有由面粉制成的面条，由面粉和大米制成的面包、点心、饼干，由糖制成的糖果等。湖南省近几年粮油加工产品的产值与面包、点心、饼干的产值比大约是1∶0.1，可见再度加工的程度之低。

名优产品不多与深度加工不够一样限制了食品工业的发展。近年来湖南省获得省部级优质产品称号的食品不多，一些地方特产由于质量、水平方面抓得不够，不能占领国内市场和进军国际市场。每年全省需调进几个亿的食品，主要是食糖、高级点心以及方便食品等。1983年仅食糖一项调进就有一亿七千多万元。

新开发产品不力，使一些农业资源未能得到充分利用。湖南省1983年有将近五亿元牧业产品未经任何加工就直接调出省外，再是一些著名土特产如湘莲、柑桔等大都没有被转化为食品工业产品。

以上三个问题的存在，使得湖南省食品工业的产品结构不适应人民生活日益增长和外贸出口的需要。近几年家计调查资料表明，党的富民政策使城乡人民的生活收入不断增加，人民群众在吃的方面讲究营养，出现了由主食型转向副食型的转变，这样对食品的需求也自然由低档转向中高档。再是城市人民生活节奏加快，对方便食品的需求也增大。而湖南省近几年的食品工业结构变化却不大。1984 年与 1982 年相比，盐、肉类加工、糖、酒、面包、点心、饼干、调味品在食品工业产值中所占比重几乎没有什么变化，比重略有变化的只有卷烟、清凉饮料、粮油加工和其他食品，卷烟和清凉饮料的比重分别上升了 3.4%和 1.2%，粮油加工和其他食品的比重分别下降了 3.2%和 1.5%。很明显，这种结构变化不适应人民消费结构的变化。在外贸出口方面，湖南省除茶叶和一些粮油产品外，其他食品工业产品的出口也微乎其微，没能使湖南省的食品工业优势成为出口创汇的优势。

要实现把湖南省农业优势转化为食品工业优势这一宏伟目标，其关键是要逐步消除湖南省食品工业发展的阻碍，探索出一条适宜湖南省食品工业发展的新路子。笔者认为，“七五”期间应着手解决如下几个问题。

首先是把食品工业作为一个战略部门来抓，建立起一个食品工业体系。湖南省工业部门从产值大小看，较大的有食品工业和机械工业，这两大工业比较，食品工业有着投资少、见效快的特点。据匡算，湖南省机械工业每增加一个亿元产值需国家投资七千万元，而食品工业只需国家投资两千多万元。1984 年全民所有制独立核算工业企业每百元固定资产原值实现产值，机械工业为 82.72 元，而食品工业为 329.12 元。湖南省作为一个建设资金不足的省份应该优先发展食品工业。再从资源优势看，湖南省工业中有食品工业和有色金属工业。这两大工业比较，食品工业有着能耗低、机械装备程度不高的特点。据调查，食品工业每百元产值的能耗为 1.6 元，而有色金属工业为 7.1 元，是食品工业的 4.4 倍；食品工业每百元产值消耗和磨损的机械设备价值为 2 元，而有色金属工业为 9.2 元，是食品工业的 4.6 倍。作为一个能源短缺而劳动力充裕的省份，发展食品工业更为有利。我们要把食品工业建设视同于能源工业建设，作为湖南省经济起飞的突破口，力争用五年时间建立起一个从原料、设备到技术条件配套的食品工业体系。

其次是调整食品工业结构，增大精加工产品的比重。对粮油加工、肉类加工、卷烟三大产品进行精加工，提高产品的质量和档次。湖南省近几年每年要调出贸易粮 10 多亿千克，猪肉 8 万多吨，如果能将其中 10%拿来进行精加工，那么全省的食品工业将增加一笔可观的产值。据匡算，粗加工一亿元的大米、猪肉，食品工业的增加值约为三千万元，而精加工一亿元的大米、猪肉，食品工业的增加值约为一亿八千万元，也就是说精加工带来的增加值是粗加工的6倍。因此，有必要在大米、猪肉精加工上下大力气。对罐头、啤酒、清凉饮料、糖果、面包、点心、饼干等精加工产品，在增加产量的同时注重质量。据1984年统计，湖南省糖产量在全国各省（自治区、直辖市）中位于第十位，罐头产量位于第十二位，啤酒产量位于第二十二位，其发展潜力很大，有必要抓紧时机扩大生产规模，逐步改变食品工业以粗加工产品为骨干产品的局面。

再次是在地区布局上把握粗加工产品分散、精加工产品集中的原则。根据生产布局理论，粗加工产品宜接近原料产地，精加工产品宜集中在技术力量雄厚的城市。湖南省目前粮油加工企业遍布城乡，肉类加工除遍布城乡的屠宰行业外，每个地市有一至几家冻肉厂，符合布局原则。今后主要在具有技术优势的城市发展大米、肉类精加工企业。卷烟行业已有常德、郴州、长沙几家大厂和零陵、隆回、新田、凤凰等几家小厂，不宜再布点。盐业也不必再布点，办好现有的湘澧和湘衡两家即可。酿酒行业现在几乎每个县市都有，应该着手改造几家有希望创名牌的老厂，同时扩建几家啤酒厂，改变饮料酒的结构。罐头行业除了在原料基地布点外，应着重在大中城市布点，以利于技术攻关和开拓市场。至于面包、饼干、点心、糖果、清凉饮料及方便食品等行业的布局，应形成以大中城市为中心、以小城镇为纽带的网络，以缩短产销之间的时间与空间距离。

最后是坚持多层次、多渠道发展食品工业，以保持一定的增长速度。据测算，“七五”期间按人民生活水平年平均增长5%的速度，1990年湖南省居民需要消费食品工业产品约35亿元；再是湖南省作为食品工业之乡，调出省外产品的增长幅度应该大一些，如果按比现在增长1倍计算，约需30亿元；提供这65亿元的最终产品又约需中间产品15亿元。这样1990年湖南省食品工业总产值则应是80亿元。要达到这一目标，必须保证食品工业年平均增长速度略高于10%。从前几个五年时期发展速度看，10%不算高，但作为一个要符合人民消费需要、调整产品结构的新型食品工业部门，要保持这一速度，任务是很艰巨的，因此必须坚持多层次、多渠道发展。以后国家投资和引进外资应侧重于精加工产品、自动化生产线。对于加工深度不高的产品，主要让街道工业和乡镇工业去经营，并且还可以从政策上鼓励和动员一部分个体企业和联营企业经营。在全省要造起一个大办食品工业的声势，使湖南省成为一个名副其实的“食品工业之乡”。

湖南省国民经济行业优先发展排序的宏观思考[①]

产业结构是否合理，关系到整个国民经济的健康发展。一个省必须根据资源条件、总体布局、技术优势、销售市场等在经济发展上有所侧重，不必什么都自成体系。在当前国家实行治理整顿、采取双紧政策的情况下，更应顾全大局，有保有压，对短线产业实行倾斜政策，以保证其更快地发展。对长线产业，应采取限制措施，以求国民经济各部门间结构优化，效益提高。为此，现根据 1983 年和 1987 年的投入产出表以及有关统计数据，对湖南省国民经济行业优先发展排序做一些探讨。

一、湖南省国民经济各行业发展现状

根据 1983 年和 1987 年投入产出表分析，湖南省生产和消费资料的生产比值已由 1983 年的 53∶47 发展到 1987 年的 62∶38，但仍然是一个以消费资料换回生产资料、并有部分消费资料净调出的省份。

根据产品、劳务总值与增加值大小排序，第一产业的支柱产业是种植业与畜牧业，这两个产业又以粮食和牲猪为主；第二产业中的支柱产业是食品制造、化学、机械、有色金属冶炼、纺织以及其他工业，此外建筑业也成为一个重要产业；第三产业中，商业、货运业以及文教卫生科研事业发展很快，成为重要产业。

按照投入产出表第二个层次的分类，全国将国民经济分成 37 个行业，湖南省除了石油和天然气开采由于资源原因没有生产外，其余 36 个行业均有生产和劳务活动。在这 36 个行业中，其生产除了满足本省的需要外，还有 14 个行业为净调出，其中畜牧业、种植业、食品制造、纺织与其他工业等 5 个行业属于支柱产业。建材及非金属矿物制品业与交通运输设备制造业虽然不是湖南省的重要产业，但净调出数额较大，分别为 6.8 亿元和 2.09 亿元。36 个行业的生产还不能满足本省需要，需要从省外调进的行业有 16 个，其中化学和金属冶炼及压延两个行业分别净调进 13.15 亿元和 7.45 亿元。此外净调

① 本文原载于《湖湘论坛》1990 年第 3 期。

进较大的行业有石油天然气开采、煤炭采选业，分别为5.27亿元和4.82亿元。可以说湖南省净调出与净调进较大的行业都与自然资源有关，净调出的主要是农牧产品和以农牧产品为原料的初级加工产品，净调进的主要是一次能源、黑色金属矿产品和以此为原料的加工工业产品。

二、湖南省行业发展排序的宏观思考

通过对湖南省国民经济各行业发展现状分析，基本上弄清了哪些行业是湖南省的优势行业，哪些行业是湖南省的弱势行业，为从生产的角度研究湖南省行业发展排序提供了依据。但是要合理地确定一个湖南省行业优先发展排序方案，还应该从社会再生产的各个方面考虑全面权衡。下面我们再从消费、投资、分配、调出、调入等角度来考虑湖南省行业发展排序问题。

（一）从消费的角度

在社会再生产过程中，生产是起点，消费是终点，生产的目的是满足人民物质和文化生活的需要。因此，从消费的角度来考虑行业发展排序是非常重要的。根据1987年投入产出表中的消费结构分析，在居民消费中所占比重较大的行业有种植业（25.6%）、食品制造业（16.1%）、畜牧业（14.2%）、纺织业（5.4%）、公用事业及居民服务业（4.0%）、商业（3.9%）、饮食业（3.0%），缝纫业（3.0%），渔业（2.7%）、化学工业（2.6%）。概括地说，也就是生产吃、穿、用、住产品的行业。一般来讲居民消费数额大的行业大都是生活必需品行业，消费弹性小。我国目前居民消费还处在由温饱型向小康型过渡的阶段，生活必需品行业的发展不容忽视。

（二）从投资的角度

无论是扩大再生产还是调整产业结构都离不开投资和投资的重新配置。在行业发展排序上不能忽视生产投资产品的行业。从湖南省1987年固定资产投资结构看，数额比重较大的行业有建筑业（71.1%）、机械工业（14.6%）、交通运输设备制造业（4.0%）、林业（2.8%）。流动资产库存增减中，库存增加额比重较大的有种植业（22.2%）、纺织业（7.9%）、食品制造业（7.1%）。固定资产投资产品比重大的行业一般都是生产性投资产品的主要来源，而流动资产库存增加较多的行业则一般是生活必需品储备的主要来源。从国民经济整体来看，要支持这些行业的发展，但具体到某种产品还要根据市场的需要确定。

（三）从分配角度

我们这里讲的分配主要是再分配，即国民生产总值通过财政手段所进行的再分配。一个省的国民经济属于区域性经济，在目前条块分割的管理体制下，地方政府在考虑行业发展时不能不考虑地方产业的发展和地方财政的收入。根据湖南省 1987 年投入产出扩展表中的再分配收入数额，净上缴地方财政数额较大的行业依次是食品制造（11.60 亿元）、化学工业（4.13 亿元）、金属冶炼及压延（2.89 亿元）、机械工业（2.50 亿元）、造纸及文教用品（2.40 亿元）、石油加工（2.28 亿元）、建材及非金属矿物制品（2.13 亿元）、纺织业（2.15 亿元）。食品制造业净上缴地方财政数额明显大于其他行业，在制定地区发展战略、进行行业发展排序时，可以将地方财政收入来源多少作为一个参考依据。

（四）从调出、调入角度

总的来看，调出、调入多少除了反映地区经济的优势与劣势外，还反映一个省与外界经济的互相联系与互相依赖程度，是地区进行行业发展排序的重要依据。行业的调出、调入大体有四种类型。

第一种是大出大进型，即调出、调进的数额都比较大，属于品种交换型。湖南省 1987 年大出大进的行业有机械（调出、调进都在 10 亿元以上）、交通运输设备（调出 8.23 亿元、调进 6.14 亿元）、电气机械及器材（调出 6.09 亿元、调进 7.10 亿元）和纺织行业（调出 6.78 亿元、调进 4.08 亿元）。第二种是大出少进型，即调出明显大于调进，属于市场依赖型。湖南省 1987 年大出少进的行业有畜牧业（调出 14.79 亿元、调进 1.26 亿元），种植业（调出 8.50 亿元、调进 4.14 亿元）、食品制造业（调出 15.01 亿元、调进 7.59 亿元）、建材及非金属矿（调出 8.96 亿元、调进 2.15 亿元）。第三种是少出大进型，即调出明显少于调进，属于需求依赖型。湖南省 1987 年少出大进的行业有化学工业（调出 6.78 亿元，调进 19.93 亿元）、金属冶炼及压延（调出 7.43 亿元、调进 14.89 亿元）、炼炭采选（调出 1.24 亿元、调进 6.06 亿元）、石油和天然气开采（调出为 0、调进 5.27 亿元）。第四种是少出少进型，即调出、调进的数额都不大，属于自给自足型。湖南省 1987 年这类行业比较多，在第一、二产业的 29 个行业中占了 17 个。尽管其中的某些行业调出、调进还有一定的数额，如电子及通信设备（调出 2.26 亿元、调进 3.49 亿元）、缝纫及皮革（调出 1.28 亿元、调进 2.05 亿元），但大都属于省内自给型行业。

这四种类型的行业中，大出大进型与大出少进型都有一个市场竞争问题，而少出大进型与少出少进型则存在着资源条件和生产能力的限制问题，在考虑行业发展排序时要进行具体分析。

三、结论

综合以上从不同角度对湖南省国民经济行业发展排序的分析，我们认为：湖南省首先要根据自己的资源优势，积极发展种植业、畜牧业、渔业、食品制造业、纺织业、有色金属冶炼、建材及非金属矿物制品以及旅游业。优先发展这些行业的理由有三：一是这些行业的发展有着丰富的资源条件。二是这些行业的产品大都是生活必需品和生产中急需的原材料。从消费和生产需求的角度看，种植业、畜牧业、渔业、食品制造业、纺织业大部分产品消费弹性小，我国作为一个人口大国，每年新增人口较多，生活必需品需求会大大增加，因此应该优先发展；有色金属冶炼、建材及非金属矿物制品属于原材料，替代性小，随着国家建设事业的发展，其需求量会逐步增加；旅游业属于第三产业，国内居民消费在20世纪末步入小康，旅游支出也会逐渐增加，因此发展旅游业既是劳务创汇的重要手段，也是人民生活水平提高的一个重要标志。三是湖南省这些产业的发展在市场竞争中具有优势。由于湖南省具有适于这些行业发展的资源条件，并且重视从投资、科研力量到产品开发的发展，在市场上有竞争能力。只要坚持不懈地抓深层次的开发，在资金、科研上给予保证，就能够保持这些行业今后在市场竞争中的优势。

再者，湖南省要根据地处中南、毗邻广东的地理位置，从国际市场和国内市场导向出发，积极发展化学、机械、电子及通信设备、缝纫及皮革制品、造纸及文教用品等行业。其理由也有三：一是这些行业已有一定基础，其中化学、机械工业是湖南省的支柱产业，可以通过技术改造来达到一定的生产能力。二是这些行业的调入量较大，还有一定的省内市场。三是这些行业的产品更新换代快，特别是机械工业要根据产业结构的调整适时调整产品结构。如果产品开发得好，可以挤进省外市场和国际市场。今后发展产业应该把目光由瞄准资源转向瞄准市场。先集中一定的宏观管理人才把市场预测准，如“八五”时期应上什么产品，“九五”时期应上什么产品；在市场瞄准的基础上组建科研攻关队伍，研究新技术、新产品；抓紧对老企业的技术改造或进行新企业的扩建，从而形成湖南省新型的主导产业和主导产品。

概括起来，湖南省在产业政策上应该实行资源、市场双导向并以市场导向为主，巩固第一产业，发展第二产业中的新型行业和新型产品，带动第三产业。具体到行业发展排序上，应该优先发展农业（其中突出粮食、牲猪、鱼三种产品)、食品制造、纺织、化工、机械、电子及通信设备、有色金属冶炼、建材及非金属矿、旅游、缝纫及皮革制造、造纸及文教用品等行业，带动其他行业的发展。

适度积累率分析方法初探[①]

积累率是分析国民经济综合平衡的一个重要指标。确定适度积累率，对于组织综合平衡、搞好宏观经济决策，具有重要意义。本文试对确定适度积累率的方法做些探讨。

一、寻求适度积累率的基本出发点

积累率反映的是积累与消费的比例关系。积费与消费作为满足人民长远需要与目前需要的两个方面，它们之间的比例是客观存在着的，即从国民收入使用额中拿出一部分用于积累，既不影响人民的目前需要，又能保证人民的长远需要。积累率的高或低主要受两个因素影响：一是分配因素，即可作为消费又可作为积累的那部分产品的分配；二是生产因素，即现行产业结构使得生产出来的生产资料与消费资料的比例。要把这两个不同因素的影响作用量化，首先要从理论上寻求一个适度积累率，用它来与积累率实际值比较，观察其偏高（或偏低）的程度。再考察调整分配因素对积累率偏高（或偏低）的改变程度，从而为产业结构的调整提出方向。用图式表示是：满足人民需要→适度积累率→合理的产业结构。

适度积累率不是一成不变的。积累率除了受前述两个因素影响外，还受人口自然增长、劳动生产率、积累效果、国民收入增长速度等诸多因素的影响。在不同时期，这些因素的交互作用会发生变化，适度积累率也会随之改变。确定适度积累率，要寻求一个科学的方法。目前理论界提出了一个权威性的数据：25%，这是根据对我国“一五”时期的经济分析得出来的。事实上我国“三五”时期以后积累率基本上都在30%以上，如果按25%的经验数据要求，产业结构的调整是不可能跟上来的。即使把25%作为长远目标逐步调整，也不见得能够促进国民经济的健康发展，因为25%不是建立在对当前经济分析的基础上，必然带有主观随意性。因此，我们必须强调要把重点放在对当年积累率的评价分析上，通过上年、本年的数据来确定下一年的目标，

---

① 本文原载于《计划经济》1983年第13期。

即适度积累率。

以往关于适度积累率有这样一个三段论：某一时期的经济情况很好，这一时期的积累率是多少，所以这个积累率是合适的。这在逻辑上是不严谨的。某一时期合适，并不等于一切时期合适。经济情况复杂多变，某一时期的积累率总有局限性。描述性分析使得指标之间的关联不紧密，即使能通过一些方法把指标体系的某些局部联系起来，也不能反映客观现象整体的内在联系。如果通过数学模拟，使一系列经济方程式联立起来，就可以做到把影响积累率的诸因素集中在一个数学表达式中，从而揭示它们的内在联系，使分析减少随意性。

二、确定适度积累率的数学模拟

（一）坐标图的建立

如果把消费率作为横坐标，把积累率作为纵坐标，并以横、纵两个坐标上的100为两个端点来画一条连线，见图1。那么，这条连线就是积累率（或消费率）的点集合。适度积累率就是这条连线上的一点。由于客观经济生活中，积累率（或消费率）一般不会为零，所以适度积累率这一点总可以在这条连线中的某一段上找到，也就是说可以把寻找的这一点缩小到某一个范围内。

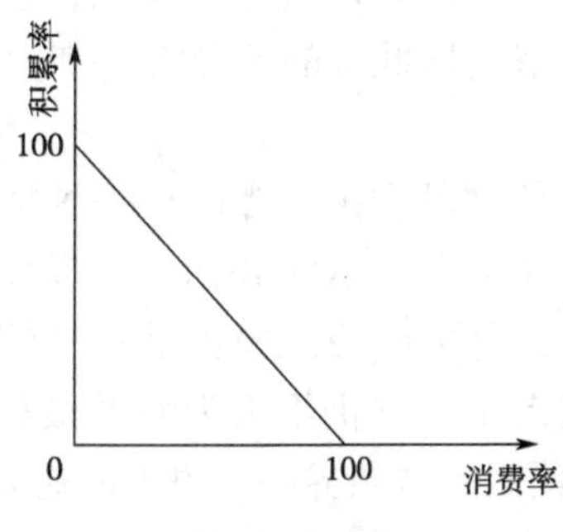

图1　坐标图

（二）区间的建立

积累率（或消费率）都是相对数，要确定相对数的区间，只要确定绝对数的区间就可以了。确定积累额，有两种不同的方法：一种是从积累出发，首先按高指标要求的国民收入增长速度来定积累，剩下多少就消费多少；另一种从消费出发，首先把消费额定下来，在满足人民消费需要的前提下，再根据国民收入大小的可能来确定积累的规模。应该采用后一种方法，先考虑人民生活，在保证消费的前提下安排积累。因此我们用确定消费基金最低限和最高限的方法来确定适度积累率的区间。

1. 消费基金最低限=上年消费基金总额×（1+本年人口增长率）×价格转换系数。

这个公式以不降低人民生活水平来确定消费低限，即使人民消费水平至少保持上一年所达到的水平。公式要考虑两个因素：一是人口的增长，即新增人口所需要的消费额；二是价格变化，因为消费是指物质的消费，则必须剔除价格因素的影响。

2. 消费基金参考最高限=消费基金最低限×（1+本年人均国民收入的增长速度）。

现在有一种流行观点：以确定积累低限来确定消费高限。我们没有采用，有以下两个原因：一是积累低限的确定情况比较复杂，计算资料不易取得，并且有很大的假定性。二是以它来确定消费高限，就会使消费高限与消费低限成为从两个不同角度考虑的东西。我们认为考虑问题应从一个角度出发，如果从两个角度出发，有可能使消费和积累两个低限互相交错。因此这里坚持前面阐述的观点，适度积累率确定的整个过程都从满足人民消费需要这一角度出发，也就是以消费定积累。

根据人民生活水平的增长速度不应超过劳动生产率的增长速度的原理和陈云同志关于“人民生活水平的提高要考虑家底，量力而行”的论述，消费基金参考最高限应在消费基金最低限的基础上再加上一个国力（或省力）大小的因素。

所谓参考最高限，就是可以逾越的界限。一种情况是人均国民收入为负增长时，消费高限就会低于低限，这时我们只能以低限为准；另一种情况是在有些年份生产上升很快，有可能使人民生活水平的提高快于人均国民收入的增长速度。但在这种情况下，它仍不失为参考最高限，因为消费提高不能脱离国力（或省力），即便逾越这条界限，也不能逾越很远。

当消费的低限和高限确定以后，积累的高限和低限也就相应确定了。这时坐标图的区间就确定了，见图2。

我们用实线表示消费率下限（积累率上限），用虚线表示消费率参考上限（积累率参考下限），这样适度积累率就可以在这个区间里找到（也就是在图2中*AB*这条线段上找到）。

（三）适度积累率公式

适度积累率区间确定后，再根据消费基金最低增长幅度，即消费基金最

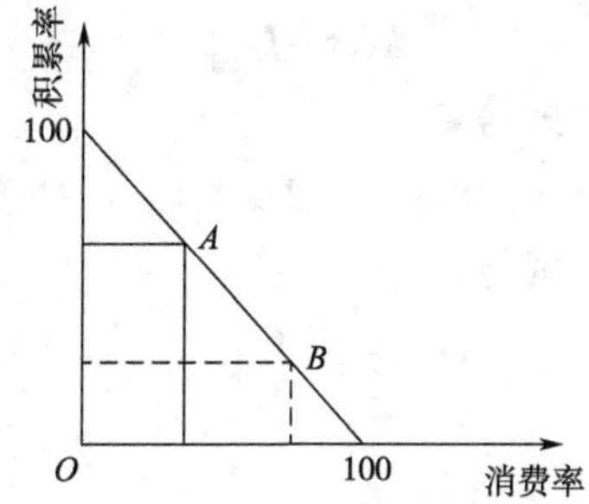

图 2　坐标图

低限×（1+x）来确定适度积累率，也就是在坐标图中找出积累率最适度的点。下面用方程式表示并求解。

假设：

G 为本年国民收入使用额；

$X_{(下)}$ 为本年消费基金最低限；

$J_{(生)}$ 为本年生产性积累额；

$J_{(非生)}$ 为本年非生产性积累额；

ΔG 为下年国民收入增长额；

α 为生产性积累效果参数（$\Delta G/J_{(生)}$）；

β 为本年非生产性积累与消费基金的比例参数［$J_{(非生)}/X_{(下)}(1+x)$］；

δ 为下年积累率参数（积累额/消费额）；

γ 为下年人口增长率；

x 为本年消费水平增长率；

y 为下年消费水平增长率。

则有经济关系式：

$$\begin{cases} G=J_{(生)}+J_{(非生)}+X_{(下)}(1+x) & (1) \\ G+\Delta G=(1+\delta)X_{(下)}(1+x)(1+\gamma)(1+y) & (2) \end{cases}$$

若假定下年国民收入使用额等于本年国民收入使用额加上下年国民收入增长额（抽象进出口因素与地区的流出因素），则求出 x 值，就可以确定适度消费基金和适度积累率。

把（1）式变形得：

$$J_{(生)}=G-[J_{(非生)}+X_{(下)}(1+x)] \quad (3)$$

有：

$$J_{(非生)}=\beta X_{(下)}(1+x) \quad (4)$$

将（4）式代入（3）式得：

$$J_{(生)}=G-(1+\beta)X_{(下)}(1+x) \tag{5}$$

又有：
$$\Delta G=\alpha J_{(生)} \tag{6}$$

把（5）式代入（6）式得：

$$\Delta G=\alpha G-\alpha(1+\beta)X_{(下)}(1+x) \tag{7}$$

把（7）式代入（2）式得：

$$G+\alpha G-\alpha(1+\beta)X_{(下)}(1+x)=(1+\delta)X_{(下)}(1+x)(1+\gamma)(1+y) \tag{8}$$

整理后得：

$$1+x=\frac{(1+\alpha)G}{X_{(下)}[(1+\delta)(1+\gamma)(1+y)+\alpha(1+\beta)]} \quad （公式一）$$

如果再假定：$x=y$，即下年消费水平与今年同幅度增长。上式变形为：

$$X_{(下)}(1+\delta)(1+\gamma)(1+x)^2+X_{(下)}(1+\beta)\alpha(1+x)-(1+\alpha)G=0$$

求解后得：

$$1+x=\frac{-X_{(下)}(1+\beta)\alpha+\sqrt{[X_{(下)}(1+\beta)\alpha]^2+4X_{(下)}(1+\delta)(1+\gamma)(1+\alpha)G}}{2X_{(下)}(1+\delta)(1+\gamma)}$$

$$则\ x=\frac{-X_{(下)}(1+\beta)\alpha+\sqrt{[X_{(下)}(1+\beta)\alpha]^2+4X_{(下)}(1+\delta)(1+\gamma)(1+\alpha)G}}{2X_{(下)}(1+\delta)(1+\gamma)}-1$$

（公式二）

（注：另一解是负值，无经济意义，故去掉）

如果公式一假定 $x=y$ 且下年积累率与本年的相等，即

$$\delta=\frac{J_{(生)}+J_{(非生)}}{X_{(下)}(1+x)}=\frac{G-X_{(下)}(1+x)}{X_{(下)}(1+x)}=\frac{G}{X_{(下)}(1+x)}-1,$$

由公式一变形得：

$$1+x=\frac{(1+\alpha)G}{X_{(下)}\left[\left(1+\frac{G}{X_{(下)}(1+x)}-1\right)(1+\gamma)(1+x)+\alpha(1+\beta)\right]}$$

$$=\frac{(1+\alpha)G}{(1+\gamma)G+\alpha(1+\beta)X_{(下)}}$$

则：
$$x=\frac{(1+\alpha)G}{(1+\gamma)G+\alpha(1+\beta)X_{(下)}}-1 \quad （公式三）$$

公式三有计算简便、经济关系清楚的特点。公式二只对本年积累率进行评价，公式三还能直接为下年产业结构的调整指出方向。因此在评价积累率和调整产业结构时，应当有目的地选择公式。如果评价适度积累率，采用公式二，如果根据适度积累率调整产业结构，则采用公式三。

计算适度积累率公式如下：

$$适度积累率=\frac{积累适度额}{国民收入使用额}=\frac{国民收入使用额-消费适度额}{国民收入使用额}$$

$$=\frac{J_{(生)}+J_{(非生)}}{G}=\frac{G-X_{(下)}(1+x)}{G}$$

$$=1-\frac{X_{(下)}(1+x)}{G}$$

公式中本年国民收入使用额 G 和本年消费基金最低限 $X_{(下)}$ 为已知，通过方程求解即可求得本年消费水平增长率 x。

三、适度积累率参数的确定

（一）关于 α 的确定

公式中的 α 是生产性积累效果，不是整个积累效果。生产性积累效果是本年国民收入增长额与上一年生产性积累的比值，就是把某年的国民收入增长额都看成是它上一年的生产性积累带来的。在实际中，国民收入增长额不只是它上一年的生产性积累带来的，也可能是它前几年中的生产性积累带来的。同时，上一年的生产性积累也不只在本年发挥效果，在以后年份还会继续发挥效果。但是，只要我们把这种经济现象看成是有规律的，把上年生产性积累没有发挥的效果与以前年份生产性积累在其中发挥的效果抵消，就可以认为国民收入增长额都是上一年生产性积累带来的。另外有一种观点认为，国民收入增长额中内含扩大再生产带来的增长额，还受政治、自然因素影响。我们认为，只要在正常年份里这些因素影响不会发生很大变化，完全可以通过对近期生产性积累效果的分析大致确定这一参数。在实际应用中，我们是将前一年效果系数实际值与前五年滚动平均值结合考察而确定的。

（二）关于 β 的确定

公式中运用 β 这一参数，主要是因为考虑到非生产性积累属于生活性建设，把它与消费基金联系起来，也就是确定一个适当比例，使生活建设随着消费水平提高而提高。在实际应用中，我们是把历史上正常时期两者的比例与近期两者比例进行比较分析来确定的，一般以近期比例为主要依据。

（三）关于 δ 的确定

要评价当年的积累率是否合适，必须先对下年的积累率安排有个大体考虑，因为下年积累率安排的不同会导致对当年积累率的要求不同。在确定 δ 时，主要将本年积累率的实际值与历史上正常时期和近期的平均值进行比较，如果高了，安排低一些；如果低了，安排高一些。

总之，参数的确定比较复杂，要在熟悉经济现状和经过反复研究之后，通过选择借鉴期等办法确定出比较切合实际的数据。

四、应用适度积累率分析方法评价湖南省1982年的积累率

（一）计算消费基金最低限和参考最高限

已知：

1981年消费基金总额为134.94亿元；

1982年人口增长率$\gamma=16.1‰$（人口普查办预计1983年人口增长大致与1982年接近）；

1982年以上年为100的全社会零售物价总指数为101.67（用它近似代替消费价格指数）；

1982年国民收入使用额$G=196.52$亿元；

1982年人均国民收入增长速度8.43%。

求得：

1982年消费基金最低限=134.94×（1+0.0161）×1.0167=139.40（亿元）；

1982年积累率上限$=1-\frac{139.40}{196.52}=29.1\%$。

1982年消费基金参考最高限=139.40×（1+0.0843）=151.15（亿元）；

1982年积累率参考下限$=1-\frac{151.15}{196.52}=23.1\%$。

（二）计算适度积累率

我们想从调整产业结构角度来分析、评价1982年的积累率，故用调整公式即公式三（用评价公式也可以，只要先提出下年积累率要求）。

根据已知条件可算出：

$\alpha=0.6$（根据1982年前五年生产性积累效果确定）。

$\beta=0.12$（根据近期非生产性积累与消费基金比例确定）。

根据公式三求得：

$$x=\frac{(1+\alpha)\ G}{(1+\gamma)\ G+\alpha\ (1+\beta)\ X_{(下)}}-1$$

$$=\frac{(1+0.6)\times196.52}{(1+0.0161)\times196.52+0.6\times(1+0.12)\times139.40}-1=0.0718$$

$$适度积累率=1-\frac{X_{(下)}\ (1+x)}{G}=1-\frac{139.40\times(1+0.0718)}{196.52}=24\%$$

（三）分析与结论

由上面计算可知，1982 年湖南省的积累率以 24%为适度。而湖南省 1982 年积累率实际为 22.4%，显然是偏低了些，应予以调整（见图 3）。如果按 24%的积累率来分配湖南省 1982 年国民收入使用额，由公式可推算出消费额、生产性积累额与非生产性积累额（见表 1）。

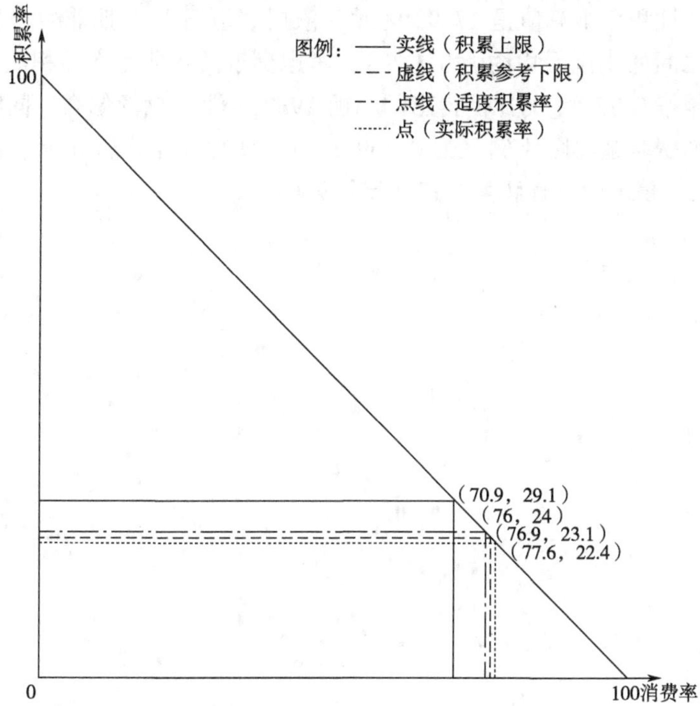

图 3　湖南省 1982 年积累率适度分析图示

注：积累率上限即消费率下限，其他类推

表 1　1982 年推算值与实际值对比　　单位：亿元

项目	推算值	实际值
消费总额	149.36	152.43
积累总额	47.16	44.09
其中：生产性积累	29.24	19.82
非生产性积累	17.92	24.27

消费总额推算值为149.36亿元，消费水平比上年提高了7.18%，略低于人平国民收入增长8.43%的速度。而实际值为152.43亿元，其消费水平比上年提高9.35%，超出了人均国民收入的增长速度，所以消费偏高。

积累中生产性积累偏低，按照下年消费同步增长和积累率相同的假定，下年的国民收入增加必须达到17.5亿元（增长率为8.9%）。而1982年前五年生产性积累偏低。按照下年消费同步增长和积累效果系数平均为0.6左右，生产性积累达到29.24亿元才能实现。但生产性积累效果实际值只有19.82亿元，势必要求生产性积累效果系数达到0.885，这显然是不可能的。

非生产性积累推算值是17.92亿元，依据“五五”时期非生产性积累与消费基金之间的比例平均约为0.115 1，考虑到近两年非生产性积累仍带有还账性质，是按0.12：1的比例得出的。但1982年消费总额偏高，同时非生产性积累与消费基金实际比例又为0.159 2：1，使得非生产性积累实际值高达24.27亿元，挤占生产性积累，造成比例失调。

湖南省“七五”计划总盘子平衡缺口测算与后四年度的调整建议①

我们根据动态投入产出模型数据和1986年主要经济指标完成情况，对“七五”计划总盘子的平衡缺口进行了测算，并就后四年度的调整提出一些建议，供有关领导和决策部门参考。

一、“七五”计划总盘子的平衡缺口测算

（一）总量平衡缺口测算

从供给导向看，湖南省“七五”计划安排的1990年工农业总产值为659亿元（按1980年不变价格计算，下同），“七五”期间年平均增长7.7%，建筑业产值年平均增长7%，国民收入年平均增长7.7%，据此计算的社会总产值为798.2亿元，年平均增长7.8%。根据动态投入产出模型测算，在1990年的798.2亿元的总产品当中，中间产品为393.95亿元，投资产品为65.04亿元，最终净产品为339.21亿元。按模型测算的最终净产品比按计划匡算的最终净产品多11.06亿元，说明总供给大于总需求。但如果考虑价格因素，按1983年现价计算，模型测算的最终净产品比计划匡算的最终净产品只多5.88亿元。如果控制需求增长措施不得力，“七五”期间总供给与总需求之间将难以平衡。

从需求导向看，湖南省“七五”计划安排的农民消费水平年平均增长5.1%，城市居民消费水平年平均增长4.2%；如果净调出保持4亿元的水平，据此匡算的湖南省1990年最终净产品为328.15亿元。根据动态投入产出模型测算，要生产出328.15亿元的最终净产品，需中间产品342.32亿元，投资产品56.49亿元，总产品726.96亿元。按照模型测算的总产品比计划安排的总产品要少71.24亿元，说明总需求小于总供给。但是如果考虑价格因素，特别是考虑到湖南省是一个以农业为主的省份，随着生产的增长，农民消费水平年平均增长可能要高于5.1%（据匡算，居民消费水平每增长1%约需增加

① 本文原载于《湖南计划经济》1987年第2期。

总产品25亿元)，因此不能盲目乐观。

(二) 结构平衡缺口测算

从五大物质生产部门的总体结构看，由于计划安排的农副产品加工工业的增长速度较快，按供给导向模型测算的最终净产品与计划安排的最终净产品比较，工业多了41.69亿元，但农业却存在56.49亿元的缺口；计划安排的总产品与按需求导向模型测算的总产品比较，工业多了79.92亿元，农业却存在45.58亿元的缺口（见表1、表2）。

表1　最终净产品差额测算表　单位：亿元

项目	按供给导向模型测算				计划安排最终净产品 (5)	差额(6) = (4) - (5)
	总产品 (1)	中间产品 (2)	投资产品 (3)	最终净产品 (4)		
五大物质生产部门合计	798.20	393.95	65.04	339.21	328.15	11.06
其中：农业	214.00	98.25	5.62	110.13	166.62	-56.49
工业	436.00	253.27	32.93	149.80	108.11	41.69
建筑业	63.24	0.00	24.44	38.80	34.78	4.02
货运邮电业	32.14	20.24	1.32	10.58	2.55	8.03
商业	52.82	22.19	0.73	29.90	16.07	13.83

注：本表与以下各表均按1980年不变价格计算

表2　总产品差额测算表　单位：亿元

项目	按需求导向模型测算				计划安排总产品 (5)	差额(6) = (5) - (4)
	最终净产品 (1)	中间产品 (2)	投资产品 (3)	总产品 (4)		
五大物质生产部门合计	328.15	342.32	56.49	726.96	798.20	71.24
其中：农业	166.64	88.00	4.94	259.58	214.00	-45.58
工业	108.11	217.76	30.21	356.08	436.00	79.92
建筑业	34.78	0.00	19.57	54.35	63.24	8.89
货运邮电业	2.55	17.44	1.13	21.12	32.14	11.02
商业	16.07	19.12	0.64	35.83	52.82	16.99

表1、表2说明，湖南省"七五"计划总盘子的总体结构存在较大的不平衡，其原因是对农副产品加工工业增长速度安排过高，已超出了农业提供原料的能力。

从24个部门的行业结构看，有些行业如果寻找不到广阔的省外市场则会造成产品严重积压，而有些行业的产品供给则存在明显的不足。按供给导向模型测算的最终净产品与计划安排的最终净产品比较，农业（种植业）、林业、冶金、电力、煤炭、石油、造纸等行业产品均存在缺口，缺口最大的是农业（种植业），达87亿元；偏多的是机械和食品，分别有26亿元和13亿元的产品积压。计划安排的总产品与按需求导向模型测算的总产品比较，农业（种植业）、林业、石油、化学、造纸等行业存在缺口，缺口最大的仍是农业（种植业），达80亿元；而机械、食品等行业的产品偏多，分别多了37亿元和15亿元。

二、1986年"七五"计划实施后的平衡缺口预计

1986年是"七五"计划实施的第一年，我们根据年度计划对"七五"时期后四年度社会总产值进行供求平衡测算。

（一）1986年"七五"计划完成情况简析

据预测，1986年湖南省社会总产值为600亿元（按1980年不变价格计算，下同），比1985年增长9.2%，超过了"七五"计划年平均增长7.8%的速度。从部门结构看，工业、货运邮电业两个部门1986年比1985年增长的速度超过了两位数，分别为11.4%和15%，超额完成了计划。商业部门增长速度为9.7%，也超过了计划，而农业和建筑业两个部门的增长速度分别为5.2%和5.7%，没有达到计划安排的水平（见表3）。

表3 湖南省1986年计划实施情况

项目	1985年实际（亿元）	"七五"计划年平均增长（%）	1986年计划目标（亿元）	1986年预计比1985年增长（%）	1986年预计完成（亿元）
社会总产值	549.45	7.8	592.36	9.2	600.00
其中：农业	160.03	6.0	169.63	5.2	168.40
工业	288.16	8.6	312.94	11.4	321.10
建筑业	45.09	7.0	48.25	5.7	47.68

续表

项目	1985年实际（亿元）	"七五"计划年平均增长（%）	1986年计划目标（亿元）	1986年预计比1985年增长（%）	1986年预计完成（亿元）
货运邮电业	22.77	9.5	24.93	15.0	26.18
商业	33.40	9.6	36.61	9.7	36.64

注：农业不包括村办工业，但包括农村个体手工业

表3的计划实施情况表明，尽管1986年社会总产值超额完成计划近8亿元，但部门结构调整的愿望并没有实现。根据计划安排，农业供给小于需求却没完成计划，而工业供给略大于需求却超额完成了计划，说明平衡缺口有扩大的趋势，这样通过省际的调出调入与价格的调整来实现供求平衡的任务愈来愈重。

（二）对"七五"时期后四年平衡缺口的预计

按照"七五"计划的既定目标，1987年至1990年社会总产值年平均增长7.5%；其中，农业增长6.2%，工业增长8%，建筑业增长7.3%，货运邮电业增长8.2%，商业增长9.6%（见表4）。

表4的"七五"后四年年平均增长速度与"七五"计划年平均增长速度比较，社会总产值低了0.3%，农业和建筑业分别高了0.2%和0.3%；工业、货运邮电业分别低了0.6%和1.3%，商业未变。如果按照表4的年平均增长速度，1990年社会总产值达801.91亿元，计划总盘子的平衡缺口将与前面测算的一致。如果后四年年平均增长速度仍按"七五"计划提出的年平均增长速度，1990年社会总产值达810.26亿元，总供给将会有所增大，但农业的缺口将超过56.49亿元，工业的滞销产品将超过41.69亿元。

表4 "七五"后四年计划任务测算

项目	1986年预计完成（亿元）	1990年计划目标（亿元）	"七五"后四年年平均增长（%）
社会总产值	600.00	801.91	7.5
其中：农业	168.40	214.00	6.2
工业	321.10	436.00	8.0
建筑业	47.68	63.24	7.3

续表

项目	1986 年预计完成（亿元）	1990 年计划目标（亿元）	“七五”后四年年平均增长（%）
货运邮电业	26.18	35.85	8.2
商业	36.64	52.82	9.6

注：在进行投入产出模型测算时，1985 年货运邮电业基数扣掉了个体运输 2.33 亿元，据此测算的 1990 年货运邮电业产值为 32.14 亿元，故表 1 中 1990 年社会产值为 798.2 亿元，比本表 801.91 亿元少 3.71 亿元

三、对“七五”计划后四年度的调整建议

（一）总体调整

根据我国“七五”计划的基本指导思想，要保证“八五”“九五”时期经济增长有一定的后劲，“七五”时期应保持适中的增长速度。我们利用动态投入产出模型从供给和需求两个导向对湖南省“七五”计划进行调整测算，认为“七五”时期湖南省社会总产值以年均 7.7%的增长速度为宜。为了使生产结构适应消费结构的变化，“七五”时期农业年平均增长速度拟为 6.7%，工业拟为 8.1%，建筑业拟为 7.2%，货运邮电业拟为 8.7%，商业拟为 8.9%。据此测算的 1990 年社会总产值为 795.89 亿元（按 1980 年不变价格计算），其中中间产品为 390.03 亿元，投资产品为 69.52 亿元，最终净产品为 336.34 亿元。

与“七五”期间调整目标比较，农业 1986 年增长速度偏低，“七五”后四年年平均增长速度应超过 6%，力争 7%；工业 1986 年增长速度偏高，后四年应控制过热增长，增长速度要限制在 8%左右；建筑业 1986 年增长速度略低一点，后四年增长速度要高于 7%；货运邮电业和商业 1986 年增长速度都较高，后四年增长速度以分别保持在 8%和 9%左右为宜。

（二）重要行业调整

1. 农业（即种植业）、牧业的调整。湖南省“七五”计划安排的种植业年平均增长速度只有 3%，即 1990 年总产值为 117.8 亿元，种植业的增长远不能满足农产品加工业和人民消费增长的需求，同时这一计划也低于“六五”时期年平均实际增长 4.7%的速度。根据需要和可能两方面考虑，再结合模型测算，我们认为“七五”期间种植业以年平均增长 5.7%、1990 年产值达 134.37 亿元较为适宜，这样就可以实现湖南省突出农业重点来带动农产品加

工业的经济发展战略。湖南省“七五”计划安排的牧业年平均增长速度为10.8%，1990年总产值为58.1亿元。由于湖南省牧业以生猪为主，对粮食消费量较大，据测算每增加1亿元牧业最终净产品要消耗种植业产品0.4亿元，其消耗仅次于食品工业。为减轻种植业提供原料的压力，根据模型测算，“七五”期间牧业以增长8.3%、1990年产值达51.95亿元较为适宜。

2. 农产品加工业的调整。农产品加工业行业较多，湖南省比较重要的是食品工业。湖南省“七五”计划安排的食品工业年平均增长速度为12.2%，1990年产值为70亿元（不包括村办工业），包括村办工业约为76亿元。由于湖南省食品工业的粗加工比重较大，因此对农产品的消耗特别是对种植业产品的消耗较大，据测算每增加1亿元食品工业最终净产品需消耗种植业产品0.59亿元，其消耗居24个行业之首。食品工业过快增长势必加重种植业的负荷，通过模型测算，“七五”期间食品工业年平均增长速度以10%左右、1990年产值达68亿元（包括村办工业）为宜。

3. 能源工业的调整。能源工业包括电力、煤炭、石油三个行业。湖南省“七五”计划安排的电力、煤炭、石油工业产值年平均增长速度分别为7.3%、4.1%、3.5%。从需求方面看，湖南省能源仍然紧张，而能源生产的增长受条件限制，“七五”期间湖南省能源调入将呈扩大趋势。为了保证国民经济各部门的协调发展，能源工业计划不宜做大的调整，其缺口宜在能源消耗大户之间平衡，但对能源结构可做一些小的调整。根据模型测算，“七五”期间的电力、煤炭、石油年平均增长速度分别达到7.9%、3.7%、4.1%为宜。照此调整，1990年电力、石油在能源工业中的比重增大，煤炭略微减小。

4. 冶金、机械、化学工业的调整。冶金、机械、化学三个行业既是湖南省支柱产业，也是耗能的大户，其调整对国民经济发展至关重要。湖南省“七五”计划安排的冶金、机械、化学工业年平均增长速度分别为7%、9%和8%。根据供需平衡测算，机械、化学工业增长幅度宜下降一点，冶金工业宜上升一点，其能源平衡在这三个行业之间调整。据测算，这三个行业每增加1亿元最终净产品，耗能源产品均在0.4亿元左右。从整体平衡考虑，1990年冶金工业产值比原计划增加4亿元，机械工业和化学工业分别比原计划减少3亿元和1亿元。这样“七五”期间冶金、机械、化学工业年平均增长速度分别为9%、8.4%、7.3%。

根据模型测算，其他行业“七五”期间较为适宜的年平均增长速度是：林业为5.5%、副业为8.6%、渔业为12%、建材为7.4%、森工为6.1%、纺织为8.4%、缝纫为9.1%、皮革为8.6%、造纸为6.4%、文教用品为10%、其他工业为8%。

湖南省居民消费分析①

在消费额中居民消费占绝大部分，一个省的居民消费直接反映一个省的国民经济运行。因此，对居民消费进行系统分析，了解消费的发展势态、近期结构变化以及趋向性问题，探讨消费的适度和合理性，能够帮助我们对居民消费进行正确引导，以促进湖南省国民经济的发展。

一、中华人民共和国成立四十年来湖南省居民消费的发展态势

中华人民共和国成立四十年来，湖南省居民消费呈平稳增长态势。消费总额自 1949 年的 15. 83 亿元增加到 1988 年的 308. 79 亿元，剔除物价和人口增长因素，实际消费水平年平均增长 3. 3%。湖南省居民消费的发展态势概括起来有如下四个特征。

第一，消费的规模愈来愈大。“文化大革命”前十七年，居民消费总额在 16. 91 亿元的基础上，每年约增加 1. 38 亿元；“文化大革命”十年，其消费总额在 43. 23 亿元的基础上，每年约增加 2. 13 亿元；“文化大革命”后十二年，消费总额在 51. 12 亿元的基础上，每年增加约 20. 17 亿元。这十二年消费规模扩大得快，这其中有物价的影响，但主要原因是十年改革带来的成效。

第二，消费的增长循环波动。“文化大革命”前波动较大，波峰和波谷相差 14. 9 个百分点。波峰在 1958 年，是由于当时处于“一五”后期和“二五”前期的经济发展阶段，消费规模扩大；波谷在 1963 年，是由于当时刚进入经济调整时期，当年消费额减少。“文化大革命”十年期间波动趋小，波峰与波谷相差只有 7. 2 个百分点，主要原因是“文化大革命”期间价格、工资很少调整，消费维持低水平增长。“文化大革命”后十二年波动又变大，波峰和波谷相差 45. 8 个百分点，这是因为改革使得实际生活水平提高、价格上涨幅度超过以前，而年与年之间的消费规模扩大又有较大差异。

第三，平均消费倾向逐步缩小，边际消费倾向逐步扩大。平均消费倾向（即居民消费占国民收入使用额的份额）1949 年为 0. 957（即 1 亿元的国民收

---

① 本文原载于《湖南计划经济》1989 年第 6 期。

入使用额中有 0.957 亿元用于居民消费），1965 年下降到 0.754，1976 年与 1988 年分别下降到 0.709 和 0.624。平均消费倾向逐步下降说明，由于生产发展，国民收入使用额中用于积累和社会消费方面的份额逐渐增多。边际消费倾向逐渐增大，是因为国民收入使用额增加，新增加的部分除了用于积累和社会消费外，用于居民消费的份额逐渐增加。

第四，消费弹性逐渐增大，但仍属于必需品消费范围。居民消费弹性系数（即国民收入变动引起的居民消费的相应变动率）1949 年至 1965 年为 0.629 4，1966 年至 1976 年为 0.740 5，1977 年至 1988 年为 0.903 4。按照消费弹性理论，消费弹性系数大于 0 小于 1 时属于必需品消费范围，消费弹性系数大于 1 时属于奢侈品消费范围。

二、近期湖南省居民消费的结构变化和趋向性问题

近期也就是“七五”前三年，湖南省居民消费发生了一些明显的结构变化和趋向性问题。

首先是消费内部结构的变化。非农业居民消费在居民消费中的比重呈逐渐上升的趋向：1985 年为 24%，1986 年为 26.1%，1987 年为 27%，1988 年为 29.7%，四年共上升了 5.7 个百分点。这意味着农业居民消费比重在下降，和城乡人民之间的生活差距在拉大。

其次是地区结构的变化。居民消费地域间格差有扩大的趋向：1988 年与 1986 年相比，居民消费在全省所占比重上升的有株洲、湘潭、邵阳、衡阳、郴州、零陵、怀化；比重下降的有长沙、岳阳、常德、益阳、娄底、湘西。全省人均消费最高的长沙和最低的湘西，其格差有扩大的趋势。1986 年以全省人均消费为 100 计算，长沙是 125.66，湘西是 82.15，差幅为 43.51；1988 年以全省人均消费为 100 计算，长沙是 123.89，湘西是 71.68，差幅为 52.21。

最后是产品结构变化。食品特别是农产品所占比重呈下降的趋向：根据投入产出表匡算，1983 年约占 67.2%，1987 年下降到 61.3%，据有关资料，城镇居民和农村居民的恩格尔系数（即食品支出占生活消费支出的比重）均有所下降。城镇居民 1985 年的恩格尔系数为 0.535，1988 年下降到 0.508；农村居民 1985 年的恩格尔系数为 0.630，1988 年下降到 0.555。这表明居民生活水平有所提高，用于购买高档消费品等方面的支出增加。

三、湖南省居民消费的适度和合理性探讨

探讨消费的适度是一个比较复杂的问题，这里我们只根据能够取得的一

些统计资料来寻找湖南省居民消费的适度区间与适度点。以 1988 年为例，居民消费的最低限额（即保持在上一年消费水平上）应该是 330.08 亿元。其计算方法是，在 1987 年居民消费额 256.28 亿元的基础上乘以人口增长率 2.3% 得出新增人口应该增加消费额 5.894 亿元，合计为 262.174 亿元，再乘以物价上涨率 25.9% 得出因物价上涨应增加消费额 67.903 亿元，两项相加则为 330.08 亿元。依据人民生活水平的增长不应超过生产的增长这一原则，我们可以计算出 1988 年居民消费的最高限额为 355.83 亿元。其计算方法是用居民消费最低限额 330.08 亿元乘以本年的生产增长率（一般采用国民收入指数）7.8%得到 25.75 亿元，两项合计为 355.83 亿元。

当消费适度区间确定以后，可以在区间内寻找适度点。仍以 1988 年为例，居民消费的适度额以 353.19 亿元较为合适。其计算方法是先确定本年的消费适度增长率。一般来讲，如果假定下年的积累率和消费增长率不变，那么下年的国民收入增长率就是本年的适度消费增长率。根据哈罗德-多马经济增长模型原理，国民收入增长率等于积累效果系数乘以积累率。根据湖南省近几年情况分析，积累效果系数约为 0.25，积累率约为 28%，这样国民收入增长率为 7%，也就是说 1988 年居民消费适度增长率为 7%。用消费低限 330.08 亿元乘以 7%得出消费适度增长额为 23.11 亿元，合计 1988 年适度消费额为 353.19 亿元，而该年实际消费额为 308.79 亿元，比适度消费额少 44.4 亿元。消费水平比上年下降了 6.4%。1988 年生产是增长的，而消费出现负增长，主要是投资膨胀的结果。

当消费适度区间、适度点确定之后，探讨消费合理性的重点是消费结构的合理性，包括消费内部结构、地区结构和产品结构诸方面。根据湖南省省情，要进行消费结构调整，必须从三方面引导居民消费。

一是从调整分配政策入手引导居民消费。基尼系数的大小反映收入分配差异的大小。1985 年湖南省城镇居民基尼系数为 0.171 6，1986 年与 1987 年连续两年降低后，1988 年上升到 0.182 0；1985 年湖南省农村居民基尼系数为 0.192 2，“七五”前三年都有所上升，1988 年为 0.212 0。从基尼系数变化中应该看到，今后在分配政策上城镇要注意克服平均主义，农村要注意防止贫富差距扩大。

二是从调整产业结构入手引导居民消费。居民消费品比重较大的有农、牧、副、渔产品、食品、纺织品、日用机电产品、缝纫产品、建筑产品以及商业提供的服务等。根据投入产出分析，这些产品中感应度系数大于 1 的有农产品、日用机电产品、纺织产品以及商业提供的服务。感应度系数反映的是当各部门均增加一个单位最终产品时某一个部门受到的需求感应程度，即需要该部门为其他部门的生产而提供的产量。感应度系数大于1表明，当消费最终产品增加时，这些部门首先感到社会需求的压力，从而容易造成供不应求的局面。因此在调整产业结构时应该优先发展农业、日用机械工业、纺织工业、商业，以保障有效的供给；另一方面也要引导居民去消费那些感应度系数小于1的产品。1987年与1983年比较，食品、服装等感应度系数小于1的产品在居民消费中的比重有所上升，表明这几年引导居民消费取得了一些成效。但是近几年建筑产品比重有所下降并且居民把增加的消费收入越来越多地投向高档家用电器产品，不能不引起我们对城镇住房改革与住宅商品化进程的重视。

三是从疏通流通渠道入手引导居民消费。在居民消费中特别是农村居民的消费中，土特产品、地方产品所占比重比较大。为了提高消费效益，应该尽量把一些价值较高的地方特产与名牌产品拿出来交换，换回一些短缺的日用必需品。发展货运业与商业、疏通流通渠道，对引导消费非常重要。湖南省近几年在调出或者出口居有优势的农副产品、地方特产和调进一些日用必需品方面做了很大努力。1987年与1983年比较，商业部门所提供的劳务在居民消费中自4.4%提高到7.4%。但目前居民消费中地方产品比重仍然很大，通过疏通流通渠道引导居民消费还大有潜力。

优化湖南省农轻重结构[①]

湖南省被誉为“三乡一地”，即“鱼米之乡”、“有色金属之乡”、“非金属矿之乡”和“旅游胜地”。湖南省农业在全国比较突出，首先应该稳步发展农业。最近几年重工业比重已超过农业，这样轻工业发展就大有文章可做，既可充分利用农业资源发展以农产品为原料的轻工业，又可利用自身重工业的发展优势充分发展以重工业产品为原料的轻工业。

从资源优势和原料结构看，与重工业比较，湖南省轻工业显得发展不够，应该把发展轻工业放在重要位置。如果湖南省的农、轻、重各业（1989 年为 1∶0.89∶1.12）发展达到全国平均水平（1989 年为 1∶1.65∶1.72），轻工业在工农业总产值中的比重还可以提高 8.2 个百分点。与湖北省、广东省相比，湖南省轻工业比重分别低了 5.8 个百分点和 19.4 个百分点。发展轻工业，除大力发展食品工业之外，眼界应该开阔些，因为发展以农业产品为原料的加工业受农业发展的制约，应该重视以重工业产品为原料的轻工业的发展。按照以往的经验数据，湖南省轻工业在工农业总产值中的比重每上升一个百分点需要四至五年的时间，如要达到湖北省和广东省目前的水平，那么湖南省今后几个五年计划内都应重视轻工业的发展。

从市场的需求角度来看，人们首先要满足生活需求，而生活资料的需求带动生产资料的需求。按照投入产出的经验数据，最终使用的农、轻、重产品结构为 1∶0.98∶0.51，由此带动的中间需求的农、轻、重产品结构为 1∶0.94∶2.27。从最终需求出发来安排生产，仍是农、轻、重的排序。

从市场需求角度所要求的农、轻、重比例协调不只包括一般的产业结构，而且要求其产品结构、企业结钩、技术结构也与之协调发展。

一是产品结构的调整除了满足人们日常基本消费外，要考虑到 20 世纪末人民生活消费达到小康水平的目标，这就要注意开发耐用消费品，从产品结构上保证人民日益增长的物质文化生活需要，提高人民生活的质量。

二是企业结构的调整。湖南省是农业省，农业人口比重较大，要解决农

---

① 本文原载于《湖南计划经济》1991 年第 5 期。

业劳动力的转移，也要注意发展乡镇企业，企业规模应以中小型为主。

三是技术结构的优化。湖南省工业应该利用新科技成果发展新型产业，使湖南省由农业省变成工、农业并驾齐驱的省份。

湖南省积累和消费比例的适度研究①

积累和消费的比例关系是国民经济中一个重要的比例关系，合理安排积累和消费的比例能够促进国民经济持续、稳定、协调发展。本文试图通过对湖南省“七五”期间积累和消费比例的适度分析来寻找“八五”期间积累和消费比例的合理区间，为宏观决策提供依据。

一、“七五”期间湖南省积累和消费比例的基本状况以及成因

“七五”期间湖南省积累和消费比例的基本状况：一是变化波动大，二是比例不适度（见表1）。

表1　湖南省“七五”期间积累和消费比例

年份	国民收入使用额（亿元）	消费额（亿元）	积累额（亿元）	消费率（%）	积累率（%）
1986	346.89	248.41	98.48	71.6	28.4
1987	400.15	280.63	119.52	70.1	29.9
1988	494.83	338.26	156.57	68.4	31.6
1989	513.45	370.61	142.84	72.2	27.8
1990	582.07	447.58	134.49	76.9	23.1

从表1可知，变化波动大主要表现为上下波动大，1988年积累率最高，为31.6%；1990年积累率最低，为23.1%，高低相差8.5个百分点，大于“五五”时期高低相差7个百分点和“六五”时期高低相差5个百分点的幅度。

比例不适度主要表现为“七五”后三年不适度，1988、1989两年的高积累率是建立在降低消费水平基础之上的，而1990年又矫枉过正，把积累率压得过低，使能够积累的财富没有积累，进入消费领域。

形成“七五”期间积累和消费比例“变化波动大，比例不适度”的原因

① 本文原载于《综合经济导刊》1994年第2期。

主要有三。

一是受固定资产投资变动大的影响。“七五”期间固定资产投资经历了大上大下的变化，前三年分别以17%、19.1%、20.3%的速度猛增，到1988年固定资产投资高达140.04亿元，超过了国民经济的承受能力，拉动前三年的积累率由1986年的28.4%、1987年的29.9%直线上升到1988年的31.6%，是近15年来的最高点。由于1988年投资失控，1989年开始的治理整顿连续两年压缩了固定资产投资，1989年固定资产投资降到114.41亿元，1990年略微上升到124.17亿元，没有回到1988年的水平，后两年积累率便逐步下降，分别为27.8%和23.1%。

二是受产成品库存的影响。“七五”期间受产成品库存影响，流动资产积累一直居高不下。“七五”前三年分别以15.4%、21.6%、44.5%的速度猛增，1988年已达59.34亿元，1989年尽管压缩了固定资产投资，但带来了市场疲软的负效应，流动资产积累继续增长，比1988年增长22.5%，高达72.70亿元，是1949年以来的最高点，使得1989年在压缩固定资产投资后积累率仍然较高。1990年国务院采取改变紧缩力度启动市场一系列措施后，产成品压库现象略微好转，1990年流动资产积累比1989年下降了10.4个百分点。

三是受物价因素影响。积累和消费比例是否适度，首先看消费是否适度，人民生活水平是否提高。“七五”期间居民消费额看起来一直是上升的，但受物价因素的影响，1988年、1989年是下降的。据匡算，1988年和1989年以上年为100的社会商品零售物价总指数分别达125.9和118.1，居民消费水平分别下降了6.4%和10.5%。而1990年以上年为100的零售物价总指数下降为99.4，居民消费水平上升了20.4%。居民消费的过快下降和过快上升反映了积累和消费比例的不适度。

二、“七五”期间湖南省积累与消费比例不适度的测算与问题探讨

（一）从积累率高限看比例不适度

积累率高限是根据消费额低限确定的。所谓消费额低限，是在上年消费总额的基础上考虑本年新增人口和物价变化两个因素确定的。具体分析见表2。

表2 湖南省“七五”期间积累率高限

年份	上年消费总额（亿元）	本年人口增长率（%）	本年消费物价指数（以上年为100）	本年消费额低限（亿元）	本年积累额高限（亿元）	本年积累率高限（%）
1986	226.23	1.30	104.79	240.15	106.74	30.8

续表

年份	上年消费总额（亿元）	本年人口增长率（%）	本年消费物价指数（以上年为100）	本年消费额低限（亿元）	本年积累额高限（亿元）	本年积累率高限（%）
1987	248. 41	1. 50	110. 59	278. 84	121. 31	30. 3
1988	280. 63	2. 30	125. 90	361. 44	133. 9	26. 9
1989	338. 26	1. 70	118. 10	406. 28	107. 17	20. 9
1990	370. 61	1. 60	99. 40	374. 28	207. 79	35. 7

从表 2 可知 1986 年至 1990 年的积累率高限分别为 30. 8%、30. 3%、26. 9%、20. 9%、35. 7%，与实际积累率比较，1988 年、1989 年的积累率超过了高限，其超过的百分点分别为 4. 7 和 6. 9，即这两年的高积累是以牺牲消费为代价的。

（二）从积累率参考低限看比例不适度

积累率参考低限是根据消费额参考高限确定的。所谓消费额参考高限，是在本年消费额低限的基础上根据经济增长率（一般指国民收入增长率）确定的。具体分析见表 3。

表 3　湖南省“七五”期间积累率参考低限

年份	本年消费额低限（亿元）	本年生产增长率（%）	本年消费额参考高限（亿元）	本年积累额参考低限（亿元）	本年积累率参考低限（%）
1986	240. 15	107. 5	258. 16	88. 76	25. 6
1987	278. 84	109. 2	304. 49	95. 66	23. 9
1988	361. 44	107. 8	389. 63	105. 20	21. 5
1989	406. 28	103. 0	418. 47	94. 87	18. 5
1990	374. 28	103. 0	385. 51	196. 56	33. 8

从表 3 可知，1986 年至 1990 年的积累率参考低限分别是 25. 6%、23. 9%、21. 3%、18. 5%、33. 8%。与实际积累率比较，1990 年的积累率低于参考低限 10. 7 个百分点，即这一年消费增长过快，可以适当积累的一些财富并没有积累。

（三）从适度积累率看比例不适度

适度积累率是根据适度消费额确定的，所谓适度消费额是在消费额低限的基础上根据消费水平适度增长率确定的。我们推导了一个计算公式（略），具体分析见表4。

表4　湖南省“七五”期间适度积累率

年份	国民收入使用额（亿元）	消费额低限（亿元）	生产性积累效果参数	非生产性积累与消费额比例参数	下年人口增长率（%）	消费水平适度增长率（%）	适度积累率（%）
1986	346.89	240.15	0.8	0.16	1.50	8.6	24.8
1987	400.15	278.84	0.8	0.16	2.30	8.3	24.5
1988	494.83	361.44	0.8	0.16	1.70	6.2	22.4
1989	513.45	406.28	0.8	0.16	1.60	2.8	18.7
1990	582.07	374.28	0.8	0.16	1.05	11.7	28.2

从表4可知，1986年至1990年适度积累率分别为24.8%、24.5%、22.4%、18.7%、28.2%，与实际积累率比较，“七五”前四年偏高，分别偏高了3.6、5.4、9.2、9.1个百分点，后一年偏低，低了5.1个百分点。

从比例不适度的测算我们可知，“七五”期间存在消费基金安排和投资计划安排不合理的问题。

首先是消费基金安排不合理。“七五”前五年就有消费偏低的苗头，由于没受到重视，1988年没有提高消费基金在国民收入使用额中的比重，相反还降低了，再加上物价猛涨，使得人民生活水平下降。1989年由于生产增长率低，再加上物价上涨，即又滞又胀，消费基金虽然在国民收入中比重上升了，但人民实际生活水平仍然下降了。1990年国家采取调整工资等措施提高了消费基金，使得消费基金回升势头过猛，而物价反而下降了，这样消费率显得过高。今后每年的消费基金应当根据生产增长率和物价变化的情况做出适当的安排，以保证每年消费水平上升一点，不要等问题成堆再集中解决。

其次是投资安排不合理。“七五”前两年就出现了投资膨胀的苗头，1988年就应该有所压缩，而结果是继续膨胀，造成经济过热，物价猛涨。“七五”后两年不得不进行压缩，但由于压缩过猛，又出现经济增长率过低、市场疲软、产品压库等负效应。今后应吸取教训，每年投资安排都比上年增加一点，不能再犯大上大下的毛病。

三、“八五”期间积累与消费比例适度区间的选择与措施

根据以往三个五年计划的经验和实际测算，整个“八五”时期的积累率在23%到28%较为合适。

为了保持积累和消费比例的这一适度区间，需要采取如下措施。

（一）要严格控制人口增长速度

人口增长过快一方面会降低人民消费水平的增长，另一方面会相应减少积累。“七五”期间人口增长居高不下，1986年最低（13%），1988年最高（23%），这样使得一部分国民收入使用额被过快增长的人口“吃掉”了，影响了积累与消费比例的合理安排，因此“八五”期间务必下决心把人口增长率控制在12%的计划以内。

（二）要严格控制物价的过猛上涨

物价过猛上涨会使名义消费额上升而实际消费水平下降。“七五”期间1987年、1988年、1989年物价增长过猛，使得人民的生活实际水平下降，也严重妨碍了积累和消费比例的合理安排。因此“八五”期间应控制物价上涨，使物价上涨幅度不超过6%。

（三）要继续提高经济增长率

无论是增加消费基金还是增加积累基金，都离不开国民收入的持续增长。“七五”期间前三年经济过热、后三年经济过冷，国民收入增长不稳定，直接影响了积累与消费的适度增长。按照历史经验，国民收入年增长6%左右较为合适，“八五”期间应该努力达到这一目标。

（四）要努力提高生产性积累效果

所谓生产性积累效果，是指每百元生产性积累所创造的国民收入。“八五”期间平均每百元生产性积累新增国民收入为80元左右，但“七五”后三年平均只有55元，并且有下降的趋势。要合理安排积累与消费的比例，必须努力提高生产性积累效果，以较少的积累获得较多的国民收入。“八五”期间应保证生产性积累效果为0.6，并力争达到0.8，即每百元生产性积累新增国民收入至少要达到60元，并力争达到80元。

湖南省能源工业及其连带产业发展分析[①]

新中国成立以来，湖南省能源工业发展较快，但能源紧张问题还未完全解决。本文拟对湖南省能源工业及其连带产业的发展做些分析，重点探索湖南省能源工业发展的规律，以及在“九五”期间应如何加快能源工业发展的问题。

一、湖南省能源工业发展现状

1949年以来湖南省能源工业的发展可以划分为两个阶段。第一阶段是从恢复时期至“四五”时期。这一阶段湖南省能源工业年均增长速度高于国民经济年均增长速度，最高的一年高出20个百分点左右。这一方面因为国家注重在湖南省发展重工业生产基地，能源需求大，另一方面因为湖南省能源工业基础薄弱，增长速度相对较快。第二阶段是从“五五”时期至“八五”时期。这一阶段能源工业年均增长速度低于或接近国民经济年均增长速度，湖南省轻纺工业和能耗较低的产业发展快于重工业，且普遍采用节能技术措施。“九五”期间，湖南省能源工业发展速度将会与国民经济发展速度同步或接近国民经济发展速度。

经过几十年的建设，能源工业已成为湖南省支柱产业，在工业当中起着举足轻重的作用。“四五”时期，能源工业占工业总产值的比重达到10%以上，以后长期保持这一水平。能源工业的发展主要得益于能源工业投资地位的提高。湖南省国有经济用于能源工业的投资占工业投资的比重，新中国成立初期为20%左右，“八五”时期达40%左右，其比重提高了1倍。依据“八五”期间能源工业的投资规模和“九五”能源后续投资规划的测算，湖南省“九五”期间国有经济用于能源工业的投资占工业投资的比重将达到40%左右，由此将推动能源工业的持续发展，使能源工业产值占工业产值的比重稳定在10%以上。

湖南省能源工业在国民经济中的地位也相应提高。从“四五”时期开始，

① 本文原载于《综合经济导刊》1996年第3期，作者：廖明球、彭积龙。

能源工业增加值在国内生产总值中的比重达到了3%左右。国有经济用于能源工业的投资占全部投资的比重，也由新中国成立初期的10%左右增加到“八五”时期的20%左右，其比重提高了1倍。

二、“九五”期间能源工业带动连带产业发展

能源工业投资和生产带动着连带产业发展。

能源工业投资带动连带产业发展。“九五”期间能源工业投资预计比“八五”时期提高1倍，累计投资额为372.18亿元。由投入产出分析测算，这372.18亿元的投资诱发的国民经济总产出为933.12亿元，其中第一产业总产出为13.75亿元，第二产业总产出为825.18亿元，第三产业总产出为94.19亿元。其诱发带动的结果如下：建筑业的诱发产值为198.90亿元，机械工业为167.83亿元，金属冶炼及压延加工业为92.93亿元，建材及非金属矿物制品业为50.78亿元，化学工业为50.70亿元，货运邮电业为36.06亿元。当然能源工业投资与其他投资所诱发的产业也有相同之处，如主要带动建筑业与建材业的发展，但能源工业投资对机械工业的拉动大于一般投资。能源投资诱发产值较多的几大产业实际上也是支撑能源工业发展的几个大产业。

能源工业生产带动连带产业发展。由投入产出分析测算，湖南省能源工业每增加100亿元的产值，可以带动其他行业增加产值（产出）21.44亿元，其中带动增加产值较多的产业依次为化学工业、金属冶炼及压延加工业、商业、货运邮电业、交通运输设备制造业、机械设备修理业、机械工业等。依据“九五”计划测算，湖南省能源工业产值在“九五”末期有望达到258.89亿元（1995年价格），由此带动其他产业增加产值55.47亿元，其中化学工业9.62亿元，金属冶炼及压延加工业7.07亿元，商业3.77亿元，货运邮电业3.73亿元，交通运输设备制造业3.16亿元，机械设备修理业3.02亿元，机械工业2.90亿元。

三、能源工业与连带产业的协调发展

能源工业与连带产业协调发展，关键在于确定好能源工业的发展战略。这方面应把握如下四点。

（一）解决能源工业的“短腿”问题

能源工业在湖南省经济发展中一直是“短腿”，主要表现为一次能源生产量一直低于一次能源消费量，使湖南省成为能源净调入省份。1994年与1980年比较，一次能源生产量与消费量之间的差额由186万吨标准燃料扩大到908

万吨标准燃料，并且还有扩大的趋势。再是能源消费弹性系数（即能源消费量增长速度与国内生产总值增长速度之比），进入20世纪90年代后连续四年在0.3左右徘徊，低于0.5至1的正常区间。尽管从1994年开始能源消费弹性系数有所回升，但国民经济增长仍然明显受能源制约。据测算，湖南省每年因缺少能源而损失的工业总产值达50亿元至60亿元之多。因此解决能源工业“短腿”问题应是今后的一个战略任务，是实现人均国内生产总值翻两番的一项重大任务。

（二）加大节约能源力度，缓解能源紧张的矛盾

节约能源被称为“第五能源”，湖南省节能还有较大的潜力。1994年每万元国内生产总值平均消费能源，全国为2.38吨标准煤，湖南省为2.40吨标准煤，能耗高于全国平均水平。1982—1994年湖南省考核重点工业企业的28项主要能耗指标，呈下降趋势的只有6项，而呈上升趋势的有12项，时高时低的有10项。1994年与历史最好水平（即1982—1994年水平）相比，除发电标准煤耗、合成氨耗电（小型）、回转窑水泥熟料耗标准煤、立窑水泥熟料耗标准煤等4项指标外，其余24项能耗指标均高出历史最好水平。其中，高出历史最好水平30%以上的能耗指标有原煤综合电耗（高67.6%）、原油加工耗电（高62%）、硫酸耗电（高36.5%）、新闻纸耗电（高34.1%）、平板玻璃耗电（高33.3%）等5项。如果能把各项工业能耗指标降低到历史最好水平，节约的能源数量将是很可观的。

（三）建立节能型产业结构

建立节能型产业结构是指在能源供应和能源消耗水平同等的条件下，把能耗低的产业的比重提高，把能耗高的产业的比重降低，以提高能源使用效益。根据能源平衡表测算，1992年湖南省每万元国内生产总值平均消费能源，轻工业为1.30吨标准煤，而重工业为4.04吨，是轻工业的3.1倍。在单位能耗不变的情况下，如果把重工业产值的比重降低1个百分点，轻工业产值的比重相应提高1个百分点，可节约能源27.68万吨标准煤，将其用于轻工业生产，还可增加轻工业产值21.3亿元，可见通过调整产业结构提高能源使用效益的前景是可观的。

根据国民经济37个部门投入产出分析，可以把它们划分为能耗较低部门、能耗居中部门、能耗较高部门和能源工业部门四类。能耗较低部门是指能源的完全消耗系数在0.20以下的部门，共有12个；能耗居中部门是指对能源的完全消耗系数在0.20至0.30之间的部门，共有12个；能耗较高的部

门是指对能源的完全消耗系数在 0.30 以上的部门，共有 8 个；能源产业本身有 5 个部门。能耗较低的 12 个部门依次是渔业、林业、金融保险业、畜牧业、商业、其他农业、种植业、饮食业、食品工业、文教卫生科研事业、公用事业及居民服务业、缝纫皮革制造业，主要是第一产业、第三产业和第二产业中的轻工业。能耗较高的 8 个部门依次是金属冶炼及压延加工业、建材及非金属矿物制品业、金属矿采选业、化学工业、货运邮电业、金属制品业、其他非金属矿采选业、旅客运输业，主要是第二产业中的重工业和第三产业中的运输业。要提高能源使用效益，可以考虑先支持发展能耗低的产业，再相应发展能耗居中与能耗高的产业。

（四）调整能源工业的内部结构

湖南省能源工业有煤炭采选业、电力及蒸汽热水产供业、石油加工业、炼焦煤气及煤制品业四大行业，石油及天然气开采业仍属空白。1994 年一次能源生产量为 3 875 万吨标准燃料，其中原煤占 85%左右，水电占 15%左右。1994 年一次能源消费量为 4 783 万吨标准燃料，其中煤炭占 80%左右，水电和石油占 20%左右。湖南省目前尚未勘探出石油和天然气资源，煤炭资源也不丰富。因此在一次能源生产中，应逐步提高水电这一可再生资源的比重，同时还要开发核能。

湖南省工业布局结构存在的问题与思考[①]

工业布局结构主要包括行业分布结构、地区分布结构和整体布局结构。湖南省工业布局结构的研究对促进湖南省工业的发展显得尤为重要。

一、行业分布存在的结构性问题

（一）主导行业在全国缺乏竞争力

1995年湖南省的14大主导行业中，总产值所占比重高于全国的只有8个，且在湖南省属于主导产业的烟草加工业、有色金属冶炼及压延、煤炭采选业在全国不是主导行业，因而与全国比较，湖南省只有5个行业具有竞争力，缺乏竞争力的行业相对较多。其中最缺乏竞争力的是纺织业，从全国范围来讲，纺织业仍居第一位，而湖南省的纺织业由1985年的第二位退居到第十位，萎缩较为严重。再是电气机械及器材业，在全国位居第七位，在湖南省居第十二位。

（二）非主导行业资源依赖性更为明显

1995年湖南省非主导行业中采掘业和对资源依赖性较强的加工业的产值比重在上升，其中上升较为明显的是有色金属矿采选业、非金属矿和其他矿采选业、皮革毛皮羽绒及制品业、木材加工及竹藤棕草业、化学纤维制造业等。资源型行业的产值比重上升与非资源型行业特别是深加工行业产值比重下降，使得非主导行业资源依赖性更加明显。

二、地区分布存在的结构性问题

（一）地区间发展不平衡问题较为严重

1995年14个地级市人均工业总产值最大值与最小值比值为7.8，人均工

① 本文原载于《综合经济导刊》1997年第2期。

业固定资产净值最大值与最小值比值为6.07，即工业发展水平高低之间相差6至7倍。工业较为发达的湘东地区工业总产值占全省的37.44%，工业固定资产净值占全省的34.02%；而工业较为落后的湘西地区工业总产值只占全省的7.15%，工业固定资产净值只占全省的8.36%，差距非常明显。近些年，随着湘西地区部分大中型企业的东迁，其差距更加明显。

（二）优先发展地带的优势不明显

近年来，湖南省确定京广沿线为优先发展地带。从目前工业发展状况来看，优先发展地带的优势不明显。京广沿线的六个地区，只有长沙、岳阳的工业地位在提高，即工业总产值与固定资产净值在全省所占比重在提高。株洲、湘潭的工业还在吃老本，其地位已经下降。衡阳的工业地位下降更为明显，工业总产值在全省所占比重10年间下降了2.2个百分点。郴州虽然工业地位略有提高，但所占比重较小。

三、整体布局的结构性问题

（一）主导行业在地区分布上还不够集中

1995年湖南省14大主导行业按地级市计算的工业总产值标准差系数表明，属于高度集中型行业的只有1个，即石油加工及炼焦业，标准差系数为3.479；属于集中型行业的有8个，即煤炭采选业、食品加工业、烟草加工业、黑色金属冶炼及压延业、有色金属冶炼及压延业、普通机械制造业、交通运输设备制造业、电气机械及器材制造业，其标准差系数在1.032至1.821之间；属于分散型行业的有5个，即纺织业、专用设备制造业、电力蒸气热水产供业、化学原料及化学制品业、非金属矿物制品业，其标准差系数分别为0.945、0.784、0.660、0.643、0.552。这表明湖南省主导行业在布局上还不够集中。

（二）地级市间行业同构问题依然存在

1985年工业普查资料表明湖南省工业存在各地级市行业同构问题，10年过去了，这一问题依然存在。1995年39个工业行业中各地级市比重相差不到5%的有23个行业，其中相差不到3%的有17个行业。39个工业行业中按各地级市比重计算的标准差系数小于1的有23个行业。比重接近的行业和比重的标准差系数小于1的行业占绝大多数，证明各地级市间还存在行业同构问题。

四、几点思考

（一）在行业分布上不要片面追求完整的工业体系，要突出重点

一个省有自己的工业体系是正常的，但不要追求其体系的完整，要突出重点。首先要抓好主导产业，对主导产业的一些企业要扶优扶强；其次要注意抓非主导产业中具有深加工能力和高附加值的行业。1995 年湖南省工业增加值只占全国的 2.9%，所占份额很小说明湖南省的工业产品缺乏竞争力，至少还没有占领省内的市场。即使湖南省工业增加值占全国的 5%，接近人口比重，也仅仅占领了应占领的市场。因此湖南省工业要提高其市场份额，必须扶持优势行业，改造和重组非优势行业。要按照国家的产业政策结合本省实际，对优先发展的行业进行排序，并以此确定重点产品和重点企业。

（二）在地区分布上不要仅限于自然经济区域，要按核心地带与边缘地带考虑

湖南省按自然经济区域可以划分为五大块，即湘东、湘西、湘南、湘北、湘中。这五大区域的工业乃至整个经济都有自己的特点，我们以前的工业布局也大都按自然经济区域进行。近年来湖南省实施开放带动战略，明确提出加快“一点一线”的建设（“一点”即长沙，“一线”即京广沿线），这无疑对湖南省工业的地区布局提出了新的思路。按“一点一线”的战略思想，可以将湖南省经济区域划为三块：第一块是长株潭，为核心地带；第二块是边缘地带 1，也称过渡地带，包括岳阳、衡阳、益阳、郴州；第三块是边缘地带 2，即其他 7 个地级市。按照经济辐射的基本原理，核心地带必须是具有很强辐射能力的地带，即经济的重心；边缘地带 1 是经济辐射的过渡地带，也要有较强的经济实力。湖南省今后在工业的地区布局上，要优先考虑核心地带和过渡地带。湖南省目前长株潭岳的工业实力（按人均水平）排在全省前四位，但衡阳、益阳、郴州的工业实力还有待加强。

（三）整体布局上要在集中与分散并存的同时强调集中

湖南省工业的整体布局在集中与分散并存的同时已趋向集中，但集中程度不够，特别是主导行业的集中程度不够。因此在工业的整体布局上既要考虑集中与分散并存，又要强调集中。湖南省是一个农业大省，农村人口比重较大，农业人口向乡镇企业转移是必然趋势，乡镇工业仍是湖南省一个新的经济增长点。乡镇工业布局大都呈分散型，今后也要考虑适度集中。对于国

有企业、股份制企业、外资企业等在布局上则要强调集中，无论是新建项目还是技改项目，企业重组还是资产重组，都要考虑集中。要争取在不长的时期内提高湖南省工业布局的集中度，改变各地级市行业同构的局面。集中的方向是优势行业和优先发展地带。对于宜分散的某些资源行业也不要“遍地开花”，而应重点放在那些工业发展较为落后的地带。

加入 WTO 对湖南省 GDP 增长的影响[①]

湖南省要发展自己，需要研究世界经济贸易组织（WTO）对湖南省经济总体的影响。本文结合湖南省“十五”计划研究分析加入 WTO 给湖南省地区生产总值（GDP）增长带来的影响。

一、从外资总流入看加入 WTO 对湖南省 GDP 增长的影响

外资流入包括出口和利用外资发生的境外资金（包括国外和港澳台资金，下同）的流入。根据外资流入状况可以分析外资流入对湖南省经济总的影响，并进一步分析加入 WTO 对湖南省经济的影响。

据有关方面测算，在加入 WTO 后的 2005 年，湖南省商品出口额将达到 26 亿美元，加工贸易出口额达到 2.07 亿美元，劳务出口额达到 2.5 亿美元，旅游外汇收入达到 6.5 亿美元，四项合计为 37.07 亿美元；另据测算，2005 年利用外资有望达到 25 亿美元，则外资总流入为 62.07 亿美元，与 1998 年相比，年均增长 11.35%。62.07 亿美元按 1 美元折合 8.28 元人民币计算，共形成最终产品需求 513.94 亿元。

按目前的生产和需求结构，这 513.94 亿元的外资流入将拉动经济总量（总产出）增加 1 452.09 亿元。其中，工业总产出为 949.14 亿元，农业、商业饮食业、其他服务业总产出分别为 126.71 亿元、123.24 亿元和 122.84 亿元，建筑业和货运邮电业总产出分别为 60.68 亿元和 69.48 亿元。

当行业增加值率没有大变化的情况下，2005 年外资流入所拉动的 1 452.09 亿元总产出中增加值为 513.94 亿元，其中农业增加值为 83.33 亿元，工业增加值为 255.32 亿元，建筑业增加值为 16.71 亿元，货运邮电业增加值为 36.85 亿元，商业饮食业增加值为 52.79 亿元，其他服务业增加值为 68.94 亿元。外资流入生产的增加值约占 2005 年 GDP 的 9.3%。

2005 年外资流入的 62.07 亿美元中究竟有多少属于加入 WTO 带来的影响，有两种不同的估计方法：一种是乐观的估计方法，把“十五”期间出口

① 本文原载于《综合经济导刊》2000 年第 3 期。

和利用外资的增幅高于“九五”期间的部分都视同于加入 WTO 带来的；一种是一般的估计方法，把“十五”期间出口和利用外资的年均增幅高于同期 GDP 增幅的部分视同于加入 WTO 带来的。按照乐观的估计，2005 年加入 WTO 带来的外资流入为 22.78 亿美元，折合人民币为 188.64 亿元，将拉动经济总量（总产出）增加 532.99 亿元，生产的增加值估计约占 2005 年 GDP 的 3.4%至 3.5%。按照一般的估计，2005 年加入 WTO 带来的外资流入为 11.54 亿美元，折合人民币为 95.55 亿元，将拉动经济总量（总产出）增加 269.95 亿元，生产的增加值估计约占 2005 年 GDP 的 1.7%至 1.8%。

二、从动态一般均衡分析看加入 WTO 对湖南省 GDP 增长的影响

动态一般均衡分析（又称 CGE 模型分析），就是从需求模型、供给模型两方面对经济总量进行测算，再通过价格指数调整使需求量与供给量处于均衡状态。本文运用这一方法对 2005 年的经济总量和加入 WTO 带来的影响进行了测算。

根据湖南省的“十五”计划，若采取年均增长 8%的方案，由 2005 年的最终产品结构运用需求模型测算，2005 年湖南省最终产品为 5 417.03 亿元（按 1999 年价格计算，下同）。其中，农业为 1 001.11 亿元，工业为 1 589.13 亿元，建筑业为 1 165.91 亿元，货运邮电业为 176.37 亿元，商业、饮食业为 196.16 亿元，其他服务业为 1 288.35 亿元。

根据这一需求产品结构，2005 年相应的总产出为 14 248.72 亿元。其中，农业总产出为 1 677.14 亿元，工业总产出为 7 475.15 亿元，建筑业总产出为 1 242.30 亿元，货运邮电业总产出为 741.62 亿元，商业、饮食业总产出为 1 346.98 亿元，其他服务业总产出为 1 765.53 亿元。参照现有的增加值率，2005 年相应的 GDP 为 5 417.03 亿元。其中，农业增加值为 1 103.05 亿元，工业增加值为 2 010.74 亿元，建筑业增加值为 342.05 亿元，货运邮电业增加值为 393.42 亿元，商业、饮食业增加值为 577.05 亿元，其他服务业增加值为 990.72 亿元。

在测算 2005 年经济总量的基础上，我们对 WTO 影响进行了测算。由 2005 年的最终产品结构运用需求模型测算，2005 年 WTO 影响的最终产品为 97.72 亿元，其中农业为 18.06 亿元，工业为 28.67 亿元，建筑业为 21.03 亿元，货运邮电业为 3.18 亿元，商业、饮食业为 3.54 亿元，其他服务业为 23.24 亿元。

根据这一需求产品结构，2005 年受 WTO 影响相应的总产出为 257.04 亿

元，其中农业总产出为30.26亿元，工业总产出为134.85亿元，建筑业总产出为22.41亿元，货运邮电业总产出13.37亿元，商业、饮食业总产出为24.30亿元，其他服务业总产出为31.85亿元。

由相应的增加值率测算，2005年受WTO影响生产的增加值为97.72亿元，其中农业增加值为19.90亿元，工业增加值为36.27亿元，建筑业增加值为6.17亿元，货运邮电业增加值为7.10亿元，商业、饮食业增加值为10.41亿元，其他服务业增加值为17.87亿元。WTO影响的增加值约占2005年GDP的1.8%。

根据动态一般均衡分析，当供给量与需求量处于均衡状况时，对各种资源有相应的需求。2005年要实现GDP 5 417.03亿元，相应需要占用固定资产（原值）10 621.49亿元，占用存货2 239.02亿元。根据“十五”计划的投资安排，这两项条件均能保证。从土地资源、矿藏资源和水资源占用来看，只要合理使用，完全能支撑这一经济增长。从人力资源来看，湖南省目前劳动力相对过剩，如果加大培训力度，实行劳动力的结构调整和转移，完全能满足产业升级和经济增长的需求。

根据分析，湖南省2005年WTO影响值占GDP总量的1.8%左右，从湖南省的资源条件看，完全能满足WTO影响值对各种资源的需求。根据1997年资源占用情况并考虑资源节约的因素，2005年WTO影响值的资源占用情况如下：占用固定资产（原值）191.61亿元，占用存货40.39亿元，占用土地面积38.218万公顷，占用水资源55 661.35万立方米，占用人力资源78.49万人。

三、抓住加入WTO机遇，确保湖南省GDP持续增长

中国加入WTO对湖南省经济发展有利有弊，关键是抓住机遇，趋利避害。

思考之一，要重新对湖南省的优势行业进行定位。加入WTO之前存在关税壁垒和非关税壁垒，形成了现有的优势行业和劣势行业。加入WTO后壁垒效应减弱，现有的优势行业可能成为劣势行业，而现有的劣势行业可能成为优势行业，因此必须重新对优势行业进行定位。据模型测算，加入WTO对湖南省产生影响较大的行业是纺织、石化、冶炼、汽车、电气机械、电子通信、仪器仪表。农业与部分服务业也将受到冲击，也要经历优胜劣汰的过程。

思考之二，让出部分省内市场与占领国外和省外市场并重。加入WTO后不可能搞地方保护主义，对民族幼稚产业的保护也很有限。比较明智的办法是让出一部分省内市场份额以换取对国外和省外市场的占有量，即让市场与

占市场并重。让市场实际是让出没有竞争力产品的市场份额，占市场实际上是把名牌产品打出去，这里的产品不仅是商品，还包括服务。因此，实施名牌战略、不断创造新的品牌尤为重要。

思考之三，要着眼于 WTO 对经济总量的影响，不要只关注对增量的影响。本文所测算的 WTO 影响值占整个 GDP 的比重尽管不大，但 WTO 的影响所及却很大，对原有的经济结构、体制甚至文化都会造成很大的冲击。因此 WTO 的影响不是局部的，而是全方位的。这就要求各个行业都必须做好加入 WTO 的准备，确定自己的发展战略和发展规划。WTO 给湖南省带来的好处不是只用几个数字就能计算出来的，它需要全省上下共同努力抓住机遇去实现。

“七五”期间湖南省食品工业应解决的几个问题①

要实现把湖南省农业优势转化为食品工业优势这一宏伟目标，其关键是要逐步克服限制湖南省食品工业发展的薄弱环节，探索出一条适宜湖南省食品工业发展的新路子。笔者认为，“七五”期间应着手解决如下几个问题。

第一，把食品工业作为经济起飞的一个突破口，建立起一个食品工业体系。湖南省工业部门从产值大小看，较大的有食品工业和机械工业。这两大部分比较，食品工业有着投资少、见效快的特点。据匡算，湖南省机械工业每增加 1 亿元产值需国家投资 7 000 万元，而食品工业只需国家投资 2 000 多万元。1984 年全民所有制独立核算工业企业每百元固定资产原值实现产值，机械工业为 82. 72 元，而食品工业为 329. 12 元。湖南省作为一个建设资金不足的省份应该优先发展食品工业。再从资源优势看，湖南省工业中有食品工业和有色金属工业。这两大部门比较，食品工业有着能耗低、机械装备程度不高的特点。据调查，食品工业每百元产值耗能 1. 6 元，而有色金属耗能 7. 1 元，是食品工业的 6. 7 倍；食品工业每百元产值消耗和磨损的机械设备为 2 元，而有色金属工业为 9. 2 元，是食品工业的 4. 6 倍。作为一个能源短缺而劳动力充裕的省份，发展食品工业更为有利。我们要把食品工业建设视同能源工业建设，作为湖南省经济起飞的突破口，力争用五年时间，建立起一个从原料、设备到技术条件成龙配套的食品工业体系。

第二是调整食品工业结构，增大精加工产品的比重。对粮油加工、肉类加工、卷烟三大骨干产品要在精加工上做文章，提高产品的质量和档次。尤其要抓大米、猪肉的精加工，湖南省近几年每年要调出贸易粮 10 多亿千克，猪肉 8 万多吨，如果能将其中 10%拿来精加工，那么全省的食品工业将要增加一笔可观的产值。据匡算，粗加工 1 亿元的大米、猪肉产值，食品工业可增加产值约 3 000 万元，而精加工 1 亿元的大米、猪肉产值，食品工业可增加产值约 1. 8 亿元，也就是说精加工带来的增加值是粗加工的 6 倍。因此有必要在大米、猪肉精加工上下大力气。另外对罐头、啤酒、清凉饮料、糖果、

① 本文原载于内部刊物《湖南工作》1986 年第 4 期。

面包、点心、饼干等精加工产品在增加数量的同时注重上质量和水平。据1984年统计，湖南省糖产量在全国各省（自治区、直辖市）中居第十位，罐头产量居第十二位，啤酒产量居第二十二位，发展潜力很大。有必要抓紧时机扩大生产规模，逐步改变食品工业以粗加工产品作为骨干产品的局面。

第三是在地区布局上把握粗加工产品分散、精加工产品集中的原则。根据生产布局理论，粗加工产品宜接近原料产地，精加工产品宜集中在技术力量雄厚的城市。湖南省目前粮油加工企业遍布城乡，肉类加工除遍布城乡的屠宰行业外，每个地市有一至几家冻肉厂，符合布局原则。今后主要在具有技术优势的城市发展大米、肉类精加工企业。卷烟行业已有常德、郴州、长沙几家大厂和零陵、隆回、新田、凤凰等几家小厂，不宜再布点。盐业也不必再布点，办好现有的湘澧和湘衡两家即可。酿酒行业现在几乎每个县市都有，应该着手改造几家有希望创名牌的老厂，同时扩建几家啤酒厂，改变饮料酒的结构。罐头行业除了在原料基地布点外，应着重在大中城市布点，以利于技术攻关和开拓市场。至于面包、饼干、点心、糖果、清凉饮料及方便食品等行业的布局应形成以大中城市为中心、以小城镇为纽带的网络，以缩短产销之间在时间与空间上的间隔。

第四是坚持多层次、多渠道发展食品工业，以保持一定的增长速度。据测算，“七五”期间按人民生活水平年平均增长5%的速度，1990年湖南省居民需要消费食品工业产品约35亿元；再是湖南省作为食品工业之乡，调出省外产品的增长幅度应该大一些，如果按比现在增长1倍计算约需30亿元；另是提供这65亿元的最终产品又约需中间产品15亿元。这样1990年湖南省食品工业总产值则应是80亿元。要达到这一目标，必须保证食品工业年平均增长速度略高于10%。从前几个五年时期发展速度看，10%不算高，但作为一个符合人民消费、需要调整产品结构的新型食品工业部门，要保持这一速度是很难的。因此必须坚持多层次、多渠道发展。以后国家投资和引进外资主要发展精加工产品，搞自动化生产线。对于加工深度不高的产品主要让街道工业和乡镇工业去经营，并且还可以从政策上鼓励和动员一部分个体企业和联营企业经营。在全省要造起一个大办食品工业的声势，使湖南省成为一个名副其实的“食品工业之乡”。

湖南宏观经济结构变化及成因、对策浅析[①]

一、湖南宏观经济结构的变化趋势

湖南宏观经济结构的变化可以从以下几个方面反映出来。

（一）生产结构的变化

从两大部类看，生产资料的生产比重在上升，消费资料的生产比重在下降。据投入产出分析，湖南生产资料和消费资料的比例，1983 年为 53.1∶46.9，1987 年为 58.9∶41.1，1992 年为 60.4∶39.6。

从农轻结构看，农业生产的比重在下降，轻、重工业生产特别是重工业生产比例趋于上升。据统计，湖南农、轻、重的比例，1949 年为 1∶0.17∶0.03，1983 年为 1∶0.63∶0.75，1987 年为 1∶0.85∶0.95，1992 年为 1∶0.90∶1.24，1994 年为 1∶0.71∶1.12。农、轻、重的比重排序（从大到小）经历了由“农、轻、重”到“农、重、轻”，又由“农、重、轻”到“重、农、轻”的变化。

从三次产业关系看，第一产业（农业）的生产在下降，第二产业（工业和建筑业）的生产和第三产业（除农业、工业和建筑业之外的部门）的生产在上升。据统计，湖南第一、二、三产业所创造的增加值之比，1952 年为 1∶0.18∶0.30，1965 年为 1∶0.56∶0.36，1991 年为 1∶0.93∶0.83，1992 年为 1∶1.07∶1.01，1994 年为 1∶1.15∶1.02。第一、二、三产业的排序（从大到小）经历了“一五”时期至“二五”时期的“一、三、二”，到调整时期至 1991 年的“一、二、三”，再到 1992 年至 1994 年的“二、三、一”的变化。

（二）分配结构的变化

从投资和消费结构看，GDP 用于投资的比重在上升，用于消费的比重在

① 本文原载于内部刊物《领导参阅》1995 年 11 月。

下降。据统计，湖南的投资、消费比例，1983 年为 22.5 : 77.5，1987 年为 29.9 : 70.1，1992 年为 29.4 : 70.6，1994 年为 29 : 71，即投资呈上升趋势，消费呈下降趋势。

从投资和消费的内部结构看，第一产业提供的最终产品用于投资与消费的份额变化不大；第二产业提供的最终产品用于投资的比重在上升；第三产业提供的最终产品用于消费的比重在上升（见表 1）。

表 1　投资和消费内部结构

单位：%

产业	1983 年		1987 年		1992 年	
	投　资	消　费	投　资	消　费	投　资	消　费
合　计	22.5	77.5	29.9	70.1	29.4	70.6
第一产业	9.5	90.5	12.4	87.6	11.0	89.0
第二产业	44.7	55.3	56.3	43.7	57.3	42.7
第三产业	12.9	87.1	12.1	87.9	8.0	92.0

从表 1 分析看，第一产业的最终产品用于投资的比重略有上升，1983 年至 1992 年提高了 1.5 个百分点；第二产业的最终产品用于投资的比重上升，提高了 12.6 个百分点；第三产业的最终产品用于消费的比重上升，提高了 4.9 个百分点。

（三）区域结构的变化

为了较为科学地分析湖南区域经济结构变化，我们不采用将湖南划为东、西、南、北、中五大块的方法，拟借鉴“五区一廊”和“长江经济开发区”的划分方法，将长沙、株洲、湘潭划为核心区，将衡阳、岳阳、益阳、常德划为边缘区 1，将其余的 7 个地区（娄底、邵阳、郴州、零陵、怀化、湘西、张家界）划为边缘区 2。

根据对核心区与边缘区的经济发展差异分析，我们发现其变化趋势如下。

1. 总体经济实力差异在扩大。从三个区域以人口比重为 1、用经济总量（国民收入或国内生产总值）比重去除以人口比重所求的特化系数看，核心区由 1983 年的 1.35 变为 1991 年的 1.40，又变为 1994 年的 1.56；边缘区 1 由 1984 年的 1.07 变为 1991 年的 1.06，又变为 1994 年的 0.97；边缘区 2 由 1984 年的 0.80 变为 1991 年的 0.79，又变为 1994 年的 0.80。核心区的经济总量在提高，边缘区 1 的经济总量相对降低，边缘区 2 的经济总量变化不大。

2. 工业发展差异在缩小。从三个区域以人口比重为 1、用工业总产出比重去除以人口比重所求的特化系数看，核心区由 1984 年的 2.02 变为 1991 年的 1.97，又变为 1993 年的 1.95；边缘区 1 由 1984 年的 1.07 变为 1991 年的 1.02，又变为 1.01；边缘区 2 由 1984 年的 0.53 变为 1991 年的 0.59，又变为 1993 年的 0.61。核心区与边缘区 1 的工业规模在相对下降，而边缘区 2 的工业规模在相对提高。

3. 第三产业发展差异在扩大。从三个区域以人口比重为 1、用第三产业增加值比重去除以人口比重所求的特化系数看，核心区由 1991 年的 1.57 变为 1994 年的 1.74；边缘区 1 由 1991 年的 0.90 变为 1994 年的 0.91；边缘区 2 由 1991 年的 0.84 变为 1994 年的 0.77。核心区和边缘区 1 的第三产业发展在上升，边缘区 2 的第三产业发展在下降。

二、湖南宏观经济结构的变化成因

（一）生产结构方面

由农业社会到工业化社会，再由工业化社会到服务化完备的社会，这是社会一般的变化历程。湖南始终扮演着农业大省的角色，这一点可从三个方面说明。

1. 从第一、二、三产业结构演变说明。湖南低水平的经济结构［“一、三、二”（即第一、二、三产业排序，下同）］维持了 10 年多（“一五”至“二五”时期）；中等水平的经济结构（“一、二、三”）持续了 30 年（1962 年至 1991 年）；较高水平的经济结构（“二、三、一”）经历了 4 年（1992 年至 1995 年）。这种经济结构的演变表明湖南工业化进程较慢，社会服务化的推进起步不久，一直扮演着农业大省的角色。

2. 从第一、二、三产业内部结构说明。根据投入产出分析，湖南第一产业的生产对第二、三产业的依赖程度提高，第一产业对第二、三产业的直接消耗系数，1992 年分别比 1983 年提高了 0.04 和 0.02；第二、三产业的生产对第一产业的依赖程度下降，第二、三产业对第一产业的直接消耗系数，1992 年分别比 1983 降低了 0.08 和 0.01。这种变化表明湖南已推进了工业化和社会服务化，但第一产业的基础地位仍然突出，1992 年第二、三产业对第一产业的直接消耗系数仍为 0.05 和 0.01。

3. 从农、轻、重内部结构说明。根据投入产出分析，湖南农业生产对轻、重工业的依赖程度提高，农业对轻工业和重工业的直接消耗系数，1992 年比 1983 年分别提高了 0.029 3 和 0.015 9。轻、重工业生产对农业的依赖程度降低，轻、重工业对农业的直接消耗系数，1992 年比 1983 年分别降低了

0.151 3 和 0.004 2。这表明湖南轻、重工业发展进度加快，但农业为工业提供的原材料仍占较大比重，例如 1992 年轻工业生产所使用的原料和燃料中农业提供的仍占 47%。

（二）分配结构方面

投资比重上升是现代化建设的必然要求，但消费的刚性增长势头难以转弱。

纵观湖南的投资消费比例，消费比重的最高点在 1952 年，为 93.6%，消费比重的最低点在 1959 年，为 60.2%。一般来讲，正常比例是三、七开，即投资为三、消费为七。但从总的趋势讲，消费比重在下降，投资比重在上升。

投资比重上升主要是因为经济建设的需要，新的经济增长需要相对加大投入。消费比重下降主要是因为国内生产总值的增长带动消费总额增长，使得其比重相对下降。但人口增长和消费水平的逐步提高促使消费额呈刚性增长，因此消费比重下降受到严重限制。

（三）区域结构方面

从二元经济结构开始，通过推行区域间平衡发展战略，由核心区带动边缘区的经济发展，这是社会经济发展的一般规律。而在改革开放后，湖南受华南经济带和长江经济带的交互影响出现了新的经济格局，这一点可从两方面说明。

1. 工业发展差异缩小。由于实行区域平衡发展战略，湖南核心区与边缘区的工业发展差异明显缩小。从以人口比重为 1、用工业总产出比重去除以人口比重所求的特化系数看，核心区在 1984 年至 1994 年下降了 0.07，边缘区 1 下降了 0.06，边缘区 2 上升了 0.08。这表明湖南在改变二元经济格局、推进核心区带动边缘区工业发展方面迈出了坚实步伐。

2. 第三产业发展差异扩大。由于核心区与边缘区 1 的经济发展受长江经济带与华南经济带的交互影响，近几年湖南在工业化的基础上向社会服务化、完善化迈进，使得第三产业区域发展差异在拉大。从以人口比重为 1、用第三产业增加值比重去除以人口比重所求的特化系数看，核心区 1994 年比 1991 年上升了 0.17，边缘区 1 1994 年比 1991 年上升了 0.01，边缘区 2 1994 年比 1991 年下降了 0.07。这表明湖南经济发展受到了沿海、沿江经济发展战略的推动。

三、湖南宏观经济结构调整对策

由湖南宏观经济结构变化成因分析，拟对湖南在 20 世纪末经济结构调整目标提出如下对策。

（一）生产、分配结构调整对策

生产结构的调整以优化产业结构为主。首先是第一、二、三产业结构，要由目前“二、三、一”的排序转为“三、二、一”的排序。其次是农、轻、重结构，由目前“重、农、轻”的排序转为“轻、重、农”的排序，但是在具体发展经济时，要按上游产品至下游产品的顺序安排，仍以“农、轻、重”为序。最后是生产资料与消费资料的结构，要由目前的6∶4转为6.5∶3.5，这主要是考虑湖南工业化进程还有很长一段路要走，必须扩大生产资料的生产，以保证工农业较快发展，只有在这样的基础上才能发展好服务业。

分配结构调整以安排好投资与消费比例为主。从总的比例看，经济数据为3∶7，即投资为30%，消费为70%。可在5个百分点以内上下浮动，不宜大起大落。

（二）区域结构调整对策

区域结构调整以缩小区域间发展差异为主。从湖南目前情况看，要因地制宜制定各区域的经济发展战略，比如现在正在抓的“五区一廊”建设与长江经济开发带的配套建设等。湖南的核心区既处在“五区一廊”建设中，又处在长江经济带与华南经济带的联结处，应优先发展。处在边缘区1、2的衡阳、岳阳、郴州、益阳、常德等也要利用紧临洞庭湖与京广线的区位优势，抓住机遇，尽快发展。

（三）整体结构调整对策

1. 围绕资源优势发展产业以及配套的加工与连带产业。湖南的资源优势就是通常所说的“三乡一地”（即鱼米之乡、有色金属之乡、非金属矿之乡、旅游胜地）；除此之外还有一个区位优势，就是地处内陆前沿，水路、陆路交通便利。因此，应重点发展粮食、肉类、水产品、食品加工、有色金属与非金属矿的加工、旅游、交通等产业。

2. 围绕市场特别是大市场发展主导产业与连带产业。根据1992年37个部门的投入产出表分析，对其他产业发展诱发系数高的产业有化学工业、商业、煤炭工业、电力工业、金属冶炼压延工业、建筑业、机械设备修理业等，这些产业作为主导产业发展可以带动其他产业发展。例如，化学工业对农业、纺织、食品、造纸、电气机械、文教卫生的诱发系数分别为0.236 6、0.339 9、0.200 9、0.278 5、0.225 4和0.261 1，即化学工业每新增1万元最终产品，对这些行业总产出的拉动为2 000元至3 000元；商业对缝纫皮革制品、木材加工及家具、电子及通信设备、仪器仪表及计时器具的诱发系数分别为0.140 5、0.159 9、0.106 8和1.115 9，即商业每提供1万元最终服务产品，对这些行业的总产出拉动1 000至2 000元。当然，除了加快发展对其他产业诱发系数高的主导产业外，还要注意发展那些对其他产业诱发系数并不高的新兴产业，特别是高新技术产业。

湖南省国民经济总体循环分析及启示[①]

国民经济总体循环反映着社会再生产四个环节的运行状况，是分析国民经济是否健康发展的重要依据。湖南省国民经济总体循环情况怎样？现以1995年湖南省国民经济作为实例分析。

一、生产状况

1995年湖南省国民经济总产出为5 282.23亿元，扣除中间投入 3 086.53亿元，实现国内生产总值 2 195.70 亿元。其中，第一产业增加值为685.30亿元，占31.2%；第二产业增加值为815.82亿元，占37.2%；第三产业增加值为694.58 亿元，占31.6%。第一、二、三产业结构按比重高低排序为“二、三、一”。

二、分配状况

（一）初次分配状况

1995年湖南省地区生产总值中，劳动者报酬为1 479.29亿元，生产税净额为225.68亿元，固定资产折旧为240.05亿元，营业盈余为250.68亿元。按照习惯的初次分配划分方法，劳动者报酬为个人部分，生产税净额为国家部分，固定资产折旧与营业盈余为企业（集体）部分。这样，国家、企业、个人三者的初次分配比例为10.3∶22.3∶67.4。

（二）再分配状况

反映再分配状况的主要指标有国民生产总值和国民可支配总收入。1995年湖南省国民生产总值为2099.41亿元，比地区生产总值少96.29亿元。其中，劳动者报酬转移净收入增加26.11亿元，因为财产收入转移净支出减少122.40亿元，两者抵消后减少96.29亿元，即省外净收入为-96.29亿元。

---

① 本文原载于《学习导报》1997年第3期。

1995 年湖南省国民可支配总收入为 2 142.65 亿元，它包括国民生产总值 2 099.41 亿元和经常转移收支净额 43.24 亿元。由于湖南省是财政净上缴省份，支付省外生产税 97.84 亿元，再由于生产税的虚收（即虚算）达 50.29 亿元，扣除这两项后湖南省实际的国民可支配总收入只有 1 994.52 亿元。

三、收入状况

1995 年湖南省实际的国民可支配总收入按照国家、企业、个人三者分配后，形成国家收入 345.07 亿元、企业收入 68.50 亿元、个人收入 1 580.95 亿元，三者再分配收入比例为 17.3∶3.4∶79.3。

四、使用状况

（一）消费状况

1995 年湖南省国民可支配总收入中用于最终消费支出的数额为 1 396.88 亿元，消费率为 70%。最终消费中居民消费为 1 108.78 亿元，政府消费为 288.10 亿元，两者比例为 79.4∶20.6。

（二）储蓄与投资状况

1995 年湖南省国民可支配总收入扣除最终消费支出后所余下的总储蓄额为 597.64 亿元，储蓄率为 30%。为追加投资进行资金筹集达 603.03 亿元，包括总储蓄额 597.64 亿元和资本转移收支净额 5.39 亿元。

1995 年湖南省实物投资用于固定资产形成的为 534.12 亿元，用于存货增加的为 266.38 亿元，用于其他非金融资产购买的为 7.68 亿元，减去统计误差 0.92 亿元，总共实物投资为 807.26 亿元。与资金筹集 603.03 亿元相比，资金缺口达 204.23 亿元。

五、资产（家底）状况

1995 年湖南省为填平实物投资所需的 204.23 亿元的资金缺口，全年金融负债净增额为 797.64 亿元，而金融资产净增额只有 593.41 亿元。金融负债净增额大于金融资产净增额的部分即资金缺口，也称为储蓄投资差额。

1995 年末湖南省非金融资产（也称实物资产）达 3 749.86 亿元，金融资产达 4 316.52 亿元，金融负债达 4 306.02 亿元。按照非金融资产加金融资产减金融负债计算净值，湖南省 1995 年末的净值为 3 760.36 亿元，即全省（包括国家、企业、个人）的实际家底为 3 760.36 亿元，人均占有资产约为

5 883 元。

从上述国民经济总体循环的分析中，至少可以得出以下几点启示。

（一）生产税的虚收（即虚算）容易给人错觉，造成生产与使用的不平衡

生产税的统计着眼于产品的生产，会计上生产税计算着眼于销售。前者反映应交，后者反映实交。湖南省每年的生产税虚算部分约占整个国内生产总值的2%，看起来比重并不大，但会给总供给与总需求的平衡测算带来误差。因此在安排生产与使用的平衡时必须考虑生产税虚收因素，不要因虚收造成错觉。如1995年从生产角度测算湖南省货物和服务的净调入只有1.68亿元，而从使用角度测算湖南省货物和服务的净调入则为51.06亿元，两者的测算误差就是由生产税的虚算引起的。

（二）湖南省增加收入的潜力还未充分挖掘

湖南省的国民生产总值小于国内生产总值，即收入小于生产，其主要原因是湖南省劳务输出获得的收入数额小于资产流入而分派出去的红利数额。收入小于生产表明湖南省增收的潜力尚未充分挖掘。湖南省是一个人口大省，劳动力资源相对丰富，对剩余部分应该有组织地进行培训和输出，逐步提高劳务输出获得的收入。另外，对资产流出的部分要加强管理，使分回来的红利逐步接近资产流入而分派出去的红利。要通过提高对外要素收入的比重，使湖南省国民生产总值与地区生产总值大致相等。

（三）资金缺口较大制约着湖南省经济的发展

投资资金的来源主要是储蓄额（指总储蓄，包括折旧额）。决定储蓄额大小的要素有两个，一个是国民可支配总收入，一个是最终消费支出。如前所述，由于生产税净上缴和生产税虚收的两方面原因，湖南省实际的国民可支配总收入偏小，而最终消费支出难以降低，所以储蓄额偏小。同时，湖南省投资需求强劲，这样必然形成储蓄小于投资的资金缺口。一般来说，投资有一定资金缺口是正常现象，但是湖南省资金缺口较大，约占全部投资额的25.5%，也就是说湖南省总投资的四分之一是靠借贷为继的。借贷的多少取决于偿债能力的大小，资金缺口大必然制约投资需求，最终影响经济的增长。湖南省要通过增大有效供给、逐步提高国民可支配收入的份额来解决资金缺口问题，这样才能支撑必要的投资需求，以增强经济发展后劲。

（四）资产存量与湖南省人口数量极不相称

资产存量是反映一个地区经济实力的重要指标。湖南省的资产存量偏少，

人均占有净资产不到 6 000 元，即家底不太雄厚。湖南省是农业大省，而 1995 年住户抽样调查显示，湖南省每个农户拥有的生产性固定资产原值只有 1 376.34 元，在全国各省（自治区、直辖市）中排名倒数第一，比农业相对落后一些的贵州、山西等省份还低出较多。再看工业，1995 年湖南省独立核算工业企业固定资产原值为 1 282.75 亿元，在全国排在第十五位；资本金为 507.17 亿元，排在第十八位。湖南省作为人口大省，1995 年年末人口达到 6 392 万人，居全国第七位，而 1995 年基本建设新增固定资产只有 121.09 亿元，居全国第十六位。也就是说，湖南省原有的资产存量偏低，新增的资产也偏少。这与人口大省向经济大省迈进的目标极不相称，应该引起注意。

湖南省 GDP 所有制结构分析①

为了贯彻十五大精神，推动湖南省所有制结构调整，我们对湖南省 GDP 的所有制结构进行了详细测算，现对结果做一个初步分析。

一、湖南省 1996 年 GDP 所有制结构情况

1996 年湖南省实现 GDP 总额为 2 647.16 亿元，其所有制结构状况如下。

（一）从公有制和非公有制结构看，公有制经济占主体

1996 年湖南省公有制经济实现增加值 1 814.65 亿元，占 GDP 的 68.6%；非公有制经济占 31.4%。公有制经济实现增加值为非公有制经济的 2.18 倍。

（二）从公有制内部结构看，国有与集体经济占主体

1996 年公有制经济实现的增加值中，国有经济占 42.6%；集体经济占 53.8%；混合经济（公有部分）只占 3.6%。

（三）从混合经济内部看，公有制经济占一定比重

1996 年混合经济共实现增加值 140.02 亿元，其中公有制部分占 47.1%；非公有制部分占 52.9%。

（四）分三次产业看，公有制经济比重大致接近

1996 年，第一产业实现增加值 743.98 亿元，其中公有制经济占 67.5%；第二产业实现增加值 1 008.43亿元，其中公有制经济占 68.9%；第三产业实现增加值 844.75 亿元，其中公有制经济占 69.1%。三者大致接近。

① 本文原载于《学习导报》1998 年第 1 期。

二、湖南省 1992 年至 1996 年 GDP 所有制结构变化特点

（一）公有制与非公有制比较，非公有制经济比重趋升

近几年间，非公有制经济的发展快于公有制经济，非公有制经济实现增加值占 GDP 的比重逐年上升，1992 年至 1996 年其比重上升了 9.8 个百分点，使得公有与非公有制经济结构由 1992 年的 79.4∶20.6 演变为 1996 年的 68.6∶31.4。

（二）国有经济与集体经济比较，集体经济比重趋升

由于集体经济的发展快于国有经济，从 1994 年起集体经济实现的增加值超过了国有经济实现的增加值。1992 年至 1996 年集体经济比重共上升了 5.7 个百分点，使得国有经济与集体经济结构由 1992 年的 50.5∶48.1 演变为 1996 年的 42.6∶53.8。

（三）混合经济与非混合经济比较，混合经济比重趋升

混合经济比重趋升，到 1996 年混合经济实现的增加值占 GDP 的比重上升到 5.3%，使得混合与非混合经济结构由 1992 年的 2.7∶97.3 演变为 1996 年的 5.3∶94.7。

（四）三次产业比较，第二产业中非公有制经济成分上升最快

1992 年至 1996 年三次产业实现的增加值中，第一产业非公有制成分由 29%上升到 32.5%，第二产业非公有制成分由 9.2%上升到 31.1%，第三产业非公有制成分由 24.5%上升到 30.9%。三者比较，第二产业非公有制成分上升最快。

（五）主要行业部门比较，工业、建筑业和贸易餐饮业的非公有制经济上升较快

1992 年至 1996 年，农业非公有制经济成分由 29%上升到 32.5%；工业非公有制经济成分由 10.8%上升到 34.3%；建筑业非公有制成分由不到 1%上升到 10.3%；交通运输业非公有制成分由 5.8%上升到 10.4%；贸易餐饮业非公有制经济成分由 21.3%上升到 30.2%。比较而言，工业、建筑业和贸易餐饮业非公有制成分上升较快。

三、湖南省 GDP 所有制结构与全国比较及调整建议

（一）与全国对比

湖南省 GDP 所有制结构与全国水平对比，其公有制成分约低 7 个百分点。根据相关资料分析，湖南省第一、二、三产业增加值中公有制成分均低于全国水平：1996 年农业总产值中公有制成分为 68%左右，比全国约低 6 个百分点；工业总产值中公有制成分为 63.8%，比全国低 4.1 个百分点；社会商品零售总额中公有制成分为 34.3%，比全国低 11.4 个百分点；全社会固定资产投资中公有制成分为 67%，比全国低 1.4 个百分点。

湖南省公有制经济成分低于全国，其中国有经济成分低于全国是一个重要原因。从投入来看，1996 年湖南省的全社会固定资产投资中国有经济成分占 51.9%，比全国低 0.6 个百分点。从市场上看，1996 年湖南省社会商品零售总额中国有经济成分占 21.5%，低于全国 5.7 个百分点。从生产上看，除工业部门的国有经济成分与全国大致相等外，其他生产部门国有经济成分大都低于全国。

（二）调整建议

由对湖南省 GDP 所有制结构分析，可以看出在今后的经济工作中湖南省不仅要注意产业结构的调整，还要注意所有制结构调整。所有制结构调整可以从以下两个方面入手。

一是要提高国有经济的效益和质量，保证国家对重点行业和部门的控制力。1996 年国有独立核算工业企业百元销售收入实现利润，全国为 1.52 元，湖南省只有 0.58 元；工业成本费用利润率，全国为 1.86%，湖南省为 0.75%。这表明湖南省国有工业获利能力大大低于全国水平，使得湖南省国有工业自身的发展后劲不足。

二是积极稳妥地推进改制，逐步提高混合经济的比重。湖南省的混合经济尽管近几年发展较快，但在国民经济中所占比重很低。如工业总产值中混合经济所占比重只有 4.3%，比全国 13.6%的比重低得多。湖南省可在工业部门率先推进混合经济，以此来带动其他行业混合经济发展。在推进混合经济时也要考虑其中国家控股或控制部分，防止原有国有企业在改制中国有资产流失。应将改制与产业结构调整结合起来，达到资产重组和提高资产使用效益的目的。

湖南省经济靠什么起飞?[①]

湖南省经济靠什么起飞，具体讲靠什么产业起飞，靠什么行业起飞，这一问题大家都非常关注。这里，我们从定量分析入手来观察和做出推断。

一、湖南省经济应靠第二、三产业起飞

湖南省经济何以应靠第二、三产业起飞，有以下几条理由。

（一）从对国民经济的推动力看，第二、三产业推动力较大

湖南省经济的发展主要经历了第一产业为主和第一、二、三产业三足鼎立两个发展时期。从第一、二、三产业对国民经济的推动力看，“六五”时期三者推动力大体相当。从“七五”时期开始，第一产业推动力明显减弱，第二、三产业推动力增强。进入20世纪90年代后，各产业的推动力大致趋于稳定。1996年新增的生产总值为276.66亿元（按1995年价格计算），其中第一产业推动力为15.7%，第二产业推动力为51.9%，第三产业推动力为32.4%。可见，第二、三产业推动力特别是第二产业推动力显著增强。据测算，“九五”时期湖南省地区生产总值的增量中第一产业推动力会保持在14%左右，第二产业推动力会保持在50%左右，第三产业推动力会保持在36%左右。这预示着第二、三产业是未来国民经济的主要推动力，湖南省经济应靠第二、三产业起飞。

（二）从对国民经济发展的影响看，第二、三产业的影响力较大

判断一个产业部门对国民经济的影响，主要看该产业部门的发展对其他产业部门发展的拉动程度。根据湖南省投入产出表测算，第一产业每增加1亿元的最终产品带动社会总产品增加1.76亿元，第二产业每增加1亿元的最终产品带动社会总产品增加2.73亿元，第三产业每增加1亿元的最终产品带动社会总产品增加2.06亿元。第二、三产业对整个国民经济的拉动作用要大

---

① 本文原载于《决策天地》1997年第5期。

于第一产业。

（三）从劳动力的生产率看，第二、三产业劳动生产率较高

1990 年湖南省每一从业人员创造的增加值，第一产业为 1 303.8 元，第二产业为 4 528.2 元，第三产业为 4 983.1 元，第二、三产业劳动生产率分别是第一产业的 3.47 倍和 3.82 倍。1996 年湖南省每一从业人员创造的增加值（按 1990 年价格计算），第一产业为 1 864.5 元，第二产业为 7 813.7 元，第三产业为 6 413.0 元，第二、三产业劳动生产率分别是第一产业的 4.19 倍和 3.44 倍。这表明第二、三产业劳动生产率大大高于第一产业，并有增大趋势。1996 年全社会每一从业人员创造增加值 比 1990 年增加 1 695.7 元（按 1990 年价格计算，下同），其中因各产业劳动生产率提高增加了 1 340.1 元；因从业人员结构调整，即第二、三产业从业的人员的增多而增加 355.6 元，结构影响所占比重达 21%。以上分析表明，要提高总劳动生产率，必须重视从业人员结构调整，使劳动力由第一产业向第二、三产业转移，流向劳动生产率高的产业。因此，湖南省经济应靠劳动生产率较高的第二、三产业带动起飞。

（四）从与经济总量接近的省（直辖市）比较看，大力发展第二、三产业是湖南省强省之路

湖南省地区生产总值在全国居第十一位，位于湖南省前面三位的省（直辖市）分别是辽宁、上海、湖北，位于后面三位的省分别是福建、黑龙江、安徽。与这 6 个省（直辖市）比较，湖南省第一产业位置较前，第二、三产业位置较后。也就是说湖南省国内生产总值中，第一产业所占比重较大，第二、三产业比重较低（见附表）。

在 7 个省（直辖市）中，湖南省第一产业所占比重为 31.2%，大大高于其他 6 省（直辖市）；第二产业为 37.2%，低于其他 6 省（直辖市）；第三产业为 31.6%，处于中间水平。湖南省无论是追向前还是保持现有位次，都必须要加强第二、三产业的发展。

二、湖南省经济应靠壮大第二、三产业的优势行业起飞

湖南省经济靠第二、三产业起飞，其关键是壮大第二、三产业的优势行业，因为优势行业对整体经济举足轻重。

（一）优势行业是市场导向和资源导向双重影响的结果

优势行业主要取决于市场导向，但同时受资源导向影响。根据 1992 年投

入产出表测算，湖南省的第二、三产业中受市场导向影响而发展较快的行业有食品制造业、纺织业、化学工业、建材及非金属矿物制品业、金属冶炼及压延加工业、机械工业、交通运输设备制造业、电气机械及器材制造业、商业、公用事业。其中受市场导向影响最大的有食品制造业和机械工业，这两个行业提供的最终产品分别占全部最终产品的 8.9%和 5.6%。受资源导向影响发展较快的行业有煤炭采选业、有色金属矿采选业、非金属矿采选业、化学工业、食品加工业、纺织业、有色金属冶炼及压延加工业、电力蒸汽热水生产供应业。

(二) 选准湖南省第二、三产业中的优势行业

选准湖南省第二、三产业的优势行业是推动湖南省经济起飞的重要一环。选择优势行业应该有若干标准，前述产值比重大、有市场需求和资源保证的应作为首要标准。此外还要根据综合要素贡献率、增加值率和固定资产产出率等相关指标进行选择。根据 1995 年工业普查资料分析，湖南省增加值率、综合要素贡献率、固定资产产出率较高的行业有有色金属矿采选业、非金属矿采选业、非金属矿物制品业、有色金属冶炼及压延加工业、普通机械制造业、造纸及纸制品业、金属制品业、交通运输设备制造业等。综合要素贡献率、固定资产产出率较高的有皮革毛皮羽绒及制品业、食品工业等。增加值率、固定资产产出率较高的有烟草加工业等。第三产业产出率较高的行业有批发零售贸易餐饮业、运输邮电业、金融保险业。这些都是我们所要选择的优势行业。

三、湖南省经济起飞阶段只能实施“重点带动”战略

湖南省经济起飞阶段由于受有关条件的制约，只能实施“重点带动”战略，即“突出重点，带动其他”的战略。

(一) 受经济总量规模限制，总投资额短期内难以较大增长

经济起飞阶段必须靠一定的投入来支撑经济的增长，但投资来源于经济总量，根据投资率分析，湖南省投资率已达到较高的极限。1990 年投资率为 24.7%，以后每年以 2 到 3 个百分点的幅度上升，1995 年高达 36.4%，于是 1996 年回落到 33.8%。边际投资率增长到一定限度后都出现回落，这就是说总投资额受制于经济总量。对于有限的投资，我们只能将其用于重点行业与优势行业的发展，因此要实施“突出重点，带动其他”的战略。

(二) 受区域经济影响，不可能搞大而全、小而全的经济体系

湖南省经济目前主要受大华南经济圈的影响。大华南经济圈除香港、澳门外，主要有广东、福建、海南、广西、江西和湖南六省（自治区）。在六省（自治区）的经济总量中，湖南省位居第二，1995 年六省（自治区）地区生产总值为 12 913.37 亿元，湖南省为 2 195.70 亿元，占 17%，比重居平均水平；而湖南省人均地区生产总值为 3 470 元，仅高于江西。湖南省地方财政支出总额占六省（自治区）的 14.9%，工业总产值占 13.3%，固定资产投资额占 11.8%。这说明湖南省整体经济实力低于六省（自治区）的平均水平，在大华南经济圈中唱不了主角，不能搞大而全、小而全的经济体系，必须实施“突出重点，带动其他”的战略。

(三) 受结构调整力度影响，经济发展难以全面出击

湖南省产业结构调整起步较早，提出了充分发展第二、三产业，由农业大省向农业强省迈进的战略构想。但受结构调整力度影响，大力发展第二、三产业有一个过程。通过 1996 年的调整，三次产业结构回复不是一种简单的重复，而是一个较高水平的回复。我们应该看到结构调整出现反弹是正常现象，因此，第二、三产业的发展不能全面出击，要突出重点。湖南省近些年把重点放在能源、交通上，在能源交通的矛盾得到缓解以后，应该选取新的重点予以突破。第二产业中制造业特别是深加工的行业、第三产业中的生产和生活服务业都应该作为新的重点。

附表 1995 年有关省（直辖市）经济实力比较

省（直辖市）	在全国所居位置				一、二、三次产业结构
	GDP	第一产业	第二产业	第三产业	
辽 宁	8	13	8	6	14.0：49.8：36.2
上 海	9	27	7	7	2.5：57.3：40.2
湖 北	10	8	11	11	25.9：43.1：31.0
湖 南	11	6	14	13	31.2：37.2：31.6
福 建	12	12	13	10	22.2：42.1：35.7
黑龙江	13	14	10	14	19.2：52.4：28.4
安 徽	14	9	12	16	29.0：46.9：24.1

湖南经济总量为何落后于福建？怎么办？[①]

较长时期以来湖南经济总量一直居全国第十一位，但近几年来福建经济超常发展，使得湖南经济总量落后于福建，退居第十二位。为了保住湖南经济实力在全国的地位，有必要弄清湖南经济总量落后于福建的状况、原因并研究其对策。

一、湖南经济总量1997年开始落后于福建

尽管福建的经济总量已于1994年逼近湖南，但湖南经济总量落后于福建还是始于1997年。

（一）GDP总量与增幅均落后于福建

1978年，湖南实现GDP 146.99亿元，福建为66.37亿元，湖南经济总量是福建的2.21倍，当年湖南平均人口为福建的2.11倍，因此反映整体经济实力的人均GDP仍高于福建。1979年至1990年，两省都加快了经济发展，由于福建处于改革开放的前沿地带并拥有厦门经济特区和沿海发展区域，其经济发展速度明显高于湖南，1979年至1990年湖南GDP年均增长7.7%，而福建年均增长11.5%，快了3.8个百分点。到1990年，湖南实现GDP 744.44亿元，福建为523.30亿元，湖南经济总量只有福建的1.42倍，而当年平均人口为福建的2.06倍，反映整体经济实力的人均GDP已落后福建较多。进入20世纪90年代，随着改革开放的深入和市场经济体制的逐步建立，两省经济都步入了快车道，由于福建已有较雄厚的经济基础并加大了对外开放的力度，其经济出现了超常发展。20世纪90年代前7年湖南GDP年均增长11.2%，而福建年均增长18%，快了6.8个百分点。到1997年湖南实现GDP 2 993.00亿元，而福建为3 000.36亿元。至此湖南的GDP总量与增幅均已落后于福建。

① 本文原载于《理论学习与研究》1998年第5期。

（二）第一产业总量尚未落后，但增幅出现落后

湖南是一个农业大省，第一产业基础历来雄厚，1978 年湖南第一产业实现增加值 59.83 亿元，而福建第一产业实现增加值 23.93 亿元，湖南是福建的 2.5 倍。1979 年至 1990 年湖南第一产业增加值年均增长 4.5%，而福建年均增长 6.7%，比湖南快了 2.2 个百分点。到 1990 年湖南第一产业实现增加值 279.09 亿元，福建第一产业实现增加值 148.03 亿元，湖南是福建的 1.89 倍。20 世纪 90 年代后福建第一产业增长加速，1991 年至 1997 年湖南第一产业增加值年均增长 5.4%，而福建高达 9.8%，比湖南快了 4.4 个百分点。到 1997 年湖南第一产业实现增加值 855.75 亿元，福建第一产业实现增加值 576.63 亿元，湖南是福建的 1.48 倍。目前湖南作为农业大省第一产业总量尚未落后福建，但增长幅度低出福建较多。

（三）第二产业总量与增幅于 1994 年开始落后

1978 年，湖南第二产业实现增加值 59.82 亿元，福建第二产业实现增加值 28.19 亿元，湖南占绝对优势。改革开放以后，福建第二产业增长加快，1979 年至 1990 年，湖南第二产业增加值年均增长 9%，而福建年均增长 13%，比湖南快了 4 个百分点。1990 年湖南第二产业实现增加值 249.98 亿元，福建第二产业实现增加值 174.47 亿元，湖南第二产业总量仍高于福建。20 世纪 90 年代特别是 1992 年邓小平同志南方谈话以后，福建抓住发展机遇，搞新一轮创业，第二产业加速发展。1991 年至 1994 年，湖南第二产业年均增长 16.2%，而福建年均增长率高达 31.3%，比湖南快了 15.1 个百分点。1994 年湖南第二产业实现增加值 618.07 亿元，而福建实现增加值 739.52 亿元，也就是说湖南第二产业总量与增幅于 1994 年均已落后于福建。1995 年至 1997 年，福建第二产业仍以比湖南快 2.2 个百分点的速度增长，到 1997 年湖南第二产业实现增加值 1 166.97 亿元，而福建第二产业实现增加值 1 293.50 亿元。

湖南第二产业落后于福建表现在工业与建筑业都落后于福建。1997 年湖南工业增加值为 1 019.12 亿元，福建为 1 092.15 亿元，湖南比福建少 73.03 亿元。其中，工业总产值比福建低 127.32 亿元，使增加值减少 34 亿元；工业增加值率比福建低 1 个百分点，使增加值减少 39.03 亿元。湖南工业总产值比福建低主要表现为乡及乡以上工业总产值比福建低。1997 年湖南乡及乡以上工业总产值为 1 884.99 亿元，福建为 2 084.46 亿元，湖南比福建少 199.47 亿元。从所有制结构看，湖南国有经济和集体经济工业占绝对优势，

其工业总产值分别为福建的 2. 18 倍和 2. 37 倍；但其他经济工业完成总产值只有福建的 14. 1%，特别是三资企业工业总产值仅为福建的 7. 8%。从轻重工业结构看，湖南重工业总产值高于福建，但轻工业明显落后。从规模结构看，湖南大型企业总产值高于福建，但中、小企业总产值均落后于福建。1997 年湖南建筑业实现增加值 147. 85 亿元，而福建建筑业实现增加值 201. 35 亿元，湖南比福建少 53. 50 亿元。湖南建筑业增加值低于福建主要是因为固定资产投资额低于福建，1997 年湖南固定资产投资额为 688. 36 亿元，而福建为 901. 06 亿元，湖南比福建少 212. 70 亿元。

（四）第三产业总量与增幅于 1993 年开始落后

1978 年，湖南第三产业实现增加值 27. 34 亿元，福建第三产业实现增加值 14. 25 亿元，湖南明显多于福建。改革开放后，福建第三产业一直以快于湖南 3. 6 个百分点左右的年均增幅发展。在 1990 年时湖南的第三产业增加值总量仍略高于福建，但从 1993 年开始湖南第三产业总量与增幅均低于福建。到 1997 年湖南第三产业实现增加值 970. 28 亿元，比福建的 1 130. 23 亿元少 159. 95 亿元。湖南第三产业增加值低于福建主要反映在流通部门和为生产和生活服务的部门。从 1997 年两省第三产业分行业增加值的对比分析，湖南实现增加值明显少于福建的行业有交通运输、仓储及邮电通信业（少 103. 34 亿元），社会服务业（少 54. 93 亿元），金融保险业（少 38. 10 亿元）。由于湖南的人口是福建的两倍，因此科教文卫体等部门和管理部门实现的增加值均高于福建。

二、湖南经济总量落后于福建的主要原因

考察分析湖南经济总量落后于福建的原因，主要有以下几个方面。

（一）1981 年人均 GDP 开始落后于福建，使得投资力度弱化

1981 年至 1997 年湖南的固定资产投资率低于福建，差距在 2 至 7. 6 个百分点之间。人均 GDP 和固定资产投资率低于福建最后反映在人均固定资产投资额低于福建。1981 年至 1997 年，除了 1983 年以外，湖南的人均固定资产投资额均低于福建，由 1981 年人均固定资产投资额低 8. 51 元扩大到 1997 年人均固定资产投资额低 1 712. 68 元。特别是从 1993 年开始，湖南不仅人均固定资产投资额低于福建，而且全社会固定资产投资总额也低于福建，投资力度由相对弱化转向绝对弱化。据测算，1981 年至 1997 年，湖南人均固定资产投资额累计比福建少 7 228. 25 元，按各年的平均人口加权计算，湖南这十

几年累计比福建少投资 4 559.78 亿元，也就是说湖南要达到福建的相对投资力度，每年至少要增加投资 268.22 亿元。抛开人口因素不说，湖南从 1993 至 1997 年比福建共计少投资 647.73 亿元，即每年平均少投资 129.55 亿元。投资力度弱化影响着经济发展后劲，湖南比福建少实现 GDP 217.35 亿元，其中因固定资产投资弱化原因少实现 GDP 179.77 亿元。

（二）地理位置与人文环境的差异，使得对外开放和利用外资力度相对较弱

改革开放后福建成为开放前沿省份并开辟厦门经济特区，同时又是与大量海外华人联系的侨乡，两省经济发展由地理位置所产生的差异日益显露出来。特别是在对外开放和利用外资力度上湖南相对较弱，并且差距越拉越大。从外向度看，1978 年湖南的对外开放度（进出口总额占国内生产总值的比重）为 1.86%，福建为 5.24%，是湖南的 2.82 倍；1990 年湖南的对外开放度上升到 6.64%，而福建上升到 31.64%，为湖南的 4.77 倍；1997 年湖南的对外开放度为 9.08%，而福建高达 53.84%，为湖南的 5.93 倍，湖南在发展外向型经济方面远远落后于福建。再从利用外资来看，改革开放后的 1979 年至 1997 年，湖南实际利用外资金额为 57.33 亿美元，而福建同期实际利用外资达 233.04 亿美元，为湖南的 4.06 倍。对外开放力度相对较弱制约了湖南经济的发展，据测算，1997 年湖南出口增长对 GDP 增长速度的拉动仅为 0.3 个百分点，而福建出口增长对 GDP 增长速度的拉动为 4.4 个百分点。

（三）结构调整上慢于福建，使得经济增长质量较低

改革开放以后，湖南注意抓产业结构调整，并且采取了一些相应措施，但步伐较慢。1997 年湖南三次产业增加值结构为 28.6∶39.0∶32.4，福建为 19.2∶43.1∶37.7。与 1978 年比较，湖南第一产业比重下降 12.1 个百分点，第三产业比重上升 13.8 个百分点；而福建第一产业比重下降 16.8 个百分点，第三产业比重上升 16.2 个百分点。目前尽管两省三次产业结构都进入“二、三、一”排序的阶段，但湖南结构水平相对较低，1997 年湖南第一产业增加值占 GDP 比重比福建高 9.4 个百分点，第二、三产业占 GDP 比重分别低 4.1 和 5.3 个百分点。

结构水平较低直接影响了湖南经济增长质量。1997 年湖南第一、二、三产业对国民经济增长的贡献率分别为 17.2%、48.3% 和 34.5%，而福建分别为 11.7%、48.4% 和 39.9%，湖南第三产业对国民经济贡献率明显低于福建。第二、三产业相对落后直接影响城市化水平和经济发展的总体水平，1997 年湖南市镇人口占总人口的 25.2%，大大低于福建 84.5% 的水平。到 1997 年湖

南有21个县、262万人口尚未脱贫，而福建已基本消灭了贫困；湖南已达小康的县有28个，占县数的23.0%，而福建已达小康的县有69个，占县数的82%。

（四）思想观念上的更新不及福建，使得抓经济发展机遇的力度不够

在改革开放进程中，与福建比较，湖南思想观念更新较慢有几个明显的方面。一是大力发展非公有制经济方面起步晚，发展也晚。从工业来看，1985年湖南才有10家非公有制企业（不含个体，下同），而当时福建已有149家；1997年湖南有1 856家，福建达到7 447家。湖南非公有制工业总产值1995年才超过100亿元，比福建晚了5年。1997年湖南社会消费品零售总额中非公有制经济成分所占比重为68.2%，也比福建低了近3个百分点。二是在围绕市场进行产业结构调整方面认识得较晚。湖南较长一段时期以“鱼米之乡”和“有色金属之乡”自居，以资源导向为主来安排生产；直到20世纪90年代初期才提出“结构效应”战略，围绕市场调整产业结构缓慢，从具体实施到调整力度比福建晚了整整7年。目前福建的沿海地带已大胆提出“甩开第一产业（农业），发展第二、三产业”的口号，湖南却在大力发展非农业上还没有在全省上下真正形成共识。三是实施不平衡发展的步伐小。湖南在20世纪80年代初提出优先发展长株潭，但是到目前为止还没有一个长株潭发展的整体规划。1997年长株潭人口占湖南人口的18.7%，实现GDP占湖南的30.5%，人口与GDP比重之比为1∶1.63。福建实施非均衡发展步伐大，提出优先发展闽东南，重点发展福州、厦门、泉州。1997年福州、厦门、泉州三市人口占福建人口的32.2%，实现GDP占福建GDP的58.9%，人口与GDP比重之比为1∶1.28，高于湖南的长株潭这一比值。

三、湖南保持经济总量位次不再后移的对策

湖南经济总量退居第十二位，保持位次不再后移的任务艰巨，为此必须采取强有力的对策。

（一）借鉴福建超常发展经验，紧盯经济总量接近的省份

目前经济总量在湖南前两位的是湖北、福建，在湖南后两位的是安徽、黑龙江，湖南要紧盯这几个省份发展状况，组织力量进行对比研究，找出自身的优势和劣势，并适时修正发展规划，提出新的发展战略和发展思路。

（二）出台与沿海一样优惠的政策吸引国外与省外投资

内陆省份与沿海省份比较，在吸引外来投资方面没有区位优势，只能靠

一些优惠政策。因此，有必要出台与沿海一样的优惠政策，吸引国外与省外的投资。湖南已有国家级高新技术产业开发区和省级开发区，应在这些开发区内划定一些地盘招商引资，有条件的城市还可以以出租土地的方式让外资企业开发办实业，在长沙、岳阳等地还应设类似的保税区，改善投资的硬环境和软环境。

（三）从培育支柱产业与特色产业入手下大力气调整产业结构，谨防与周边省份产业同构

湖南在培育支柱产业与特色产业方面也做了大量工作，但是力度不够，主要表现为没有走出两个误区：一个误区是跟着别人走，如别人搞手表我们搞手表，别人搞自行车我们搞自行车，别人搞彩电、电冰箱，我们搞彩电、电冰箱，结果是形不成优势，有些企业生产不久就垮掉了。另一个误区是把支柱产业与企业集团等同起来，认为培育支柱产业就是抓大的企业集团。培育支柱产业要抓大的企业集团，但是更不能忽视中小企业。福建沿海地带形成的支柱产业有些就是靠成片的中小企业支撑的。在调整产业结构时要特别注意不要与周边省份产业同构，不要再搞大而全、小而全的经济体系，要突出湖南特色，扬长避短，在大的经济区域中能够与外省形成优势互补。

此外，湖南还应采取其他积极有力的措施，例如：鼓励劳动者出省、出境务工，力争国民生产总值大于地区生产总值；加快农村劳动力由第一产业向第二、三产业转移，提高非农产业在农村经济中的比重；放手发展非公有制经济，提高非公有制经济在经济总量中的比重。

经济要腾飞　三产须发展①

——从普查结果看湖南第三产业结构的特点、问题及调整意见

近年来，湖南国民经济得到较快发展，整体经济实力在全国各省（自治区、直辖市）中多年保持在第十一位。作为新的经济增长点的第三产业为湖南经济起飞挑了重担，从今后一个时期看，湖南要经济腾飞，其第三产业必须调整结构，加速发展。湖南要由农业大省转为第三产业大省，最终成为经济大省。

一、湖南第三产业结构特点

把握第三产业结构特点是调整其结构的前提。从湖南第三产业发展现状看，其结构有以下明显特点。

从行业结构来看：门类发展齐全，新兴产业不断涌现，支柱产业作用突出。

从所有制结构来看：国有经济仍占主体，各种所有制经济均有发展，个体经济发展加速。

从隶属关系结构来看：县及县以上属经济为主体，其他属经济也发展很快。

从地区结构来看：各地区第三产业发展差距在缩小，但仍存在湘东高于湘西、湘北快于湘南、湘中慢于周边地区的现象。

二、湖南第三产业结构性问题

弄清第三产业结构性问题是调整其结构的关键。根据对湖南第三产业的初步分析，笔者认为主要存在以下几个方面的结构性问题。

（一）在整体经济结构中第三产业比重偏小

湖南的第三产业比重一直低于全国水平。据普查，1992 年湖南第三产业

---

① 本文原载于《湖南省情》1995 年第 9 期。

增加值占国内生产总值的比重为 32.7%，而全国为 34.3%；同时，低于河北（35%）、辽宁（36.4%）、浙江（32.9%）、广东（43.3%）几个经济大省。

根据世界银行 1993 年的《世界发展报告》，低收入国家 1991 年服务业（第三产业）占国内生产总值比重为38%，中下收入国家为50%左右，中上收入国家为 60%左右，发达国家接近于 70%。这就是我们通常所说的第三产业比重增大规律，即经济越发展，第三产业占国内生产总值比重越高。我国按小康水平标准规划，其第三产业比重应达到 45%，即目前广东的水平。湖南与此目标相比，还差 10 多个百分点。

（二）在行业结构中基础和新兴行业发展较慢

第三产业的基础行业主要是流通部门，即交通运输、仓储、邮电业和批发零售贸易餐饮业。据普查，湖南这两大行业的从业人员占第三产业从业人员的 48.3%，低于全国的 48.4%；1992 年实现的增加值占第三产业的 47.9%，低于全国的 48.3%。与湖北、辽宁、浙江相比，其增加值比重分别低了 1.6、4.2 和 8.8 个百分点。

第三产业的新兴行业主要是社会服务业。湖南的社会服务业虽然在某些方面有所发展，但整体水平仍然不高。1992 年社会服务业的从业人员占第三产业从业人员的 6.1%。与湖北、辽宁、浙江相比，其增加值比重分别低了 0.5、0.6 和 1.4 个百分点。比较而言，湖南第三产业的基础行业和新兴行业发展较慢。

（三）在所有制结构中非国有经济发展不够

第三产业中的非国有经济发展不够，在全国是普遍现象，而湖南显得较为突出。据普查，1992 年从事第三产业的非国有经济的人员占全部人员的 47.6%；创造的增加值仅占第三产业增加值的 40.7%。其创造增加值的比重与沿海的广西、福建、浙江比较，分别低了 1.5、10.1 和 13.3 个百分点。

湖南联营经济、股份制经济、外商投资经济和港澳台投资经济所占比重更低，还不及福建的 2%。

（四）在隶属关系结构中乡村两级经济发展相对滞后

在第三产业中乡村两级经济虽有所发展，但仍然相对滞后。据普查，1992 年在独立核算单位中乡村两级从事第三产业的人员比重为 17.9%；乡村两级实现第三产业增加值比重为 9.9%。其增加值比重与福建、江西、湖北相比，分别低了 0.2、1.1 和 4.1 个百分点。

乡村两级滞后主要是村级滞后，如与湖北相比，村级经济第三产业单位完成增加值的比值为 1∶0.58，即湖南村级第三产业经济实力只及湖北一半。

（五）在地区结构中存在各地发展上的不平衡

湖南第三产业地区发展上的不平衡主要表现为湘中、湘西发展相对落后。从以人口比重为 1、用第三产业增加值比重除以人口比重所求得的特化系数看，较低的是邵阳、零陵、娄底、湘西，其特化系数分别为 0.631 8、0.686 3、0.736 5 和 0.753 9，这与最高的长沙的特化系数 2.051 4 相比，差距较大。

地区间发展差距大的主要原因是第三产业从业人员相差悬殊。如长沙每一万人口中有第三产业人员 1 136 人，而邵阳只有 566 人，仅及长沙一半。

三、湖南第三产业的结构调整与发展

通过对湖南第三产业的结构特点以及结构性问题研究，笔者认为今后一个时期湖南第三产业结构调整要从以下几个方面入手。

（一）从市场角度调整行业结构

根据对湖南第三产业总产出的分配结构计算，批发和零售贸易、餐饮业、社会服务业、交通运输仓储及邮电通信业、金融保险业所提供的服务用于生产消耗的比重较大，分别为 47.6%、53.2%、69.9% 和 86.6%。这些行业无疑要优先发展，以加强基础行业保证生产所需。

再者，要从最终需求拉动特别是消费需求拉动来调整第三产业行业结构。根据湖南第三产业投入产出分析，在第三产业的 27 个行业中每新增一个单位的最终需求对工业拉动较大的行业有公路货运业、粮油商业、居民服务业、卫生事业、社会福利事业，其诱发系数分别为 1.039 9、1.154 5、1.070 5、1.424 3 和 1.078 5，即这些行业每新增 1 万元需求，对工业产值拉动在 1 万元以上。在这 27 个行业中对农业拉动较大的行业是粮油商业、饮食业、居民服务业、社会福利事业，其诱发系数分别为 0.104 9、0.282 3、0.130 8 和 0.112 6，即这些行业每新增 1 万元需求对农业产值拉动为 1 000 元至 2 000 元。在调整行业结构时，应加强这些行业的发展。

从市场角度调整结构时还要考虑第三产业的自身特点，即由它的服务性决定的边生产边消费的特点，这对于应加强哪些服务或减少哪些服务都是至关重要的。如房地产业和行政机关所提供的服务 100%都是为政府或居民所消费的，很显然房地产业应该加强，而行政机关则应压缩。再如科教文卫与社会服务业中的新兴行业反映的是一个地区的服务水平，也应考虑适度发展。

（二）从改革体制角度调整所有制结构和隶属关系结构

调整所有制结构主要是加强非国有经济的发展，调整隶属关系结构主要是加强乡村两级经济发展，而这些需要改革现有体制。改革体制首先要解决国有经济对第三产业某些行业的大包大揽现象。目前非国有经济涉猎的主要是流通部门和有关生活服务部门，其他部门所占比重很小，有些特殊部门甚至是空白的。因此，国家应该逐步把某些第三产业国有经济改组成股份制经济，同时扩大私营经济、联营经济、外商投资经济和港澳台投资经济对第三产业的投资和经营范围。

对乡村办的第三产业经济的管理体制更应灵活，不要办成政府部门的附属物。乡村第三产业可消化农村剩余劳动力，提高农民对服务的消费，以缩小城乡差别。

（三）从政策机制角度调整地区结构

调整地区结构主要是缩小地区间第三产业发展差距。应该通过一定优惠政策鼓励湘中、湘西部分经济落后的地区发展第三产业。要加大投入，从人才、资金、税收等方面给予支持。

从湖南情况看，经济较落后的湘中、湘西和湘南旅游资源都较为丰富，而且交通条件也在改善，可以以旅游业、商贸业、社会服务业为龙头产业来发展第三产业，作为这些产业的省级主管部门在政策上应向这些地区倾斜。

（四）从效益角度调整整体结构

如果把第三产业划分为营利性和非营利性部门，营利性部门效益较好的是房地产管理业、金融业、铁道运输业、邮电通信业、水利管理业、计算机应用服务业、旅馆业等，其增加值率分别为98.1%、71.6%、64.3%、65.1%、69%、61.9%、56.9%。非营利性部门增加值率较高的是教育、体育、基层群众自治组织，分别为76.3%、60.1%、71.6%。营利性单位增加值高反映的是直接经济效益，而非营利性单位增加值率高反映的只是社会效益。由于第三产业行业之间结构特点各有不同，不能完全以增加值来论英雄，要把经济效益和社会效益结合起来。

另一方面，从效益角度调整结构不只是为了获得某个行业的最大效益，而是以整体效益为目标。因此，要考虑以服务带动服务，以下游服务产品带动上游服务产品，实现不断增值。如加强生产和生活服务部门，可以扩大部门间与居民间的相互服务，提高服务消费层次，提高第三产业的整体效益。

综上所述，湖南第三产业结构调整的目标应该是加强基础行业和新兴行业，扩大非国有经济和乡村经济，缩小地区差别，力求以下游服务产品带动上游服务产品以提高整体效益。

依托广东湖北　紧盯江西广西[①]

——湖南与周边省（自治区）综合经济实力的比较

湖南的周边有江西、广东、广西、贵州、四川、湖北，加上湖南本身共七省（自治区）。在这七省（自治区）中，就综合经济实力而言，湖南的情况怎么样？

一、相对发展水平趋于下降

湖南在七省（自治区）中绝对经济实力在提高，但相对发展水平趋于下降。

根据1978年、1990年、1994年三个年度的10个主要经济指标评分排序，湖南在七省（自治区）中综合经济实力都居于第四位，位于广东、四川、湖北之后。以100分为平均水平，湖南1994年的分值为81.20，而广东、四川、湖北的分值分别为272.24、112.47和89.69。排在湖南之后的广西、江西、贵州1994年的分值分别为61.82、53.70和28.90。这说明湖南的经济发展在七省（自治区）中处于中等水平。

1994年与1978年比较，湖南在七省（自治区）中虽然综合经济实力仍处在第四位，但综合分值下降。以100分为平均水平，湖南1978年的分值为100.75，略高于平均水平；1990年的分值为88.58，比平均水平低11.42；1994年的分值为81.20，比平均水平低18.80。显然，综合分值在逐步下降。

湖南与处在七省（自治区）第一位的广东相比，综合分值的差距逐步拉大，由1978年相差72.93拉大到1990年相差145.14，1994年相差191.04。而湖南与目前处在后一位的广西相比，综合分值差距渐趋缩小，由1978年相差37.48缩小到1990年相差31.6，1994年相差19.38。这说明湖南在七省（自治区）中相对发展水平趋于下降。

二、与周边省（自治区）比较，湖南经济发展上存在的差距

与周边省（自治区）比较，湖南经济发展上存在的主要差距如下。

---

① 本文原载于《湖南省情》1996年第4期。

（一）对外开放度偏小

湖南虽然加大了对外开放力度，1994 年外贸进出口总额达到 27.08 亿美元，但对外开放度仍然偏小。从地区生产总值与进出口总额的比值看，1994 年为 100 元：1.6 美元，比 1978 年的 100 元：1.1 美元只提高了 0.5 美元。而经济发展快的广东 1994 年两者比值为 100 元：19.2 美元，比 1978 年的 100 元：8.6 美元提高了 10.6 美元。广西 1994 年两者的比值为 100 元：2 美元，也高于湖南。

（二）投资相对不足

湖南为增强经济发展后劲加大了投入，1994 年固定资产投资总额达到 420.89 亿元，但从固定资产投资率（即固定资产投资占国内生产总值的比重）来看，仍显不足。1994 年湖南的固定资产投资率为 24.8%，仅高于江西（23%），而低于七省（自治区）中其他五省（自治区）。与广东和广西相比，固定资产投资率分别低了 25.7 个和 6 个百分点，相差较大，比经济实力稍弱的贵州也低了 2.2 个百分点。

（三）工业发展乏力

湖南近些年工业发展速度较快，1994 年工业总产值达到 1 925.35 亿元，但与七省（自治区）平均水平比较，工业地位在下降。以七省（自治区）工业总产值的平均值为 100 来计算，湖南 1994 年的分值为 68.92，与 1978 年的 108.56 和 1990 年的 85.37 相比，分别下降了 39.64 和 16.45。而经济发展快的广东 1994 年工业总产值的分值为 260.39，比 1978 年提高了 108.13。连经济发展基础并不好的江西，1994 年工业总产值的分值也为 56.23，比 1978 年提高了 0.29。湖南工业发展水平的相对下降，说明湖南工业发展后劲不足。

三、湖南调整经济发展战略的建议

湖南与周边省（自治区）综合经济实力的比较结果说明，有必要对湖南的经济发展战略再调整。从湖南的周边省（自治区）来看，四川是人口大省也是经济大省，贵州是发展起点低一些的省份，跟它们进行横向对比价值不大，而广东、湖北、广西、江西近些年都发展得非常快，它们的经济发展与湖南又有着非常密切的联系。因此，湖南在整个区域经济发展上应把握以下三点。

（一）依托广东、湖北

广东、湖北分属华南经济圈和长江经济带，又是湖南通江达海、对外开放的窗口，这两省的整体经济实力一直强于湖南。依托广东、湖北，就是要“借船出海”，把京广沿线作为湖南经济发展的重点，因此“五区一廊”应改为“六区一廊”，即长、株、潭、岳、衡、郴六市和沿京广线与京珠高速公路一带经济长廊，再通过“六区一廊”带动全省经济的发展。

（二）紧盯广西、江西

广西虽然整体经济实力目前低于湖南，但其人均国内生产总值已超过湖南，再加上有沿海、沿边的区位优势，其发展潜力不可低估，很可能随福建之后紧逼湖南。江西虽然发展起点低于湖南，但发展速度很快，地区生产总值已于1995年翻了两番，再加上京九铁路的贯通，其区位优势已不亚于湖南，也是发展潜力较大的省份。紧盯广西、江西不只要在经济发展速度上，还要在经济的辐射能力上。紧盯广西、江西，对湖南加强东南部发展、形成整体优势显得尤为重要。

（三）跳出湖南发展湖南

不跳出湖南、不把湖南放在一个大的经济圈中去考虑，要有很大发展是很难的。湖南虽然不属沿海地区，不在沿边，但处在内陆的前沿，受沿海、沿边的影响较大。无论是把湖南放入华南经济圈还是放入长江经济带，都有自己的发展优势。

第一，容易尽快找准市场信息，提高市场占有率。市场信息不仅是产品市场信息，还包括生产要素市场信息。通过对外窗口找准的市场信息，能够较快促进湖南产业结构的调整，使湖南的产品与生产要素等能够占据市场。

第二，可以凭借丰富的资源提高自己在经济圈与经济带中的地位。资源具有不可替代性，有些资源甚至是独有的，在一个大的经济圈与经济带中，占有市场的下一步是占有资源，这样就能较快形成自己的主导产业与拳头产品，就能有自己经济发展的一席之地。

第三，能够及时发现自己经济发展的薄弱环节，并较快较好地提出对策。有些薄弱环节只有通过比较才能发现，把湖南置身于经济圈与经济带中，就能及时发现主要的薄弱环节。像目前存在的对外开放度偏低、投资相对不足、工业发展乏力等薄弱环节，可以通过加大对外开放力度，适当提高投资率，多争取一些省外与境外的商团、公司来湘投资，加快工业全行业技术改造的步伐等措施来予以解决。

漫漫长路远

——湖南省宏观产业结构的演变及调整方向①

宏观产业结构主要指三次产业结构，其演变发展状况直接反映经济发展过程和经济发展水平，在制定经济发展目标时，宏观产业结构的调整显得尤为重要。那么，湖南省宏观产业结构的演变情况及调整方向如何呢？

一、1949 年以来湖南省宏观产业结构的演变状况

宏观产业结构包括劳动力就业结构、增加值结构与发展速度结构。

（一）劳动力就业结构的演变

1949 年以来湖南省劳动力就业结构演变的基本趋势是，第一产业就业比重逐步下降，第二产业就业比重稳步上升，第三产业就业比重经过较长一段时间的徘徊后逐步上升。1994 年与 1950 年比较，第一产业就业比重下降了 27.4 个百分点，第二产业和第三产业就业比重分别上升了 16.5 个百分点和 10.9 个百分点。

（二）增加值结构的演变

湖南省增加值结构演变与劳动力就业结构演变大体相似，但其幅度要大于劳动力就业结构。1995 年与 1950 年比较，第一产业增加值占国内生产总值比重下降了 41 个百分点，第二、三产业增加值比重分别上升了 29.2 个百分点和 11.8 个百分点。

（三）发展速度结构的演变

湖南省发展速度结构的演变总的趋势是，第二、三产业快于第一产业。三次产业结构除“六五”时期与“七五”时期为“三、二、一”结构外，其他时期均为“二、三、一”结构。第一产业发展比较平稳，除“二五”时期

① 本文原载于《湖南省情》1996 年第 12 期。

负增长外，保持了持续增长势头，增长幅度稳定在4%至5%左右，没有大的波动；第二产业发展势头较猛，大部分时期增幅在两位数左右，其中“一五”“调整”“八五”三个时期增幅分别为20.4%、25.2%和15.9%；第三产业发展呈现为先缓后快的趋势，从“二五”时期至“四五”时期处于低速运行状态，增长速度在4%至5%左右，从“五五”时期至“八五”时期步入快车道，增长速度在10%左右。

二、湖南省宏观产业结构与国内外比较

（一）与全国的比较

湖南省三次产业就业结构与全国比较，第一产业就业比重降幅低于全国，第二产业比重升幅与全国等同，第三产业比重升幅慢于全国。1952年，湖南省三次产业就业结构为83.2：6.5：10.3，与全国的83.5：7.4：9.1差异不大。到1994年，湖南省这一结构为61.1：21.5：17.4，与全国54.3：22.7：23.0相比，第一产业高6.8个百分点，第二产业低1.2个百分点，第三产业低5.6个百分点。湖南省三次产业增加值结构与全国演变趋势大体相同。第一产业比重一直高于全国，第二产业比重低于全国，第三产业比重与全国相当。1952年湖南省三次产业增加值结构为67.3：12.3：20.4，而同期全国的结构为50.5：20.9：28.6。到1994年，湖南省三次产业增加值结构为31.4：36.5：32.1，而这时全国为21.0：47.2：31.8。湖南省第一产业比全国高10.4个百分点，第二产业低10.7个百分点，第三产业比重大体相当全国水平。

（二）与国外的比较

湖南省三次产业增加值结构与国外比较，大体相当于低收入国家及地区的水平。1962年湖南省三次产业增加值结构为53：21：26，与低收入国家和地区1960年48：25：27的结构相当。1981年湖南省三次产业结构水平与低收入国家及地区差距拉大，直到1990年湖南省三次产业增加值结构才演变为37：34：29，与低收入国家及地区1981年的结构水平等同。

1995年三次产业增加值结构调整，演变为31：37：32，与低收入国家1990年31：36：33的结构相近。也就是说，湖南省用5年时间走完了低收入国家及地区10年的结构调整历程，其结构水平已接近低收入国家及地区，并向中下等收入国家及地区结构水平逼近。

三、湖南省宏观产业结构调整的方向

湖南省的三次产业结构已经历了“一、三、二”到“一、二、三”再到“二、一、三”的过程，目前进入“二、三、一”阶段。1995 年三次产业增加值结构为 31∶37∶32，虽然是“二、三、一”结构，但基本上还是三足鼎立。从世界各国家产业结构的演变规律来看，湖南省的产业结构还将经历两个阶段。第一阶段是拉大三次产业间的比重差异，使经济发展步入较高水准的“二、三、一”结构，其主要特征是第二产业比重要明显高于第一产业；第二阶段是着力发展第二、三产业，使国民经济进入成熟时期的“三、二、一”结构，使第三产业在第二产业充分发展之后大力发展，超过第二产业，位居产业之首。因此，在制定经济发展规划时要循序渐进，适时进行分阶段调整，使经济结构通过量的变化达到质的飞跃。

湖南省宏观产业结构调整在分阶段的实施过程中要始终坚持效益原则。判断某一时期产业结构是否合理可以有很多标准，但最重要的标准是看经济效益，特别是整体结构效益。整体结构效益主要受两个因素影响，一是单产业效益的影响，二是宏观产业结构效益的影响。提高单产业效益比较容易，因为单产业都有一个发展规划，都可以由政府一个专业的部门来管理。而宏观产业结构效益却难以把握，受宏观决策和宏观调控的水平影响很大。因此，当前湖南省经济工作要突出抓宏观产业结构的调控工作。在具体调控方向上，短期重点抓第二产业比重，中长期注重抓第三产业比重，使湖南省经济在各单产业效益不断增长的基础上获得最佳的整体效益。

从奥运周期的需求看北京产业结构调整①

北京作为首都，需求对经济的拉动一直强劲，特别是进入奥运周期后，以投资拉动为先导，消费与出口（调出）连环拉动，使北京的经济充满了活力。据测算，2008 年三大需求对北京的总产出拉动将达到 33 465 亿元，考虑到进口（调入）因素，北京地区生产总量可达到 18 829 亿元，实现 GDP 6 948 亿元，年均增长幅度在 11.3%以上。需求拉动为北京的产业结构调整和产业结构升级带来了机遇，加上北京是一个大进大出的地区，又给产业结构的调整带来了较大的空间。因此，北京应该抓住此机遇，做好产业结构的调整。本文将从需求模型的构架和需求拉动对北京产业结构调整的影响进行介绍和分析。

一、需求模型的构架思路

需求模型的构架分两步：第一步是对北京需求总量和需求结构进行测算，第二步是运用北京 2002 年投入产出表的数据建立投入产出模型与线性规划模型，测算需求对生产的拉动，分析需求对北京产业结构的影响。具体研究分以下三个方面。

（一）测定总需求

根据对 GDP 可能增长幅度的预测测定 2004—2008 年投资总规模、消费总规模，并假定出口（调出）总规模不低于 2002 年的水平。在测定投资总规模时主要是测定固定资产投资总规模，把库存作为平衡项放在调出或调入中处理。这种绕开库存的分析方法并不影响对经济总体的分析。考虑到北京 2001 年申办奥运成功，2002 年进入奥运周期，因此将已经过去的 2002—2003 年也纳入分析范围，分析的时间为 2002—2008 年。将 2002—2008 年的投资、消费和出口三大需求的总量测定后，再根据 2002 年的投入产出表中的固定资产投资结构、居民消费结构、政府消费结构和出口（调出）结构测定 2002—2008

---

① 本文原载于《发展中的经济理论与政策研究》（中国经济出版社，2006 年 6 月）。本文为北京市自然科学基金资助项目（9042002）。

年的需求结构。

（二）测定奥运需求

根据北京奥组委的奥运行动规划测定2002—2008年的奥运投资规模，再根据奥运投资测定其引致的消费规模以及举办奥运直接引致的消费规模。由此，测定2002—2008年奥运的固定资产投资需求、居民消费需求和政府消费需求。确定各年的奥运总需求后，由2002年投入产出表的数据测定其奥运需求结构。因为奥运直接投资只涉及一部分行业，因此测定各年奥运固定资产投资结构时运用了2002年动态投入产出表中的投资矩阵，这样能较为准确地测定奥运固定资产投资需求结构。此外，将奥运的消费需求分为居民消费和政府消费，分别测定其消费结构，能较为准确地反映奥运需求。

（三）测算需求对北京经济的拉动

将2002—2008年各年的总需求和奥运需求视为最终产品矩阵，建立投入产出模型与线性规划模型，预测需求对北京经济的拉动，以测算北京产业结构的变动。投入产出模型采用列昂惕夫逆矩阵计算需求对生产的拉动；规划模型则以目标期的GDP最大为目标，将投入产出技术关系作为约束条件。

线性规划模型的构架如下。

1. 目标函数的选择。目标函数在可持续发展优化模型中应该以绿色GDP最大为目标，由于目前绿色GDP的核算尚在理论探讨和试算阶段，因此在模型中还只能以GDP最大为目标。

$$\max f=C_1X_1+C_2X_2+\cdots+C_nX_n$$

或

$$\max f=\sum C_jX_j \qquad (j=1,2,\cdots,n)$$

式中，C_j表示j部门的增加值率，X_j为j部门的总产出。

增加值率根据所测定的中间投入率计算，其计算公式为：增加值率＝1－中间投入率。总产出X由模型运算得出。

2. 约束条件的选择。在经济投入产出模型体系中选择关键部分作为约束条件，可以使优化模型简洁。经济矩阵投入产出平衡约束反映了总产品与最终产品之间的关系，也反映了各部门间生产与消耗的关系。在优化模型中，它是最基本的约束条件。这一约束条件的表述为：

$$(I-A)\ X\ (tm)\ \leqslant Y\ (tm)$$

式中，A为规划期直接消耗系数矩阵，I为与A同阶的单位矩阵，$(I-A)$为列昂惕夫矩阵，$X\ (tm)$为待求解的规划期总产出向量，$Y\ (tm)$为规划期最终产品预测值向量。

这一约束条件中的经济含义是在给定规划期最终产品预测值的情况下确定最优的生产结构，并使得增加值最大。

根据前述目标函数和约束条件中的选择，北京优化模型由一个目标函数和两个约束条件组成，模型规模选择30个生产部门。两个约束条件中一个为经济矩阵投入产出平衡约束，一个为总产出X的非负约束。

模型表述如下：

$$(LP)\quad \begin{cases} \max f = C_1X_1 + C_2X_2 + \cdots + C_{30}X_{30} \\ [I-A]_{30\times 30} \cdot \begin{bmatrix} X_1 \\ X_2 \\ \vdots \\ X_{30} \end{bmatrix} \leqslant \begin{bmatrix} Y_1 \\ Y_2 \\ \vdots \\ Y_{30} \end{bmatrix} \\ X_i \geqslant 0 \quad (i=1, 2, \cdots, 30) \end{cases}$$

上式中目标函数为增加值最大，即GDP最大。约束条件除了总产出X为非负约束外，共有30个约束方程，这30个方程为经济矩阵投入产出平衡约束。

二、三大需求波及对北京产业结构的影响和调整

三大需求泛指消费、投资和出口三大需求。由于各个地区和各个时期的条件不同，三大需求对生产的拉动作用也不同。下面我们专门分析三大需求对北京奥运时期的生产拉动作用以及对产业结构的影响和调整。

（一）投资需求对北京产业结构的影响和调整

据测算，奥运时期北京的固定资产投资将年均增长12.8%，其总规模将由2002年的1 889.67亿元上升至2008年的3 892.84亿元。固定资产投资对生产的拉动也将由2002年的5 831.04亿元上升至2008年的12 012.30亿元(见表1)。固定资产投资对生产的拉动在三大需求对生产的拉动中是最强劲、影响力最大的，它对生产的拉动占三大需求拉动的比重约为35.9%。

表1　固定资产投资对生产的拉动分年度情况　　单位：亿元

项目	2002年	2003年	2004年	2005年	2006年	2007年	2008年
固定资产投资	1 889.67	2 135.38	2 400.45	2 702.22	3 046.62	3 440.69	3 892.84
拉动总产出	5 831.04	6 589.23	7 407.17	8 338.36	9 401.08	10 617.08	12 012.30

从固定资产投资需求对产业结构的影响看，影响最大的无疑是建筑业和机械工业，这两个行业的产品占固定资产投资拉动产品的比重在30%以上。其次是通信设备、计算机及仪器仪表制造业，采选业，金属冶炼及压延加工业，其产品占固定资产投资拉动产品的比重都在6%以上。最后是非金属矿物制品业，金融保险业，信息传输、计算机服务和软件业，其产品占固定资产投资拉动产品的比重都在4%以上。可见，固定资产投资需求对第二产业拉动较大，对第三产业的部分行业也有一定的拉动作用。扩大投资对发展北京的现代制造业和现代服务业非常有利。

（二）消费需求对北京产业结构的影响和调整

消费需求分为居民消费需求和政府消费需求。由于两种消费的产品结构不一样，因此对产业结构的影响也不一样。现分别予以分析。

1. 居民消费需求对北京产业结构的影响和调整。据测算，奥运时期北京的居民消费将年均增长 8. 5%，其总规模将由 2002 年的 1 829. 87 亿元上升至 2008 年的 2 989. 80 亿元。居民消费对生产的拉动也将由 2002 年的 5 302. 97 亿元上升至 2008 年的 8 223. 30 亿元（见表 2）。居民消费对生产的拉动也很强劲，它对生产的拉动占三大需求拉动的比重约为 24. 6%。

表 2　居民消费对生产的拉动分年度情况　　单位：亿元

项目	2002 年	2003 年	2004 年	2005 年	2006 年	2007 年	2008 年
居民消费额	1 829. 87	1 973. 25	2 103. 45	2 228. 94	2 534. 16	2 753. 06	2 989. 80
拉动总产出	5 302. 97	5 427. 33	5 785. 44	6 130. 59	6 970. 09	7 572. 16	8 223. 30

从居民消费需求对北京产业结构的影响看，影响最大的是轻纺工业，其产品占居民消费拉动产品的比重在16%以上。其次是通信设备、计算机及仪器仪表制造业，化学工业和金融保险业，其产品占居民消费拉动产品的比重在7%以上。最后是采选业，交通运输设备制造业，农业和租赁及商务服务业，其产品占居民消费拉动产品的比重在4%以上。居民消费对第一、二、三产业都有一定拉动作用，但仍以对第二产业特别是对工业拉动为主。由此可见，居民消费结构的升级能直接带动北京产业结构的升级。

2. 政府消费需求对北京产业结构的影响和调整。据测算，奥运时期北京的政府消费将年均增长 8. 0%，其总规模将由 2002 年的 508. 29 亿元上升至 2008 年的 804. 49 亿元。政府消费对生产的拉动也将由 2002 年的 1 232. 93 亿元上升至 2008 年的 1 951. 41 亿元（见表 3）。政府消费对生产的拉动也起到了一定的作用，它对生产的拉动占三大需求拉动的比重约为5.83%。

表3　政府消费对生产的拉动分年度情况　　单位：亿元

项目	2002年	2003年	2004年	2005年	2006年	2007年	2008年
政府消费额	508.29	563.00	650.60	758.00	702.55	752.47	804.49
拉动总产出	1 232.93	1 365.64	1 578.13	1 838.64	1 704.14	1 825.23	1 951.41

从政府消费对北京产业结构的影响看，影响最大的是科学研究和综合技术服务业与公共管理和社会组织，两部门产品占政府消费拉动产品的比重分别为17.7%与12.7%。其次是教育事业和轻纺工业，两部门产品占政府消费拉动产品的比重分别为5.8%和5.6%。最后为采选业，化学工业，通信设备、计算机及仪器仪表制造业，文化娱乐业，其产品占政府消费拉动产品的比重均在4%以上。可见政府消费拉动以第三产业为主，增加政府消费可增大第三产业比重。

（三）出口（调出）需求对北京产业结构的影响和调整

根据2002年北京投入产出表的数据，北京出口（调出）总额为3 748.86亿元，拉动总产出11 277.69亿元，出口（调出）对生产的诱发系数为3.008 3。

从出口（调出）需求对产业结构的影响看，影响最大的是通信设备、计算机及仪器仪表制造业，其产品占出口（调出）拉动产品的比重在20.7%以上。其次是金融保险业、轻纺工业、化学工业和采选业，其产品占出口（调出）拉动产品的比重在6%以上。最后为租赁和商务服务业，科学研究和综合技术服务业，信息传输、计算机服务和软件业，交通运输及仓储业，机械工业，其产品占出口（调出）拉动产品的比重在4%以上。可见扩大出口（调出）需求可以拉动北京优势产业的发展。

（四）总需求对北京产业结构的影响和调整

将上述所分析的三大需求加总，出口（调出）需求参照2002年数据，可以计算出2002—2008年的总需求以及对总产出的拉动总量（见表4）。奥运时期北京的总需求将从2002年的7 976.69亿元上升至2008年的11 435.99亿元，对总产出的拉动将由2002年的23 374.63亿元上升至2008年的33 464.71亿元。

表4　总需求对生产的拉动分年度情况　　单位：亿元

项目	2002年	2003年	2004年	2005年	2006年	2007年	2008年
总需求额	7 976.69	8 420.49	8 903.36	9 438.02	10 032.19	10 695.08	11 435.99
拉动总产出	23 374.63	24 659.90	26 048.43	27 585.28	29 353.01	31 292.17	33 464.71

从总需求对北京产业结构的影响看，影响最大的是通信设备、计算机及仪器仪表制造业和轻纺工业，其产品占总需求拉动产品的比重分别为12.3%和8.1%。其次是建筑业、机械工业、采选业和金融保险业，其产品占总需求拉动产品的比重分别为7.4%、6.7%、6.3%和6.0%。最后是化学工业，租赁和商务服务业，科学研究和综合技术服务业，信息传输、计算机服务和软件业，其产品占总需求拉动产品的比重均在4%以上。

与现实的产业结构比较，第二产业中的轻纺工业、机械工业和通信设备、计算机及仪器仪表制造业有较大的提升空间，可以继续发展；采选业、化学工业和金属冶炼及压延加工业虽然有提升空间，但不宜在北京发展，可以通过进口（调入）解决。在第三产业中，批发和零售贸易业有提升空间，其他服务业则要靠增加出口（调出）来提升自己。

三、奥运需求对北京产业结构的影响

奥运需求是指北京申办2008年奥运会成功后，在2002—2008年期间用于奥运场馆和相关设施建设的直接投资需求以及由直接投资引致的消费需求，还包括奥运会的运作直接引致的消费需求。据有关方面测算，奥运需求将达到2 548亿元以上，其中投资需求为1 348亿元，消费需求1 200亿元。奥运需求无疑为北京产业结构带来一定的影响，下面分别从投资和消费两方面分析其影响。

（一）奥运投资需求对北京产业结构的影响

奥运期间北京用于奥运的直接投资为1 348.58亿元，分别安排在2002—2007年，主要是考虑到2008年以前要完成所有奥运场馆和相关设施的建设。按照北京2002年投入产出表测算，其总投资对生产的诱发系数为3.093 1，固定资产投资对生产的诱发系数为3.085 7。由于各年的投资结构略有差异，其固定资产投资对生产的诱发即拉动作用也有所不同（见表5）。

表 5　2002—2007 年奥运直接投资和对生产的拉动情况　　单位：万元

项目	2002 年	2003 年	2004 年	2005 年	2006 年	2007 年	2008 年
奥运投资额	213 740	887 311	2 159 198	3 259 630	3 475 182	3 490 739	—
拉动总产出	762 074	3 123 77	7 511 178	11 339 266	12 089 181	12 087 687	—

由表 5 可知，奥运的直接投资高峰期是 2004—2007 年，对总产出拉动以 2006—2007 年最大，达到 1 208. 92 亿元和 1 208. 77 亿元。

从奥运投资需求对北京产业结构的影响看，影响最大的是通信设备、计算机及仪器仪表制造业和建筑业，其产品占奥运投资需求拉动产品的比重分别为 28. 9%和 13. 1%。其次是机械工业和采选业，其产品占奥运投资需求拉动产品的比重为 6. 7%和 5. 7%。再次是金属冶炼及压延加工业、科学研究与综合技术服务业及租赁和商务服务业，其产品所占比重为 4. 4%、4. 2%和 4. 0%。这说明奥运投资拉动的主体是第二产业，同时对第三产业也有一定的拉动作用。在奥运期间，北京完全可以根据奥运投资需求的拉动对产业结构做相应调整，以适应奥运投资的需要。

（二）奥运消费需求对北京产业结构的影响

奥运消费需求分为两部分，一部分是奥运投资引致的消费需求，一部分是奥运会运作直接引致的消费需求。据有关方面测算，由奥运投资引致的消费需求为 539. 43 亿元，由奥运会运作直接引致的消费需求为 660. 57 亿元。奥运消费需求从 2002—2008 年呈逐渐增加的趋势，特别是 2006—2008 年增加得较为明显。

由表 6 可知，奥运引致的消费需求的高峰期是 2006—2008 年，对总产出的拉动也最为明显，分别达到 550. 92 亿元、595. 73 亿元和 1 303. 85 亿元。

表 6　2002—2008 年奥运消费和对生产的拉动情况　　单位：万元

项目	2002 年	2003 年	2004 年	2005 年	2006 年	2007 年	2008 年
居民消费	85 496	354 924	863 679	1 303 852	1 390 073	1 396 295	2 518 980
政府消费	—	—	—	—	695 036	872 685	2 518 979
拉动总产出	235 153	976 202	2 375 508	3 586 184	5 509 244	5 957 271	13 038 492

从奥运消费需求对北京产业结构的影响看，影响最大的是轻纺工业、科学研究和综合技术服务业，其产品占奥运消费需求拉动产品的比重分别为 11. 3%和 9. 9%。其次是通信设备、计算机及仪器仪表制造业与公共管理和社

会组织，其产品占奥运消费需求拉动产品的比重分别为6.7%和6.1%。最后是化学工业、金融保险业、采选业和教育事业，其产品占奥运消费需求拉动产品的比重分别为5.8%、5.3%、5.0%和4.2%。可见，奥运消费需求拉动的产业是第二、三产业并重，在奥运期间北京可以根据奥运消费需求对拉动大的行业做相应调整，以保证其奥运需求。

北京 2008 年、2010 年产品供需平衡的预测与分析①

根据建立的北京奥运经济模型（主要是计量经济学模型和投入产出模型）对北京 2008 年与 2010 年的产品（包括货物与服务）进行预测，可以从整体上把握北京奥运阶段和后奥运阶段产品的供需平衡状况，并由此确定北京在经济结构调整方面的相应措施，以便科学决策。

一、需求导向的预测分析

需求导向的预测是指先用计量模型预测出最终产品与结构，再用投入产出模型测算出总产品及其结构，然后与计量模型预测的总产品与结构比较，计算出总差额与各产品部门的差额。

（一）2008 年需求导向预测分析

最终需求包括城镇居民消费需求、农村居民消费需求、政府消费需求、资本形成总额需求以及调出与出口需求。根据计量模型预测，2008 年城镇居民消费需求为 1 920.73 亿元，农村居民消费需求为 170.11 亿元，政府消费需求为 1 589.75 亿元，资本形成总额需求为 3 787.55 亿元；由于调出与出口难以预测，采用 2002 年投入产出表的数据，分别为 2 932.59 亿元与 816.27 亿元；最终需求总额为 11 217 亿元。根据 2002 年投入产出模型测算，其拉动总产出（总产品）的情况见表 1。

表 1　2008 年最终需求对生产的拉动总量测算表　　单位：亿元

项目	城镇居民消费	农村居民消费	政府消费	资本形成总额	调出	出口	合计
预测值	1 920.73	170.11	1 589.75	3 787.55	2 932.59	816.27	11 217.00
拉动总产出	5 317.51	464.65	3 855.85	11 687.40	8 797.87	2 479.83	32 603.11

① 本文原载于《中国经济问题研究》（中国经济出版社，2007 年 12 月）。本文为北京市自然科学基金资助项目（编号：9042002）。

续表

项目	城镇居民消费	农村居民消费	政府消费	资本形成总额	调出	出口	合计
诱发力度	2.768 5	2.731 5	2.425 4	3.085 7	3.000 0	3.036 8	2.906 6

注：本表按2002年价格计算，表2~表4同

由表1可知，北京的四项需求（消费与投资）分别拉动总产出为5 317.51亿元、464.65亿元、3 855.85亿元和11 687.40亿元，调出与出口需求分别拉动总产出为8 797.87亿元和 2 479.83亿元，其拉动总产出总量为 32 603.11亿元。总诱发力度为2.906 6，即1亿元的最终需求可拉动2.906 6亿元的生产。

根据计量模型对总产出的预测，北京2008年不考虑技术进步（只考虑资本与劳动量增加）可生产的总产品为15 811.43亿元，即北京的自供能力为15 811.43亿元，占总产品的48.5%；这样需要市外生产总产品16 791.69亿元，占全部产品的51.5%，使得最终需求拉动市外的产品生产量的份额大于市内的产品生产量。若考虑技术进步（第一、二产业为2%，第三产业为5%），2 008年可生产的总产品为19 400.77亿元，自供能力占总产品的59.5%；这样需要市外生产总产品13 202.34亿元，占总产品的40.5%。若提高技术进步（第一、二产业为3%，第三产业为6%），2008年可生产的总产品为20 552.72亿元，自供能力占总产品的63.0%；仍需要市外生产总产品12 050.39亿元，占总产品的37.0%。

考虑技术进步的生产能力，2008年北京有4个部门生产能力略有剩余，其中房地产业剩余324.27亿元，教育事业剩余37.53亿元，卫生、社会保障和社会福利业剩余39.59亿元，体育事业剩余2.67亿元。仍然有26个生产部门依赖市外生产，其中有9个部门需要市外生产总产品500亿元以上。这9个部门全部是第二产业部门，依次是采选业，轻纺工业，机械工业，通信设备、计算机及仪器仪表制造业，化学工业，金属冶炼及压延加工业，电力热力燃气生产及供应业，建筑业，非金属矿物制品业。采选业，轻纺工业，机械工业，通信设备、计算机及仪器仪表制造业依赖市外生产分别达到1 914.53亿元、1 669.28亿元、1 577.01亿元、1 495.08亿元。

从提高技术进步的生产能力看，2008年北京仍有4个部门生产能力略有剩余，其中房地产业剩余399.69亿元，教育事业剩余65.97亿元，卫生、社会保障和社会福利业剩余53.36亿元，体育事业剩余4.09亿元。仍然有26个生产部门依赖市外生产，其中有8个部门需要市外生产总产品500亿元以上。这8个部门均为第二产业部门，依次是采选业，轻纺业，机械工业，通

信设备、计算机及仪器仪表制造业，金属冶炼及压延加工业，化学工业，电力热力燃气生产及供应业，金属矿物制品业。采选业，轻纺工业，机械工业，通信设备、计算机及仪器仪表制造业依赖市外生产分别达到 1 905. 31 亿元、1 616. 84 亿元、1 540. 13 亿元、1 349. 94 亿元。

（二）2010 年需求导向预测分析

根据计量模型预测，2010 年城镇居民消费需求为 2 322. 44 亿元，农村居民消费需求为 184. 94 亿元，政府消费需求为 2 129. 92 亿元，资本形成总额需求为 4 564. 21 亿元；由于调出与出口难以预测，仍然采用 2002 年投入产出表的数据，分别为 2 932. 59 亿元与 816. 27 亿元；最终需求总额为 12 950. 37 亿元。根据 2002 年投入产出模型测算，其拉动总产出（总产品）的情况见表 2。

表 2　2010 年最终需求对生产的拉动总量测算表　　单位：亿元

项目	城镇居民消费	农村居民消费	政府消费	资本形成总额	调出	出口	合计
预测值	2 322. 44	184. 94	2 129. 92	4 564. 21	2 932. 59	816. 27	12 950. 37
拉动总产出	6 432. 33	505. 09	5 166. 00	14 083. 97	8 797. 87	2 479. 83	37 465. 09
诱发力度	2. 769 6	2. 731 1	2. 425 4	3. 085 7	3. 000 0	3. 036 8	2. 893 0

由表 2 可知，北京的四项需求（消费与投资）分别拉动总产出为 6 432. 33 亿元、505. 09 亿元、5 166. 00 亿元和 14 083. 97 亿元，调出与出口需求分别拉动总产出为 8 797. 87 亿元和 2 479. 83 亿元，其拉动总产出总量为 37 465. 09 亿元。总诱发力度为 2. 893 0，即 1 亿元的最终需求可拉动 2. 893 0 亿元的生产。

根据计量模型对总产出的预测，北京 2010 年不考虑技术进步（只考虑资本与劳动量增加）可生产的总产品为 18517. 94 亿元，自供能力占总产品的 49. 4%；这样需要市外生产总产品 18 947. 14 亿元，占全部总产品的 50. 6%，使得最终需求拉动市外的产品生产量的份额大于市内的产品生产量。若考虑技术进步（第一、二产业为 2%，第三产业为 5%），2010 年可生产的总产品为 24 404. 95 亿元，自供能力占总产品的 65. 1%；这样需要市外生产总产品 13 060. 13 亿元，占总产品的 34. 9%。若提高技术进步（第一、二产业为 3%，第三产业为 6%），2010 年可生产的总产品为 26 354. 68 亿元，自供能力占总产品的 70. 3%；仍需要市外生产总产品 11 110. 43 亿元，占总产品的 29. 7%。

从考虑技术进步的生产能力看，2010 年北京有 5 个部门生产能力出现剩余，其中房地产业剩余 1 442.46 亿元，卫生、社会保障和社会福利业剩余 64.43 亿元，教育事业剩余 54.61 亿元，体育事业剩余 9.79 亿元，水的生产和供应业剩余 1.52 亿元。仍然有 25 个生产部门依赖市外生产，其中有 10 个部门需要市外生产总产品 500 亿元以上。这 10 个部门中有 9 个属于第二产业，依次是采选业，轻纺工业，机械工业，通信设备、计算机及仪器仪表制造业，金属冶炼及压延加工业，化学工业，电力热力燃气生产及供应业，建筑业，非金属矿物制品业；有 1 个属于第三产业，为科学研究与综合技术服务业。采选业，轻纺工业，机械工业，通信设备、计算机及仪器仪表制造业依赖市外生产分别达到 2 184.75 亿元、1 932.90 亿元、1 834.91 亿元、1 258.31 亿元。

从提高技术进步的生产能力看，2010 年北京有 7 个部门生产能力出现剩余，其中房地产业剩余 1 643.89 亿元，教育事业剩余 103.31 亿元，金融保险业剩余 90.26 亿元，卫生、社会保障和社会福利业剩余 88.50 亿元，体育事业剩余 12.76 亿元，水的生产和供应业剩余 8.77 亿元，信息传输与计算机服务和软件业剩余 7.63 亿元。仍然有 23 个生产部门依赖市外生产，其中有 8 个部门需要市外生产总产品 500 亿元以上。这 8 个部门均属于第二产业，依次是采选业，轻纺工业，机械工业，通信设备、计算机及仪器仪表制造业，金属冶炼及压延加工业，化学工业，电力热力燃气生产及供应业，非金属矿物制品业。采选业，轻纺工业，机械工业，通信设备、计算机及仪器仪表制造业依赖市外生产分别达到 2 169.38 亿元，1 854.81 亿元，1 777.08 亿元、1 015.36 亿元。

二、供给导向的预测分析

供给导向的预测是指先用计量模型预测出总产出（总产品）与结构，再由投入产出模型测算出最终产品及其结构，然后与计量模型预测的最终产品与结构比较，计算出总差额与各产品部门的差额。在预测最终产品时不考虑调出和出口，这样计算的差额是净调出（或净调入）。

（一）2008 年供给导向预测分析

供给是指总产品（包括中间产品和最终产品）的生产能力，即北京自身供给能力。根据计量模型预测：2008 年北京不考虑技术进步（只考虑资本与劳动量增加），可以生产总产品 15 811.43 亿元；考虑技术进步（第一、二产业为 2%，第三产业为 5%），可以生产总产品 19 400.77 亿元；若提高技术进步（第一、二产业为 3%，第三产业为 6%），可以生产总产品 20 552.72 亿元。根据2002年投入产出模型测算，其提供最终产品的情况见表3。

表3　2008年总产出及提供最终产品预测表　　单位：亿元

项目	不考虑技术进步	考虑技术进步	提高技术进步
总产品预测值	15 811.43	19 400.77	20 552.72
提供最终产品	5 683.32	7 163.32	7 586.73
最终产品率	35.94%	36.92%	36.91%

由表3可知，2008年北京不考虑技术进步，其生产可提供的最终产品为5 683.32亿元，最终产品率为35.94%；考虑技术进步，其生产可提供的最终产品为7 163.32亿元，最终产品率为36.92%；若提高技术进步，其生产可提供的最终产品为7 586.73亿元，最终产品率为36.91%。

根据计量模型对最终产品的预测：2008年北京消费和投资需求为7 468.14亿元，不考虑技术进步，北京2008年需要净调入最终产品1 784.82亿元，占最终产品总量的23.9%；考虑技术进步，北京2008年需要净调入最终产品304.82亿元，占最终产品总量的4.1%；若提高技术进步，北京2008年则可以净调出最终产品118.59亿元。

根据模型测算：考虑技术进步，2008年北京30个部门中有17个部门净调出，有13个部门依赖净调入。净调出部门中有5个属于第二产业，分别是通信设备、计算机及仪器仪表制造业，石油加工炼焦及核燃料，交通运输设备制造业，水的生产和供应业，化学工业；有12个属于第三产业，分别是房地产业，金融保险业，租赁和商务服务业，信息传输、计算机服务和软件业，交通运输及仓储业，科学研究和综合技术服务业，卫生、社会保障和社会福利业，教育事业，文化和娱乐业，旅游住宿和餐饮业，邮政业，体育事业。房地产业，金融保险业，租赁和商务服务业，通信设备、计算机及仪器仪表制造业，信息传输、计算机服务和软件业，交通运输及仓储业的净调出均在200亿元以上，分别为514.06亿元、512.65亿元、364.96亿元、348.87亿元、331.42亿元和261.67亿元。净调入部门中有1个属于第一产业，9个属于第二产业，3个属于第三产业。特别是轻纺工业，机械工业，建筑业，采选业，电力、热力、燃气的生产和供应业，非金属矿物制品业的净调入均在200亿元以上，分别为686.54亿元、649.08亿元、399.43亿元、382.36亿元、292.64亿元、222.61亿元。

根据模型测算：提高技术进步，2008年北京30个部门中仍有17个部门净调出，另有13个部门依赖净调入。净调出部门中有5个属于第二产业，分别是通信设备、计算机及仪器仪表制造业，石油加工炼焦及核燃料，交通运输设备制造业，水的生产和供应业，化学工业；有 12 个属于第三产业，分别是房地产业，金融保险业，租赁和商务服务业，信息传输、计算机服务和软件业，交通运输及仓储业，科学研究和综合技术服务业，卫生、社会保障和社会福利业，教育事业，文化和娱乐业，旅游住宿和餐饮业，邮政业，体育事业，与考虑技术进步相同。房地产业，金融保险业，通信设备、计算机及仪器仪表制造业，租赁和商务服务业，信息传输、计算机服务和软件业，交通运输及仓储业的净调出在 200 亿元以上，分别为 564. 33 亿元、542. 31 亿元、389. 47 亿元、386. 16 亿元、373. 92 亿元和 282. 28 亿元。净调入部门中有 1 个属于第一产业，9 个属于第二产业，3 个属于第三产业。特别是轻纺工业，机械工业，采选业，电力、热力、燃气的生产和供应业，建筑业，非金属矿物制品业的净调入在 200 亿元以上，分别为 685. 85 亿元、652. 16 亿元、404. 84 亿元、305. 51 亿元、294. 93 亿元、233. 26 亿元。

（二）2010 年供给导向预测分析

根据计量模型预测：2010 年北京不考虑技术进步（只考虑资本与劳动量增加），可以生产总产品 18 517. 94 亿元；考虑技术进步（第一、二产业为 2%，第三产业为 5%），可以生产总产品 24 404. 95 亿元；若提高技术进步（第一、二产业为 3%，第三产业为 6%），可以生产总产品 26 354. 68 亿元。根据 2002 年投入产出模型测算，其提供最终产品的情况见表 4。

表 4　2010 年总产出及提供最终产品预测表　　单位：亿元

项目	不考虑技术进步	考虑技术进步	提高技术进步
总产品预测值	18 517. 94	24 404. 95	26 354. 68
提供最终产品	6 631. 30	9 049. 20	9 768. 97
最终产品率	35. 81%	37. 08%	37. 07%

由表 4 可知，2010 年北京不考虑技术进步，其生产可提供的最终产品为 6 631. 30 亿元，最终产品率为 35. 81%；考虑技术进步，其生产可提供的最终产品为 9 049. 20 亿元，最终产品率为 37. 08%；若提高技术进步，其生产可提供的最终产品为 9 768. 97 亿元，最终产品率为 37. 07%。

根据计量模型对最终产品的预测：2010 年北京消费和投资需求为 9 201. 51 亿元，不考虑技术进步，北京 2010 年需要净调入最终产品 2 570. 21 亿元，占最终产品总量的 27. 9%；考虑技术进步，北京 2010 年只需要净调入最终产品 152.31 亿元，仅占最终产品总量的 1.7%；若提高技术进步，北京 2010 年还可以净调出最终产品 567.46 亿元。

根据模型测算：考虑技术进步，2010 年北京 30 个部门中有 15 个部门净调出，有 15 个部门依赖净调入。净调出部门中有 4 个属于第二产业，分别是通信设备、计算机及仪器仪表制造业，交通运输设备制造业，石油加工炼焦及核燃料，水的生产和供应业；有 11 个属于第三产业，分别是房地产业，租赁和商务服务业，信息传输、计算机服务和软件业，交通运输及仓储业，金融保险业，卫生、社会保障和社会福利业，科学研究和综合技术服务业，教育事业，体育事业，邮政业，文化和娱乐业。房地产业，通信设备、计算机及仪器仪表制造业，租赁和商务服务业，信息传输、计算机服务和软件业，交通运输及仓储业，金融保险业的净调出均在 200 亿元以上，分别为 1 595.00 亿元、450.68 亿元、355.79 亿元、349.59 亿元、333.19 亿元和 290.74 亿元。净调入部门中有 1 个属于第一产业，10 个属于第二产业，4 个属于第三产业。特别是轻纺工业、机械工业、建筑业、采选业、电力热力燃气的生产和供应业、非金属矿物制品业、金属冶炼及压延加工业的净调入均在 200 亿元以上，分别为 896.21 亿元、804.92 亿元、499.83 亿元、452.22 亿元、348.69 亿元、287.69 亿元、207.52 亿元。

根据模型测算：若提高技术进步，2010 年北京 30 个部门中有 16 个部门净调出，有 14 个部门依赖净调入。净调出部门中有 4 个属于第二产业，分别是通信设备、计算机及仪器仪表制造业，交通运输设备制造业，石油加工炼焦及核燃料，水的生产和供应业；有 12 个属于第三产业，分别是房地产业，信息传输、计算机服务和软件业，租赁和商务服务业，交通运输及仓储业，金融保险业，科学研究和综合技术服务业，卫生、社会保障和社会福利业，教育事业，文化和娱乐业，旅游、住宿和餐饮业，体育事业，邮政业。房地产业，通信设备、计算机及仪器仪表制造业，信息传输、计算机服务和软件业，租赁和商务服务业，交通运输及仓储业，金融保险业的净调出在 200 亿元以上，分别为 1 753.52 亿元、519.12 亿元、414.76 亿元、383.65 亿元、368.14 亿元和 313.10 亿元。净调入部门中有 1 个属于第一产业，10 个属于第二产业，3 个属于第三产业。轻纺工业、机械工业、采选业、电力热力燃气的生产和供应业、建筑业、非金属矿物制品业、金属冶炼及压延加工业的净调入均在 200 亿元以上，分别为 902.33 亿元、811.75 亿元、488.03 亿元、369.04 亿元、331.51 亿元、306.55 亿元、223.86 亿元。

三、供需平衡分析

以上分别从需求导向和供给导向对总产品和最终产品进行了预测和分析，

下面我们将从供需平衡的角度对总产品特别是最终产品（GDP）进行预测和分析。

（一）2008年的供需平衡分析

2008年，根据需求预测，北京最终消费为3 680.59亿元，资本形成总额为3 787.55亿元，即不考虑净调出（或净调入）的最终产品为7 468.14亿元；同时根据提高技术进步的生产预测，可以提供的最终产品为7 586.73亿元。北京作为国家的首都，经济的主体是服务性经济，结构调整能够跟上发展的步伐；同时2008年又是奥运年，只要最终需求提供了市场空间，就可以通过北京自身的生产和市外的生产予以满足。因此，综合供需因素，北京2008年GDP的预测值在7 500亿元至7 600亿元左右，考虑价格因素，按当年价格应在8 950亿元至9 050亿元左右。

从总产出看，北京2008年最终需求拉动的总产出可达32 600亿元，北京的可供能力为20 500亿元；拉动市外生产12 100亿元，市外生产占比为37.1%，也就是说，北京的最终需求拉动市外生产的产品占了1/3以上。根据国民经济30个部门的结构分析，北京2008年生产能力有剩余的部门主要集中在房地产、教育、卫生、体育等行业；依赖市外生产的部门主要集中在采选、轻纺、机械、化工、金属冶炼、电力、非金属矿物制品等行业。

从最终产品看，北京2008年生产的总产出能够提供的最终产品为7 500多亿元，而北京自身所需要的消费与投资产品为7 400多亿元，相差仅100亿元。北京要提供7 500多亿元的最终产品，必须保证第一、二产业的年技术进步率为3%，第三产业的年技术进步率为6%。此外，如果按2002年调出的最终产品为3 750亿元计算，北京也应相应地调入最终产品3 700亿元至3 800亿元左右，是一个产品（包括货物和服务）大进大出的地区。根据国民经济30个部门的结构分析，北京2008年最终产品净调出的部门主要是第二产业中的通信设备、计算机及仪器仪表制造业，石油加工业，交通运输设备制造业，第三产业中的房地产，金融保险，租赁和商务服务，信息传输、计算机服务和软件业，交通运输及仓储业等行业。最终产品净调入的部门主要是轻纺、机械、采选、电力、建筑、非金属矿物制品等行业。

2008年，奥运直接引起的消费需求为500多亿元（投资需求在2007年结束），占当年最终消费的13.6%，可拉动总产出1 300多亿元，占北京最大生产能力的6.3%。由于消费需求属于最终需求，可以计算出奥运消费占北京当年GDP的6.7%。

（二）2010 年的供需平衡分析

2010 年，根据需求预测，北京最终消费为 4 637.30 亿元，资本形成总额为 4 564.21 亿元，即不考虑净调出（或净调入）的最终产品为 9 201.51 亿元；同时根据提高技术进步的生产预测，可以提供的最终产品为 9 768.97 亿元。由于产业结构调整，2010 年北京服务性经济的主体地位更加突出，尽管是后奥运年，部分政府消费需求可以转化为居民消费需求和市外需求，其最终需求仍能提供广阔的市场空间，拉动北京自身的生产和市外的生产。因此，综合供需因素，北京 2010 年 GDP 的预测值在 9 300 亿元至 9 500 亿元左右，考虑价格因素，按当年价格计算应在 10 900 亿元至 11 100 亿元左右。

从总产出看，北京 2010 年最终需求拉动的总产出可达 37 500 亿元，北京的可供能力为 26 400 亿元；拉动市外生产 11 100 亿元，市外生产占比为 29.6%，也就是说，北京的最终需求拉动市外生产的产品占了近 1/3，其份额比 2008 年略有降低。根据国民经济 30 个部门的结构分析，北京 2010 年生产能力有剩余的部门主要集中在房地产、教育、金融保险、卫生、体育等行业；依赖市外生产的部门主要集中在采选、轻纺、机械、金属冶炼、化工、电力、非金属矿物制品等行业。

从最终产品看，北京 2010 年能够提供的最终产品为 9 700 多亿元，而北京自身所需要的消费与投资产品为 9 200 多亿元，相差 500 亿元，这里考虑了后奥运时期部分最终需求会转向市外。同时也应看到北京要提供 9 700 多亿元的最终产品，必须保证第一、二产业的年技术进步率为 3%，第三产业的年技术进步率为 6%。如果达不到这一水平，北京仍会成为净调入的城市。此外，如果按 2002 年调出的最终产品为 3 750 亿元计算，北京也应相应地调入最终产品 3 700 亿元至 3 800 亿元左右，仍是一个产品（包括货物和服务）大进大出的地区。根据国民经济 30 个部门的结构分析，北京 2010 年最终产品净调出的部门主要是第二产业中的通信设备、计算机及仪器仪表制造业，石油加工业，交通运输设备制造业，第三产业中的房地产，信息传输、计算机服务和软件业，租赁和商务服务，交通运输及仓储业，金融保险等行业。最终产品净调入的部门主要是轻纺、机械、采选、电力、建筑、非金属矿物制品等行业。

四、结论与建议

（一）从供需平衡看，北京增大调出才能增大调入

北京是一个产品（包括货物与服务）大进大出的地区，其总量平衡一靠增加有效供给，二靠刺激有效需求。从奥运经济的特点看，无论是刺激需求还是增加供给，实现总供需的平衡不存在问题。即使存在一点供需的缺口，也可以通过净调入即转移收支净额予以弥补。而北京要实现产品结构的平衡，必须靠调入、调出予以解决。北京已经进入后工业化时期，以服务型经济为主，第三产业增加值在GDP中的比重已达67%以上，北京主要靠增加服务的调出以换取货物的调入，即以第三产业的无形产品换取第一、二产业的有形产品。为此，北京只有增大调出才能增大调入。服务性的产品是不能储存的，其提供才是生产。因此，北京应增强服务意识，变“要我服务”为“我要服务”，做大、做强服务性产业，切实保证服务业增大调出。为了增大调出，同时也要考虑发展第二产业中的现代制造业，使之能担负起调出的重任。

（二）北京应以奥运为契机进行产业结构战略性调整

北京2005年三次产业的增加值结构为2：31：67，是典型的“三、二、一”结构，即第三产业已经成为国民经济的主体，第二产业在国民经济中仍占有一定的地位，第一产业的比重较低。北京受矿藏资源、能源资源、水资源的制约，不可能走大力发展第一、二产业的路子。但北京完全可以利用自身的优势，特别是人力资源、科技资源的优势，发展低资源消耗、低污染物排放的现代农业和现代制造业。北京现在处在奥运准备时期，未来将进入奥运时期和后奥运时期，奥运的直接需求和引致需求首先拉动的是第三产业，同时也拉动第一、二产业。由于奥运经济涉及面广，举办城市完全可以以奥运为契机进行产业结构战略性调整。北京目前第二产业中具有优势的行业是通信设备、计算机及仪器仪表制造业，石油加工业，交通运输设备制造业。石油化工是高排放行业，不宜在北京发展；而通信设备、计算机及仪器仪表制造业和交通运输设备制造业作为北京现代制造业的代表还有发展空间。北京第三产业中具有优势的行业是房地产，金融保险，租赁和商务服务，信息传输、计算机服务和软件，交通运输及仓储，教育，卫生，体育等行业，这些行业中除了房地产要慎重发展外，其他行业都可以进一步发展，并且可以引入现代服务业的元素加快发展。

（三）北京要实现奥运时期向后奥运时期的平稳过渡，服务业特别是旅游业应担负重任

北京奥运的准备时期是2002—2007年，主要工作是进行奥运场馆和基础设施建设，以投资需求拉动经济；奥运时期是2008年，主要工作是主办奥运会，以消费需求拉动经济；后奥运时期是2009—2010年，奥运直接产生的需求已不复存在，靠其他方面的需求予以弥补。从投资需求来讲，奥运场馆建设的需求没有了，但基础设施建设的需求依然强劲，不会影响GDP的增长。消费则不然，特别是服务性消费，一旦减少，直接影响GDP的增长。北京要实现奥运时期向后奥运时期的平稳过渡，应该从消费入手，把奥运时期的政府消费（公共消费）需求，一部分转化为居民消费需求，一部分转化为出口（包括调出）需求。服务性消费要出口，则服务业要担负重任，不断提升对外服务的水平。特别是旅游业作为对外服务的窗口，对扩张整个服务业的出口有着举足轻重的作用。北京应进一步从政策上鼓励旅游业以及整个服务业的发展，以实现向后奥运时期的平稳过渡。

（四）北京建筑业调入与房地产业调出现象应引起重视

通过对北京2008年与2010年供需平衡的测算，我们发现北京一方面是建筑业产能不够，依赖调入；另一方面是房地产业产能过剩，依赖调出。也就是说，北京依赖市外的建筑力量开发房地产，然后将商品房的较大一部分销售给市外。这一现象在目前并不明显，因为大家都看好2008年前的北京房地产业。而后奥运时期，这一问题会凸显出来。一般认为，奥运会的举办年住宿业和房地产业会达到一个较高水平，应谨防奥运会过后“人去楼空”。如果北京过多过快地开发房地产业，一旦商品房销售不畅，大量空置，就会出现泡沫，影响宏观经济的平稳运行。因此，北京应早做准备，控制房地产的开发规模，引导房地产业平稳健康发展。

参考文献

[1] 刘淇．北京奥运经济研究［M］．北京：北京出版社，2001.

[2] 廖明球．经济、资源、环境投入产出模型研究［M］．北京：首都经济贸易大学出版社，2005.

理 论 实 证 篇

LI LUN SHI ZHENG PIAN

对市场条件下的宏观经济循环矩阵的探索[①]

我国正在建立社会主义市场经济体制，怎样围绕社会主义市场经济来构筑宏观经济循环矩阵，是一个值得研究的课题。这项研究对政府进行宏观经济调控无疑有着不可低估的作用。

一、市场条件下宏观经济循环矩阵的构架

在产品经济条件下，宏观经济强调的是资源导向和生产导向，关心的是生产，即通常所说的生产什么就消费什么。在市场经济条件下，宏观经济强调的不再是资源导向，而是市场导向，关心的是市场，即需求什么就生产什么，生产是根据基本需求和不断增加的新的需求来安排的。

市场条件下的宏观经济循环矩阵，应该从需求入手开始构架，这样可以先利用投入产出模型和对外收支模型进行构架。在投入产出行模型中，要将投资需求和消费需求细化。一般来讲，投资需求可由投资列向量细化为投资矩阵；消费需求由居民消费与社会消费细化为按吃、穿、住、用、烧和主要产品分组。这样要求投入产出模型的第Ⅱ象限宾栏分组要细。又由于市场经济是开放性经济，市场受到来自地区外和国外产品及服务的冲击，这样由于调出增加所增加的需求以及调入增加而减少的需求频频出现。因此仅在投入产出模型的第Ⅱ象限列出调出调入两列数字不够，要在第Ⅱ象限右边补充一个对外收支象限，详细列出有关对外收支的状况，这时的宏观经济循环矩阵模式如图1所示。

以上的模式解决了市场上的投资需求、消费需求和对外收支需求对GDP生产的影响（见箭头方向），即需求对生产提出的要求。

市场经济的另一特征是它不仅强调产品服务，即物质的运动，还强调资金的运动。这样有必要将资金流量模型构筑在宏观经济循环模型中。我们可以采取在投入产出模型中扩充象限的办法，在第Ⅰ、Ⅱ、Ⅲ象限与补充象限的基础上扩充第Ⅳ、Ⅴ、Ⅵ三个象限。其中第Ⅴ象限反映资金来源，第Ⅵ象

① 本文原载于《当代中国投入产出实践与研究》（中国统计出版社，1999年3月）。

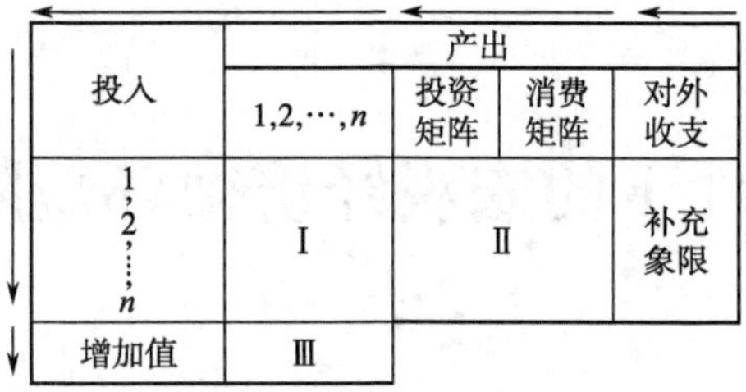

图 1　宏观经济循环矩阵 1

限反映资金使用，第Ⅳ象限反映资金的最终支出。此时，宏观经济循环矩阵的模式如图 2 所示。

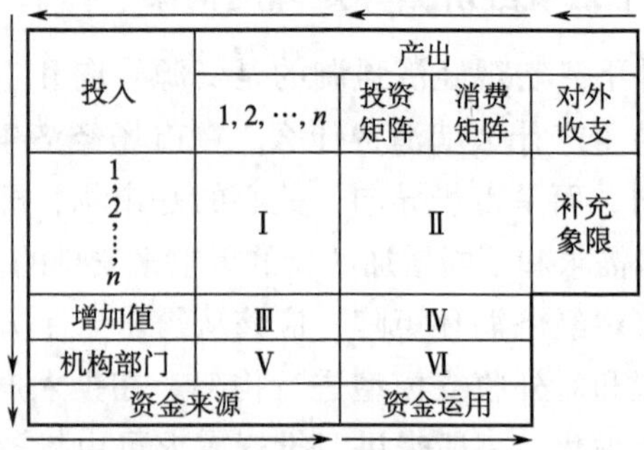

图 2　宏观经济循环矩阵 2

由于资金运动过程反映了产品和服务的再分配过程，所以其中第Ⅴ象限反映再分配收入，第Ⅵ象限反映再分配支出，第Ⅳ象限反映最终支出。

市场经济条件下，宏观经济循环矩阵不仅要求反映实物与资金的流量，还要反映实物与资金的存量，即国民财产的积累。国民财产等于实物资产与净金融资产之和。国民财产作为经济存量，既反映再生产的条件，又反映再生产的结果。在宏观经济循环矩阵中引入国民财产，即资产负债表中的资产占用部分，可以反映占用产出。一般来讲，要反映某年的平均占用产出，先对占用计算平均值，即（期初资产+期末资产）÷2。至此，宏观经济循环矩阵的总体构架模式如表 1 所示。

由以下框图我们可以看出，从市场需求出发，根据需求结构求出生产结构，又由生产结构求出分配结构，再由分配结构求出最终支出和使用结构，完成了对整个宏观经济的循环研究。循环矩阵构架的框图如图 3 所示。

表1　宏观经济循环矩阵表

<table>
<tr><td colspan="3" rowspan="4">投入</td><td colspan="20">产出</td></tr>
<tr><td colspan="2">中间产出</td><td colspan="13">最终产出</td><td></td><td rowspan="3">总产出</td><td rowspan="3">调出</td><td rowspan="3">调入</td><td rowspan="3">合计</td></tr>
<tr><td rowspan="2">1，2，…，n</td><td rowspan="2">合计</td><td colspan="4">固定资产</td><td colspan="4">流动资产</td><td rowspan="2">积累合计</td><td colspan="3">消费</td><td rowspan="2">消费合计</td><td rowspan="2">净调出</td></tr>
<tr><td></td><td></td><td></td><td>小计</td><td></td><td></td><td></td><td>小计</td><td>农民</td><td>非农民</td><td>社会</td></tr>
<tr><td rowspan="2">生产</td><td rowspan="2">中间投入</td><td>1，2，…，n</td><td colspan="2" rowspan="2">Ⅰ</td><td colspan="15" rowspan="2">Ⅱ</td><td colspan="3" rowspan="2">补充象限</td></tr>
<tr><td>合　计</td></tr>
<tr><td rowspan="6">初次分配</td><td rowspan="5">最初投入</td><td>折旧</td><td colspan="2" rowspan="6">Ⅲ</td><td colspan="18" rowspan="6">Ⅳ</td></tr>
<tr><td>劳动者报酬</td></tr>
<tr><td>生产税净额</td></tr>
<tr><td>营业盈余</td></tr>
<tr><td>合　计</td></tr>
<tr><td colspan="2">总投入</td></tr>
<tr><td rowspan="7">再分配</td><td colspan="2">居　民</td><td colspan="2" rowspan="7">Ⅴ</td><td colspan="18" rowspan="7">Ⅵ</td></tr>
<tr><td colspan="2">企　业</td></tr>
<tr><td colspan="2">行政事业单位</td></tr>
<tr><td colspan="2">金　融</td></tr>
<tr><td colspan="2">地方财政</td></tr>
<tr><td colspan="2">国（省）外</td></tr>
<tr><td colspan="2">合　计</td></tr>
<tr><td rowspan="3">资产占用</td><td colspan="2">固定资产</td><td colspan="2" rowspan="3">Ⅶ</td><td colspan="18" rowspan="3"></td></tr>
<tr><td colspan="2">流动资产</td></tr>
<tr><td colspan="2">净金融资产</td></tr>
</table>

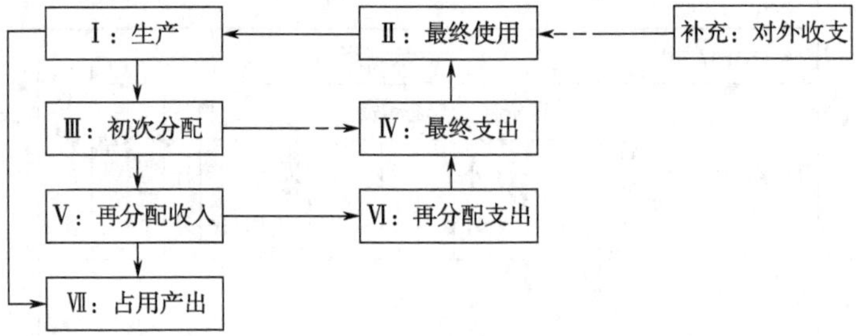

图3　宏观经济循环

二、市场条件下宏观经济循环矩阵的编制

市场条件下宏观经济循环矩阵，是在投入产出矩阵基础上拓展出来的矩阵。它的编制方法是首先编出投入产出表，即编制循环经济矩阵表（以下简称“循环矩阵表”）的第Ⅰ、Ⅱ、Ⅲ象限，再分别编制对外收支平衡表、资金流量表、资产负债表，并由这三张表的数据编出循环矩阵表的补充象限和第Ⅳ、Ⅴ、Ⅵ、Ⅶ等象限。下面分别予以介绍。

（一）循环矩阵表第Ⅰ、Ⅱ、Ⅲ象限的编制

循环矩阵表第Ⅰ、Ⅱ、Ⅲ象限的编制实际上是投入产出表的编制，只是它对第Ⅱ象限的编制要求比投入产出表的第Ⅱ象限要细。要将投资列向量细化为投资矩阵，将消费列向量在居民消费与社会消费分组的基础上再按吃、穿、住、用、烧等进行细分，其编制工作量较大。

我国目前编制投入产出表采取分解法和推导法相结合的方法，按照投入流向（即纵向）搜集资料。投入与产出的控制总量和投资矩阵采用全面调查方法，投入结构采用重点调查，居民消费采用家计调查，其他资料采用典型调查取得。在总体平衡时，先进行列平衡，再进行行列平衡调整。

（二）循环矩阵表第Ⅳ、Ⅴ、Ⅵ象限的编制

循环矩阵表第Ⅳ、Ⅴ、Ⅵ象限是在编制资金流量表的基础上结合专题调查编制的。

1. 第Ⅴ象限的编制。循环矩阵表中第Ⅴ象限是接在第Ⅲ象限之下的，它的主栏是机构部门，宾栏是投入产出表的纯部门（也可以是企业部门），它所反映的是再分配收入。因为资金流量表以增加值（即总收入）为初始流量，

通过相互转移后得到可支配收入，所以第Ⅴ象限是以可支配收入作为总控制数的。

编制第Ⅴ象限还需要各个行业的再分配情况，必须进行专题调查，为此我们设计了一张专题调查表（专题调查1表），该表一共设计了10个项目，有劳动者收入合计、利润、已缴税金总额、购买国库券合计、上缴能源交通基金、当年国家投资与拨款、其他收支（+、-）、各项债权、各项债务、库存现金等。

编制第Ⅴ象限就是将各机构部门的可支配收入按行业部门分解。在分解时，我们的基本思路是先将各部门的增加值分解成个人、国家、集体三部分。个人部分是主栏中的居民，国家部分是主栏中的地方财政和省外（包含中央财政），集体部分是主栏中的企业、行政事业单位、金融。计算个人（居民）部分，是利用专题调查1表中各部门的工资占劳动者收入的比重乘上第Ⅲ象限中的各部门的工资额再减去各部门个人购买的国库券数额得到的。计算国家部分，是将专题调查1表中已缴税金总额、购买国库券、上缴能源交通基金以及利润上缴部分（一般按利润乘30%）几项相加再减去当年国家投资与拨款得到的。剩下来的是集体部分，用各部门增加值减去个人与国家所分配部分得到。这样各列平衡了。但行合计并不等于六个机构部门按个人、国家、集体三部分划分的控制数，则要按行进行平衡调整。

在行平衡调整时有几个问题的处理要注意。一是各部门的个人所得数据要小于资金流量表中居民可支配收入，其原因大致有两个：其一，资金流量表中的居民可支配收入包括城乡个体工商户经营收入；其二，居民可支配收入包括了物价补贴。在处理时，将物价补贴部分从商业企业集体所得部分减去加到个人所得中，个体工商户经营收入部分从相应的企业部门集体所得减去加到该部门的个人所得中。二是农业农村部分没有基层调查资料，在处理时，根据地方财政决算表有关项目划分出国家所得，剩下来的都放在个人所得中。三是平衡的顺序，先是个人部分行平衡，再是国家部分行平衡，最后是集体部分行平衡。当三部分的行列都平衡后，个人部分不再分解了，只要把集体部分划分为企业、行政事业单位、金融三小部分，国家部分划分为地方财政、省外两小部分就行了。集体部分的划分不算复杂，把工业、建筑业、货运邮电业、旅客运输业划归到企业；文卫、科研事业、行政机关划归到行政事业单位；金融、保险业一部分划归到金融，一部分划归到行政事业单位；公用事业及居民服务业一部分划归到企业，一部分划归到行政事业单位。国家部分的划分较为复杂，一般先从资金流量表中弄清地方财政、省外（包括中央财政）的可支配收入的数据来源，再根据地方财政决算表、专题调查1

表有关资料予以划归。国库券、上缴能源交通基金等明显项目划归到省外，中央所属企业、行政事业单位利税直接上缴和经费下拨要根据有关资料匡算划归到省外。这样第Ⅴ象限就编制完了。

2. 第Ⅵ象限的编制。第Ⅵ象限的主栏同第Ⅴ象限，是各机构部门，宾栏同第Ⅱ象限，反映投资和消费，所反映的是再分配支出。在资金流量表中，其实物交易通过收入分配形成可支配收入，而可支配收入的使用反映消费与投资支出，再形成储蓄投资差。第Ⅵ象限与第Ⅴ象限比较，再分配支出总额同再分配收入总额，不平衡的部分是储蓄投资差额。第Ⅵ象限中反映的储蓄投资差，与资金流量中金融交易部分的金融净投资衔接。

第Ⅵ象限的编制相对第Ⅴ象限来讲要简单一些，主要数据取自资金流量表。由于它是第Ⅴ象限的横向延长与第Ⅱ、Ⅵ象限的纵向延长，其总控制数也同第Ⅱ、Ⅴ象限总控制数。其列合计与第Ⅱ象限列合计对应相等，反映投资、消费、净调出总额。其中合计与第Ⅴ象限行合计对应相等，反映六个机构部门的资金运用。在资金流量表中资金运用与资金来源并不对应相等，是通过储蓄投资差的项目进行平衡的。所以在第Ⅱ象限宾栏中要增设“储蓄投资差”的平衡项目使之平衡。资金流量表中，各机构部门的固定资产投资、流动资产积累（库存增减额）、消费等数据可直接取得。由于国内生产总值、资金流量核算与投入产出核算的范围、口径不完全一致，固定资产大修理在资金流量表中没有反映，在行平衡时应把这项放在机构部门的“企业”中。在消费的划分中，居民消费放在机构部门“居民”中，社会消费分别放在机构部门“企业”与“行政事业单位”中。净调出的项目在资金流量表中没有单独反映，行平衡时应放在机构部门“省外”中。当资金流量表中的固定资产投资、流动资产积累（库存增减额）、消费等合计数字与投入产出表第Ⅱ象限的数据略有出入时，应以第Ⅱ象限数据为准，不要轻易改动原有三个象限的数据。

3. 第Ⅳ象限的编制。第Ⅳ象限是第Ⅱ、Ⅲ象限的共同延长，其行合计与第Ⅲ象限对应相等。列合计与第Ⅱ象限对应相等。当第Ⅴ、Ⅵ象限编制出来以后，根据第Ⅲ象限和第Ⅴ象限之间的关系，可以将第Ⅵ象限数据按第Ⅳ象限主栏指标的要求进行转换，从而编制出第Ⅳ象限。具体的转换方法是先由第Ⅲ、Ⅴ象限的行合计控制数等有关数据确定一个第Ⅲ、Ⅴ象限的数据对应关系。例如，第Ⅴ象限居民的再分配收入，其中属于第Ⅲ象限初次分配的工资、福利、其他各是多少；第Ⅴ象限企业、行政事业单位的再分配收入，其中折旧、福利、利税、其他各占多少。地方财政、金融、省外的再分配收入一般来自利税。有了第Ⅲ、Ⅴ象限对应关系式，再将固定资产投资、流动资产积累、消费、净调出、储蓄投资差逐项进行分解归类，使第Ⅳ象限行列平衡相等。

（三）循环矩阵表第Ⅶ象限和补充象限的编制

1. 第Ⅶ象限的编制。第Ⅶ象限反映存量，主要是为了进行占用产出分析，即利用总产出作分母，所占用的国民财产作分子。分析时一般用平均占用额，即通过（期初占用量+期末占用量）÷2 得到。反映存量的资产负债表的平衡关系为：自有资金（净值）= 实物资产+净金融资产（金融资产-金融负债）。第Ⅶ象限的主栏设计为实物资产、净金融资产；宾栏为各行业部门，以求各个行业的占用产出。

第Ⅶ象限宾栏的行业部门划分较细，从宏观取材编制各部门占用产出系数有困难，便进行了一项对存量的专题调查，即专题调查 2 表，该表分资产方与负债方，资产方为实物资产、金融资产，负债方为金融资产和净值。将专题调查 2 表汇总放大，所得的是各行业的存量结构。据此，再计算国民财产（实物资产+净金融资产）平均占用额，得到第Ⅶ象限。

2. 补充象限的编制。补充象限所要反映的是对外收支平衡状况。在尚未编制对外收支平衡表时，先对调出（包括出口）和调入（包括进口）进行详细调查。一般要弄清哪些产品的调出、调入属于纯调出或纯调入，哪些产品的调出、调入属于品种交换。通过调出、调入调查，弄清本地区的优势主导产业。

该象限主栏为投入产出部门，宾栏为调出、调入，搜集资料的主要方法是：对企业自身的调出、调入进行典型调查，对于流通部门的调出、调入资料采用行业调查方法。

三、市场条件下循环矩阵表的应用

由市场导向所设计和编制的循环矩阵表主要作用是为政府进行宏观经济调控提供定量依据。应用的步骤为：计算各种经济系数；根据经济系数建立各种数学模型；将各个数学模型串起来形成循环模型体系，进行宏观循环分析。

（一）计算各种经济系数

根据循环矩阵表，我们可以计算以下一些经济系数。

1. 直接消耗系数：用第Ⅰ象限流量矩阵的数据作分子，用相应的总产出作分母求得。

2. 完全消耗系数：根据直接消耗系数矩阵 A，利用公式 $B=(I-A)^{-1}-I$，求得完全消耗系数矩阵 B。

3. 增加值构成系数：用第Ⅲ象限流量矩阵作分子，用相应的列合计（即行业增加值）作分母求得。

4. 再分配收入结构系数：用第Ⅴ象限流量矩阵作分子，用相应的列合计（即再分配收入）作分母求得。

5. 再分配支出结构系数：用第Ⅵ象限流量矩阵作分子，用第Ⅵ象限行合计（即可支配支出）作分母求得。

6. 最终支出结构系数：用第Ⅳ象限流量矩阵作分子，用第Ⅳ象限列合计（即最终支出合计）作分母求得。

7. 最终使用结构系数：用第Ⅱ象限流量矩阵作分子，用第Ⅱ象限列合计（即最终使用合计）作分母求得。

8. 占用产出系数：用第Ⅶ象限国民财产平均占用额矩阵作分子，用相应总产出作分母，求得单位产出占用额。

（二）建立各种数学模型

1. 第Ⅰ、Ⅱ象限行模型：令第Ⅰ、Ⅱ象限数据分别为 X 矩阵和 Y 矩阵，直接消耗系数矩阵为 A 矩阵，有：

$$(I-A)X=Y$$

即：

$$X=(I-A)^{-1}Y$$

2. 第Ⅰ、Ⅲ象限列模型：令第Ⅰ、Ⅲ象限数据分别为 X 矩阵和 N 矩阵，直接消耗系数为 A 矩阵，有：

$$(I-A_C)X=N$$

即：

$$X=(I-A_C)^{-1}N$$

3. 第Ⅲ、Ⅴ象限列模型：令第Ⅲ、Ⅴ象限数据分别为 N 矩阵和 G 矩阵，增加值结构系数矩阵为 E 矩阵，再分配收入结构系数矩阵为 F 矩阵，有：

$$EN=FG$$

4. 第Ⅴ、Ⅵ 象限行模型：令第Ⅴ、Ⅵ象限数据分别为 G 矩阵和 D 矩阵，再分配支出结构系数矩阵为 K 矩阵，有：

$$G=KD$$

5. 第Ⅳ、Ⅵ象限列模型：令第Ⅳ、Ⅵ象限数据分别为 Q 矩阵和 D 矩阵，最终支出结构系数为 L 矩阵，有：

$$LQ=D$$

6. 第Ⅱ、Ⅳ象限列模型：令第Ⅱ、Ⅳ象限数据分别为 Y 矩阵和 Q 矩阵，最终使用结构系数矩阵为 W 矩阵，有：

$$WY=Q$$

7. 占用系数矩阵：令第Ⅶ象限数据为 M 矩阵，总产出向量为 X，占用系数为 U，有：

$$U=\frac{M}{X}$$

（三）组成模型体系并应用

由循环矩阵表反映的国民经济循环为：需求（包括外部需求）→生产→初次分配→再分配收入→再分配支出→最终需求。即从市场导向开始，经过循环求得市场新一轮的需求。若把各个数学模型进行组合，则模型体系框图如图 4 所示。

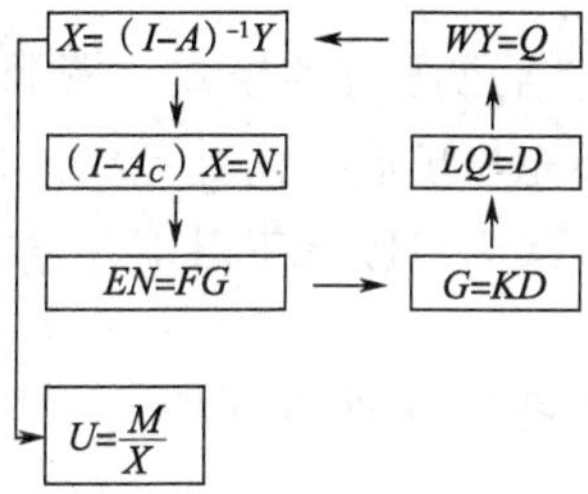

图 4　模型体系框图

在第Ⅰ、Ⅱ象限行模型 $X=(I-A)^{-1}Y$ 的基础上，可以建立半动态模型：$X-AX-B\Delta X=F$。式中，B 为投资矩阵，F 为最终净产出，ΔX 为产出增量。

利用半动态模型，先测算外生变量 F，它一方面是消费市场，另一方面是对外收支的调出、调入，即外部市场。消费的预测可以利用家计调查资料建立线性支出扩展系统，调出、调入可根据历史资料与经济发展前景进行测算。

只要将 F 预测出来，就可以启动模型，进行循环测算，用以制定生产的长远规划，调整分配结构，提出财政金融方面的对策，搞好资源的合理配置并引导好新的市场需求。

资源、环境、经济投入产出模型的设计研究[①]

实施可持续发展战略的核心是要保持资源、环境与经济发展之间的协调，做到既要发展经济又要合理利用资源和保护环境。这样就迫切要求我们找出资源、环境与经济之间内在的数量关系。资源、环境、经济投入产出模型的建立正是为了解决和回答这一问题。本文拟着重讨论这一模型的设计。

一、模型设计的基本思想

经济投入产出模型有它自己固有的模式，资源、环境、经济投入产出模型在其固有模式上做一些补充与扩展，使其完整地反映三者之间的内在联系。如何进行补充与扩展，笔者认为可以基于以下三点考虑。

（一）从镶嵌式与板块式结合方面考虑

镶嵌式与板块式是模块衔接的基本形式。在研究环境与经济的内在联系时，可采用板块式的方法，从产业部门中把治污部门分离出来，成为经济、环境两大模块，既能分开又能合并。在研究资源与经济的内在联系时有所不同，因为资源只有被开发应用时才会与经济直接发生联系，因此不宜采用从产业部门中分离的方法，只能是以镶嵌式的方法把产业部门分为资源型产业部门（农业和采掘业）和非资源型产业部门（农业和采掘业之外的产业）两大部分，把资源型产业部门镶嵌在整个产业部门中成为一大模块。

（二）从投入产出与占用产出结合方面考虑

投入产出和占用产出结合是投入产出模型补充和扩展的一个重要方面。在研究环境与经济的关系时，可直接采用投入产出分析方法，即生产和治污部门都会有产品（包括货物和服务，下同）的投入，都会在提供产品时生成污染物。在研究资源与经济的关系时，仅用投入产出分析方法是不够的，因为有些资源具有再生性和不可替代性的特点，如种植业用的耕地，在投入产

① 本文原载于《当代中国投入产出实践与研究》（中国统计出版社，1999年3月）。

出分析中，它不同于固定资产的价值补偿，在种植业的中间投入和最初投入中并没有得到充分反映，即仅用投入产出分析方法不能直接反映耕地与农作物的关系。需要引用占用产出方法，专门设置资源占用模块，反映资源占用与产出的关系。

（三）从流量核算与存量核算结合方面考虑

流量核算和存量核算是国民经济核算体系中的两大基本核算内容和方法。投入产出核算本身属于流量核算，只有在投入产出模型中引入了占用产出后，才会有流量核算和存量核算的结合。资源主要是以存量形式表现出来的，要反映资源与环境、经济的内在联系，只有把存量核算与流量核算有机结合起来，因此在设置了资源占用模块的基础上，还要设置资源存量模块。资源存量是以时点数表示的期末存量，资源占用是反映资源报告期年平均占用量。

二、模型设计的基本表式

根据上文的三个基本思想，我们设计的资源、环境、经济投入产出模型的基本表达见表 1。

矩阵表共 9 个象限：

第Ⅰ象限为中间投入象限，反映非资源型产业部门、资源型产业部门和治污部门的中间投入。

第Ⅱ象限为最终使用象限，反映最终使用的产品结构。

第Ⅲ象限为最初投入（增加值）象限，反映非资源型产业部门、资源型产业部门、治污部门的最初投入。

第Ⅳ象限为最终支出象限，反映增加值的最终分配后的支出。

表 1 资源、环境、经济投入产出表

投入	产出				
	中间使用			最终使用及其最终使用的资源占用与产污	总产出及总占用、总产污
	非资源型产业部门 1，2，…，k	资源型产业部门 $k+1$，$k+2$，…，n	治污部门 1，2，…，n		
中间投入 1，2，…，n		（Ⅰ）		（Ⅱ）	

续表

投入		产出				
		中间使用			最终使用及其最终使用的资源占用与产污	总产出及总占用、总产污
		非资源型产业部门 1，2，…，k	资源型产业部门 $k+1$，$k+2$，…，n	治污部门 1，2，…，n		
最初投入			（Ⅲ）		（Ⅳ）	
总投入						
资源占用	土地 森林 矿藏 水力 ⋮		（Ⅴ）		（Ⅵ）	
污染物	1，2，…，m		（Ⅶ）		（Ⅷ）	
资源存量	土地 森林 矿藏 ⋮		（Ⅸ）			

第Ⅴ象限为资源占用象限，重点反映资源型产业部门的资源占用情况，同时也反映非资源型产业部门和治污部门的资源占用情况。

第Ⅵ象限也为资源占用象限，反映最终使用中的资源占用，如居民住宅的土地占用等。

第Ⅶ象限为污染物生成象限，反映中间使用过程中生成的污染物。

第Ⅷ象限也为污染物生成象限，反映最终使用过程中生成的污染物。

第Ⅸ象限为资源存量象限，反映与资源占用对应的各种资源存量。

为了完整地反映存量与流量的关系，还可以单独设置投资矩阵和与其对应的存量矩阵。

三、几个具体操作问题

资源、环境、经济投入产出模型的整体设计是第一个层次的设计，要编制好这一模型，还要注意调查方案与基层表的设计，即第二个层次的设计。由于设计模型时考虑不同的用途，在第二个层次的设计上可能有不同的侧重。但在具体操作时，要把握以下几个问题。

第一，在编表方案上拟采用同步与异步相结合，并以异步为主的编表方法。这里的同步与异步是针对经济投入产出和资源、环境、经济投入产出两个不同模型而言的。同步即两个模型同时编制，异步即先编制经济投入产出模型，再编制资源、环境、经济投入产出模型。考虑到这两个模型的内在联系，在某些模块上同时编制、某些模块上异步编制，既可以保证经济投入产出模型全国编制时间的统一，又可以随即编制出资源、环境、经济投入产出模型。

第二，在资料搜集上拟采用疏通现有统计渠道和发放调查表调查结合的方法。充分利用现有的统计渠道搜集资料可以节省大量的人力、财力、物力。但考虑到有些资料或指标不全，或分组较粗而不能满足编制模型的需要，则要发放调查表调查。对于要发表调查的部分，拟采取两个模型同时搜集资料的方法。对于不发表调查部分，拟采用分头搜集资料，然后再进行调整、估算、补齐的方法。

第三，在数据处理上要注意原始数据矩阵和编制结果数据矩阵同时保留的方法。以往在投入产出的数据处理上只注意结果矩阵，而忽视原始数据矩阵，以至于在平衡调整后见不到原始数据矩阵，当编表质量不能保证一定精确度时影响分析应用。考虑到资源、环境、经济投入产出模型的资料搜集渠道广泛，特别是资源、环境的有些价值量是先搜集实物量，再根据不同的价格（如成本价、市场价）进行估量得到的，然后进行衔接和反复平衡调整，保留原始数据矩阵对其开发应用作用更大。

论经济、资源、环境投入产出模型的基本分析框架①

在发展经济的同时保护资源和环境，走可持续发展道路，已成为我们国家的一项基本国策。运用投入产出方法研究经济、资源、环境之间的关系，为政府实施可持续发展战略提供重要的决策支持显得尤为必要。本文重点讨论怎样编制经济、资源、环境投入产出模型，以建立起经济、资源、环境投入产出分析的基本框架。

一、经济、资源、环境投入产出模型的构架

构建经济、资源、环境投入产出模型有两种思路：一种思路是构架一个大模块，把经济、资源、环境的数据资料都放在这个大模块里，这种构架模型方法固然简洁，但不能充分考虑经济、资源、环境模型各自的特点；另一种思路是构架三大模块，即经济、资源、环境分别构架，这种方法的好处是能照顾到各个模块的分析特点，但各个模块之间存在一个数据衔接问题。我们的构架思路是构架经济、资源、环境三大主模块，在三大主模块之间构架衔接模块，这样使得三大主模块之间既相对独立，又相互衔接。

三大主模块和衔接模块的构架图式如图 1 所示。

图 1 中三大主模块是经济模块、资源模块和环境模块。经济模块是核心模块，因为经济发展中必然产生对资源的消耗和对环境的使用，可持续发展就是要通过资源合理配置和加大对环境的治理力度来拓展经济发展的生存空间。根据这一思想，我们的模型衔接主要是解决经济模块与资源模块的衔接和经济模块与环境模块的衔接问题。

经济模块是经济流量矩阵，又称国民经济投入产出表，由三个象限组成：第Ⅰ象限反映中间流量，也称中间消耗（或中间使用）；第Ⅱ象限反映最终使用，包括投资、消费、出口和进口；第Ⅲ象限反映增加值。

资源模块是资源配置矩阵，又称存量投入产出表，由三个象限组成：第

① 本文原载于《中国 2001 投入产出理论与实践》（中国统计出版社，2002 年 8 月）。

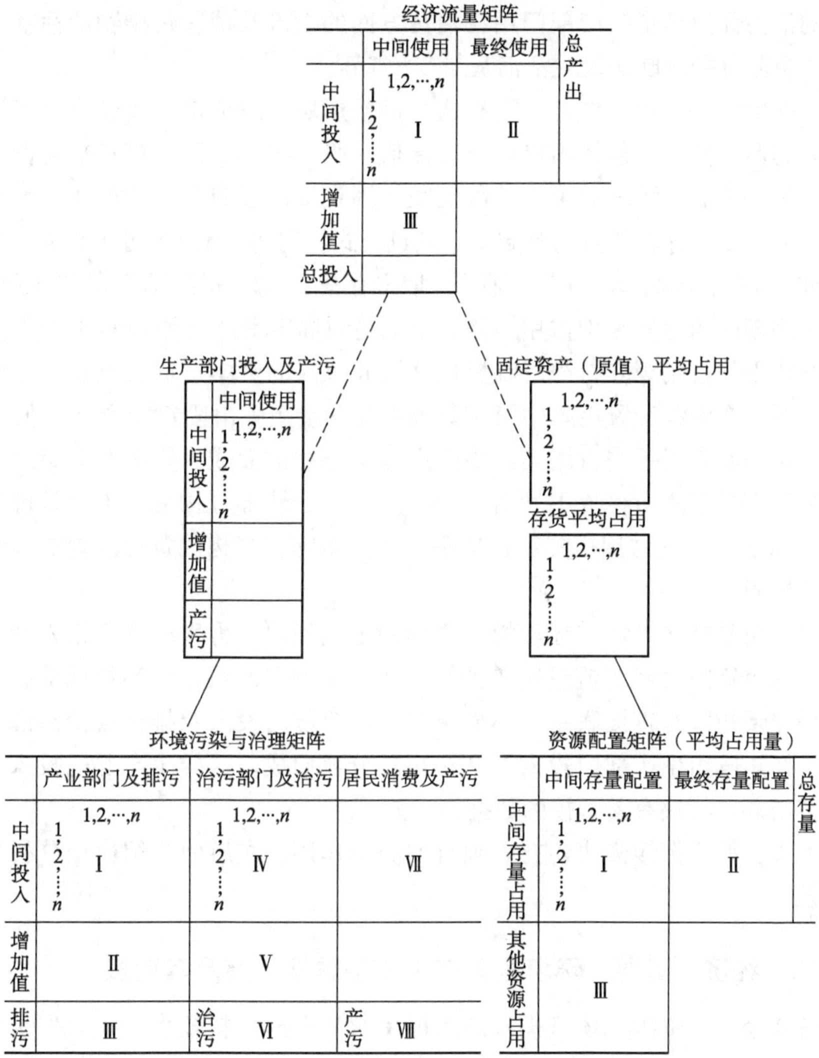

图 1　模型构架图式

Ⅰ象限反映中间存量，包括固定资产（原值）和生产性存货；第Ⅱ象限反映最终存量，即非生产性存货，即用于投资、消费和出口的存货；第Ⅲ象限反映其他资源占用，其内容包括其他非金融资产、土地资源、矿藏资源、水资源、人力资源的占用。为了便于研究经济流量与经济存量之间的数量关系，资源配置矩阵一律不采用年末数，而采用年平均数。

环境模块，即环境污染与治理矩阵，又称经济环境投入产出表，由八个象限组成：第Ⅰ、Ⅱ、Ⅲ象限分别反映产业部门的中间投入、增加值与排污情况；第Ⅳ、Ⅴ、Ⅵ象限分别反映治污部门的中间投入、增加值与治污情况，这里的治污部门是指生产部门用在治污方面的投入及消除污染物的活动；第Ⅶ、Ⅷ象限分别反映居民生活消费与产污情况。

上图中除三大主模块外，还有两个衔接模块。一个是经济模块与资源模块之间的衔接模块，包括固定资产（原值）平均占用矩阵、存货平均占用矩阵，因为经济流量矩阵的第Ⅱ象限反映了固定资产投资和存货变化量。我们在做期初、期末存量调查的基础上，通过公式：期初存量+本期（流量）变化量=期末存量，与公式：（期初存量+期末存量）÷2，得到固定资产（原值）平均占用矩阵和存货平均占用矩阵。也就是说固定资产（原值）平均占用矩阵和存货平均占用矩阵与经济流量矩阵第Ⅱ象限的资本形成总额有一个数据衔接关系。在资源配置矩阵中第Ⅰ象限中间存量矩阵由固定资产（原值）平均占用矩阵和存货平均占用矩阵中生产性部分相加而成，资源配置矩阵第Ⅱ象限最终存量矩阵由存货平均占用矩阵中非生产性部分构成。也就是说固定资产（原值）平均占用矩阵和存货平均占用矩阵直接构成资源配置矩阵的第Ⅰ、Ⅱ象限。

另一个是经济模块与环境模块之间的衔接模块，为生产部门投入及产污矩阵。这个矩阵由经济流量矩阵的第Ⅰ、Ⅲ象限和产污矩阵连接而成，因此与经济流量矩阵有直接联系。环境模块中产业部门投入及排污与治污部门投入和治污矩阵由生产部门投入及产污矩阵分解而成。这样生产部门投入及产污矩阵与环境模块有着直接的数据衔接关系。

此外，两个衔接模块还有着独自的分析作用，在后面介绍模型分析中将会涉及。

二、经济、资源、环境投入产出模型数据采集及其衔接

编制经济、资源、环境投入产出模型所需数据资料较多，在数据采集上采取通盘考虑办法，能够通过现有统计渠道获得的资料采取直接收集的方法，现有统计渠道无法获得的资料采取发表调查的方法，有些数据采取推算方法。并且，根据各项数据资料之间关系进行衔接。

（一）模型数据的采集

1. 经济流量矩阵（国民经济投入产出表）的数据采集。经济流量矩阵按列平衡方法搜集资料。各项总控制数利用国内生产总值核算资料。工业按产品部门计算的总产出通过工业年报专门布置，其他部门总产出利用国内生产总值核算细化资料获得。中间投入和增加值结构通过投入产出典型调查获得。

居民消费结构通过家计调查资料专门整理得到，政府消费结构采用推算得到。固定资产投资结构通过投资年报专门布置，存货变化量结构通过投入产出典型调查布置期初存货与期末存货结构的专项报表搜集。调出、调入结构也通过投入产出典型调查获得。我国已连续编制了几次国民经济投入产出表，资料搜集和整理方法已趋于成熟。

2. 固定资产（原值）平均占用矩阵和存货平均占用矩阵的数据采集。固定资产和存货属于存量。编制存量平均占用矩阵需要搜集期初存量和期末存量数据。期初存量和期末存量的总控制数取自资产负债年报，其结构资料按固定资产与存货分别搜集。固定资产（原值）结构（产品结构）通过投入产出典型调查布置其期初、期末结构专项调查搜集，并结合固定资产投资矩阵整理。存货的期初、期末结构已在编制经济流量矩阵时做了布置，可以直接采用。

3. 资源配置矩阵的数据采集。资源配置矩阵第Ⅰ、Ⅱ象限，即中间存量和最终存量象限，直接利用固定资产（原值）平均占用矩阵和存货平均占用矩阵。将固定资产（原值）平均占用矩阵和存货平均占用矩阵中工业部门数据相加放入中间存量矩阵，将存货平均占用矩阵中非工业部门数据放在最终存量矩阵，其中农业部门和商业部门存货放入消费与出口类存量中，建筑业、仓储业与金融业部门存货放入投资类存量中。

资源配置矩阵第Ⅲ象限反映其他资源配置，我们选择了几项关键的资源配置，包括其他非金融资产、土地资源、矿藏资源、水资源、人力资源。其他非金融资产控制数取自资产负债表，并结合专业统计年报分出各经济部门的非金融资产数。土地资源控制数取自统计年鉴，将耕地、林地、宜林荒山、水面等放入农业部门，其他土地面积由其他部门按总产出分摊。矿藏资源采用其潜在价值数据，分煤炭资源、金属矿资源、非金属矿资源，分别列在煤炭采选业、金属矿采选业、非金属矿采选业。水资源数据利用水文部门提供的水资源年报数据，选用其中的用水量数据。农业部门用水量直接采用其年报数，工业用水量只有一个总数，则利用经济投入产出表中各工业部门对自来水供应业的直接消耗值占整个工业部门对自来水供应业的直接消耗值的比重分摊。其他部门用水量采用类似工业部门数据推算方法推算。人力资源配置数据直接取自劳动力资源年报和通过工业部门分行业职工人数资料整理得到。

4. 生产部门投入及产污矩阵的数据采集。生产部门投入包括中间投入与增加值直接取自经济流量矩阵的第Ⅰ、Ⅲ象限。产污矩阵采用污染物的实物量，根据环保部门统计报表，产污量=排污量+治污量。我们选择了 11 项污染物指标，废水及含污物类 6 项［废水、贡镉铬铅、砷酚氰化物、石油类、化学需氧量（COD）、悬浮物硫化物］，废气及含污物类 4 项（废气、二氧化硫、烟尘、粉尘），废物类 1 项（固体废物）。将分生产部门的污染物数据按投入产出划分部门的方法重新归并。农业部门生产过程中产生的污染主要是利用化肥、农药、除草剂、农膜过程中产生的对空气、水、土地的污染，目前尚无正式统计数据，暂略。

5. 环境污染与治理矩阵的数据采集。这一矩阵分三部分：产业部门投入及排污部分、治污部门投入及治污部分、居民消费及产污部分。由于前两部分数据之和等于生产部门及产污矩阵的数据，因此在数据采集时我们主要采集治污部门的投入与治污数据，通过矩阵分离的方法（即用矩阵减法）得到产业部门投入及排污数据。治污的投入总控制数利用环保部门报表整理得到，治污的投入结构通过投入产出典型调查获得。

居民消费结构数据取自经济流量矩阵第Ⅱ象限，居民生活消费的产污数据分别取自环保部门和城建部门。环保部门数据主要是生活污水及所含 COD 和生活用煤产生的二氧化硫量。城建部门数据主要是城市居民生活产生的垃圾量。只有国务院批准设市建制的城市才有城市生活垃圾统计数据，县城及小城镇没有这方面数据。

（二）模型数据的衔接

模型数据衔接的原则是各模型之间的总控制数据必须完全衔接，各项结构数据做到大致衔接。

1. 经济流量矩阵与资源配置矩阵的数据衔接。为了满足编制动态投入产出模型的需要，我们将经济流量矩阵第Ⅱ象限中的投资列向量扩展成方阵，一个是固定资产投资方阵，一个是存货变化量方阵。这两个方阵与固定资产（原值）平均占用矩阵和存货平均占用矩阵有着直接的数据衔接关系。具体操作时，采取期初存量+本期变化量=期末存量的公式进行存量与流量之间的数据衔接。待数据衔接后，再用（期初存量+期末存量）÷2 的公式计算出固定资产（原值）平均占用矩阵和存货平均占用矩阵，然后利用固定资产（原值）平均占用矩阵和存货平均占用矩阵的数据资料编制资源配置矩阵的第Ⅰ、Ⅱ象限。资源配置矩阵第Ⅱ象限为最终存量占用，从理论上讲应是非生产性存货。由于严格将存货划分为生产性与非生产性在数据处理上比较困难，我们采取将工业部门存货划为生产性存货、非工业部门存货划为非生产性存货的大致划分方法，将固定资产（原值）和工业部门存货放入资源配置矩阵第Ⅰ象限，即中间存量矩阵；非工业部门存货放入第Ⅱ象限，即最终存量矩阵。

在最终存量中我们只列了投资类、消费和出口类两类存量，将建筑业、仓储业、金融保险业存货放入投资类存货中，将农业的存货（主要是农民的粮食）和商业部门的存货放入消费和出口类存货中。

2. 经济流量矩阵和环境污染与治理矩阵的数据衔接。经济流量矩阵的第Ⅰ、Ⅲ象限也就是生产部门的中间投入和增加值，将它分为两部分就成了环境矩阵中产业部门和治污部门的中间投入和增加值，生产部门的产污量等于产业部门的排污量与治污部门的治污量之和，其数据完全衔接。居民部门的产污有特殊性则单列，对居民生活消费产生的污染物的治理放在治污部门的社会服务业一栏中。

三、经济、资源、环境投入产出模型的基本分析

由经济、资源、环境投入产出模型构成的模型体系，可以从不同方面做出分析，其基本的分析如下。

（一）经济流量矩阵分析

经济流量矩阵的分析主要包括直接消耗系数、完全消耗系数的分析，还有根据行平衡关系和列平衡关系建立的行模型分析和列模型分析。运用得较多的是列昂惕夫逆矩阵，又称完全需要系数矩阵，其矩阵表达式为：$(I-A)^{-1}$。

（二）固定资产平均占用矩阵和存货平均占用矩阵分析

根据这两个矩阵结合总产出的数据，可以计算固定资产直接占用系数矩阵 D_1、存货直接占用系数矩阵 D_2。在此基础上，还可以计算包括固定资产折旧的完全需要系数矩阵 $(I-A-\hat{\alpha}_1D_1)^{-1}$ 以及包括固定资产折旧和存货占用的完全需要系数矩阵 $(I-A-\hat{\alpha}D)^{-1}$。

1. 包含固定资产折旧的完全需要系数矩阵 $\bar{B}_1^*$ 的简单推导方法。先推导包括固定资产折旧的完全消耗系数矩阵 B_1^*，则：

$$B_1^*=A+B_1^*A+\hat{\alpha}_1D_1+B_1^*\hat{\alpha}_1D_1$$

上式经济含义是：包含固定资产折旧的完全消耗=对产品的直接消耗+对产品的间接消耗+对固定资产的直接消耗+对固定资产的间接消耗。

根据上式有：

$$B_1^*(I-A-\hat{\alpha}_1D_1)=A+\hat{\alpha}_1D_1$$

$$\begin{aligned}B_1^*&=(A+\hat{\alpha}_1D_1)(I-A-\hat{\alpha}_1D_1)^{-1}\\&=(I-A-\hat{\alpha}_1D_1)^{-1}-(I-A-\hat{\alpha}_1D_1)^{-1}+(A+\hat{\alpha}_1D_1)(I-A-\hat{\alpha}_1D_1)^{-1}\end{aligned}$$

$$=(I-A-\hat{\alpha}_1 D_1)^{-1}-(I-A-\hat{\alpha}_1 D_1)^{-1}(I-A-\hat{\alpha}^1 D_1)$$
$$=(I-A-\hat{\alpha}_1 D_1)^{-1}-I$$

则：
$$\bar{B}_1^*=B_1^*+I$$
$$=(I-A-\hat{\alpha}_1 D_1)^{-1}$$

式中，$\hat{\alpha}_1$ 为固定资产折旧率对角阵。

2. 包含固定资产折旧和存货占用的完全需要系数矩阵 $\bar{B}^*$ 的简单推导方法如下。

令：
$$\hat{\alpha}D=\hat{\alpha}_1 D_1+\hat{\alpha}_2 D_2$$

式中，$\hat{\alpha}_1$、D_1 分别表示固定资产折旧率对角阵和固定资产直接占用系数矩阵，$\hat{\alpha}_2$、D_2 分别表示存货占用率对角阵和存货直接占用系数矩阵，则有：

$$\bar{B}^*=(I-A-\hat{\alpha}D)^{-1}$$

计算时先计算出 $\hat{\alpha}D$，再求 $(I-A-\hat{\alpha}D)^{-1}$。固定资产折旧率通常为5%左右，存货占用率采用经济流量矩阵的中间货物投入占总产出比重。

（三）资源配置矩阵分析

资源配置矩阵分为第Ⅰ、Ⅱ象限行平衡分析和第Ⅲ象限的单独分析。

1. 资源配置矩阵第Ⅰ、Ⅱ象限分析。资源配置矩阵第Ⅰ、Ⅱ象限反映的是中间存量和最终存量。根据中间存量和总产出数据可以计算中间存量直接占用系数矩阵 A^c，同时根据第Ⅰ、Ⅱ象限平衡关系可以用国民经济投入产出表计算完全需要系数矩阵的方法求出存量完全占用系数矩阵。

中间存量系数矩阵的计算：

$$A^c=[X_{ij}^c]_{n\cdot n}\hat{X}^{-1}$$

式中：A^c 为中间存量直接占用系数矩阵，$[X_{ij}^c]$ 为中间存量矩阵（方阵），$\hat{X}$ 为总产出对角阵。

有行平衡关系式：

中间存量+最终存量=总存量

用矩阵表示：

$$A^cX+Y^c=X^c$$

引进产出总存量系数 β_i，即：

$$\beta_i=X_i^c/X_i$$

其矩阵形式：

$$X^c=\hat{\beta}X \text{（}\hat{\beta}\text{ 为产出总存量系数对角阵）}$$

有公式（一）：
$$A^cX+Y^c=X^c$$

因为：
$$X^c=\hat{\beta}X$$

则：
$$A^c X + Y^c = \hat{\beta} X$$
$$\hat{\beta} X - A^c X = Y^c$$
$$(\hat{\beta} - A^c)\ X = Y^c$$
$$X = (\hat{\beta} - A^c)^{-1} Y^c$$

上式成立条件是（$\hat{\beta}-A^c$）可逆。

公式（二）：
$$A^c X + Y^c = X^c$$

因为：
$$X = \hat{\beta}^{-1} X^c$$

则：
$$A^c \hat{\beta}^{-1} X^c + Y^c = X^c$$
$$X^c - A^c \hat{\beta}^{-1} X^c = Y^c$$
$$(I - A^c \hat{\beta}^{-1})\ X^c = Y^c$$
$$X^c = (I - A^c \hat{\beta}^{-1})^{-1} Y^c$$

上式成立条件是 $\hat{\beta}$ 可逆，即主对角线不能有一项数字为 0。

根据公式（一）、(二)，我们有存量完全占用系数矩阵（1）、(2)：
$$B_1^c = (\hat{\beta} - A^c)^{-1} - I$$
$$B_2^c = (I - A^c \hat{\beta})^{-1} - I$$

式中，$\bar{B}_1^c$、$\bar{B}_2^c$ 分别反映最终存量与总产出和总存量之间的数量关系。

2. 资源配置矩阵第Ⅲ象限的分析。资源配置矩阵第Ⅲ象限包含其他非金融资产、土地资源、矿藏资源、水资源、人力资源，可以求各种资源的直接占用系数和完全占用系数。

第 i 种资源的直接占用系数 e_i 的计算方法：
$$e_i = Q_i \hat{X}^{-1}$$

式中，e_i 为资源的直接占用系数，Q_i 为资源的占用数，$\hat{X}$ 为总产出对角阵。

第 i 种资源的完全占用系数 E_i 的计算方法如下。

方法（一）：
$$E_i = e_i\ (I - A)^{-1}$$

方法（二）：
$$E_i = e_i\ (I - A - \hat{\alpha}_1 D_1)^{-1}$$

方法（三）：
$$E_i = e_i\ (I - A - \hat{\alpha} D)^{-1}$$

（四）环境污染与治理矩阵分析

环境污染与治理矩阵分析主要包括经济与环境模型分析和污染及治理状况分析。

1. 经济与环境模型分析。

模型（一）：产业部门中间使用+治污部门中间使用+最终使用=总产出。

用矩阵表示为：
$$A_1 X_1 + A_2 X_2 + Y = X$$

令： $r_1=X_1/X,\ r_2=X_2/X$

有： $A_1\hat{r}_1X+A_2\hat{r}_2X+Y=X$

$$X-A_1\hat{r}_1X-A_2\hat{r}_2X=Y$$

$$(I-A_1\hat{r}_1-A_2\hat{r}_2)\ X=Y$$

$$X=(I-A_1\hat{r}_1-A_2\hat{r}_2)^{-1}Y$$

与 $X=(I-A)^{-1}Y$ 比较，有：

$$A=A_1\hat{r}_1+A_2\hat{r}_2$$

上式反映了生产部门的中间投入与产业部门和治污部门中间投入的数量关系，式中：$\hat{r}_1+\hat{r}_2=I$。

模型（二）：生产部门产污量+消费部门产污量=总产污。

用矩阵表示为：

$$FX+R=W$$

式中，F 为直接产污系数。

将 $X=(I-A)^{-1}Y$ 代入上式：

$$F\ (I-A)^{-1}Y+R=W$$

则： $W=F\ (I-A)^{-1}Y+R$

利用以上模型，当 F、Y、R 已知，可以求 W。

2. 污染及治理状况分析。根据产污、排污、治污矩阵和相应的总产出（总投入）数据可以求出直接产污系数、直接排污系数、直接治污系数，根据完全需要系数矩阵可以求出完全产污系数、完全排污系数、完全治污系数。

设第 i 种污染物的直接产污系数为 f_i：

$$f_i=W_i\hat{X}^{-1}$$

式中，W_i 为某种污染物行向量，$\hat{X}$ 为总产出对角阵。

完全产污系数计算方法：

$$F_i=f_i\ (I-A)^{-1}$$

$$F_i=f_i\ (I-A-\hat{\alpha}_1D_1)^{-1}$$

$$F_i=f_i\ (I-A-\hat{\alpha}D)^{-1}$$

直接排污系数 m_i 和完全排污系数 M_i 以及直接治污系数 n_i 和完全治污系数 N_i 的计算方法与此相同。

中国节能减排投入产出分析①

节能减排是一个持续性的工作，不是一蹴而就的事情。科学技术方面，我们不仅需要有先进的技术，而且要有更完善的工艺；国家政策制度方面，我们需要尽快出台和健全相关法律法规以及环境保护管理体系，也要督促和引导全民参与、共同监督，树立社会生态文明主人翁的意识。更重要的是要进行产业结构调整，逐步淘汰高能耗、高污染等落后产能，限制高能耗与高污染产业部门的发展。

一、各部门生产对能源产品的消耗系数分析

各部门生产对能源产品的直接消耗系数指某部门生产单位总产品对能源产品的直接消耗量；其完全消耗系数是指某部门生产单位最终产品对能源产品的完全消耗量。对能源产品的消耗系数表示某一部门生产单位产品对能源部门产品的投入的占比，即消耗系数列合计（见表1）。

根据表1数据，将各部门对能源产品的直接消耗系数列合计进行比较，大于0.1的部门有11个，包括5个能源部门；而小于0.03的部门有10个，包括5个制造业部门和2个服务业部门。其中，直接能耗高的前5个部门是：石油加工、炼焦及核燃料加工业，为0.698 8；燃气生产和供应业，为0.645 7；电力、热力的生产和供应业，为0.516 2；金属矿采选业，为0.216 6；水的生产和供应业，为0.210 9。直接能耗低的前5个部门是：废品废料，为0.008 0；房地产业，为0.012 1；通信设备、计算机及其他电子设备制造业，为0.013 5；仪器仪表及文化办公用机械制造业，为0.013 5；金融业，为0.013 9。由此可得，国民经济生产中对能源部门直接依赖程度较高的有能源部门自身（主要是二次能源部门）、金属矿采选业、水的生产和供应业等；相反，废品废料、房地产业等对其直接依赖程度较低。对直接消耗系数最高的前5个部门进一步分析可以得到，石油加工、炼焦及核燃料加工业

① 本文原载于《2013中国投入产出理论与实践》（中国统计出版社，2015年3月，作者：廖明球、高琳）。本文为教育部人文社会科学研究项目“中国绿色GDP投入产出表编制与分析研究”（08JA790086）后续研究成果。

和燃气生产和供应业对石油、天然气的直接依赖程度较高；而电力、热力的生产和供应业，金属矿采选业，水的生产和供应业则对电力、热力的直接依赖程度较高。

表 1　各部门能源消耗系数

部 门	编号	直接消耗系数列合计	完全消耗系数列合计
农林牧渔业	1	0. 017 132	0. 141 962
煤炭开采和洗选业	2	0. 178 404	0. 435 554
石油和天然气开采业	3	0. 124 743	0. 355 701
金属矿采选业	4	0. 216 558	0. 622 753
非金属矿及其他矿采选业	5	0. 125 426	0. 443 527
食品制造及烟草加工业	6	0. 017 463	0. 180 449
纺织业	7	0. 031 170	0. 304 555
服装鞋帽皮革羽绒及其制品业	8	0. 015 350	0. 253 244
木材加工及家具制造业	9	0. 033 646	0. 299 186
造纸印刷及文教体育用品制造业	10	0. 032 813	0. 313 278
石油加工、炼焦及核燃料加工业	11	0. 698 786	1. 051 558
化学工业	12	0. 148 338	0. 598 645
非金属矿物制品业	13	0. 150 186	0. 519 127
金属冶炼及压延加工业	14	0. 116 225	0. 564 085
金属制品业	15	0. 060 820	0. 473 561
通用、专用设备制造业	16	0. 037 982	0. 388 067
交通运输设备制造业	17	0. 017 481	0. 344 042
电气机械及器材制造业	18	0. 016 682	0. 401 205
通信设备、计算机及其他电子设备制造业	19	0. 013 473	0. 310 967
仪器仪表及文化办公用机械制造业	20	0. 013 464	0. 322 192
工艺品及其他制造业	21	0. 032 155	0. 325 853
废品废料	22	0. 008 044	0. 048 913
电力、热力的生产和供应业	23	0. 516 197	1. 046 263

续表

部 门	编号	直接消耗系数列合计	完全消耗系数列合计
燃气生产和供应业	24	0. 645 723	0. 979 565
水的生产和供应业	25	0. 210 888	0. 543 254
建筑业	26	0. 034 366	0. 400 363
流通行业	27	0. 090 416	0. 286 932
金融业	28	0. 013 936	0. 096 075
房地产业	29	0. 012 124	0. 069 734
其他服务业	30	0. 036 222	0. 242 816

将各部门对能源产品的完全消耗系数列合计进行比较，大于 0. 5 的部门有 8 个，包括 3 个能源部门；而小于 0. 2 的部门有 5 个，包括农林牧渔业、废品废料以及 1 个制造业部门和 2 个服务业部门。其中，完全能耗高的 5 个部门是：石油加工、炼焦及核燃料加工业，为 1. 051 6；电力、热力的生产和供应业，为 1. 046 3；燃气生产和供应业，为 0. 979 6；金属矿采选业，为 0. 622 8；化学工业，为 0. 598 6。完全能耗低的前 5 个部门是：废品废料，为 0. 048 9；房地产业，为 0. 069 7；金融业，为 0. 096 1；农林牧渔业，为 0. 142 0；食品制造及烟草加工业，为 0. 180 4。由此可得，国民经济生产中对能源部门完全依赖程度较高的是能源部门，与直接能耗相比，前 4 个部门位次变化不大，只是化学工业取代水的生产和供应业跃居完全能耗第五位。完全能耗依赖程度较低的是金融业、房地产业、废品废料，与直接能耗相比位次没有发生变化，只是农林牧渔业、食品制造及烟草加工业取代了通信设备、计算机及其他电子设备制造业和仪器仪表及文化办公用机械制造业，成为完全能耗的倒数第四、第五位。

综上所述，我们可以得到这样的结论：不论从直接能耗还是完全能耗角度看，对能源消耗较高的部门是能源部门，其中最高的当属石油加工、炼焦及核燃料加工业，电力、热力的生产和供应业以及燃气生产和供应业；对能源消耗较低的部门是废品废料、房地产业和金融业。

二、各部门生产对环境的消耗系数分析

（一）各部门生产对环境治理实际投入系数分析

各部门生产对环境实际治理的直接消耗系数是指某部门生产单位总产品

对环境消耗量的直接实际补偿，即直接实际花费；其完全消耗系数是指某部门生产单位最终产品对环境消耗量的完全实际补偿。环境治理实际投入系数表示某一部门生产单位产品对环境实际投入的占比，即消耗系数列合计（见表2）。

根据表2数据，将各部门生产对环境治理的实际投入的直接消耗系数列合计进行比较，系数大于0.01的部门有2个，介于0.008到0.001 5的包括13个部门，小于0.000 1的有3个部门。其中，直接治理系数大的前5个部门是：金属矿采选业，为0.012 7；电力、热力的生产和供应业，为0.011 9；房地产业，为0.007 8；金融业，为0.006 4；流通行业，为0.004 8。直接治理系数较小的5个部门是：电气机械及器材制造业，为0.000 14；木材加工及家具制造业，为0.000 13；工艺品及其他制造业、废品废料、水的生产和供应业系数均小于0.000 1。由此可得，国民经济生产中对环境的实际直接补偿投入较多的是金属矿采选业，电力、热力的生产和供应业与服务业；而相反，水的生产和供应业、废品废料等的直接治理投入较少。

将各部门生产对环境治理的实际投入的完全消耗系数列合计进行比较，系数大于0.02的部门有2个，而小于0.007的部门有4个。其中，完全治理系数较大的5个部门是：电力、热力的生产和供应业，为0.023 8；金属矿采选业，为0.022 2；金属冶炼及压延加工业，为0.015 2；金属制品业，为0.011 9；造纸印刷及文教体育用品制造业，为0.011 6。完全治理系数较小的5个部门是：废品废料，为0.001 0；农林牧渔业，为0.005 2；食品制造及烟草加工业，为0.006 5；木材加工及家具制造业，为0.006 6；服装鞋帽皮革羽绒及其制品业，为0.007 2。由此可得，国民经济生产中对环境的完全治理投入最大的是电力、热力的生产和供应业以及金属矿采选业；而农林牧渔业、废品废料较少。与直接治理投入相比，完全治理系数较大的5个部门和较小的5个部门的位次都发生了变化。较大的5个部门中，金属冶炼及压延加工业、金属制品业、造纸印刷及文教体育用品制造业替代了房地产业、金融业、流通行业；在较小的5个部门中，农林牧渔业、食品制造及烟草加工业、服装鞋帽皮革羽绒及其制品业替代了电气机械及器材制造业、工艺品及其他制造业、水的生产和供应业。

表2　各部门生产对环境治理的实际投入系数

部门	编号	直接消耗系数列合计	完全消耗系数列合计
农林牧渔业	1	0.001 962	0.005 238
煤炭开采和洗选业	2	0.003 304	0.009 560

续表

部门	编号	直接消耗系数列合计	完全消耗系数列合计
石油和天然气开采业	3	0.002 397	0.007 458
金属矿采选业	4	0.012 730	0.022 195
非金属矿及其他矿采选业	5	0.000 821	0.007 406
食品制造及烟草加工业	6	0.001 276	0.006 491
纺织业	7	0.001 661	0.008 882
服装鞋帽皮革羽绒及其制品业	8	0.000 559	0.007 232
木材加工及家具制造业	9	0.000 130	0.006 564
造纸印刷及文教体育用品制造业	10	0.003 897	0.011 603
石油加工、炼焦及核燃料加工业	11	0.002 687	0.009 679
化学工业	12	0.002 240	0.010 908
非金属矿物制品业	13	0.001 807	0.009 648
金属冶炼及压延加工业	14	0.003 504	0.015 177
金属制品业	15	0.001 404	0.011 888
通用、专用设备制造业	16	0.000 149	0.008 857
交通运输设备制造业	17	0.000 273	0.008 318
电气机械及器材制造业	18	0.000 143	0.009 849
通信设备、计算机及其他电子设备制造业	19	0.000 479	0.008 117
仪器仪表及文化办公用机械制造业	20	0.000 947	0.008 509
工艺品及其他制造业	21	0.000 084	0.007 515
废品废料	22	0.000 041	0.000 969
电力、热力的生产和供应业	23	0.011 865	0.023 808
燃气生产和供应业	24	0.001 153	0.007 870
水的生产和供应业	25	0.000 011	0.007 947
建筑业	26	0.000 869	0.009 267
流通行业	27	0.004 754	0.009 332
金融业	28	0.006 429	0.009 532
房地产业	29	0.007 775	0.009 432
其他服务业	30	0.004 303	0.009 663

综上所述，在生产过程中对环境实际治理费用花费最多的是金属矿采选业及电力、热力的生产和供应业，虽然这两个部门在直接消耗系数和完全消

耗系数中的排名不一样，但是对环境实际治理投入最多。水的生产和供应业在直接治理中的花费是最少的，但是间接花费较多。废品废料、木材加工及家具制造业部门不论是直接治理还是完全治理其花费都是最少的。

（二）各部门生产对环境虚拟投入系数分析

环境虚拟投入直接消耗系数是指某部门生产单位产品对环境消费量的直接虚拟补偿，即某部门需要治理的费用，而在实际治理中未花费的费用额。也可以说是某部门对环境的危害较大，可是未从治理中得到补偿的那部分。环境虚拟投入系数表示某一部门生产单位产品对环境虚拟投入的占比，即直接消耗系数列合计（见表3）。

表3　各部门生产对环境虚拟投入系数

部门	编号	直接消耗系数列合计
农林牧渔业	1	0.008 526
煤炭开采和洗选业	2	0.004 195
石油和天然气开采业	3	0.001 898
金属矿采选业	4	0.008 440
非金属矿及其他矿采选业	5	0.002 376
食品制造及烟草加工业	6	0.007 570
纺织业	7	0.003 708
服装鞋帽皮革羽绒及其制品业	8	0.002 155
木材加工及家具制造业	9	0.001 230
造纸印刷及文教体育用品制造业	10	0.025 968
石油加工、炼焦及核燃料加工业	11	0.000 898
化学工业	12	0.004 203
非金属矿物制品业	13	0.002 230
金属冶炼及压延加工业	14	0.002 552
金属制品业	15	0.000 125
通用、专用设备制造业	16	0.000 193
交通运输设备制造业	17	0.000 212
电气机械及器材制造业	18	0.000 102
通信设备、计算机及其他电子设备制造业	19	0.000 117

续表

部 门	编号	直接消耗系数列合计
仪器仪表及文化办公用机械制造业	20	0. 000 183
工艺品及其他制造业	21	0. 000 287
废品废料	22	0. 000 153
电力、热力的生产和供应业	23	0. 020 761
燃气生产和供应业	24	0. 002 625
水的生产和供应业	25	0. 000 157
建筑业	26	0. 000 466
流通行业	27	0. 008 766
金融业	28	0. 011 854
房地产业	29	0. 014 336
其他服务业	30	0. 007 935

由表3数据，将各部门生产对环境虚拟投入的直接消耗系数列合计进行比较，系数大于0. 01的部门有4个，分别是：造纸印刷及文教体育用品制造业，为0. 026 0；电力、热力的生产和供应业，为0. 020 8；房地产业，为0. 014 3；金融业，为0. 011 9。小于0. 000 18的部门有5个，分别是：电气机械及器材制造业，为0. 000 102；通信设备、计算机及其他电子设备制造业，为0. 000 117；金属制品业，为0. 000 125；废品废料，为0. 000 153；水的生产和供应业，为0. 000 157。由此可得，国民经济生产中本应该对环境的直接补偿投入较多的是造纸印刷及文教体育用品制造业，电力、热力的生产和供应业，房地产业，金融业。对投入系数最高的前5个部门进行分析可以得到，对水的生产和供应业的直接补偿应该由造纸印刷及文教体育用品制造业承担；对煤炭开采和洗选业的直接补偿应该由电力、热力的生产和供应业承担；而对石油加工、炼焦及核燃料加工业的直接补偿则应该由房地产业、金融业和流通行业承担。

由于虚拟治理费用是包括需要治理还未治理的费用的，而完全消耗系数是以直接消耗系数为基础的，所以对虚拟治理的分析没有从完全消耗系数角度进行。

综上所述，造纸印刷及文教体育用品制造业应该对水的污染进行直接的补偿；电力、热力的生产和供应业应该对煤炭燃烧产生的大气污染进行直接补偿；而房地产业、金融业和流通行业则应该对石油、炼焦及核燃料加工业产生的大气污染进行直接补偿。

（三）各部门对环境投入系数分析

环境全部投入指的是国民经济生产过程中对环境的所有投入，包括环境实际治理成本与环境虚拟投入之和。

环境投入直接消耗系数，是指某部门生产单位总产品对环境全部消耗量的直接补偿，即需要为环境污染所付出的直接代价。环境投入完全消耗系数，是指某部门生产单位最终产品对环境的直接和间接消耗量之和的完全补偿，即需要为环境污染所付出的最终代价。环境投入系数表示某一部门生产单位产品对环境治理投入的占比，即消耗系数列合计（见表4）。

表4　各部门对环境投入系数

部门	编号	直接消耗系数列合计	完全消耗系数列合计
农林牧渔业	1	0.010 488	0.021 581 63
煤炭开采和洗选业	2	0.007 499	0.023 692 06
石油和天然气开采业	3	0.004 295	0.017 238 29
金属矿采选业	4	0.021 170	0.044 600 67
非金属矿及其他矿采选业	5	0.003 196	0.020 890 54
食品制造及烟草加工业	6	0.008 846	0.028 572 85
纺织业	7	0.005 369	0.028 068 67
服装鞋帽皮革羽绒及其制品业	8	0.002 715	0.024 172 53
木材加工及家具制造业	9	0.001 361	0.020 947 23
造纸印刷及文教体育用品制造业	10	0.029 865	0.059 045 88
石油加工、炼焦及核燃料加工业	11	0.003 585	0.020 514 77
化学工业	12	0.006 443	0.030 547 92
非金属矿物制品业	13	0.004 037	0.025 343 05
金属冶炼及压延加工业	14	0.006 055	0.032 124 28
金属制品业	15	0.001 529	0.026 093 95
通用、专用设备制造业	16	0.000 343	0.021 157 06
交通运输设备制造业	17	0.000 484	0.020 390 30

续表

部门	编号	直接消耗系数列合计	完全消耗系数列合计
电气机械及器材制造业	18	0.000 245	0.023 575 20
通信设备、计算机及其他电子设备制造业	19	0.000 597	0.020 339 84
仪器仪表及文化办公用机械制造业	20	0.001 130	0.020 689 95
工艺品及其他制造业	21	0.000 371	0.021 424 42
废品废料	22	0.000 195	0.002 643 33
电力、热力的生产和供应业	23	0.032 626	0.064 431 97
燃气生产和供应业	24	0.003 778	0.020 327 82
水的生产和供应业	25	0.000 168	0.021 811 98
建筑业	26	0.001 335	0.022 402 81
流通行业	27	0.013 520	0.026 819 72
金融业	28	0.018 283	0.027 800 70
房地产业	29	0.022 111	0.026 741 83
其他服务业	30	0.012 238	0.028 269 44

根据表4数据，将各部门对环境投入的直接消耗系数列合计进行比较，系数大于0.018的部门有5个，包括：电力、热力的生产和供应业，为0.032 6；造纸印刷及文教体育用品制造业，为0.029 9；房地产业，为0.022 1；金属矿采选业，为0.021 2；金融业，为0.018 3。小于0.000 4的部门有5个，包括：水的生产和供应业，为0.000 168；废品废料，为0.000 195；电气机械及器材制造业，为0.000 245；通用、专用设备制造业，为0.000 343；工艺品及其他制造业，为0.000 371。由此可得，国民经济生产中对环境的直接补偿，包括实际补偿和虚拟补偿，投入较多的是电力、热力的生产和供应业及造纸印刷及文教体育用品制造业，相反，水的生产和供应业与废品废料的补偿投入较少。对补偿投入系数最高的前5个部门进行分析可以得到，电力、热力的生产和供应业对煤炭开采和洗选业的直接投入较多；造纸印刷及文教体育用品制造业对水的生产和供应业的直接投入较多；房地产业和金融业对石油加工、炼焦及核燃料加工业的直接投入较多。

将各部门对环境投入的完全消耗系数列合计进行比较，系数大于0.03的部门有5个，包括：电力、热力的生产和供应业，为0.064 4；造纸印刷及文教体育用品制造业，为0.059 0；金属矿采选业，为0.044 6；金属冶炼及压延加工业，为0.032 1；化学工业，为0.030 5。与对环境投入的直接消耗系数相比，位次发生变化，金属冶炼及压延加工业、化学工业取代房地产业和金融业，进入前五位。而投入系数小于0.020 4的部门有5个，包括：废品废料，为0.002 643；石油和天然气开采业，为0.017 238；燃气生产和供应业，为0.020 328；通信设备、计算机及其他电子设备制造业，为0.020 340；交通运输设备制造业，为0.020 390。与环境投入直接消耗系数相比，位次发生变化，石油和天然气开采业，燃气生产和供应业，通信设备、计算机及其他电子设备制造业，交通运输设备制造业取代水的生产和供应业，电气机械及器材制造业，通用、专用设备制造业和工艺品及其他制造业，进入倒数后五位。由此可得，国民经济生产中对环境的完全治理投入，包括实际投入和虚拟投入，投入最多的是电力、热力的生产和供应业和造纸印刷及文教体育用品制造业等部门；而投入较少的是石油和天然气开采业与废品废料等部门。

综上所述，在国民经济的发展中忽视了服务业的负外部性，对环境的投入需要付出较高的代价，尤其是房地产业和金融业对石油、炼焦、核燃料加工业的污染需要进行直接补偿；电力、热力的生产和供应业需要对煤炭的污染进行直接补偿；造纸印刷及文教体育用品制造业则应该为水的污染进行直接补偿。而石油和天然气开采业与废品废料对环境的补偿相对较低。

三、环境投入与能源消费的综合分析

（一）环境投入与能源消费对比分析

利用前述的环境投入与能源消费数据，计算其消耗系数，再将其对比得到图1。

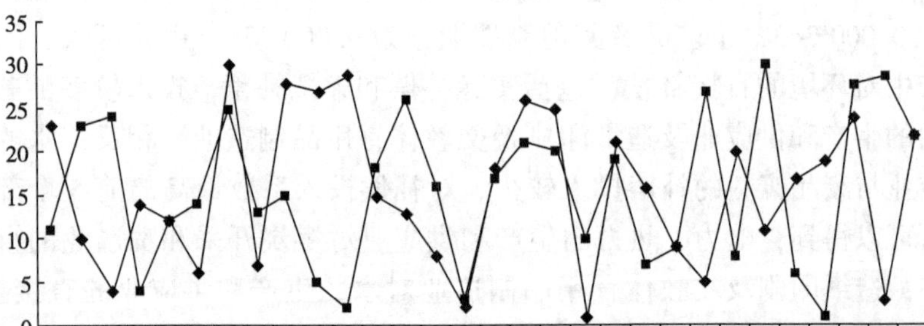

	1	2	3	4	5	6	7	8	9	10	11	12	13	14	15	16	17	18	19	20	21	22	23	24	25	26	27	28	29	30
—◆— 环境投入	23	10	4	14	12	6	30	7	28	27	29	15	13	8	2	18	26	25	1	21	16	9	5	20	11	17	19	24	3	22
—■— 能源消费	11	23	24	4	12	14	25	13	15	5	2	18	26	16	3	17	21	20	10	19	7	9	27	8	30	6	1	28	29	22

图1 环境投入与能源消费对比分析

由图 1 可以得到，高能耗部门分别是石油加工、炼焦及核燃料加工业，电力、热力的生产和供应业，燃气生产和供应业，金属矿采选业，化学工业；低能耗部门是食品制造及烟草加工业，农林牧渔业，金融业，房地产业，废品废料。

环境高补偿的部门是电力、热力的生产和供应业，造纸印刷及文教体育用品制造业，金属矿采选业，金属冶炼及压延加工业，化学工业；低补偿的部门是交通运输设备制造业，通信设备、计算机及其他电子设备制造业，燃气生产和供应业，石油和天然气开采业，废品废料。其中，高能耗高环境补偿的部门是电力、热力的生产和供应业，金属矿采选业，化学工业；低能耗低环境补偿的部门是废品废料，略低的部门是木材加工及家具制造业。

（二）中国节能减排投入产出表与原有投入产出表对比分析

利用中国 2007 年节能减排投入产出表与原有投入产出表的数据，分别计算其完全消耗系数，再将其对比得到图 2。

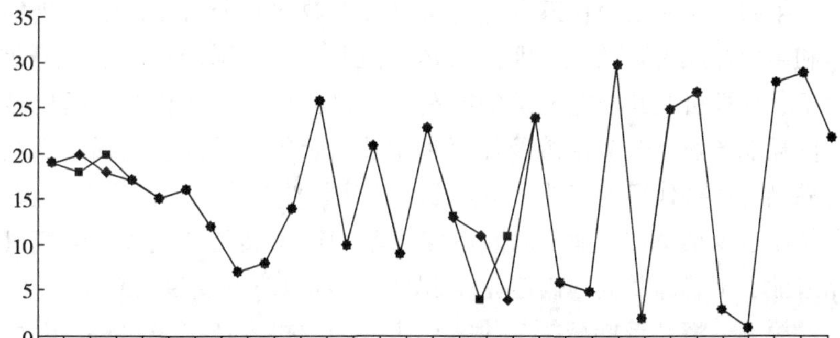

	1	2	3	4	5	6	7	8	9	10	11	12	13	14	15	16	17	18	19	20	21	22	23	24	25	26	27	28	29	30
—◆— 投入产出	19	20	18	17	15	16	12	7	8	14	26	10	21	9	23	13	11	4	24	6	5	30	2	25	27	3	1	28	29	22
—■— 节能减排	19	18	20	17	15	16	12	7	8	14	26	10	21	9	23	13	4	11	24	6	5	30	2	25	27	3	1	28	29	22

图 2　节能减排投入产出表与原有投入产出表对比分析

由图 2 可知，通过节能减排之后，电气机械及器材制造业，仪器仪表及文化办公用机械制造业，石油加工、炼焦及核燃料加工业，金属矿采选业的完全消耗系数发生了位置的变换，即这四个部门的完全依赖程度发生了变化；而其余各部门的完全依赖程度并没有发生变化。

四、结论与建议

（一）结论

根据以上分析，我们有以下结论。

第一，从直接消耗系数分析，低能耗、低污染（未治理）的部门是废品废料与通信设备、计算机及其他电子设备制造业；低能耗、高污染（未治理）的部门是房地产业与金融业；低污染（未治理）高能耗的部门是水的生产和供应业；高能耗高污染（未治理）的部门是电力、热力的生产和供应业。这些部门是产业结构调整的重要部门。

第二，从环境的直接消耗系数分析，高治理后仍然是高污染排放部门的有电力、热力的生产和供应业，房地产业，金融业，造纸印刷及文教体育用品制造业；低治理后仍是低污染排放部门的有水的生产和供应业，电气机械及器材制造业。这些部门在产业结构调整中应引起高度重视。

第三，将能耗、环境治理、环境污染（未治理）三者结合起来考虑，仍从直接消耗系数分析，高能耗、高治理、低污染的部门有金属矿采选业；高能耗、高治理、高污染的部门有电力、热力的生产和供应业；低能耗、高治理、高污染的部门有房地产业、金融业；高能耗、低治理、低污染的部门有水的生产和供应业。

第四，从完全消耗系数与直接消耗系数比较分析，化学工业替代水的生产和供应业成为高耗能产业；农林牧渔业、食品制造及烟草加工业替代通信设备、计算机及其他电子设备制造业和仪器仪表及文化办公用机械制造业成为低耗能产业。金属冶炼及压延加工业、金属制品业、造纸印刷及文教体育用品制造业替代房地产业、金融业、流通行业成为高治理产业；农林牧渔业、食品制造及烟草加工业、服装鞋帽皮革羽绒及其制品业替代电气机械及器材制造业、工艺品及其他制造业、水的生产和供应业成为低治理产业。

第五，将“节能减排”投入产出表与原投入产出表比较，电气机械及器材制造业，仪器仪表及文化办公用机械制造业，石油加工、炼焦及核燃料加工业，金属矿采选业四部门的完全消耗系数发生了位次的变化，说明这几个部门的环境虚拟成本变化较大。

第六，我国能源部门自身是高耗能部门，主要是二次能源占的比例较大，又由于二次能源消耗的是化石能源，使之成为高排放部门，即高治理仍高污染部门。除能源部门外，对能源部门依赖程度较高的还有化学工业，水的生产和供应业，金属采选业等部门。我国高污染（未治理）部门是电力、热力的生产和供应业，房地产业，金融业和造纸印刷及文教体育用品制造业，而这些部门也是高治理部门，主要原因是高排放。

（二）政策建议

根据研究结论，我们有如下政策建议。

一是优先发展低能耗、低污染（未治理）产业，主要是废品废料、通信设备、计算机及其他电子设备制造业。废品废料可通过废物利用，使之成为再生资源；通信设备、计算机及其他电子设备制造业属于高新技术产业，理应优先发展。

二是促进低能耗、高治理、高污染产业的科学发展，包括房地产业、金融业。主要是进一步加大环境治理力度，减少污染，使之成为国民经济的支柱产业。

三是推进高能耗、低治理、低污染产业和高能耗、高治理、低污染产业的技术进步，包括水的生产和供应业、金属矿采选业、电气机械及器材制造业。主要是通过技术改造降低其能耗，使之成为国民经济的重要基础产业。

四是限制高能耗、高污染（未治理）产业的发展，主要有电力、热力的生产和供应业、化学工业、造纸印刷及文教体育用品制造业。电力、热力的生产和供应业应调整产品结构，发展水电、风电、核电等清洁能源，限制火力发电。

五是调整工业内部结构，发展先进制造业，淘汰落后产能。前面没有提及的工业部门都需要进行内部的产品结构调整，力争降能耗、减排放。在减排过程中力求高治理低污染，使之成为绿色工业。

六是大力发展绿色服务业和绿色农业。我国的服务业和农业属于低能耗产业，其中大部分属于低污染产业，但同样面临排放问题，因此要对其进行集中治理，减少污染。

总之，制定合理的产业政策，结合使用财政税收政策与货币政策，依赖市场手段与宏观调控，推进中国结构式节能减排。产业政策主要是制定能源消耗的阶梯价格和污染物排放费的阶梯收费标准，同时制定相应的节能减排的法律和法规；财政政策主要是制定和征收能源税和环境税，并实行行业税率的差异化；货币政策主要是把握信贷的投向和利息率的差异，使投资政策符合产业政策。

参考文献

[1] 列昂惕夫．投入产出经济学［M］．北京：中国统计出版社，1990.

[2] 钟契夫，陈锡康，刘起运．投入产出分析（修订本）［M］．北京：中国财政经济出版社，1993.

[3] 廖明球．投入产出及其扩展分析［M］．北京：首都经济贸易大学出版社，2008.

[4] 廖明球．经济、资源、环境投入产出模型研究［M］．北京：首都经济贸易大学出版社，2005.

[5] 赵晓丽．产业结构调整与节能减排［M］．北京：知识产权出版社，2011.
[6] 廖明球．基于“节能减排”的投入产出模型研究［J］．中国工业经济，2011（7）：26-34.
[7] 王德发，阮大成，王海霞．工业部门绿色 GDP 核算研究：2000 年上海市能源-环境-经济投入产出分析［J］．财经研究，2005（2）：66-75.
[8] 雷明．中国资源-能源-经济-环境综合投入产出表及绿色税费核算分析［J］．东南学术，2001（4）：64-74.
[9] 张燕，张洪，高翔．基于嵌入能耗的投入产出模型的我国产业耗能分析［J］．统计与决策，2011（14）：97-102.
[10] 国家统计局国民经济核算司．2007 中国投入产出表［M］．北京：中国统计出版社，2009.

非线性动态投入产出模型实际应用的研究与思考①

研究投入产出模型由静态向动态的转化已有一些实例，其建模技术也趋于成熟，而这些都是建立在线性模型基础之上的。在投入产出模型中引入非线性的概念，承认投入产出关系中存在非线性关系，并且与动态建模技术并列，建立非线性动态投入产出模型，这首先是对投入产出建模技术的挑战，同时也提出了如何将这种理论模型变成数据模型，在实际应用中发挥作用等值得研究与思考的问题。本文将从实际应用角度讨论非线性动态投入产出模型建模的基本思想、编制模型所需的基本数据以及它的应用领域。

一、非线性动态投入产出模型构架的基本思想

非线性动态投入产出模型的建模思想源自西方经济学中的一般均衡理论，模型体系是按照供给、需求、供需平衡、经济增长这样一个思维模式形成的。

（一）模型构架的基本思想

非线性动态投入产出模型的建模思想源自西方经济学中的一般均衡理论。在西方经济学中最早提出一般均衡模型的是瓦尔拉斯，他在1874年就给出了市场供求平衡方程的列写方法。其基本思想是将需求量和供给量都视为价格的函数，在供需平衡时求出市场的均衡价格。瓦尔拉斯证明了简单的一般均衡模型中均衡的存在性，但他给出的市场供求平衡方程组是非线性方程组，求解方法十分复杂，没有在一般情况下讨论解的存在性与唯一性，在数学上的证明也不十分严密。实际上，用来证明一般均衡存在性的布劳威尔不动点定理直到1911年才提出；而证明更为复杂的一般均衡模型中均衡的存在性，则要应用角谷不动点定理，这个定理在1941年才被发现。这就是一般均衡模型经过80年才圆满解决其均衡性存在的原因。真正在最一般情况下讨论市场平衡点存在性与唯一性的经济学代表人物是阿罗与德布鲁等人。

---

① 本文原载于《中国投入产出分析应用论文精萃》（中国统计出版社，2004年5月）。本文为国家自然科学基金委跨学部重点资助项目（项目编号：70131002）。

从瓦尔拉斯提出到阿罗与德布鲁等人严格证明的一般均衡模型，进行的是静态一般均衡分析，主要研究的是静态平衡点。与此同时，列昂惕夫等人所开创的投入产出分析从另外一个角度进行市场均衡的数量分析，先后提出了静态投入产出模型和动态投入产出模型。投入产出模型是线性多部门模型，其静态模型属于静态一般均衡分析；而动态模型属于动态一般均衡分析。紧接着萨缪尔森等人利用线性规划知识研究线性多部门模型最优增长轨道的计算方法，得到了“快车道定理”（大道定理）。而索洛等人则将“快车道定理”由线性多部门进一步推广到非线性少部门的情况。

非线性动态投入产出模型是在已有的一般均衡模型和一般均衡分析的基础上建立起来的，它在动态投入产出模型的基础上引入非线性方程组形成了计量经济模型和投入产出模型相结合的模型体系。非线性动态投入产出模型依托投入产出表而不停留于投入产出表，这就使得研究动态一般均衡能够由线性扩展到非线性，实现模型方法上的创新。

（二）模型体系的形成

非线性动态投入产出模型是按照供给、需求、供需平衡、经济增长这样一个思维模式给出的，它由三个大模块组成。这三个大模块分别是生产模块、价格模块、供需平衡及需求模块。

1. 生产函数模型。生产函数模型主要反映供给。根据我国的核算体系，反映生产规模的指标有总产出和增加值（国内生产总值为各部门增加值之和），同时又考虑到与列昂惕夫动态投入产出表对应，将投资需求从最终需求中分离出来，在需求模型中不反映投资需求。这样生产函数就由总产出生产函数、增加值生产函数和资本生产函数组成，为了更详细地反映资本投资，又分别建立了固定资本生产函数和存货生产函数。

（1）总产出生产函数。总产出生产函数采用投入产出生产函数，即：

$$X_j = \min\left\{\frac{x_{1j}}{a_{1j}},\ \frac{x_{2j}}{a_{2j}},\ \cdots,\ \frac{x_{nj}}{a_{nj}},\ \frac{V_j}{1-a_{1j}-a_{2j}-\cdots-a_{nj}}\right\}\quad (j=1,\ 2,\ \cdots,\ n) \tag{1}$$

式（1）中利用的平衡关系为：总产出=中间投入+增加值，表示总产出为各投入要素的函数。式中，x_{1j}，x_{2j}，…，x_{nj} 为 j 部门的中间投入量；V_j 为 j 部门增加值，即最初投入量；a_{1j}，a_{2j}，…，a_{nj} 为 j 部门中间投入系数（直接消耗系数）；（$1-a_{1j}-a_{2j}-\cdots-a_{nj}$）为 j 部门增加值率。

投入产出式生产函数的特点是要素替代弹性为0，即各投入要素之间完全不能替代，就是假定投入系数不变。这样假定的目的是研究各要素的投入产出时不修订直接消耗系数。

（2）增加值生产函数。增加值生产函数采用 CES 生产函数，即：

$$V_j = [\delta_{1j} \times K_j^{\sigma_j} + \delta_{2j} \times L_j^{\sigma_j}]^{1/\sigma_j} \quad (j=1,\ 2,\ \cdots,\ n) \tag{2}$$

该式表示增加值为资本和劳动的函数。式中，V_j 表示 j 部门的增加值，K_j 表示 j 部门所使用的资本量，L_j 表示 j 部门所使用的劳动量，σ_j 为产出弹性系数，δ_{1j} 和 δ_{2j} 表示资本与劳动的分配系数，有 $\delta_{1j}+\delta_{2j}=1$ 的平衡关系。

CES 生产函数的特点是要素之间可以替代，但替代弹性不变。当 σ_j 接近于 0 时，替代弹性接近于 1。这样的假定便于更准确地反映资本与劳动要素之间的替代对增加值产出量的影响。与通常的 CES 生产函数相比，该式舍弃了技术进步因素 A。

（3）固定资产生产函数。固定资产生产函数采用投入产出生产函数，即：

$$K_j^{(1)} = \min\left\{\frac{K_{1j}^{(1)}}{\beta_{1j}^{(1)}},\ \frac{K_{2j}^{(1)}}{\beta_{2j}^{(1)}},\ \cdots,\ \frac{K_{nj}^{(1)}}{1-\beta_{1j}^{(1)}-\beta_{2j}^{(1)}-\cdots-\beta_{(n-1)j}^{(1)}}\right\} \quad (j=1,\ 2,\ \cdots,\ n) \tag{3}$$

式中，$K_j^{(1)}$ 表示 j 部门使用的固定资产数量，$K_{1j}^{(1)}$，$K_{2j}^{(1)}$，…，$K_{nj}^{(1)}$ 分别表示 j 部门使用的各产品部门提供的固定资产数量。根据固定资产存量的特点，它只涉及工业、建筑业、货运业、商业等产品部门，未涉及的行业则不反映。工业、建筑业提供固定资产产品形态，货运业与商业则在固定资产的产品形态之上追加了价值。因为投入产出表是按生产者价格编制的，流通费用必须从按购买者价格计算的固定资产中分离出来。

$\beta_{1j}^{(1)}$，$\beta_{2j}^{(1)}$，…，$\beta_{nj}^{(1)}$ 为 j 部门各种固定资产占用量（使用量）占固定资产总占用量的比例，即 $\beta_{1j}^{(1)}+\beta_{2j}^{(1)}+\cdots+\beta_{nj}^{(1)}=1$。

固定资产存量生产函数采用投入产出生产函数，同样是假定各要素的替代弹性等于 0，这样假定便于计算，其 $\beta_{1j}^{(1)}$，$\beta_{2j}^{(1)}$，…，$\beta_{nj}^{(1)}$ 可以利用经验数据。

（4）存货生产函数。存货生产函数采用投入产出生产函数，即：

$$K_j^{(2)} = \min\left\{\frac{K_{1j}^{(2)}}{\beta_{1j}^{(2)}},\ \frac{K_{2j}^{(2)}}{\beta_{2j}^{(2)}},\ \cdots,\ \frac{K_{nj}^{(2)}}{1-\beta_{1j}^{(2)}-\beta_{2j}^{(2)}-\cdots-\beta_{(n-1)j}^{(2)}}\right\} \quad (j=1,\ 2,\ \cdots,\ n) \tag{4}$$

存货生产函数设计思想同固定资产生产函数。$K_j^{(2)}$ 表示 j 部门占用的存货数量，$K_{1j}^{(2)}$，$K_{2j}^{(2)}$，…，$K_{nj}^{(2)}$ 为 j 部门占用的各产品部门提供的存货数量。根据存货存量的特点，它只涉及农业、工业、货运业、商业，未涉及的行业则不反映。$\beta_{1j}^{(2)}$，$\beta_{2j}^{(2)}$，…，$\beta_{nj}^{(2)}$ 为 j 部门各种存货占用量占存货总占用量的比例，则有 $\beta_{1j}^{(2)}+\beta_{2j}^{(2)}+\cdots+\beta_{nj}^{(2)}=1$。

（5）资本存量平衡方程。资本存量平衡方程是根据固定资产存量与存货存量的特点建立的，考虑了统计指标的核算定义。

$$K_j=K_j^{(1)}+K_j^{(2)} \quad (j=1, 2, \cdots, n) \tag{5}$$

该平衡方程的经济含义为：资本总存量=固定资产存量+存货存量。

$$K_{ij}^{(1)}(t+1)=K_{ij}^{(1)}(t)-\varepsilon_i K_{ij}^{(1)}(t)+I_{ij}^{(1)}(t) \quad (i, j=1, 2, \cdots, n) \tag{6}$$

该平衡方程的经济含义为：（$t+1$）期固定资产=t 期固定资产-t 期固定资产折旧+t 期固定资产投资。式中，ε_i 为折旧率。

$$K_{ij}^{(2)}(t+1)=K_{ij}^{(2)}(t)+I_{ij}^{(2)}(t) \quad (i, j=1, 2, \cdots, n) \tag{7}$$

该平衡方程的经济含义为：（$t+1$）期存货存量=t 期存货存量+t 期存货变化量。

式（1）至式（7）为生产函数模型。

2. 价格模型。价格模型是一般均衡分析的重要内容。生产者（供方）和消费者（需方）都能接受的价格，便是市场的均衡价格。

（1）总产出价格模型。根据总产出投入产出生产函数公式，当 $X_j=1$ 单位时，中间投入为：$x_{1j}=a_{1j}$，$x_{2j}=a_{2j}$，…，$x_{nj}=a_{nj}$（$j=1, 2\cdots, n$）。

增加值为：

$$V_j=1-a_{1j}-a_{2j}-\cdots-a_{nj} \quad (j=1, 2, \cdots, n)$$

1 单位产出值为 p_j 亿元，则：

$$中间投入价值=p_1a_{1j}+p_2a_{2j}+\cdots+p_na_{nj} \quad (j=1, 2, \cdots, n)$$

$$增加值的价值=q_j\times(1-a_{1j}-a_{2j}-\cdots-a_{nj}) \quad (j=1, 2, \cdots, n)$$

在市场平衡时，一种产品的产出应当等于投入的成本，因此有如下关系式：

$$p_j=(p_1a_{1j}+p_2a_{2j}+\cdots+p_na_{nj})+q_j(1-a_{1j}-a_{2j}-\cdots-a_{nj}) \quad (j=1, 2, \cdots, n) \tag{8}$$

即：总产出=中间投入+增加值。式中，p_j 为第 j 种产品总产出价格指数，q_j 为第 j 种产品增加值价格指数。

（2）资本价格模型。先讨论固定资产价格模型。根据固定资产生产函数公式，第 j 部门固定资产由 $K_{1j}^{(1)}$，$K_{2j}^{(1)}$，…，$K_{nj}^{(1)}$ 组成。考虑价格因素，第 j 部门的固定资产价值为 $p_1\times K_{1j}^{(1)}$，$p_2\times K_{2j}^{(1)}$，…，$p_n\times K_{nj}^{(1)}$。

那么使用 $p_n\times K_{nj}^{(1)}$ 亿元固定资产应当付出多少代价呢？首先，由于 n 种固定资产折旧率为 ε_n，因此使用 $p_n\times K_{nj}^{(1)}$ 亿元的固定资产损耗为 $\varepsilon_n\times p_n\times K_{nj}^{(1)}$ 亿

元；其次，由于使用固定资产必须给资产所有者予以回报，当资本回报率为 γ_n 时，付给资本所有者的回报为 $\gamma_n \times p_n \times K_{nj}^{(1)}$ 亿元。这样使用 n 种固定资产总共付出的代价为（$\gamma_n+\varepsilon_n$）$\times p_n \times K_{nj}^{(1)}$ 亿元。由此，可以计算出使用第 1 种、第 2 种至第 n 种固定资产总共付出代价为［（$\gamma_1+\varepsilon_1$）$\times p_1 \times K_{1j}^{(1)}$ +（$\gamma_2+\varepsilon_2$）$\times p_2 \times K_{2j}^{(1)}$ + …+（$\gamma_n+\varepsilon_n$）$\times P_n \times K_{nj}^{(1)}$］亿元。根据固定资产投入产出生产函数公式，使用 1 单位 $K_j^{(1)}$，是由 $K_{1j}^{(1)}=\beta_{1j}^{(1)}$ 单位第 1 种固定资产，$K_{2j}^{(1)}=\beta_{2j}^{(1)}$ 单位第 2 种固定资产，…$K_{1j}^{(1)}=\beta_{nj}^{(1)}$ 单位第 n 种固定资产所组成。由上式可知，使用 1 单位第 j 种固定资产要付出的代价为［（$\gamma_1+\varepsilon_1$）$\times p_1 \times \beta_{1j}^{(1)}$ +（$\gamma_2+\varepsilon_2$）$\times p_2 \times \beta_{2j}^{(1)}$ + …+（$\gamma_n+\varepsilon_n$）$\times P_n \times \beta_{nj}^{(1)}$］亿元。

如果每个部门资本回报率相同，$\gamma_1=\gamma_2=\cdots=\gamma_n=\gamma$。则固定资产租金或价格为：

$$f_j^{(1)}=(\gamma+\varepsilon_1)\times p_1\beta_{1j}^{(1)}+(\gamma+\varepsilon_2)\times p_2\beta_{2j}^{(1)}+\cdots+(\gamma+\varepsilon_n)\times p_n\beta_{nj}^{(1)} \quad (j=1,2,\cdots,n) \tag{9}$$

类似地，可以推导出存货租金或价格为：

$$f_j^{(2)}=\gamma\times p_1\beta_{1j}^{(2)}+\gamma\times p_2\beta_{2j}^{(2)}+\cdots+\gamma\times p_n\beta_{nj}^{(2)} \quad (j=1,2,\cdots,n) \tag{10}$$

（注：存货的折旧率为 0。）

（3）增加值价格模型

根据增加值生产函数：$V_j=[\delta_{1j}\times K_j^{\sigma_j}+\delta_{2j}\times L_j^{\sigma_j}]^{1/\sigma_j}$，如果增加 ΔL_j 单位（万人）劳动工时，其他条件都不变的情况下使增加值上升 ΔV_j 亿元，那么此 ΔV_j 亿元就应当归 ΔL_j 所有。因此 1 单位的劳动工时的工资 w 应为：

$$w=\frac{\Delta V_j}{\Delta L_j}\xrightarrow{\text{其他条件不变}}\frac{\partial V_j}{\partial L_j}$$

类似地，如果增加 ΔK_j 单位资本，其他条件都不变的情况下使增加值上升 ΔV_j 亿元，那么此 ΔV_j 亿元应当归出租 ΔK_j 的人所有。因此第 j 部门 1 单位资本租金为：

$$f_j=\frac{\Delta V_j}{K_j}\xrightarrow{\text{其他条件不变}}\frac{\partial V_j}{\partial K_j}$$

让 V_j 分别对 L_j 及 K_j 求偏导数，得

$$w=\delta_{2j}L_j^{\sigma_j-1}\times[\delta_{1j}K_j^{\sigma_j}+\delta_{2j}K_j^{\sigma_j}]^{(1/\sigma_j)/\sigma_j}$$

$$f_j=\delta_{1j}K_j^{\sigma_j-1}\times[\delta_{1j}K_j^{\sigma_j}+\delta_{2j}L_j^{\sigma_j}]^{(1/\sigma_j)/\sigma_j}$$

令两式相除，则 $\frac{w}{f_j}=\frac{\delta_{2j}L_j^{\sigma_j-1}}{\delta_{1j}K_j^{\sigma_j-1}}$，整理后得 $\frac{L_j^{\sigma_j-1}}{K_j^{\sigma_j-1}}=\frac{w/\delta_{2j}}{f_j/\delta_{1j}}$。

上式两边同开（σ_j-1）次方，得$\frac{L_j}{K_j}=\frac{(w/\delta_{2j})^{1/(\sigma_j-1)}}{(f_j/\delta_{1j})^{1/(\sigma_j-1)}}$。

上式反映了增加值生产函数中投入劳动工时 L_j 与资本 K_j 所成的比例，设比例系数为 ρ，那么可以设

$$L_j=\left(\frac{w}{\delta_{2j}}\right)^{1/(\sigma_j-1)}\times\rho$$

$$K_j=\left(\frac{f_j}{\delta_{1j}}\right)^{1/(\sigma_j-1)}\times\rho$$

将上式代入增加值生产函数，得

$$V_j=\left[\delta_{1j}\left(\frac{f_j}{\delta_{1j}}\right)^{\sigma_j/(\sigma_j-1)}+\delta_{2j}\left(\frac{w}{\delta_{2j}}\right)^{\sigma_j/(\sigma_j-1)}\right]^{1/\sigma_j}\times\rho$$

令

$$\frac{L_j}{V_j}=\frac{\left(\frac{w}{\delta_{2j}}\right)^{1/(\sigma_j-1)}}{\left[\delta_{1j}\left(\frac{f_j}{\delta_{1j}}\right)^{\sigma_j/(\sigma_j-1)}+\delta_{2j}\left(\frac{w}{\delta_{2j}}\right)^{\sigma_j/(\sigma_j-1)}\right]^{1/\sigma_j}} \tag{11}$$

$$\frac{K_j}{V_j}=\frac{\left(\frac{f_j}{\delta_{1j}}\right)^{1/(\sigma_j-1)}}{\left[\delta_{1j}\left(\frac{f_j}{\delta_{1j}}\right)^{\sigma_j/(\sigma_j-1)}+\delta_{2j}\left(\frac{w}{\delta_{2j}}\right)^{\sigma_j/(\sigma_j-1)}\right]^{1/\sigma_j}} \tag{12}$$

式中，L_j/V_j 为产出 1 单位增加值要投入的劳动工时，K_j/V_j 为产出 1 单位增加值要投入的资本，即生产 1 单位增加值 q_j，要投入 L_j/V_j 单位的劳动工时及 K_j/V_j 单位的资本，投入要素代价为［$w\times(L_j/V_j)+f_j\times(K_j/V_j)$］。投入的成本应等于产出的价值，因此应有如下成本定价方程：

$$q_j=w\times(L_j/V_j)+f_j\times(K_j/V_j)$$

将式（11）与式（12）代入上式，得

$$q_j=\frac{w\times\left(\frac{w}{\delta_{2j}}\right)^{1/(\sigma_j-1)}+f_j\left(\frac{f_j}{\delta_{1j}}\right)^{1/(\sigma_j-1)}}{\left[\delta_{1j}\left(\frac{f_j}{\delta_{1j}}\right)^{\sigma_j/(\sigma_j-1)}+\delta_{2j}\left(\frac{w}{\delta_{2j}}\right)^{\sigma_j/(\sigma_j-1)}\right]^{1/\sigma_j}} \tag{13}$$

由于

$$w\times\left(\frac{w}{\delta_{2j}}\right)^{1/(\sigma_j-1)}=\delta_{2j}\times\left(\frac{w}{\delta_{2j}}\right)^{\sigma_j/(\sigma_j-1)}$$

$$f_j\times\left(\frac{f_j}{\delta_{1j}}\right)^{1/(\sigma_j-1)}=\delta_{1j}\left(\frac{f_j}{\delta_{1j}}\right)^{\sigma_j/(\sigma_j-1)}$$

将其代入式（13），得

$$q_j=\frac{\delta_{2j}\times\left(\frac{w}{\delta_{2j}}\right)^{\sigma_j/(\sigma_j-1)}+\delta_{1j}\times\left(\frac{f_j}{\delta_{1j}}\right)^{\sigma_j/(\sigma_j-1)}}{\left[\delta_{1j}\left(\frac{f_j}{\delta_{1j}}\right)^{\sigma_j/(\sigma_j-1)}+\delta_{2j}\left(\frac{w}{\delta_{2j}}\right)^{\sigma_j/(\sigma_j-1)}\right]^{1/\sigma_j}} \tag{14}$$

将（14）化简，得

$$q_j=\left[\delta_{1j}\left(\frac{f_j}{\delta_{1j}}\right)^{\sigma_j/(\sigma_j-1)}+\delta_{2j}\left(\frac{w}{\delta_{2j}}\right)^{\sigma_j/(\sigma_j-1)}\right]^{(\sigma_j-1)/\sigma_j}\quad (j=1,\ 2,\ \cdots,\ n) \tag{15}$$

式（15）即为增加值价格方程，q_j 为第 j 种产品增加值价格指数。

由以上得到，式（8）、式（9）、式（10）、式（15）为价格模型。

3. 供需平衡及需求模型。供需平衡模型主要反映在市场均衡价格下总供给与总需求的平衡。一般采用列昂惕夫动态投入产出模型能真实反映总供给流量与总需求流量之间的平衡关系。由于在生产函数模型中引入了存量数据，应增加反映产品存量（包括固定资产、存货）的供需平衡模型。

需求模型严格地讲应该包括投资需求、消费需求和出口需求，由于动态投入产出模型将投资需求纳入对新增产出的生产范畴，模型上采用外生变量内生化处理，这样需求模型仅包括消费需求和出口需求。如果建立封闭式模型，即忽略进出口因素，则需求模型仅反映消费需求。在不忽略进出口因素情况下，可以采取外生给定进出口的建模方法。

（1）列昂惕夫动态投入产出模型。列昂惕夫动态投入产出模型采用的平衡关系式为：

总产出＝中间产品+固定资产投资品+存货投资品+最终净产品

用线性方程组表示为：

$$X_i(t)=x_{i1}(t)+x_{i2}(t)+\cdots+x_{in}(t)+I_{i1}^{(1)}(t)+I_{i2}^{(1)}(t)+\cdots+I_{in}^{(1)}(t)+I_{i1}^{(2)}(t)+I_{i2}^{(2)}(t)+\cdots+I_{in}^{(2)}(t)+Y_i(t)\quad (i=1,\ 2,\ \cdots,\ n) \tag{16}$$

应该指出的是，根据各部门总产出等于各部门总投入，式（16）左边的 $X_i(t)$ 与式（1）左边 X_j 是对应相等的。

动态投入产出模型可以引入直接消耗系数、投资系数并转化为矩阵形式，这些将在模型应用中予以介绍。

（2）存量投入产出模型。存量投入产出模型如果只考虑行模型，其采用的平衡关系式为：

产品总存量＝中间固定资产存量+中间存货存量+最终存量

用线性方程组表示为：

$$K_i^*(t)=k_{i1}^{(1)}(t)+k_{i2}^{(1)}(t)+\cdots+k_{in}^{(1)}(t)+k_{i1}^{(2)}(t)+k_{i2}^{(2)}(t)+\cdots+k_{in}^{(2)}(t)+h_i(t)\quad (i=1,\ 2,\ \cdots,\ n) \tag{17}$$

$$K_i(t)=K_i^*(t)-h_i(t)\qquad(i=1,2,\cdots,n)\tag{18}$$

注意式（17）反映存量的配置，其中间存量配置应该等于中间存量占用，这个模型只能起到总量平衡作用。与存量的生产函数比较，其 $K_i^{(1)}$ 与 $K_j^{(1)}$（或 $K_i^{(2)}$ 与 $K_j^{(2)}$）不对应相等，但 $\sum K_i^{(1)}=\sum K_j^{(1)}$，$\sum K_i^{(2)}=\sum K_j^{(2)}$。而 $h_i(t)$ 可以由存量投入产出模型求得。式（18）为平衡方程。

存量投入产出模型可以引入存量直接占用系数与产出总存量系数，使其转化为矩阵形式，这部分内容将在模型应用中予以介绍。

（3）消费模型。消费包括居民消费和政府消费，如果把政府消费视为公共消费分摊到每个居民的头上，这样消费模型就可以简化了。考虑价格因素，消费模型可以表示为：

$$p_i(t)\times Y_i(t)=g_i\times w\times L(t)\qquad(i=1,2,\cdots,n)\tag{19}$$

式（19）左边为消费品供应量，$p_i(t)$ 为价格，$Y_i(t)$ 为式（16）的消费品列向量。式（19）右边为消费品需求量，其中 g_i 为消费品结构向量，w 为工资率，$L(t)$ 为 t 年从业人员数。

（4）模型外生给定变量。在存量平衡模型中，只需给定外生变量 $h_i(t)$，即最终存量，就可以求得存量的平衡。

对于流量的平衡，如果作为一个封闭经济系统，即视进出口为零或进出口刚好相等，只需外生给定 $L(t)$。

如果考虑进出口因素，并且进出口产品结构不相等，则需将式（16）右边的 $Y_i(t)$ 分解为 $Y_i(t)$ 与 $Z_i(t)$，其中分解后的 $Y_i(t)$ 表示消费，$Z_i(t)$ 表示进出口。其中 $Y_i(t)$ 与式（19）左边的 $Y_i(t)$ 对应，$Z_i(t)$ 则需外生给定。

二、非线性动态投入产出模型所需数据的采集

由于非线性动态投入产出模型体系庞大，建立模型首先要解决的是模型数据问题。为了便于数据收集，我们将模型数据分为两大类：一大类为投入产出数据，由编制流量投入产出表和存量投入产出表来完成；一大类为一般统计数据，通过疏通统计渠道而获得。

（一）编制流量投入产出表和存量投入产出表

1. 流量投入产出表的编制。流量投入产出表的编制与以往投入产出表的编制大体相同，但是不能停留于静态投入产出表的编制上，必须将投资矩阵由向量扩展成方阵，使之成为动态投入产出表。为了分析方便，投资矩阵应分固定资产投资矩阵和存货投资（变化）矩阵。流量投入产出表的表式如

表1所示。

表1　流量投入产出表表式（动态）

投入		中间产品	固定资产投资品	存货投资品	最终净产品	总产出
		1，2，…，n	1，2，…，n	1，2，…，n	1，2，3，4	
中间投入	1，2，…，n					
增加值	1，2，3，4					
总投入						

流量投入产出表（动态）的平衡关系为：

总产出＝中间产品+固定资产投资品+存货投资品+最终净产品

总投入＝中间投入+增加值

最终净产品＝农村居民消费+城镇居民消费+政府消费+净出口

增加值＝固定资产折旧+劳动者报酬+生产税净额+营业盈余

由于流量投入产出表（动态）编制方法已趋于成熟，这里就不再讨论了。

2. 存量投入产出表的设计与编制。存量投入产出表也称资源配置表，它主要反映固定资产和存货的期末存量，同时也反映其他经济资产与资源资产的期末存量。由于存量是时点数据，在编表方法上有两种处理方法，一种是直接用期末的数据编表，一种是采用（期初+期末）÷2转化为平均数据编表。在这里根据模型需要按期末数据编表。对于固定资产和存货，其存量可以按方阵来编表，即按产品×产品部门来编表，借用流量投入产出表的部门划分，其纵向反映存量占用情况，即生产某种产品占用的各种产品存量数量；其行向反映存量配置情况，即某种产品存量配置到各个产品部门的数量。但是其他经济存量与资源存量不能按方阵编表，比如土地资源，只能反映各个产品部门占用土地的状况，用一个行向量就行了。因此存量投入产出表在设计上把除固定资产、存货以外的存量都以行向量的形式放在一个象限。存量投入产出表可以按以下形式设计（见表2）。

表 2　存量投入产出表表式

项目		中间产品存量	最终产品存量	产品总存量
		1，2，…，n	1，2，…，k	
中间占用	1，2，…，n			
其他占用	1，2，…，m			
总占用				

存量投入产出表有如下平衡关系：

中间产品存量+最终产品存量=产品总存量

中间存量占用+其他存量占用=经济总存量

产品总存量仅包括固定资产、存货两种产品存量。而经济总存量范围要大于产品总存量，它主要由其他存量所包含的存量种类来决定。开始编存量投入产出表时，只列出容易核算的经济存量，如其他非金融资产（无形资产）、土地资源、矿藏资源、水资源、人力资源等。

为了满足上述模型的数据需要，将中间存量矩阵分为固定资产和存货分别编制，如图 1 所示。

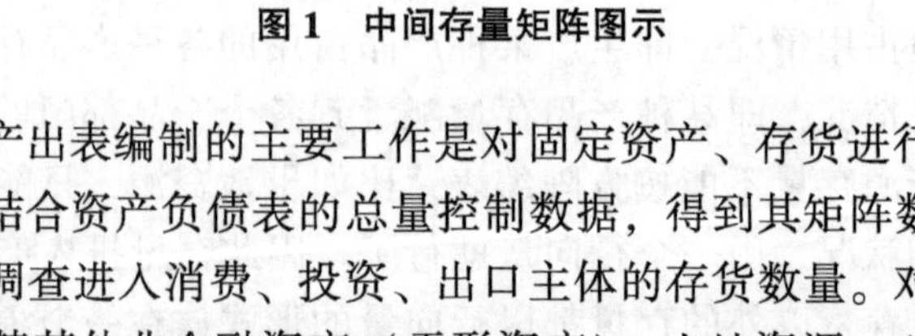

图 1　中间存量矩阵图示

存量投入产出表编制的主要工作是对固定资产、存货进行产品结构与部门结构调查，结合资产负债表的总量控制数据，得到其矩阵数据。对最终存量调查主要是调查进入消费、投资、出口主体的存货数量。对其他存量的调查主要是弄清楚其他非金融资产（无形资产）、土地资源、矿藏资源、水资源、人力资源的部门占用情况。

（二）利用和健全统计体系

在利用流量投入产出表和存量投入产出表提供的各种结构数据的同时，我们还要充分利用其他统计数据，以满足模型所需。对于从现有统计体系得不到的数据，先采用估算、匡算的办法，以求今后健全统计体系来解决。

1. 利用现有统计数据。在生产函数模型中，总产出生产函数的参数可以直接取自流量投入产出表，固定资产和存货的生产函数的参数可直接取自存量投入产出表。而要估计增加值生产函数的参数，至少需要近 5 年的分部门的增加值 V、资本总额 K 和从业人员 L。目前农业、工业、建筑业、货运邮电业、商业饮食业和其他服务业六大部门的数据可以通过现有统计渠道取得。但要进一步划分较细的部门，现有统计数据难以满足。固定资产的平衡方程需要固定资产折旧率，要采集分部门的固定资产折旧率数据，从现有统计渠道得到前述六大部门的数据并不难，如果部门划分较细，则只能视其折旧率相同。

在价格模型中，为了迭代求解方便，可先给出当前年份的工资率和资本回报率，如果有当前年份分部门的价格指数（以上年为 100），也可将其作为初值给出。这样能够较为容易地求出市场均衡的总产品价格指数、增加值价格指数、分部门的资本租金以及工资率和回报率。在我国现行统计体系中，总产出、增加值的价格指数只能按六大部门划分，部门细分时，只能视其价格指数相同。

在供需平衡模型和消费模型中，如果能够从需求导向出发确定消费的产品结构，这样求出的市场供需均衡会更准确。这就需要根据已有投入产出表和家计调查资料做出预测。现有居民消费结构数据较为齐全、容易采集，但政府消费的预测，特别是政府消费结构的预测，仅能参考投入产出表。

2. 根据建模要求健全统计体系。改革开放以来，我国统计体系已由适应计划经济体制转向适应市场经济体制，无论是统计指标设置、统计调查手段还是统计分组标准都经历了不断的改革与完善，应该说已适应了宏观经济调控和微观经济管理的需要。但同时也应看到，在建立宏观经济模型时仍然有一些数据难以采集，有的根本没有数据，有的只有大数，难以分组。

在建立非线性动态投入产出模型时，有些数据靠编制投入产出表来解决，但也有一部分数据需要靠健全统计体系来解决。从目前来看，采集数据难度较大的是存量数据，固定资产、存货数据在资产负债表中只能找到几个大数，难以找到按产业部门分类的数据。此外关于价格指数的统计，目前总产出、增加值价格指数只能划分为农业、工业、建筑业、货运邮电业、商业饮食业、其他服务业，进一步的部门划分无从着手。还有从业人员数、工资水平只能分大行业，没有详细的分组等问题亟待解决。

健全统计体系是国家宏观调控的需要，而宏观调控离不开宏观经济模型，为此要把建立宏观经济模型作为健全统计体系的最终目标。非线性动态投入产出模型是一个重要的宏观经济模型，它在建立过程中必然对健全统计体系提出一些要求。当然宏观经济模型不能等统计体系都健全了再建立，只能充分利用现有统计数据再做一些补充调查。

三、非线性动态投入产出模型的实际应用

非线性动态投入产出模型的应用与其他宏观经济模型有相同的地方，如进行经济结构分析、政策模拟、宏观经济预测等方面。但同时也有其独有的应用领域，主要是进行最优增长轨道的计算。下面我们主要讨论最优增长轨道的计算与宏观经济预测。

（一）最优增长轨道的计算

最优增长轨道的计算依据是快车道定理，即大道定理。我们先讨论大道定理的基本思想，再介绍怎样利用前述模型计算最优增长轨道。

1. 大道定理的基本思想。20 世纪 50 年代美国经济学家陶夫曼、萨缪尔森、索洛在他们合著的《线性计划与经济分析》一书中，首先提出了大道定理与经济有效增长问题。他们在研究中发现，就长期规划而言，无论经济系统的初始状态（生产水平和结构）怎样，也不管期末最终状态如何，其中经济发展的最优途径总是趋近于冯·诺依曼射线，犹如由一地乘车去往目的地，因两地距离甚远，有必要出发时先绕行到高速公路上，然后大部分时间沿高速公路运行，待接近终点时，离开高速公路，转向目的地，故称大道定理，如图 2 所示。

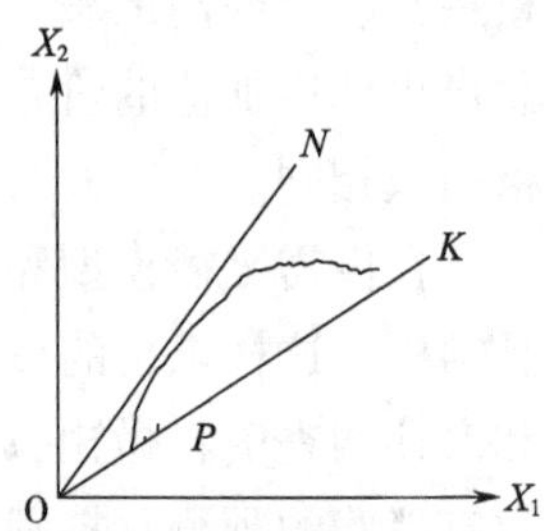

图 2　大道定理

注：图中直线 ON 为冯·诺依曼射线

大道模型是经济增长的动态表现，我们可以利用动态投入产出模型结合线性规划模型建立投入产出大道模型。

根据前述的动态投入产出表，可以建立如下模型：中间产品+投资产品+最终产品=总产品，即：

$$x_{i1}+x_{i2}+\cdots+x_{in}+I_{i1}+I_{i2}+\cdots+I_{in}+Y_i=X_i \qquad (i=1,\ 2,\ \cdots,\ n) \qquad (20)$$

引入直接消耗系数 $a_{ij}=\dfrac{x_{ij}}{X_j}$，投资系数 $b_{ij}=\dfrac{I_{ij}}{\Delta X_j}$，直接消耗系数是生产单位总产出的中间消耗，投资系数是生产单位新增加总产出的投资额，这里有一个假定，即新增的产出全部是由追加投资带来的。

将式（20）写为：

$$a_{i1}X_1+a_{i2}X_2+\cdots+a_{in}X_n+b_{i1}\Delta X_1+b_{i2}\Delta X_2+\cdots+b_{in}\Delta X_n+Y_i=X_i \quad (i=1,\ 2,\ \cdots,\ n) \tag{21}$$

用矩阵表示为：

$$AX+B\Delta X+Y=X \tag{22}$$

其中，$A=\begin{pmatrix} a_{11} & a_{12} & \cdots & a_{1n} \\ a_{21} & a_{22} & \cdots & a_{2n} \\ \vdots & & \ddots & \vdots \\ a_{n1} & a_{n2} & \cdots & a_{nn} \end{pmatrix}$，$B=\begin{pmatrix} b_{11} & b_{12} & \cdots & b_{1n} \\ b_{21} & b_{22} & \cdots & a_{2n} \\ \vdots & & \ddots & \vdots \\ a_{n1} & a_{n2} & \cdots & a_{nn} \end{pmatrix}$

$$Y=\begin{pmatrix} Y_1 \\ Y_2 \\ \vdots \\ Y_n \end{pmatrix},\ \Delta X=\begin{pmatrix} \Delta X_1 \\ \Delta X_2 \\ \vdots \\ \Delta X_n \end{pmatrix},\ X=\begin{pmatrix} X_1 \\ X_2 \\ \vdots \\ X_n \end{pmatrix}$$

如果将投资时滞定为一年，则

$$\Delta X=X(t+1)-X(t) \tag{23}$$

将式（23）代入式（22）有：

$$AX(t)+B[X(t+1)-X(t)]+Y(t)=X(t) \tag{24}$$

又设定：$Y(t)=TX(t)$，其中 T 为最终净产品系数矩阵。

式（24）可以改写为：

$$AX(t)+B[X(t+1)-X(t)]+TX(t)=X(t) \tag{25}$$

结合线性规划模型，得到投入产出大道模型。它的目标函数为计划期的最大总产出，约束条件为从基期到计划期各年度总产出应大于当年中间需求、投资需求和最终净产品需求。

大道模型如下：

$$\max Q$$

$$s.t\begin{cases} AX(t)+B[X(t+1)-X(t)]+TX(t)\leqslant X(t) \\ \bar{x}Q\leqslant X(T), \qquad (t=0,\ 1,\ 2,\ \cdots,\ T-1) \\ X(t)\geqslant 0,\ Q\geqslant 0 \end{cases} \tag{26}$$

式中，$X(t)$ 为 t 年度部门总产出列向量，A 为直接消耗系数矩阵，B 为投资系数矩阵，T 为最终净产品系数矩阵，Q 为计划期的总产出总额，$\bar{x}$ 为计划期部门总产出结构。

我们以五年计划为例，写出投入产出大道模型：

$$
\max Q
$$

$$
s.t\begin{cases}AX(0)+B[X(1)-X(0)]+TX(0)\leqslant X(0)\\AX(1)+B[X(2)-X(1)]+TX(1)\leqslant X(1)\\AX(2)+B[X(3)-X(2)]+TX(2)\leqslant X(2)\\AX(3)+B[X(4)-X(3)]+TX(3)\leqslant X(3)\\AX(4)+B[X(5)-X(4)]+TX(4)\leqslant X(4)\end{cases} \tag{27}
$$

$$
\bar{x}Q\leqslant X(5)
$$

$$
X(1), X(2), X(3), X(4), X(5)\geqslant 0, Q\geqslant 0
$$

2. 最优增长轨道的计算。将前述式（1）至式（10），以及式（15）、式（16）、式（17）、式（18）、式（19）联立起来，结合外生变量：从业人员、净出口、最终存量，成为一个联立方程组，可以计算最优增长轨道。在求解联立方程组之前，先要对模型中的参数进行估计。

（1）生产函数的参数估计。生产函数模型中，总产出生产函数模型的参数主要是直接消耗系数和最初投入系数（增加值率），可以直接取自流量投入产出表；固定资产与存货生产函数模型采用投入产出式生产函数，其参数为生产部门对某种固定资产与存货的占用占全部固定资产与存货占用的比例系数（通常称为比重），如果编制了存量投入产出表，完全可以直接获取这些数据。

增加值生产函数模型采用 CES 生产函数，需要采集增加值、资产存量总额和从业人员的时序数据，对其进行参数估计。估计参数时，首先将 CES 生产函数由非线性化为线性函数，转化方法为先两边取对数，再进行级数展开，取一个近似值。不考虑部门划分时，增加值生产函数为：

$$
V=[\delta_1 K^{\sigma}+\delta_2 L^{\sigma}]^{1/\sigma} \tag{28}
$$

考虑随机误差项，并两边取对数为：

$$
\ln V=1/\sigma\ln[\delta_1 K^{\sigma}+\delta_2 L^{\sigma}]+\ln\mu
$$

将 $\ln[\delta_1 K^{\sigma}+\delta_2 L^{\sigma}]$ 在 $\sigma=0$ 处展开泰勒级数，取二阶近似值，并且取 $\delta_1+\delta_2=1$，容易推出：

$$
\ln V\approx\delta_1\ln K+\delta_2\ln L+\frac{1}{2}\sigma\delta_1\delta_2\left(\ln\left(\frac{K}{L}\right)\right)^2+\ln\mu \tag{29}
$$

利用增加值 V、资本存量总额 K、从业人员 L 的样本值容易得到参数 δ_1、δ_2 与 σ。

对于生产函数模型的平衡方程，即固定资产与存货平衡方程，只要取得分部门固定资产的折旧率就行了。

（2）合理价格指数的计算。在价格模型中已有一些参数在生产函数模型中估计出来了，需要计算的是市场合理价格 p_j，f_j，q_j 以及资本回报率 γ 与工资率 w。当选取 j 个部门时，有 $3\times j$ 个部门方程，而变量比 $3\times j$ 个多出两个，即多出 γ 与 w。我们可以以多年统计数据为经验数据先给出 γ 与 w 的值，这样就可以由 $3\times j$ 个部门方程求解出 $3\times j$ 个变量。具体求解时，首先给出初值 p（0），由 p（0）求出 f（0），再由 f（0）求出 q（0），采用迭代法依次迭代求出 p（1），p（2），p（3），…，p（k），p（k+1），直到 p（k+1）$=p$（k）$=p^*$ 为止。p^* 为合理价格，由此也求出 f^*、q^*。

（3）外生变量的确定。当联立方程中模型参数确定后，求解联立方程还需给出外生变量。根据模型设定，外生变量包括从业人员数、净出口总量及其结构向量、最终存量及其结构向量。

确定从业人员数时，应先根据人口增加确定其就业人口数，可以参考人口预测数据确定适龄劳动人口，再由就业率测算出就业人口。从业人员分部门数要考虑第一、二产业劳动力向第三产业转移情况，同时结合各部门就业人口的自回归预测数据得到。

净出口数据是在开放型经济模型中才设定的，如果是封闭型经济模型一般不予设定。净出口数据对经济总量预测影响不大，但对结构数据预测影响较大，在省级的区域模型中尤为明显。净出口总量可根据近些年国内生产总值支出法计算数据确定，其结构可利用几个时期的投入产出表的净出口结构，结合专家意见确定。

最终存量数据主要是存货数据，在非线性动态投入产出模型中它可以作为最终需求模型的一个平衡数据。因为最终存量数据与最终流量密切相关，因此不能忽视。最终存量数据可依据资产负债表中的数据做出预测，其结构数据参照存量投入产出表的结构数据。

当我们得到有关外生变量数据，可代入模型，进行联立方程求解。

（二）宏观经济分析与预测

非线性动态投入产出模型与以往投入产出模型不同，一方面在于建模的方法，另一方面在于得到的模型数据。除了进行最优增长轨道计算外，还能够进行超出原有投入产出模型的宏观经济分析与预测。

1. 宏观经济结构分析。非线性动态投入产出模型发挥了投入产出模型在结构分析方面的长处。由于经济的发展是在经济流量与经济存量之间不断转换的动态过程中实现的，动态投入产出模型不仅能分析经济流量的结构，还能分析经济存量的结构。在大道模型中我们已经介绍了流量投入产出表中的直接消耗系数、投资系数，运用直接消耗系数和投资系数能详细分析经济结构，是流量结构分析的重要参数，这里不再讨论。下面着重介绍存量投入产出表对存量结构的分析。

存量投入产出表的行平衡关系：

产品总存量=中间固定资产存量+中间存货存量+最终存量

即式（17）：

$$K_i^*(t)=k_{i1}^{(1)}(t)+k_{i2}^{(1)}(t)+\cdots+k_{in}^{(1)}(t)+k_{i1}^{(2)}(t)+k_{i2}^{(2)}(t)+\cdots+k_{in}^{(2)}(t)+h_i(t)\qquad(i=1,2,\cdots,n)$$

引入中间固定资产存量直接占用系数：$a_{ij}^{c(1)}=\dfrac{k_{ij}^{(1)}}{X_j}$，中间存货存量直接占用系数：$a_{ij}^{c(2)}=\dfrac{k_{ij}^{(2)}}{X_j}$。

则有：

$$K^*=A_1^cX+A_2^cX+H\tag{30}$$

引入时间因素，有：

$$K^*(t)=A_1^cX(t)+A_2^cX(t)+H(t)\tag{31}$$

其中，

$$A_1^c=\begin{pmatrix}a_{11}^{c(1)} & a_{12}^{c(1)} & \cdots & a_{1n}^{c(1)}\\ a_{21}^{c(1)} & a_{22}^{c(1)} & \cdots & a_{2n}^{c(1)}\\ \vdots & \vdots & \ddots & \vdots\\ a_{n1}^{c(1)} & a_{n2}^{c(1)} & \cdots & a_{nn}^{c(1)}\end{pmatrix},\quad A_2^c=\begin{pmatrix}a_{11}^{c(2)} & a_{12}^{c(2)} & \cdots & a_{1n}^{c(2)}\\ a_{21}^{c(2)} & a_{22}^{c(2)} & \cdots & a_{2n}^{c(2)}\\ \vdots & \vdots & \ddots & \vdots\\ a_{n1}^{c(2)} & a_{n2}^{c(2)} & \cdots & a_{nn}^{c(2)}\end{pmatrix}$$

$$K^*=\begin{pmatrix}k_1^*\\ k_2^*\\ \vdots\\ k_n^*\end{pmatrix},\quad H=\begin{pmatrix}h_1\\ h_2\\ \vdots\\ h_n\end{pmatrix},\quad X=\begin{pmatrix}X_1\\ X_2\\ \vdots\\ X_n\end{pmatrix}$$

再引入产出总存量系数：$\beta_i=K_i^*/X_i$（$i=1,2,\cdots,n$）。K_i^* 表示第 i 部门产品总存量，是中间产品存量与最终产品存量之和。X_i 表示流量投入产出表上的第 i 部门总产出，是中间产品产出与最终产品产出之和。用矩阵形式表示产品总存量为：$K^*=\hat{\beta}X$，将其代入式（30）（$\hat{\beta}$ 为产出总存量系数对角阵），有：

$$\hat{\beta}X=A_1^cX+A_2^cX+H$$

$$(\hat{\beta}-A_1^c-A_2^c)X=H\tag{32}$$

$$X=(\hat{\beta}-A_1^c-A_2^c)^{-1}H$$

令 $A^c=A_1^c+A_2^c$，有：

$$(\hat{\beta}-A^c)\ X=H$$

$$X=\ (\hat{\beta}-A^c)^{-1}H \tag{33}$$

并有：
$$K^*=\ (I-A^c\hat{\beta}^{-1})^{-1}H \tag{34}$$

存量投入产出模型中的 $A_1{}^c$ 和 $A_2{}^c$ 分别反映了各产品部门在生产过程中对固定资产和存货的占用，是研究存量结构的重要参数。

非线性动态投入产出模型能够详细研究生产结构、分配结构、消费结构、投资结构、出口结构、资本结构、就业结构以及价格（比价）结构等，是其他经济模型难以比拟的。

2. 宏观经济预测。最优增长轨道计算实际上也是一种预测，预测在计划期经济总量最大的情况下的经济增长轨道。除了计算最优增长轨道之外，非线性动态投入产出模型还可以做出各种预测。预测的一般方法是给定模型中的外生变量，预测内生变量，也可先对外生变量做出预测，由外生变量预测值预测内生变量的期望值。

根据市场经济的特点，预测应从需求入手。在流量动态投入产出模型中投资已成为内生变量，只需对居民消费、政府消费、净出口做出预测，就可以得到最终需求的总量及其结构向量，由最终需求向量作为外生变量，可以预测供给总量及结构，即总产出向量。得到总产出向量后可以由存量投入产出模型预测其存量规模及结构，也可以得到从业人员的就业结构。由资本、就业结构可以得到增加值结构。由供给结构与需求结构可以测算各种产品价格的比价结构等。

总之，非线性动态投入产出模型将投入产出模型与计量经济模型、优化模型有机结合，并以投入产出模型为主要模块的构思方法，大大增强了投入产出模型的结构分析功能和预测功能。

参考文献

[1] 陈锡康．中国城乡经济投入占用产出分析［M］．北京：科学出版社，1992.

[2] 李强，刘起运．当代中国投入产出实践与研究［M］．北京：中国统计出版社，1999：25-33.

[3] 张金水．可计算非线性动态投入产出模型［M］．北京：清华大学出版社，2000.

资源配置与存量投入产出分析[①]

一、存量投入产出分析的提出

存量投入产出分析是在流量投入产出分析和投入占用产出分析的基础上发展起来的，其提出有着深刻背景。

（一）投入占用产出分析不够充分全面

我们应该承认投入占用产出分析在把存量纳入投入产出分析方面迈出了开拓性的一步，但也应该看到投入占用产出分析在运用投入产出方法研究存量方面尚不够充分全面。一是没有划分中间存量与最终存量。在投入占用产出分析中，无论什么存量都不划分中间存量与最终存量，而是与流量投入产出表的第Ⅰ、Ⅲ象限相连，说得具体一些是把所有存量都看成中间存量。将所有存量都视为中间存量就意味着把存量全部看成是生产直接占用的。按照这一方法编制的存量矩阵有两种处理方法，一种方法是不管生产占用还是非生产占用都放入生产占用，罗列在一起；一种方法是只列出生产占用数额，非生产占用部分不纳入存量占用矩阵。很显然，采取第一种处理方法势必夸大生产占用额，采用第二种方法则将一部分存量排斥在投入占用产出分析之外。两种处理方法都不能真实、完整地反映存量与产出的数量关系。二是进行存量分析时依附于流量投入产出分析。在投入占用产出分析中，由于没有划分中间存量与最终存量，对存量的分析主要是计算直接占用系数和包括固定资产消耗的完全消耗系数，存量分析依附于流量投入产出分析。由于不可能把所有存量的消耗都纳入完全消耗系数之中，占用产出分析就成了部分存量的占用产出分析。再者，投入产出分析方法的特点是研究事物间的直接联系和间接联系，而投入占用产出表把存量都视为中间存量，则只能计算直接占用系数，难以探讨间接占用系数，进而计算完全占用系数。

---

① 本文原载于《经济与管理研究》2003 年增刊。

（二）关于中间存量与最终存量的划分

由上述讨论得出一个结论，完整意义上的存量投入产出分析的关键应该是将存量划分为中间存量与最终存量。

其一，两种存量客观存在。在经济存量中存在着两类存量，一类存量直接参与生产经营活动，比如工厂的机器、原材料库存、学校的校舍、机关单位的办公楼等；一类存量并不直接参与生产经营活动，比如农民手中的余粮、国家的储备物资等。直接参与生产经营活动的经济存量被生产直接占用，它的多寡直接反映生产的规模。而不直接参与生产经营活动的经济存量并不被生产所直接占用，它的多寡并不直接反映生产规模的大小。所以在经济存量中参与和不参与生产经营活动的两种存量永远是客观存在的。

其二，中间存量和最终存量的划分。在流量投入产出表中我们划分中间产品和最终产品时，以是否离开生产过程为标准，凡是在生产过程中被使用的产品为中间产品，凡是离开生产过程，也就是在本期内不再进行加工，可供社会最终用于消费、投资及出口的产品为最终产品。在划分中间产品和最终产品之前先要确定生产范围。

根据我国新核算体系的规定，生产是指经过劳动和物质资料的投入，形成货物和服务产出的活动过程。货物和服务都具有价值和使用价值，是为社会提供的可用于交换和使用的产品，但它们具有不同的形态，货物是有形产品，服务是无形产品。根据新核算体系对生产范围的界定，“货物”指核算期内生产的全部实物产品，包括生产者（企业、个体户）留作自用的产品，以及住户为自身使用进行的住房建筑；“服务”指对外单位、居民或整个社会提供的各种形式的服务，不包括居民为自身最终消费从事的家务劳动。

我们划分中间存量和最终存量首先要确定的一个前提条件是该存量是否被生产活动所占用，其生产活动包括从事第一、二、三产业的一切活动；划分的第二个条件应是直接占用。两个条件都具备的为中间存量，否则为最终存量。在具体划分时可以考虑中间产品和最终产品的划分方法，但也要考虑经济存量的特殊性，经济存量不是按时期考察的，只能从某一个时点去考察，一般以期末为准。为此对中间存量和最终存量的定义为：本期末直接被生产占用的经济存量为中间存量，本期末不直接被生产占用的经济存量为最终存量。为了与流量投入产出表对应，仍以权责发生制原则为准，凡在期末这个时点用于生产的经济存量为中间存量，用于消费、投资出口的经济存量为最终存量。最终存量的确认应当根据经济存量是否进入消费主体、投资主体和出口（或调出）主体。中间存量与最终存量的划分非常重要，它是编制存量投入产出表的基础，关系着中间存量直接占用系数的计算。

二、存量投入产出表和模型

存量投入产出表是在投入占用产出表的基础上，将占用部分的固定资产与存货划分为中间存量矩阵和最终存量矩阵并结合其他存量矩阵而形成的。其模型则是根据表的平衡关系建立的。

（一）存量投入产出表

存量投入产出表在设计上参照了流量投入产出表的设计模式，即采取复式记账方法建立矩阵表。对于存量矩阵来讲，纵向看是存量占用，分为中间存量占用和其他存量占用；横向看是存量配置，分为中间存量配置和最终存量配置。存量投入产出表在设计上又有着特殊性。因流量投入产出表是按国内生产总值三种计算方法“三面等值”的原理设计的，其行列平衡相等，即一个部门（产品部门）的总投入等于总产出。而存量投入产出表能以产品形式表现的仅有固定资产、存货，也就是说构成存量投入产出表第Ⅰ、Ⅱ象限内容的只有固定资产、存货两种经济存量，按行相加的总存量价值是指这两种经济存量的价值。而从存量占用看，除了固定资产、存货两种经济存量外，还有别的经济存量如其他非金融资产，同时还有资源存量。这些存量占用都在第Ⅲ象限反映，特别是资源存量一般以实物形态反映，在核算体系尚待完善的情况下，折算成价值量还尚待时日。即使都用价值量反映，存量投入产出表也不存在行列对应相等的关系，因为按列相加计算，总存量是全部存量的价值。为了准确地反映存量的占用和配置，存量投入产出表在现有的核算基础上，在设计上只能由价值-实物型逐步过渡到价值型。存量投入产出表的表式如表1所示。

表1　存量投入产出表

占用	配置		
	中间存量	最终存量	总存量
中 间 存 量	$X^c_{11}, X^c_{12}, \cdots, X^c_{1n}, W^c_1$ $X^c_{21}, X^c_{22}, \cdots, X^c_{1n}, W^c_2$ $\vdots$ $X^c_{n1}, X^c_{n2}, \cdots, X^c_{nn}, W^c_n$	y^c_1, y^c_2, $\vdots$, y^c_n	X^c_1, X^c_2, $\vdots$, X^c_n

续表

<table>
<tr><td rowspan="2">占用</td><td colspan="3">配置</td></tr>
<tr><td>中间存量</td><td>最终存量</td><td>总存量</td></tr>
<tr><td>其他存量</td><td>$Q_{11}, Q_{12}, \cdots, Q_{1n}$
$Q_{21}, Q_{22}, \cdots, Q_{2n}$
$\vdots$
$Q_{m1}, Q_{m2}, \cdots, Q_{mn}$</td><td></td><td></td></tr>
<tr><td>总占用</td><td>$K_1, K_2, \cdots, K_n$</td><td></td><td></td></tr>
</table>

存量投入产出表由三个象限组成，其数据均采用期初与期末的平均占用量。第Ⅰ象限为中间存量占用象限，是存量投入产出表的核心部分，表的主栏为中间存量占用，宾栏为中间存量配置，表中元素为中间存量占用配置数量，该象限参照流量投入产出表的部门分类，形成 $n \times n$ 阶产品×产品矩阵。其行向意义是国民经济某部门的产品存量作为固定资产和存货，配置到本部门和国民经济其他部门产品生产过程的数量（期初期末平均值）；列向为某一产品部门的中间产品生产在某一核算期对本部门和国民经济其他部门产品存量的平均占用所形成的资产存量结构。第Ⅱ象限为最终存量配置象限，这一象限的主栏仍为存量占用，与Ⅰ象限部门分类相同，宾栏为最终存量配置，表中元素为最终存量的占用配置数量。该象限参照最终产品分类，将最终存量分为消费、投资、出口分别占用的存量。其行向意义是国民经济产品存量在最终需求领域的消费部门、投资部门和出口部门的配置数量（期初期末平均值），列向为最终存量的产品结构。第Ⅲ象限为其他存量占用象限，即除固定资产（原值）、存货之外所有存量的占用象限。由于这些存量不像固定资产、存货可以按产品分类，形成 $n \times n$ 阶产品×产品矩阵，而是以行向量形式反映其内容，因此放在第Ⅲ象限反映比较妥当。第Ⅲ象限主栏列出的存量有经济存量、资源存量。经济存量指在第Ⅰ象限尚未反映的其他非金融资产、金融资产，资源存量应包括土地资源、矿产资源、森林资源、水资源、海洋资源、人力资源等。存量投入产出表的第Ⅰ、Ⅱ、Ⅲ象限完整地反映了经济存量和

资源存量的占用和配置，特别是将经济存量中的固定资产、存货划分为中间存量与最终存量，为存量投入产出分析奠定了基础。

(二) 存量投入产出模型

与流量投入产出模型一样，存量投入产出模型有行模型和列模型，这里只介绍行模型。建立存量投入产出行模型的行向平衡关系式：中间存量配置+最终存量配置=产品总存量。即：

$$\sum_{j=1}^{n} X_{ij}^{c} + y_{i}^{c} = X_{i}^{c} \quad (i=1, 2, \cdots, n) \tag{1}$$

引入中间存量直接占用系数 a_{ij}^{c}，即：

$$a_{ij}^{c} = X_{ij}^{c}/X_{j}(i, j=1, 2, \cdots, n) \tag{2}$$

其行模型用矩阵形式表示为：

$$A^{c}X + Y^{c} = X^{c} \tag{3}$$

引进产出总存量系数 β_i，即：

$$\beta_{i} = X_{i}^{c}/X_{i}(i=1, 2, \cdots, n) \tag{4}$$

式中，X_i^c 表示第 i 部门产品总存量，是中间存量与最终存量之和。X_i 表示国民经济流量投入产出表上的第 i 部门总产出，是中间产品产出与最终产品产出之和。用矩阵形式表示总存量就是：

$$X^{c} = \hat{\beta}X \tag{5}$$

把（5）代入（3）（$\hat{\beta}$ 为产出总存量系数对角阵），有：

$$A^{c}X + Y^{c} = \hat{\beta}X \tag{6}$$

则：

$$(\hat{\beta} - A^{c})X = Y^{c} \tag{7}$$

$$X = (\hat{\beta} - A^{c})^{-1}Y^{c} \tag{8}$$

并有：

$$X^{c} = (I - A^{c}\hat{\beta}^{-1})^{-1}Y^{c} \tag{9}$$

参考文献

[1] 李强，刘起运．当代中国投入产出实践与研究［M］．北京：中国统计出版社，1999.

[2] 陈锡康．中国城乡经济投入占用产出分析［M］．北京：科学出版社，1988.

北京奥运经济和经济结构调整研究①

一、北京产业结构效益研究

（一）北京相对劳动生产率的分析

相对劳动生产率是指某一产业增加值比重与该产业劳动力比重的比值。从很多国家的历史考察来看，第一产业相对劳动生产率要低于第二、三产业的相对劳动生产率，但随着人均 GDP 的增长，三大产业间相对劳动生产率的差距呈缩小趋势。

从北京各个时期的三次产业相对劳动生产率来看，三次产业间相对劳动生产率的差距总体上呈缩小趋势，第一产业与第二、三产业相对劳动生产率的比率由改革开放前的 0.2 以下上升到目前的 0.3 左右。北京的劳动力一直由第一产业向第二、三产业转移，特别是 20 世纪 50 年代和改革开放初期进行了两次大的转移，使得第一产业与第二、三产业相对劳动生产率的比率出现了两次大的下滑，其低值为 0.11 和 0.14；20 世纪 90 年代初期，市场经济使得北京农村改革开放成效凸显，第一产业的相对劳动生产率达到 1949 年以后各个时期的最高值，其第一产业与第二、三产业相对劳动生产率的比率曾一度攀升到 0.5 以上。三次产业相对劳动生产率变化的背后是劳动力结构与增加值结构的偏离。从很多国家的历史考察看，其一般规律是第一产业劳动力比重大于增加值的比重，为正偏差；第二、三产业劳动力比重小于增加值的比重，为负偏差。随着人均 GDP 的增长，其偏差呈缩小趋势。北京三次产业劳动力结构与增加值结构的偏离大致经历了两个时期：第一个时期是改革开放前，其偏离度呈波动下降的趋势，由 1949 年的 89.49%下降到 1978 年的 62.17%；第二个时期是改革开放后，其偏离度呈稳步下降的趋势，由 1978 年的 62.17%下降到 2003 年的 12.61%。

---

① 本文原载于《经济与管理研究》2005 年第 7 期，作者：廖明球、东朝晖、曹永凯。本文为北京市自然科学基金资助项目（9042002）和北京市教委人文社会科学研究计划面上项目资助项目（SM200310038080）。

（二）北京产业结构效益的供给因素分解

在经济发展过程中各产业部门由于优势地位更迭，对经济增长的贡献率会发生变化，同时各个部门的劳动、资本、技术三大要素对产业增长的贡献率也会发生变化，部门的贡献率和要素的贡献率的变化从供给方面反映了产业结构效益的变化。

从对北京改革开放以来产业结构效益的供给因素分解，我们可以看到，1978—2003 年，北京三次产业对经济增长的贡献率中第三产业最高，为 53.6%；第二产业次之，为 44.7%；第一产业较低，为 1.8%。三大要素对经济增长的贡献率中技术进步贡献率（也称全要素生产率）最高，为 51.4%；资本贡献率次之，为 37.4%；劳动贡献率较低，为 11.2%。分阶段来看，1978—1990 年即改革开放前期，北京第一、二、三产业对经济增长的贡献率分别为 6.0%、47.5%和 46.5%，第二产业的贡献率要大于第一、三产业，说明北京这一时期仍处于工业化的中期；其劳动、资本、技术进步三大要素的贡献率分别为 19.3%、37.9%和 42.8%，技术进步贡献率已超出资本与劳动贡献率，说明北京这一时期的经济发展除了靠注入劳动、资本外，已主要靠技术进步。1990—2003 年是市场经济体制建立、改革开放向纵深发展的时期，北京第一、二、三产业对经济增长的贡献率分别为 0.9%、41.4%和 57.7%，与改革开放前期相比，第一、二产业贡献率下降，第三产业贡献率明显上升，说明北京已处于工业化后期，进入服务化经济社会；其劳动、资本、技术进步贡献率分别为 4.9%、37.1%和 58.0%，技术进步贡献率已远远超过劳动和资本的贡献率，证明北京这一时期经济增长主要依靠科技进步。

（三）北京产业结构效益的需求因素分解

经济增长一方面表现为供给要素的推动，另一方面表现为需求因素的拉动，我们可以将需求因素分解为进口（调进）替代、投入产出技术系数变化、地区内需求扩张、出口（调出）扩张四个因素，分别计算出这四个因素在经济增长中所发挥的作用。

根据对北京 1987—2002 年总产出与 GDP 增长的需求因素分解，北京按现价计算的总产出增加了 9 739.04 亿元，其中，由地区内需求扩张带来的增量为 4 332.90 亿元，占总产出增量的 44.49%；由出口（调出）扩张带来的增量为 5 479.18 亿元，占总产出增量的 56.26%；由进口（调进）替代减少带来的减少量为 188.93 亿元，占总产出增量的-1.94%；由投入产出技术系数变化带来的增量为 115.89 亿元，占总产出增量的 1.19%。从 GDP 来看，按现价计算的

GDP 增加了 3 449.83 亿元，其中由地区内需求扩张带来的增量为 1 627.76 亿元，占 GDP 增量的 47.18%；由出口（调出）扩张带来的增量为 1 852.32 亿元，占 GDP 的 53.69%；由进口（调进）替代减少带来的减少量为 73.83 亿元，占 GDP 的-2.14%；由投入产出技术系数变化带来的增量为 43.58 亿元，占 GDP 的 1.26%。可以说无论是总产出增长还是 GDP 的增长，主要是出口（调出）扩张和地区内需求扩张共同带来的，并且以出口（调出）扩张为主。

（四）北京产业结构的资源配置效应

首先看劳动力配置效应。测算在具有不同边际生产率的部门之间劳动力转移对经济增长的作用，尤其要比较生产率的总增长率与生产率部门增长率的加权平均数，两者之间的差距就是劳动力配置效应。据对北京 1978—2003 年 GDP、劳动力投入及劳动生产率的增长分析，我们可以看到，1978—2003 年，GDP 年均增长 10.0%，劳动力投入年均增长 1.86%，劳动生产率年均增长 8.0%。劳动力增长对 GDP 增长的贡献率为 18.6%，劳动生产率提高对 GDP 增长的贡献率为 80.0%，两者共同作用不可分解的部分的贡献率为 1.4%。可以说改革开放以来北京劳动生产率的提高对 GDP 的增长起到了很大的作用。进一步的分析表明，全社会劳动生产率的提高中，劳动力在不同产业部门间的转移（第一、二产业劳动力向第三产业转移）带来的贡献率为 2.88%，由此计算在 GDP 的增长中劳动力在不同产业间的转移的贡献率为 2.3%，这 2.3%就是劳动力配置效应。

其次看资本配置效应。测算资本生产率总增长率与资本生产率部门增长率的加权平均数，两者之间的差距就是资本配置效应。据对北京 1978—2003 年 GDP、资本投入及资本生产率的增长分析，可以看到，1978—2003 年，GDP 年均增长 10.0%，资本投入年均增长 9.36%，资本生产率年均增长 0.59%。资本投入增长对 GDP 增长的贡献率为 93.6%，资本生产率提高对 GDP 增长的贡献率仅为 5.9%，两者共同作用不可分解的部分的贡献率为 0.5%。可以说，改革开放以来北京资本投入对 GDP 增长起到了巨大的作用。进一步的分析表明，由于对第一、三产业的资金注入较大，而第一、三产业的资本生产率又要低于第二产业，因此其资本配置效应为负，资本配置效应对 GDP 增长的贡献率为-6.30%。

二、从供给和需求角度看北京产业结构的调整

（一）从供给角度看北京产业结构的调整

从供给角度出发研究奥运的筹备所带来的 2003—2008 年产出结构的变

化，其研究的总体思路是：利用2002年重点调查单位横截面数据（总产出、劳动力、固定资产原值）估计出分行业生产函数，然后利用2003—2008年分行业劳动力及固定资产原值的预测数值预测分年度、分行业的总产出，并对这几年的产出结构变化进行分析。生产函数采用柯布-道格拉斯形式。

在对三次产业总产出预测的基础上对30个部门总产出进行了预测，其结果显示，在30个部门中，2002—2008年在总产出中所占份额最大的10个部门为通信设备、建筑业、金融保险业、科学研究和综合技术服务业、房地产业、信息传输与计算机服务和软件业、租赁和商务服务业、交通运输及仓储业、轻纺工业、化学工业。在30个部门中，部门产出在总产出中比例逐步上升的有17个，变化较明显的部门包括房地产业，通信设备、计算机及仪器仪表制造业；部门产出在总产出中比例下降的部门有13个，变化较明显的部门包括金融保险业、建筑业、农业、轻纺工业。从速度上看，2002—2008年总产出年均增长速度为11%，增长速度最快的部门包括体育事业，批发和零售贸易业，采选业，电力和热力、燃气的生产和供应业，水的生产和供应业，房地产业等；增长速度较慢的部门包括农业，轻纺工业，金融保险业，建筑业，石油加工、炼焦及核燃料加工业。

从以上分析可以看出，北京2002—2008年各部门产出具有以下特点：第一，由于产业间发展的相互依赖性，各部门产出占总产出的比例不会发生过大变化。第二，受投资需求和消费需求的直接和间接拉动，与奥运会的举办和筹备关系更为密切的产业发展将更为迅速，如体育事业，房地产业，计算机及仪器仪表制造业，批发和零售贸易业，电力和热力、燃气的生产和供应业，水的生产和供应业，采选业等，这些也是未来几年应重点发展的行业，而受到需求直接和间接拉动相对较小的产业的发展将会相对缓慢，如农业，轻工业，金融保险业，建筑业，石油加工、炼焦及核燃料加工业。第三，产业结构的调整既有2008年奥运的因素，也有北京产业发展方向的因素。例如，虽然建筑业仍然是奥运期间的重点发展行业，在总产出中所占比例仍然较高，但国家为了控制基本建设投资过热的势头采取了相应的措施，如提高存贷款利率、严格控制新开工项目的审批等，在保证奥运场馆和相关基础设施建设的同时压缩其他基建项目，因而从总体上看，建筑业产出在总产出中的比例将有所下降。

（二）从需求角度看北京产业结构的调整

1. 总需求波动对北京产业结构的影响和调整。总需求包括消费、投资和出口三大需求。将三大需求加总，出口（调出）需求参照2002年数据，可以计算出2002—2008年的总需求以及对总产出的拉动总量。奥运时期北京的总需求将从2002年的7 976.69亿元上升至2008年的11 435.99亿元，对总产出的拉动将由2002年的23 374.63亿元上升至2008年的33 464.71亿元。

从总需求对产业结构的影响看，影响最大的首先是通信设备、计算机及仪器仪表制造业和轻纺工业，其产品占总需求拉动产品的比重分别为12.3%和8.1%。其次是建筑业、机械工业、采选业和金融保险业，其产品占总需求拉动产品的比重分别为7.4%、6.7%、6.3%和6.0%。最后是化学工业，租赁和商务服务业，科学研究和综合技术服务业，信息传输、计算机服务和软件业，其产品占总需求拉动产品的比重均在4%以上。与现实的产业结构比较，第二产业中的轻纺工业，机械工业和通信设备、计算机及仪器仪表制造业有较大的提升空间，可以继续发展；采选业、化学工业和金属冶炼及压延加工业虽然有提升空间，但不宜在北京发展，可以通过进口（调入）解决。在第三产业中，批发和零售贸易业有提升空间，其他服务业则要靠增加出口（调出）来提升自己。

2. 奥运需求对北京产业结构的影响。奥运需求对北京产业结构的影响分为投资和消费两方面。

（1）奥运投资需求对北京产业结构的影响。据测算，奥运期间北京用于奥运的直接投资为1 348.58亿元，分别安排在2002—2007年，主要是考虑到2008年以前要完成所有奥运场馆和相关设施的建设。按北京2002年投入产出表测算，固定资产投资对生产诱发系数为3.085 7。由于各年的投资结构略有差异，其固定资产投资对生产的诱发即拉动作用也有所不同。奥运的直接投资高峰期是2004—2007年，对总产出拉动以2006年和2007年为最大，达到1 208.92亿元和1 208.77亿元。从奥运投资需求对产业结构的影响看，影响最大的是通信设备、计算机及仪器仪表制造业和建筑业，其产品占奥运投资需求拉动产品的比重分别为28.9%和13.1%。其次是机械工业和采选业，其产品占奥运投资需求拉动产品的比重为6.7%和5.7%。最后是金属冶炼及压延加工业、科学研究与综合技术服务业、租赁和商务服务业，其产品所占比重为4.4%、4.2%和4.0%。这说明奥运投资拉动的主体是第二产业，同时对第三产业也有一定的拉动作用。

（2）奥运消费需求对北京产业结构的影响。奥运消费需求分为两部分：一部分是奥运投资引致的消费需求；一部分是奥运会运作直接引致的消费需求。据测算，由奥运投资引致的消费需求为539.43亿元，由奥运会运作直接引致的消费需求为660.57亿元。奥运消费需求从2002—2008年呈逐渐增加的趋势，特别是2006—2008年增加较为明显。奥运引致的消费需求的高峰期是2006—2008年，对总产出的拉动也最为明显，分别达到550.92亿元、595.73亿元和1 303.85亿元。从奥运消费需求对产业结构的影响看，影响最大的首先是轻纺工业、科学研究和综合技术服务业，其产品占奥运消费需求拉动产品的比重分别为11.3%和9.9%。其次是通信设备、计算机及仪器仪表制造业与公共管理和社会组织，其产品占奥运消费需求拉动产品的比重分别为6.7%和6.1%。最后是化学工业、金融保险业、采选业和教育事业，其产品占奥运消费需求拉动产品的比重分别为5.8%、5.3%、5.0%和4.2%。可见，奥运消费需求拉动的产业是第二、三产业。

三、结论与建议

通过对以上三个方面的研究，我们得出如下结论并提出几点建议。

（一）北京已处于工业化发展后期，产业结构应继续保持“三、二、一”格局

北京是在经历了一个漫长的工业化时期后进入工业化发展后期的，产业结构已连续10多年保持“三、二、一”格局，今后应继续保持这一格局。北京目前人均GDP超过了3 000美元，按世界银行的划分标准已进入上中等发达地区水平，开始向比较富裕的阶段发展，国民经济具备了相当实力，进入了加速发展阶段。继续推进经济结构的优化升级，对下一阶段经济增长至关重要。世界经济发展规律表明，产业结构升级和第三产业比重提高必须以工业现代化为依托，因此北京在进一步发展第三产业的同时也必须加快发展现代工业，应加快工业内部结构优化升级，发展科技含量高、低能耗、低水耗、低污染工业，特别是振兴现代制造业，真正做到第一、二、三产业协调发展。

（二）北京产业结构相对协调且聚合质量较好，但仍要改进不足之处

北京产业结构总体协调度由1987年的51.80%变化为2002年的43.21%，虽有所下降，但与产业结构的大幅度调整相比，还是相对协调的。另外从产业结构的资源转换能力、产业结构关联、需求对生产的诱发能力来看，北京产业结构的聚合质量较好，但仍要看到其不足之处。比如，1997年北京的资源转换效率虽然高于广东、上海，但低于全国；有些重要行业影响力系数和感应度系数明显低于全国；消费和调出对生产的诱发能力有待提高，与全国比较还处于较低水平。

（三）北京产业结构效益较好，但仍有提升空间

北京产业结构效益较好，三次产业间相对劳动生产率的差距总体上呈缩

小趋势；三大要素对经济增长贡献率中技术进步贡献率（也称全要素生产率）最高，为 51.4%；1987—2002 年由地区内需求扩张增加的 GDP 增量占 47.19%，由出口（调出）扩张增加的 GDP 增量占 53.69%，出口（调出）扩张超出了地区内需求扩张；1978—2003 年劳动生产率提高对 GDP 增长的贡献率为 80.0%，劳动力的再配置效益为 2.3%，但也要看到北京产业结构效益仍有较大提升空间。首先是第一产业相对劳动生产率有待提高。2003 年北京第一产业相对劳动生产率为 0.292 6，低于历史上的最高值。其次是全要素生产率需要提升。北京应充分发挥其拥有的人才优势，力争全要素生产率对 GDP 增长的贡献率由目前的 60%以下提升至 60%以上。最后是改善资源配置效应。目前北京的劳动力配置效应仅在 2%左右，还有提升空间；资本配置效应为负，还有待改善。

（四）从供给和需求两方面看，北京有些行业可以做优做强

以总产出大小排序，供给模型测算的 10 大行业为通信设备、计算机及仪器仪表制造业，建筑业，金融保险业，科学研究和综合技术服务业，房地产业，信息传输与计算机服务和软件业，租赁和商务服务业，交通运输及仓储业，轻纺工业和化学工业。而需求模型测算的 10 大行业为通信设备、计算机及仪器仪表制造业，轻纺工业，建筑业，机械工业，采选业，金融保险业，化学工业，租赁和商务服务业，科学研究和综合技术服务业，信息传输、计算机服务和软件业。从供给和需求两方面考虑，北京可以做优做强的有 8 大行业：通信设备、计算机及仪器仪表制造业，轻纺工业，化学工业，建筑业，金融保险业，租赁和商务服务业，科学研究和综合技术服务业，信息传输、计算机服务和软件业。此外，受奥运的影响，能够加快发展的有体育、文化、旅游、房地产和环保等产业。

（五）从奥运需求看，2008 年产业结构会发生一些特殊变化

从奥运需求看，2004—2007 年是投资需求高峰期，2006—2008 年是消费需求高峰期，从中可以看出，奥运对经济的拉动由 2007 年的以投资拉动为主转向 2008 年以消费拉动为主。投资对经济的拉动与消费对经济的拉动结构截然不同，投资拉动的主要是第二产业，而消费拉动的不仅是第二产业，还有第三产业，这样北京 2008 年的产业结构会发生一些特殊变化，特别是第三产业中的某些服务行业的需求会骤然上升，一些公共服务行业的需求也会大量增加。因此，北京产业结构的调整要考虑奥运因素，使奥运经济平稳向后奥运经济过渡。

（六）北京是一个产品大进大出的地区，产业结构的调整空间较大

北京作为首都，经济是外向型的，同时对外依赖程度也很高。2008 年北京举办奥运会，既举全市之力也举全国之力，办好奥运会得到了全国人民的支持。北京作为一个产品（包括货物和服务）大进大出的地区，产业结构的调整空间较大。北京一定要抓住这一难得的历史机遇，搞好产业结构的调整，发展好特色产业和优势行业，坚决淘汰落后产业和不适宜发展的行业，部分行业可以通过大进或大出保持供需平衡。

参考文献

[1] 刘淇. 北京奥运经济研究 [M]. 北京：北京出版社，2003.

[2] 廖明球. 经济、资源、环境投入产出模型研究 [M]. 北京：首都经济贸易大学出版社，2005.

北京奥运经济投入产出模型设计研究[①]

首都北京获得2008年奥林匹克运动会的举办权，对中国政治、经济、文化诸方面将产生深远影响。办好这届奥运会不仅政治意义重大，还将对经济发展产生聚集效应和拉动效应。目前奥运行动规划已经实施，对奥运经济研究也取得一些重要成果。我们的研究试图在已有研究成果的基础上，充分运用投入产出分析的最新技术，进一步提出从定量方面研究北京奥运经济的方法。

一、北京奥运经济投入产出模型设计采用的主要方法

（一）将地区模型与部门模型有机结合

从全国来讲，北京的模型是一个地区模型，因此我们在模型设计上仍然采用与全国相同的表式和相同的部门分类方法，以保证奥运模型首先是一个地区模型（区域模型），这样便于研究奥运经济对北京经济的整体影响。同时又考虑到奥运模型是一个部门模型（行业模型），具体地讲是一个体育行业模型，奥林匹克运动是一项世界性的竞技体育活动，研究奥运经济也就是研究体育产业经济。因此，在设计模型时必须突出体育及与其密切相关的产业，便于研究体育及相关产业对经济的拉动作用。基于以上设计思想，我们在不改变地区模型原貌的前提下，将体育、旅游、旅馆、餐饮、商业、环保、科技、文化、娱乐、交通、建筑等部门进行单列，这样设计出来的投入产出表既是一张地区表又是一张部门表，即在地区模型和部门模型之间找到一个好的结合点。

（二）将经济模型与资源、环境模型有机结合

根据北京奥运的主题与特色，以绿色奥运、科技奥运、人文奥运构成模型分析的整体框架。我们除了在经济模型中将环保、科技、文化等产业单独

① 本文原载于《首都经济贸易大学学报》2004年第4期。本文是全国统计科研计划项目研究分报告（2003）。

列出以便分析外，还在经济模型之外设计了资源模型和环境模型。资源模型重点研究固定资产和存货的产品存量，同时研究国民经济对土地资源、水资源、人力资源等重要资源的占用情况，这样为研究北京举办奥运会的资源保障特别是水资源保障提供依据。环境模型主要研究工业污染、生活污染、交通噪声污染的治理情况，为绿色奥运以及运用高科技治理环境提供分析依据。由于同时编制经济、资源、环境模型在北京还是第一次，这也是奥运模型的创新之处。

(三) 将北京模型与全国模型有机结合

奥运经济不仅直接拉动了北京的经济增长，从经济辐射的角度它也拉动了全国经济的增长。因此，我们在重点研究北京模型的同时，还要研究全国模型，以分析奥运对中国经济的整体拉动作用。考虑到编制全国资源、环境模型在收集资料上的困难，我们在北京奥运经济模型中只把全国的经济模型考虑进来，在北京经济模型与全国经济模型中找到一个结合点，把奥运经济某一方面作为一个外生变量，同时测算对北京经济和全国经济的拉动力。

(四) 将投入产出模型和其他模型有机结合

以前我们设计投入产出模型时只局限于投入产出模型本身，没有把它放在一个模型整体中与其他模型通盘考虑。由于北京奥运模型研究的内容广泛，仅限于投入产出模型难以满足其研究需要，所以我们设计投入产出模型时考虑到了与其他模型的结合，一是与计量经济模型结合，二是与优化模型结合。从与计量经济模型结合上看，重点与供给模块、需求模块、价格模块结合，这样可以从生产角度、需求角度、平衡角度实现投入产出模型与计量经济模型的连接。从与优化模型结合上看，主要是将经济模块、资源模块、环境模块作为约束条件，以实现规划期（2008 年）目标函数国内生产总值最大。

二、北京奥运经济投入产出模型的编制与分析方法

(一) 奥运经济投入产出模型的数据收集与编制

1. 经济投入产出表的数据采集与编制。经济投入产出表各项总控制数采用国内生产总值核算资料，中间流量矩阵和增加值结构矩阵运用投入产出重点调查资料，居民消费运用家计调查资料，固定资产投资矩阵运用固定资产投资年报资料，存货矩阵采用重点调查资料。在编制方法上先按列编制，再进行行列平衡调整。

2. 资源投入产出表的数据采集与编制。资源投入产出表各项总控制数取自资产负债表，固定资产存量结构和存货存量结构采取重点调查。固定资产存量调查应与固定资产投资数据调查进行衔接，存货存量结构调查可以完全与存货变化量调查结合起来，采用一表式调查。资源存量数据主要从有关部门收集。其他非金融资产数据根据资产负债表和有关数据推算。土地资源占用数据从国土资源局获取，水资源数据从水利部门获取，人力资源数据根据劳动统计数据结合劳动部门有关数据确定。编制方法是先收集总量数据再收集结构数据。

3. 环境投入产出表的数据采集与编制。环境投入产出表采用简化式表式，在经济投入产出表的基础上加上产污矩阵。对治污部门的投入与治污量进行调查，包括对企业的治污情况和专门的治污部门（如污水处理厂）的治污情况进行调查。工业排污量和治污量数据取自环境保护局，生活垃圾和污水处理从城管、市政部门获取。根据产污量=排污量+治污量的平衡关系，将中间投入、最初投入（增加值）分离出来，形成产业部门投入及排污量矩阵和治污部门投入及治污量矩阵，这样可以完整反映产污、排污及治污情况。编制方法是先收集总控制数，再进行污染物数量和结构调查。

（二）奥运经济投入产出模型的分析方法

1. 经济模块的分析方法。在经济模块中我们主要建立静态模型和动态模型。静态模型主要用于对现有经济结构的分析，动态模型立足于对 2008 年主要经济指标的测算，将静态模型与动态模型结合起来研究奥运对北京经济和全国经济的整体影响。同时在静态分析中引入 SDA 结构分析技术，在动态模型中引入非线性动态投入产出分析技术，增强模型的分析、解释与研究功能。静态模型的基本形式是列昂惕夫模型，动态模型的基本形式是 CGE 模型与大道模型的结合形式。经济模块的分析在突出经济分析的同时，还要注意与资源、环境模块衔接，突出绿色奥运、科技奥运、人文奥运的理念。

（1）静态模型：中间产品+最终产品=总产品，即：

$$AX+Y=X$$

式中，A 为直接消耗系数矩阵，X 为总产出列向量，Y 为最终产品矩阵。

（2）动态模型：中间产品+投资产品+最终净产品=总产品，即：

$$AX(t)+B[X(t+1)-X(t)]+TX(t)=X(t)$$

式中，A、X 的经济含义同静态模型，T 为最终净产品系数矩阵，B 为投资系数矩阵。

2. 资源模块的分析方法。资源模块将固定资产与存货分列，采用投入占用产出分析技术，在列昂惕夫逆矩阵的基础上分别引入固定资产占用与存货占用矩阵，形成包括中间消耗和固定资产消耗的投入占用产出逆矩阵以及包括中间消耗、固定资产消耗和存货占用的投入占用产出逆矩阵，并形成一个投入产出乘数模型序列。同时，采用存量投入产出分析技术建立存量投入产出分析矩阵。资源模块围绕绿色奥运的主题，重点研究奥运经济对资源的占用情况，分析各种资源特别是水资源对奥运经济的保证程度。

（1）投入占用产出模型：固定资产消耗的完全消耗系数=对产品的直接消耗系数+对产品的间接消耗系数+对固定资产的直接消耗系数+对固定资产的间接消耗系数，即：

$$B^*=A+B^*A+\hat{\alpha}D+B^*\hat{\alpha}D$$

整理得：

$$B^*=(I-A-\hat{\alpha}D)^{-1}-I$$

式中，B^*为包括固定资产消耗的完全消耗系数矩阵，D为固定资产直接占用系数矩阵，$\hat{\alpha}$为固定资产折旧率对角阵，A为直接消耗系数矩阵，I为单位矩阵。

（2）存量投入产出分析模型：中间存量+最终存量=总存量，即：

$$A^cX+Y^c=X^c$$

式中，A^c为单位产出的中间存量占用系数矩阵，Y^c为最终存量矩阵，X^c为产品总存量向量，X为总产出向量。

3. 环境模块的分析方法。环境模块采用直接与经济模块连接方法，模型的基本形式为简化式。重点分析单位产出的产污量与排污量、单位治污投入的治污量，测算达到绿色奥运标准所需对环境治理的投入。同时，通过对环境模型分析，提出对北京产业结构的调整方向，限制重污染及其相关行业的发展和加大治理污染的力度，以确保首都北京的环境质量。

（1）环境投入产出模型：产业部门中间使用+治污部门中间使用+最终使用=总产出，即：

$$AX+ES+Y=X$$

式中，A为生产部门直接消耗系数矩阵，E为治污部门中间投入系数矩阵，X为生产部门总产出列向量，S为治污部门总投入列向量，Y为最终使用矩阵。

（2）污染物产生矩阵：生产部门产污量+消费部门产污量=总产污，即：

$$FX+R=W$$

式中，F为单位产出直接产污系数矩阵，R为消费部门产污量矩阵，X为总产出列向量，W为总产污列向量。

中国北京奥运经济投入产出与计量模型研究[①]

一、研究的背景

2001年7月13日，中国北京获得了2008年第29届奥运会的举办权，实现了中华儿女百余年来的梦想。举办2008年奥运会，为进入新世纪的北京提供了千载难逢的历史性机遇。怎样抓住机遇乘势而上，大力发展奥运经济，是北京乃至全国新世纪发展面临的重大课题。我们选择的“中国北京奥运经济投入产出与计量模型研究”课题则是在已有研究成果的基础上，将投入产出模型与计量经济模型结合起来研究北京奥运经济，其目的是运用最新的模型方法和数据，进一步定量化研究北京奥运经济，为北京奥运的决策提出建设性意见。

一个完整的奥运经济周期通常定为10~12年，分为前奥运、奥运和后奥运阶段。在前奥运阶段，以奥运场馆及相关设施投资增长的拉动为主；在奥运阶段，以奥运会举办而增加的各项消费带动为主，如旅游、贸易、电信等方面消费；在后奥运阶段，受需求不足的制约，可能产生房地产闲置、旅游业不景气等低谷现象。北京奥运经济周期大致是2001年至2010年，前奥运阶段为2001年至2007年，奥运阶段为2008年，后奥运阶段为2009年至2010年。为此，选择2002年至2010年作为研究的起止年，并且将2008年与2010年作为预测与分析的重要年份，重点研究奥运阶段与后奥运阶段。

二、研究的方法

（一）以《北京奥运行动规划》为蓝本，确定北京奥运模型的部门划分

《北京奥运行动规划》中对北京重点产业发展提出了明确要求：第一，大力发展高新技术产业；第二，加快发展第三产业；第三，加强信息通信建设；第四，大力调整产业布局。根据《北京奥运行动规划》的要求，结合北京奥

---

① 本文原载于《首都经济贸易大学学报》2007年第1期。本文为北京市自然科学基金项目（9042002）。

运的主题和特色，突出“绿色奥运”“科技奥运”“人文奥运”的理念，确定与奥运经济直接或密切相关的产业有体育、旅游、餐饮、交通、环保、文化、科技、电子信息、通信、邮政、建筑、金融保险等。

根据北京奥运投入产出分析的需要，最终确定北京奥运投入产出模型包含30个部门。这30个部门包括了国民经济所有行业，同时又突出了北京要重点发展的行业，其行业划分完全采用新的国家标准。这30个部门中第一产业有1个部门，第二产业有14个部门，第三产业有15个部门。

（二）适应北京奥运投入产出分析需要，设计北京奥运投入产出模型

1. 将地区模型与部门模型有机结合。北京的模型是一个地区模型，因此在模型设计时仍然采用与全国相同的表式和相同的部门分类方法，以保证奥运模型首先是一个地区模型，这样便于研究奥运对北京经济的整体影响。同时又考虑到奥运模型是一个部门模型，具体地说是一个体育行业模型，因此在模型设计时必须突出体育及与其密切相关的产业，具体是体育、旅游及旅馆、餐饮、交通、商贸流通、环保、科技、文化娱乐、电子信息、教育、建筑等行业，这样便于研究体育及相关产业对经济的拉动作用。

2. 将经济模型与资源、环境模型有机结合。根据北京奥运的主题与特色，以绿色奥运、科技奥运、人文奥运构成模型的整体框架。在模型设计时，除了在经济模型中将环保、科技、文化等产业单独列出外，还在经济模型之外设计了资源模型和环境模型。资源模型反映国民经济对资源的占用情况，这样为研究北京举办奥运会的资源保障特别是水资源保障提供依据。环境模型重点研究对各种污染物的治理情况，为绿色奥运以及运用高科技治理环境提供分析依据。

3. 将投入产出模型和其他模型有机结合。由于北京奥运模型研究的内容广泛，仅使用投入产出模型难以满足其研究需要，所以设计投入产出模型时考虑到了与其他模型的结合，一是与计量经济模型结合，二是与优化模型的结合。

静态模型：中间产品+最终产品=总产品，即：

$$AX+Y=X$$

式中，A为直接消耗系数矩阵，X为总产出列向量，Y为最终产品矩阵。

动态模型：中间产品+投资产品+最终净产品=总产品，即：

$$AX(t)+B[X(t+1)-X(t)]+TX(t)=X(t)$$

式中，A、X的经济含义同静态模型，T为最终净产品系数矩阵，B为投资系数矩阵。

（三）围绕投入产出模型，设计计量经济模型

为了与投入产出分析技术相结合，为进行最优经济增长方式研究奠定基础，计量经济模型主要设计了生产模块、需求模块、供需平衡模块。

1. 生产模块。根据分析奥运经济的需要，将整个经济系统分为30个生产部门，其中第一产业1个，第二产业14个，第三产业15个，因而需要建立生产方程30个。这30个部门中，第一产业部门的生产函数由劳动力L、资本K、土地面积T三要素决定，其他部门生产函数由劳动力L、资本K两要素决定。模型形式采用CES（不变替代弹性）形式。

农业部门生产函数：

$$V_1 = A_1\left(\alpha_{11}L_1^{\sigma_1}+\alpha_{21}K_1^{\sigma_1}+\alpha_{31}T_1^{\sigma_1}\right)^{1/\sigma_1}$$

其他部门生产函数：

$$V_j = A_j\left(\alpha_{1j}L_j^{\sigma_j}+\alpha_{2j}K_j^{\sigma_j}\right)^{1/\sigma_j} \quad (j=2,\ 3,\ \cdots,\ 30)$$

式中，V_j表示j部门的增加值；A_j表示j部门的效率系数；α_1，α_2，α_3表示分配系数，在农业部门中$\alpha_1+\alpha_2+\alpha_3=1$，在其他部门中$\alpha_1+\alpha_2=1$；$\sigma_j$为替代参数。

根据以上模型，进而有：

$$X_j = \sum_i a_{ij}X_j + V_j$$

式中，X_j为j部门总产出，$\sum_i a_{ij}X_j$为j部门的中间投入，这样与投入产出模型（生产方程）相连接。

2. 需求模块。需求包括中间需求和最终需求，这里重点讨论最终需求模块。最终需求包括消费需求、固定资产投资需求、存货需求和进出口需求。

（1）消费需求模块：

$$p_i c_i = g_i M$$

式中，c_i为对第i部门产品的消费，p_i为i部门产品的价格指数，g_i为第i种消费品占全部消费品的比重，M为劳动收入。

（2）固定资产投资模块：

$$K_{ij}(t+1) = K_{ij}(t) - \delta_i K_{ij}(t) + I_{ij}$$

式中，δ_i为i部门固定资产的折旧系数，K_{ij}为i部门生产的用于j部门的固定资产存量，I_{ij}为j部门对第i部门的投资需求。

（3）存货和进出口需求模块。假设存货和进出口量为总产出的比例，即：

$$SK_i = \beta_i X_i$$

式中，SK_i为i部门存货与进出口量，β_i为i部门存货和进出口量占i部门总产出的比例系数。

3. 供需平衡模块。根据北京产品（包括货物与服务）大进大出的特点，为了使供需平衡，必须借助调出与调入模块，并且抽象了价格因素。

（四）最终模型的构架

将投入产出模型与优化模型结合形成最终模型，北京奥运经济模型的最终构架如下：

目标函数：北京 2008 年（或 2010 年）GDP 最大。

约束条件：
- 经济约束
- 资源约束
- 环境约束

总的思路是用计量经济模型起动投入产出模型，并与最优化技术结合，求解 2008 年（或 2010 年）北京的 GDP 达到最大值，找到一组最优的产业结构。

三、研究的内容与实证

（一）经济结构分析

1. 北京产业结构高度化分析。1952 年到 2005 年，北京三次产业结构的演变经历了四个阶段，即工业化前期、工业化中期、工业高速发展时期和工业化后期。从 1990 年起，北京经济发展就已步入工业化的后期阶段，第一产业就业人口基本稳定在 10%左右，第二产业就业人口呈现平稳下降的趋势，第一、二产业就业人口逐渐向第三产业转移，第三产业就业人口比重超过了第二产业；同时增加值结构也演变为高水平的“三、二、一”阶段。从与国际比较上看，北京各时期三次产业就业结构以及增加值结构与同时期的上中等收入国家的相应结构水平相似。

产业结构在向高度化演进的过程中也要求产业结构协调度不断加强。从北京 1987 年、1992 年、1997 年、2002 年的产业结构协调度可以看到，北京产业结构处于不断调整的过程中，总的趋势是现实与最优产业结构偏离度逐渐加大，从 1987 年的 51.8%下降到 2002 年的 41.21%，这符合北京产业结构不断调整的现实。

产业结构的高度化还表现在产业结构的资源转换能力、产业关联以及最终需求对生产的诱发能力。产业结构资源转换能力的大小可通过中间产品的投入使用效率来考察，北京与全国比较，产业结构的资源转换效率总体上相对低一些，北京 1997 年若生产与全国相同的最终产品，所需投入的中间产品消耗比全国多 9.63%；但 1997 年北京的资源转换效率要高于广东、上海，即生产与广东、上海同样的最终产品要分别少消耗中间产品 7.271%、3.94%。产业结构关联常用的指标是影响力系数，将 1997 年北京的影响力系数与全国和有关地区（包括湖南、广东、上海、湖北、福建、安徽）比较，影响力系数高于全国和有关地区的有金属制品业、电气机械及器材制造业、食品制造及烟草加工业、化学工业、建筑业、旅客运输业、货物运输及仓储业、房地产业，这些行业部门可以认为是北京国民经济中起着相对重要作用的部门。最终需求对生产的诱发能力由诱发系数反映，从北京 1987 年、1992 年、1997 年、2002 年消费需求对生产的诱发分析可以发现，消费诱发系数呈上升趋势，分别为 2.261 5、2.853 1、2.577 2、2.639 8，说明消费对生产的拉动作用增强；从这四个年份投资对生产的诱发分析，其诱发系数分别为 2.409 1、3.091 3、3.125 1、3.093 1，基本呈上升趋势；四个年份调出（出口）的诱发系数分别为 2.319 7、3.000 9、2.616 8、3.008 3，也大致呈上升趋势。

2. 北京产业结构效益分析。产业结构效益分析包括相对劳动生产率、供给因素分解、需求因素分解。

相对劳动生产率是指某一产业增加值比重与该产业劳动力比重的比值。从很多国家的历史考察来看，第一产业相对劳动生产率要低于第二、三产业的相对劳动生产率，但随着人均 GDP 的增长，第一产业与第二、三产业相对劳动生产率的比率会有所上升，也就是说三大产业间相对劳动生产率的差距呈缩小趋势。从北京各个时期的三次产业相对劳动生产率来看，三次产业间相对劳动生产率的差距总体上呈缩小趋势，第一产业与第二、三产业相对劳动生产率的比率由改革开放前的 0.2 以下上升到目前的 0.3 左右。

产业结构效益的供给因素分解指分析经济增长中各部门的贡献率和各要素的贡献率。从对北京改革开放以来产业结构效益的供给因素分解可以看到，1978 年至 2003 年，北京三次产业对经济增长的贡献率中第三产业最高，为 53.6%；第二产业次之，为 44.7%；第一产业较小，为 1.8%。三大要素对经济增长贡献率中技术进步贡献率（也称全要素生产率）最高，为 51.4%；资本贡献率次之，为 37.4%；劳动贡献率较低，为 11.2%。

据对北京 1987—2002 年总产出增长的需求因素分解，北京在此期间按现价计算的总产出增加了 9 739.04 亿元人民币，其中，地区内需求扩张带来的增量为 4 332.90 亿元人民币，占总产出增量的 44.49%；出口（调出）扩张带来的增量为 5 479.18 亿元人民币，占总产出增量的 56.26%；进口（调进）替代带来的减少量为 188.93 亿元人民币，占总产出增量的-1.94%；投入产出技术系数变化带来的增量为 115.89 亿元人民币，占总产出增量的 1.19%。

总产出的增长主要是出口（调出）扩张和地区内需求扩张共同带来的，并且以出口（调出）扩张为主。

3. 从供给角度看北京产业结构的调整。由北京的供给能力可以知道产业结构调整方向，在30个部门中，2002—2008年在总产出中所占份额最大的10个部门为通信设备，建筑业，金融保险业，科学研究和综合技术服务业，房地产业，信息传输、计算机服务和软件业，租赁和商务服务业，交通运输及仓储业，轻纺工业，化学工业。

从速度上看，2002—2008年总产出年均增长速度为11%，增长速度最快的部门包括体育事业，批发和零售贸易业，采选业，电力、热力、燃气的生产和供应业，水的生产和供应业，房地产业等，增长速度较慢的部门包括农业，轻纺工业，金融保险业，建筑业，石油加工、炼焦及核燃料加工业。

从以上分析可以看出，北京2002—2008年各部门产出具有以下特点：第一，由于产业间发展的相互依赖性，各部门产出占总产出的比例不会发生过大变化；第二，受投资需求和消费需求的直接和间接拉动，与奥运会的举办和筹备关系更为密切的产业发展将更为迅速，如体育事业，房地产业，计算机及仪器仪表制造业，批发和零售贸易业，电力、热力、燃气的生产和供应业，水的生产和供应业，采选业等，这些也是未来几年应重点发展的行业。而受到需求直接和间接拉动相对较小的产业的发展将会相对缓慢，如农业，轻工业，金融保险业，建筑业，石油加工，炼焦及核燃料加工业。第三，产业结构的调整既有2008年奥运的因素，也有北京产业发展方向的因素。如，虽然建筑业仍然是奥运期间的一项重点工作，在总产出中所占比例仍然较高，但国家为了控制基本建设投资过热的势头采取了相应的措施，如提高存贷款利率、严格控制新开工项目的审批等，在保证奥运场馆和相关基础设施建设的同时压缩其他基建项目，因而从总体上看，建筑业产出在总产出中的比例将有所下降。

4. 从需求角度看北京产业结构的调整。需求分为总需求和奥运需求。

首先看总需求对北京产业结构的影响和调整。将三大需求加总，出口（调出）需求参照2002年数据，可以计算出2002—2008年的总需求以及对总产出的拉动总量。奥运时期北京的总需求将从2002年的7 976. 69亿元人民币上升至2008年的11 435. 99亿元人民币，对总产出的拉动将由2002年的23 374. 63亿元人民币上升至2008年的33 464. 71亿元人民币。从总需求对产业结构的影响看，影响最大的是通信设备、计算机及仪器仪表制造业和轻纺工业，其产品占总需求拉动产品的比重分别为12. 3%和8. 1%。其次是建筑业、机械工业、采选业和金融保险业，其产品占总需求拉动产品的比重分别为7.4%、6.7%、6.3%和6.0%。最后是化学工业，租赁和商务服务业，科学研究和综合技术服务业，信息传输、计算机服务和软件业，其产品占总需求拉动产品的比重均在4%以上。与现实的产业结构比较，二产业中的轻纺工业，机械工业和通信设备、计算机及仪器仪表制造业有较大的提升空间，可以继续发展；采选业、化学工业和金属冶炼及压延加工业虽然有提升空间，但不宜在北京发展，可以通过进口（调入）解决。在三产业中，批发和零售贸易业有提升空间，其他服务业则要靠增加出口（调出）来提升自己。

再看奥运需求对北京产业结构的影响。奥运需求分为奥运投资需求和奥运消费需求。

第一，奥运投资需求对北京产业结构的影响。奥运期间北京用于奥运的直接投资为 1 348.58 亿元人民币，分别安排在 2002—2007 年，按照北京 2002 年投入产出表测算，其总投资对生产的诱发系数为 3.093 1，固定资产投资对生产的诱发系数为 3.085 7。由于各年的投资结构略有差异，其固定资产投资对生产的诱发即拉动作用也有所不同。奥运的直接投资高峰期是 2004—2007 年，对总产出拉动以 2006 和 2007 年最大，达到 1 208.92 亿元和 1 208.77 亿元人民币。从奥运投资需求对产业结构的影响看，影响最大的是通信设备、计算机及仪器仪表制造业和建筑业，其次是机械工业，最后是金属冶炼及压延加工业，科学研究与综合技术服务业和租赁和商务服务业，这说明奥运投资拉动的主体是第二产业，同时对第三产业也有一定的拉动。

第二，奥运消费需求对北京产业结构的影响。奥运消费需求分为两部分，一部分是奥运投资引致的消费需求，另一部分是奥运会运作直接引致的消费需求。据有关方面测算，由奥运投资引致的消费需求为 539.43 亿元人民币，由奥运会运作直接引致的消费需求为 660.57 亿元人民币。奥运消费需求从 2002 年至 2008 年呈逐渐增加的趋势，特别是 2006—2008 年增加的较为明显。奥运引致的消费需求其高峰期是 2006—2008 年，对总产出的拉动也最为明显，分别达到 550.92 亿元人民币、595.73 亿元人民币和 1 303.85 亿元人民币。从奥运消费需求对产业结构的影响看，影响最大的是轻纺工业、科学研究和综合技术服务业；其次是通信设备、计算机及仪器仪表制造业与公共管理和社会组织；再次是化学工业、金融保险业、采选业和教育事业。可见，奥运消费需求拉动的产业是第二、三产业并重。

（二）2008、2010 年产品供需平衡分析

1. 2008 年需求导向预测分析。根据计量模型预测，2008 年城镇居民消费需求为 1 920.73 亿元人民币，农村居民消费需求为 170.11 亿元人民币，政府

消费需求为 1 589.75 亿元人民币，资本形成总额需求为 3 787.55 亿元人民币；由于调出与出口难以预测，采用 2002 年投入产出表的数据，分别为 2 932.59 亿元人民币与 816.27 亿元人民币；最终需求总额为 11 217 亿元人民币。根据 2002 年投入产出模型测算，其拉动总产出（总产品）的情况见表 1。

表 1　2008 年最终需求对生产的拉动总量测算表　　单位：亿元

项目	城镇居民消费	农村居民消费	政府消费	资本形成总额	调出	出口	合计
预测值	1 920.73	170.11	1 589.75	3 787.55	2 932.59	816.27	11 217.00
拉动总产出	5 317.51	464.65	3 855.85	11 687.40	8 797.87	2 479.83	32 603.11
诱发力度	2.768 5	2.731 5	2.425 4	3.085 7	3.000 0	3.036 8	2.906 6

注：本表按 2002 年价格计算，下表同

根据计量模型对总产出的预测，北京 2008 年若考虑技术进步（第一、二产业为 2%，第三产业为 5%），2008 年可生产的总产品为 19 400.77 亿元人民币，自供能力占总产品的 59.5%；这样需要市外生产总产品 13 202.34 亿元人民币，占总产品的 40.5%。若提高技术进步（第一、二产业为 3%，第三产业为 6%），2008 年可生产的总产品为 20 552.72 亿元人民币，自供能力占总产品的 63.0%；仍需要市外生产总产品 12 050.39 亿元人民币，占总产品的 37.0%。

2. 2010 年需求导向预测分析。根据计量模型预测，2010 年城镇居民消费需求为 2 322.44 亿元人民币，农村居民消费需求为 184.94 亿元人民币，政府消费需求为 2 129.92 亿元人民币，资本形成总额需求为 4 564.21 亿元人民币；由于调出与出口难以预测，仍然采用 2002 年投入产出表的数据，分别为 2 932.59 亿元人民币与 816.27 亿元人民币；最终需求总额为 12 950.37 亿元人民币。根据 2002 年投入产出模型测算，其拉动总产出（总产品）的情况见表 2。

表 2　2010 年最终需求对生产的拉动总量测算表　　单位：亿元

项目	城镇居民消费	农村居民消费	政府消费	资本形成总额	调出	出口	合计
预测值	2 322.44	184.94	2 129.92	4 564.21	2 932.59	816.27	12 950.37
拉动总产出	6 432.33	505.09	5 166.00	14 083.97	8 797.87	2 479.83	37 465.09

续表

项目	城镇居民消费	农村居民消费	政府消费	资本形成总额	调出	出口	合计
诱发力度	2.769 6	2.731 1	2.425 4	3.085 7	3.000 0	3.036 8	2.893 0

根据计量模型对总产出的预测，北京2010年若考虑技术进步（第一、二产业为2%，第三产业为5%），2010年可生产的总产品为24 404.95亿元人民币，自供能力占总产品的65.1%；这样需要市外生产总产品13 060.13亿元人民币，占总产品的34.9%。若提高技术进步（第一、二产业为3%，第三产业为6%），2010年可生产的总产品为26 354.68亿元人民币，自供能力占总产品的70.3%；仍需要市外生产总产品11 110.43亿元人民币，占总产品的29.7%。

3. 2008年供给导向预测分析。根据计量模型预测，2008年北京不考虑技术进步（只考虑资本与劳动量增加）可以生产总产品15 811.43亿元人民币；考虑技术进步（第一、二产业为2%，第三产业为5%），可以生产总产品19 400.77亿元人民币；若提高技术进步（第一、二产业为3%，第三产业为6%），可以生产总产品20 552.72亿元人民币。根据2002年投入产出模型测算，其提供最终产品的情况见表3。

表3　2008年总产出及提供最终产品预测表　单位：亿元

项目	不考虑技术进步	考虑技术进步	提高技术进步
总产品预测值	15 811.43	19 400.77	20 552.72
提供最终产品	5 683.32	7 163.32	7 586.73
最终产品率	35.94%	36.92%	36.91%

根据计量模型对最终产品的预测，2008年北京消费和投资需求为7 468.14亿元人民币，这样不考虑技术进步，北京2008年需要净调入最终产品1 784.82亿元人民币，占最终产品总量的23.9%；考虑技术进步，北京2008年需要净调入最终产品 304.82亿元人民币，占最终产品总量的4.1%；若提高技术进步，北京2008年则可以净调出最终产品118.59亿元人民币。

4. 2010年供给导向预测分析。根据计量模型预测，2010年北京不考虑技术进步（只考虑资本与劳动量增加）可以生产总产品18 517.94亿元人民币；考虑技术进步（第一、二产业为2%，第三产业为5%），可以生产总产品24 404.95亿元人民币；若提高技术进步（第一、二产业为3%，第三产业为

6%)，可以生产总产品 26 354. 68 亿元人民币。根据 2002 年投入产出模型测算，其提供最终产品的情况见表 4。

表 4　2010 年总产出及提供最终产品预测表　　单位：亿元

项目	不考虑技术进步	考虑技术进步	提高技术进步
总产品预测值	18 517. 94	24 404. 95	26 354. 68
提供最终产品	6 631. 30	9 049. 20	9 768. 97
最终产品率	35. 81%	37. 08%	37. 07%

根据计量模型对最终产品的预测，2010 年北京消费和投资需求为 9 201. 51 亿元人民币，这样不考虑技术进步，北京 2010 年需要净调入最终产品 2 570. 21 亿元人民币，占最终产品总量的 27. 9%；考虑技术进步，北京 2010 年只需要净调入最终产品 152. 31 亿元人民币，仅占最终产品总量的 1. 7%；若提高技术进步，北京 2010 年还可以净调出最终产品 567. 46 亿元人民币。

5. 2008 年的供需平衡分析。2008 年，根据需求预测，北京最终消费为 3 680. 59 亿元人民币，资本形成总额为 3 787. 55 亿元人民币，即不考虑净调出（或净调入）的最终产品为 7 468. 14 亿元人民币；同时根据提高技术进步的生产预测，可以提供的最终产品为 7 586. 73 亿元人民币。北京作为国家的首都，经济的主体是服务性经济，结构调整能够跟上发展的步伐；同时 2008 年是奥运年，只要最终需求提供了市场空间，可以通过北京自身的生产和市外的生产予以满足。因此，综合供需因素，北京 2008 年的 GDP 的预测值在 7 500~7 600 亿元人民币左右，考虑价格因素，按当年价格应在 8 950~9 050 亿元人民币左右。

2008 年，奥运直接引起的消费需求为 500 多亿元人民币（投资需求在 2007 年结束），占当年最终消费的 13. 6%，可拉动总产出 1 300 多亿元人民币，占北京最大生产能力的 6. 3%。由于消费需求属于最终需求，可以计算出奥运消费占北京当年 GDP 的 6. 7%。

6. 2010 年的供需平衡分析。2010 年，根据需求预测，北京最终消费为 4 637. 30 亿元人民币，资本形成总额为 4 564. 21 亿元人民币，即不考虑净调出（或净调入）的最终产品为 9 201. 51 亿元人民币；同时根据提高技术进步的生产预测，可以提供的最终产品为 9 768. 97 亿元人民币。由于产业结构调整，2010 年北京服务性经济的主体更加突出，尽管是后奥运年，部分政府消费需求可以转化为居民消费需求和市外需求，其最终需求仍能提供广阔市场空间，拉动北京自身的生产和市外的生产。因此，综合供需因素，北京2010年的GDP的预测值在9 300~9 500亿元人民币左右，考虑价格因素，按当年价格应在10 900~11 100亿元人民币左右。

四、研究的结论与建议

通过对以上几个方面的研究，我们得出如下结论与建议。

（一）北京已处于工业化发展后期，产业结构应继续保持“三、二、一”格局

北京目前人均GDP超过了3 000美元，按照世界银行的划分标准，已经进入了上中等发达地区水平，开始向比较富裕的阶段发展，国民经济具备了相当的实力，进入了加速发展阶段。继续推进经济结构的优化升级，对下一阶段经济增长至关重要。世界经济发展规律表明，产业结构升级和第三产业比重提高，必须以工业现代化为依托，因此，北京在进一步发展第三产业的同时也必须加快发展现代工业。北京应根据首都经济特点，进一步加快工业内部结构优化升级，发展科技含量高、低能耗、低水耗、低污染工业，特别是振兴现代制造业，真正做到第一、二、三产业之间协调发展。

（二）北京应以奥运为契机进行产业结构战略性调整

北京2005年三次产业的增加值结构为2：31：67，是典型的“三、二、一”结构，北京受矿藏资源、能源资源、水资源和环境因素的制约，不可能走大力发展第一、二产业的路子。但北京完全可以利用自身的优势，特别是人力资源、科技资源的优势，发展低资源消耗、低污染物排放的现代农业和现代制造业。北京现在处在奥运准备时期，还将进入奥运时期和后奥运时期，奥运的直接需求和引致需求首先拉动的是第三产业，同时也拉动第一、二产业。由于奥运经济涉及面广，举办城市完全可以以奥运为契机进行产业结构战略性调整。北京目前第二产业中具有优势的行业是通信设备、计算机及仪器仪表制造业，石油加工业，交通运输设备制造业，石油化工是高排放行业，不宜在北京发展；而通信设备、计算机及仪器仪表制造业，交通运输设备制造业作为北京现代制造业的代表还有发展空间。北京第三产业中具有优势的行业是房地产，金融保险，租赁和商务服务，信息传输、计算机服务和软件，交通运输及仓储，教育，卫生，体育等行业，应加快发展。

（三）从供需平衡看，北京增大调出才能增大调入

北京是一个产品（包括货物与服务）大进大出的地区，其总量平衡一靠增加有效供给，二靠刺激有效需求，从奥运经济的特点看，无论是刺激需求还是增加供给，实现总供需的平衡不存在问题。即使存在一点供需的缺口，也可以通过净调入，即转移收支净额予以弥补。而北京要实现产品结构的平衡，必须靠调入、调出予以解决。北京已经进入后工业化时期，是服务型经济，三产业增加值在GDP中的比重已达67%以上，北京主要靠增加服务的调出以换取货物的调入，即以第三产业的无形产品换取第一、二产业的有形产品。为此，北京只有增大调出才能增大调入。

（四）从奥运需求看，2008年产业结构会发生一些特殊变化

从奥运需求看，2004—2007年是投资需求高峰期，2006—2008年是消费需求高峰期。奥运对经济的拉动由2007年的投资拉动为主转向2008年消费拉动为主，而投资对经济的拉动结构与消费对经济的拉动结构截然不同，投资拉动的主要是第二产业，而消费拉动的不仅是第二产业，还有第三产业，这样北京2008年的产业结构会发生一些特殊变化。

（五）北京要实现奥运向后奥运时期平稳过渡，服务业特别是旅游业应担负重任

北京奥运的准备时期是2002—2007年，主要是进行奥运场馆和基础设施建设，以投资需求拉动经济为主；奥运时期是2008年，主要是主办奥运会，以消费需求拉动经济为主；后奥运时期是2009—2010年，奥运直接产生的需求已不复存在，靠其他方面的需求予以弥补。从投资需求来讲，奥运场馆建设的需求没有了，但基础设施建设的需求依然强劲，不会影响GDP的增长。消费则不然，特别是服务性消费，一旦减少直接影响GDP的增长。北京要实现奥运时期向后奥运时期的平稳过渡，应该从消费入手，把奥运时期的政府消费（公共消费）需求，一部分转化为居民消费需求，一部分转化为出口（包括调出）需求。服务性消费要出口，则服务业要担负重任。

（六）北京建筑业调入与房地产业调出现象应引起重视

通过对北京2008年与2010年供需平衡的测算，我们发现北京一方面是建筑业产能不够，依赖调入；另一方面是房地产业产能过剩，依赖调出。也

就是说，北京依赖市外的建筑力量开发房地产，然后将商品房的较大一部分销售给市外。这一现象在目前几年并不明显，因为大家都看好 2008 年前的北京房地产业。而后奥运时期，这一问题会凸显出来。

绿色消费的核算与分析①
——以北京市为例

科学发展观要求国民经济又好又快发展，即发展绿色经济，绿色经济当中也包含了低碳经济。在绿色经济研究中有两个重要内容，一是绿色消费，二是绿色生产。但近些年绿色生产的研究成果颇多，而绿色消费的研究成果显得不足，特别是在绿色消费的核算方面还未形成一个完整的体系。因此，对绿色消费的核算与分析进行一些初步探讨显得更有意义。

一、绿色消费核算与绿色生产核算的关系

绿色消费与绿色生产是一对概念。生产决定消费，同时消费也拉动生产，孤立地研究绿色消费或者绿色生产不可能研究好绿色经济。同样，研究绿色消费核算，也需要研究它与绿色生产核算的关系。

（一）绿色国内生产总值核算

绿色国内生产总值（绿色 GDP）核算是绿色经济研究的核心问题，因为其反映了绿色经济的总量。绿色 GDP 的核算在联合国统计委员会 1993 年版本的国民经济核算体系（SNA）中就已提出，是其中的“环境与经济综合核算体系（SEEA）”，即环境核算卫星账户中的重要内容。SEEA 的核算框架并没有打乱 GDP 原有的核算框架，只是增加了绿色 GDP 的指标，提出了绿色 GDP 的核算方法（见表 1）。

表 1　SEEA 框架的基本结构

项目	经济活动					环境
	生产	国外	最终消费	经济资产		其他非生产自然资产
				生产资产	非生产自然资产	
1. 期初资产存量				期初存量	期初存量	

① 本文原载于《首都经济贸易大学学报》2011 年第 1 期。本文为教育部人文社会科学研究规划基金项目“中国绿色 CDP 投入产出表编制和分析研究”（08JA790086）。

续表

项目	经济活动					环境
	生产	国外	最终消费	经济资产		其他非生产自然资产
				生产资产	非生产自然资产	
2. 供给	总产出	进口				
3. 经济使用	中间投入	出口	最终消费	资本形成总额		
4. 固定资产损耗	固定资产损耗			固定资产损耗		
5. 国内生产净值	国内生产净值	净出口	最终消费	资本形成净额		
6. 非生产自然资产的使用	生产中使用的非生产自然资产				非生产经济资产耗减	非生产自然资产降级
7. 非生产自然资产的其他积累					自然资产转为经济资产	自然资产减少
8. 绿色国内生产净值	绿色国内生产净值	净出口	最终消费	资本形成净额	非生产经济资产净耗减	自然资产降级与减少
9. 持有损益				持有损益	持有损益	
10. 资产物量其他变化				其他变化	其他变化	
11. 期末资产存量				期末存量	期末存量	

注：绿色国内生产总值（绿色 GDP）= 绿色国内生产净值+固定资产损耗

资料来源：《国民经济核算体系 1993》。

表 1 设计的基本思想是利用账户形式将生产法（纵向）和支出法（横向）计算的 GDP 转换为绿色 GDP。其基本理论是现有的 GDP 指标没有考虑资源耗减和环境降级，因此必须对 GDP 做一些扣减，计算出绿色 GDP。该表中将资源耗减定义为非生产经济资产耗减，具体包括矿物的耗减，森林中开采木材，水土流失对农业用地生产能力的影响，以及酸雨对农业、林业的影响等；将环境降级定义为非生产自然资产降级，具体包括对鱼的过度捕杀，原始森林中开采燃材与木材，猎取野生动物，残余物排放对水、空气、鱼类和野生森林的质量的影响；将这两项合并定义为生产中使用的非生产自然资产。从

生产法角度看（纵向）：绿色国内生产净值=（总产出-中间投入-固定资产损耗）-生产中使用的非生产自然资产。等号右边括号内为 GDP，GDP 减去生产中使用的非生产自然资产为绿色国内生产净值（见表 1 第 1 列）。

从支出法角度看（横向）：绿色国内生产净值=（净出口+最终消费+资本形成净额）-非生产经济资产净耗减-自然资产降级与减少。等号右边前三项相加之和为国内生产净值，后两项为扣除项。前一个扣除项为非生产经济资产净耗减，它是非生产经济资产耗减抵消自然资产转为经济资产部分后的净耗减额。后一项为自然资产的降级与减少，它包括非生产自然资产降级和自然资产减少两部分。从表 1 的第 7 行可知自然资产减少额等于自然资产转为经济资产额，即上式中前一个扣除项中抵消的自然资产转为经济资产额等于后一个扣除项中的自然资产减少额。因此，等式中实际扣除的数额仍为非生产经济资产耗减和非生产自然资产降级这两项内容（见表 1 第 8 行）。从表 1 第 8 行所计算的绿色国内生产净值等于从第 1 列计算的绿色国内生产净值。绿色国内生产净值加上固定资产损耗等于绿色 GDP。

从表 1 可以知道，绿色 GDP 就是在原有 GDP 指标的基础上做减法，即减去资源耗减和环境降级两项。即使做加法，也只考虑植树造林带来的水土保持和空气质量的改善。

（二）绿色投入产出核算

由于联合国统计委员会提出的 SEEA 框架中只涉及绿色 GDP 的总量核算，没有办法研究绿色经济的结构，因此有必要讨论绿色 GDP 的投入产出核算。投入产出核算的特点是能研究经济结构，最初的投入产出核算是研究实物产品之间的投入产出关系，后来投入产出核算不断发展，现已成为国民经济核算的重要内容，成为细化国内生产总值核算的工具。通常将投入产出核算称为基于 GDP 的投入产出核算，将绿色投入产出核算称为基于绿色 GDP 的投入产出核算。

基于 GDP 的投入产出核算，是将用生产法、收入法、支出法计算的国内生产总值放在一张表上，用矩阵形式反映。其生产法的计算公式为：GDP=总产出（总投入）-中间投入；其收入法的计算公式为：GDP=固定资产损耗+劳动者报酬+生产税净额+营业盈余；其支出法的计算公式为：GDP=最终消费+资本形成总额+净出口。一般通过投入产出表的第Ⅰ象限反映用生产法计算的国内生产总值，通过第Ⅲ象限反映用收入法计算的国内生产总值，通过第Ⅱ象限反映用支出法计算的国内生产总值。

基于绿色 GDP 的投入产出核算，则是将用生产法、收入法、支出法计算的绿色国内生产总值放在一张表上，用矩阵形式反映。其生产法计算公式为：绿色 GDP＝总产出（总投入）－中间投入－资源耗减和环境降级；其收入法计算公式为：绿色 GDP＝固定资产损耗＋劳动者报酬＋生产税净额＋营业纯盈余，其中，营业纯盈余＝营业盈余－资源耗减和环境降级；其支出法计算公式为：绿色 GDP（绿色最终使用）＝最终消费＋资本形成总额＋净出口＋调整项－资源环境支出，其中的资源环境支出等于资源耗减和环境降级，调整项用来反映绿色消费与绿色生产中重复计算需要调整的部分（见表 2）。

表 2　绿色 GDP 投入产出表

<table>
<tr><td colspan="2" rowspan="3">投入</td><td colspan="8">产出</td></tr>
<tr><td>绿色中间使用</td><td colspan="6">绿色最终使用</td><td rowspan="2">总产出</td></tr>
<tr><td>1，2，…，n　合计</td><td>最终消费</td><td>资本形成总额</td><td>净出口</td><td>调整项</td><td>资源环境支出</td><td>合计</td></tr>
<tr><td>中间投入</td><td>1，2，…，n
合计</td><td>Ⅰ</td><td colspan="6">Ⅱ</td><td></td></tr>
<tr><td>资源耗减环境降级</td><td>1，2，…，n
合计</td><td>Ⅲ</td><td colspan="6">Ⅳ</td><td></td></tr>
<tr><td>绿色 GDP</td><td>固定资产损耗
劳动者报酬
生产税净额
营业纯盈余
合计</td><td>Ⅴ</td><td colspan="6"></td><td></td></tr>
<tr><td colspan="2">总投入</td><td></td><td colspan="6"></td><td></td></tr>
</table>

资料来源：廖明球．绿色 GDP 投入产出模型建立的构想［J］．统计与决策，2009（20）．

从表 2 可知，为了不影响原有的投入产出核算，绿色 GDP 投入产出表在原有投入产出表的基础上增加了两个象限以反映绿色生产和绿色消费，使之变成了五个象限的投入产出表。其中，第Ⅲ象限反映资源耗减和环境降级，解决用生产法和收入法计算绿色 GDP 的问题；第Ⅳ象限反映绿色消费中要扣减的项目，它与第Ⅲ象限反映的资源耗减和环境降级可能产生重复，在第Ⅱ、Ⅳ象限对应的调整项中解决。这样，在绿色 GDP 投入产出表中，第Ⅰ、Ⅲ象限反映用生产法计算的绿色 GDP，第Ⅴ象限反映用收入法计算的绿色 GDP，第Ⅱ象限结合第Ⅳ象限反映用支出法计算的绿色 GDP。

(三) 绿色消费核算与绿色生产核算的一致性

无论是联合国统计委员会提出的 SEEA 框架还是绿色 GDP 的投入产出表，重点都是绿色生产核算，绿色消费核算处于辅助地位。其主要原因是绿色国民经济核算还处于起步阶段，绿色生产的核算还有许多问题需要探索，绿色消费还没有进行独立的核算。为了完善绿色消费核算，要探讨绿色消费核算与绿色生产核算之间的关系，也要考虑绿色消费核算本身的特点。

讨论绿色消费核算与绿色生产核算的关系，应该把握几个要点：一是核算理论的一致性，如绿色生产核算考虑的是从现有的 GDP 总量做资源耗减和环境降级方面的扣除，那么绿色消费核算也要考虑做相应的扣除，比如消费活动造成的资源耗减和环境降级。二是核算方法的一致性，绿色生产核算都采用直接核算法，即哪个生产行业造成的资源耗减和环境降级就扣减哪个行业的增加值（GDP 是行业增加值之和），对于大自然造成的水土流失等则只能计算到受影响的相关行业中；同样，绿色消费核算也要考虑直接法，如果是居民消费直接引起的资源耗减和环境降级则从居民消费额中扣除，如果是政府消费直接引起的则从政府消费额中扣除，即使是居民消费引起的资源耗减和环境降级，也要考虑农村居民和城镇居民各自的责任。三是核算数据资料的调查与收集的一致性，比如我们进行绿色国民经济核算的试点试算和进行污染源的普查时，都要考虑绿色消费与绿色生产的同步核算，同时调查和收集相关数据，使得绿色消费核算与绿色生产核算相得益彰。

二、绿色消费核算的原则与方法

绿色消费核算的起步要晚于绿色生产核算，因此还有很多问题需要研究。我们对绿色消费的核算是初步的，也就是说在核算时只考虑了没有较大争议的问题，对于那些存在争议又难以取得数据资料的问题暂不考虑。

(一) 绿色消费核算的原则

在国民经济核算中任何一项核算都必须遵循一定的原则，绿色消费核算也不例外。这些原则中既有国民经济核算的共同原则，也有绿色消费核算本身的原则。

参照绿色生产核算的方法，绿色消费核算应遵循的主要原则有如下几个方面。

一是平衡原则。为了便于操作，绿色消费核算应该以绿色生产核算为基础，绿色生产核算时对资源耗减与环境降级进行了扣除，绿色消费也要做相应扣除。根据绿色 GDP 指标的含义，使用生产法计算，绿色 GDP＝GDP－资源耗减和环境降级；那么，使用支出法计算，绿色 GDP＝绿色最终消费＋资本形成总额＋调整项－资源环境支出。其中，绿色最终消费＝最终消费－消费活动产生的资源耗减和环境降级。这样，根据国民经济核算的平衡原则，生产法和支出法计算的绿色 GDP 是相等的。同时，绿色消费核算与绿色生产核算在计算范围和口径上是一致的。

二是权责发生制原则。绿色消费核算的困难是产权界定，在核算时只能大致按照权责发生制原则。对资源耗减和环境降级核算以直接为主，即哪个消费项目直接造成资源耗减和环境降级就计算到哪个消费项目。比如，居民生活用水造成了污水直接排放，即未处理的排放，应该从居民消费中水的生产与供应业一项中扣除。为了避免重复计算，对于间接造成的影响，可以通过投入产出分析测算。而依据投入产出分析的需要，必须采用复式记账方法，即使用生产法计算绿色 GDP 做了扣除的项目在使用支出法计算绿色 GDP 时也做相应扣除。比如居民生活污水排放，在第Ⅲ象限使用生产法计算绿色 GDP 时进行了反映，在第Ⅳ象限使用支出法计算绿色 GDP 时也要反映。

三是市场原则。绿色消费核算的另一困难是非市场定价，目前只能参照市场定价。根据社会主义市场经济的发展，资源与环境应该由无价逐步变为有价，比如生活用的水资源，必须交水资源费；三废（废水、废气、废物）的排放由住户缴纳排放费，比如污水处理费、垃圾清运费等，由环境保护部门利用所收排放费统一处理，达标排放；环境的降级中三废排放部分只计算未按标准排放的数量，参照达标排放的标准计算虚拟费用。

有了以上的基本原则，我们可以计算消费活动的资源耗减和环境降级费用，从而进一步计算其绿色消费额。

（二）绿色消费核算的方法

绿色消费核算可以依据现有的消费核算，并结合基于绿色 GDP 的投入产出核算进行。绿色消费从消费额中扣除的资源耗减和环境降级的内容与服务业计算绿色增加值时所做的扣除类似。从理论上讲，生活消费污染是消费活动产生的，服务业产生的污染是生产活动产生的。但是，这两者又难以区别，因为服务业的活动是生产活动与消费活动同时完成的，比如在餐馆和食堂吃饭产生的污染计算在餐饮服务业，在家自己做饭产生的污染计算在消费活动中；衣服在洗衣店洗产生的污染计算在服务业，在家洗则计算在消费活动中，但产生污染的原因并没有本质区别。此外，值得说明的是在绿色 GDP 投入产出表中计算分行业绿色增加值时只能采用生产法和收入法，这两种计算方法都不包括消费活动，因此，只能把消费活动产生的污染放在服务业中的环境管理业，便于从增加值中做相应的扣除。

我们再来讨论绿色消费核算的具体方法。绿色消费核算是从消费额中扣除消费活动产生的资源耗减和环境降级，在具体核算时，先要确定哪些属于消费活动产生的扣减内容。依据绿色消费和绿色生产的关系，我们可以比照计算绿色 GDP 时所要扣除的内容逐项予以确定。

一是从资源耗减角度确定，前述的资源耗减是指矿物的耗减，森林中开采木材，水土流失对农业用地生产能力的影响，以及酸雨对农业、林业的影响等，而这些扣减项与消费活动的直接联系不大，因为消费活动消耗的资源性产品主要是工业性产品。但淡水资源除外，虽说淡水资源是循环的，但是严重缺水地区，特别是像北京市这样严重缺水的城市，有必要从消费活动中扣除水资源费。二是从环境降级角度确定，前述的环境降级是指对鱼的过度捕杀，原始森林中开采燃材与木材，猎取野生动物，残余物排放对水、空气、鱼类和野生森林的质量的影响，这其中直接与消费活动有关的扣减项是残余物排放，包括废水排放、废气排放和产生的垃圾，在城市中还要考虑产生的噪声。

由资源耗减和环境降级的内容可知，绿色消费需要从消费额中扣除水资源费和未达标排放的残余物处理所需的虚拟费用。

三、北京市绿色消费的核算与分析

（一）北京市 2005 年绿色消费的分析

北京市的绿色国民经济核算起步于 2004 年，是全国绿色国民经济核算试点之一，通过试点试算公布了 2004 年北京市有关绿色核算的数据。我们依据 2004 年绿色核算数据并结合北京市 2005 年投入产出延长表，对北京市 2005 年的绿色消费进行了核算。

根据绿色消费的核算方法，我们对消费活动中的水资源费和未达标排放的残余物处理所需的虚拟费用进行了核算。首先讨论北京市农村居民的绿色消费核算。北京市 2005 年农村居民的消费额为 184.93 亿元，应该扣除的水资源费为 0.072 亿元，废水排放未达标所需的虚拟治理费用为 1.20 亿元，则其绿色消费额为 183.658 亿元。再讨论北京市城镇居民的绿色消费核算。北京市 2005 年城镇居民的消费额为 2 063.11 亿元，应该扣除的水资源费为 3.37 亿元，废水排放未达标所需的虚拟治理费用为 5.43 亿元，垃圾排放未达标处理所需的虚拟治理费用为 0.53 亿元，废气排放未达标所需的虚拟治理费用为 1.92 亿元，则其绿色消费额为 2 051.86 亿元。

然后讨论政府的绿色消费核算。根据投入产出核算方法，政府消费不是指行政事业单位本身的消费，而是指对行政事业等服务业的总产出的消费。如已知行政事业单位等服务业总产出，减去中间消耗、居民消费、投资环节对其的使用，剩余的即为政府消费。政府消费涉及的行业只有农业和服务业，那么我们可以利用绿色 GDP 投入产出表，先计算相关行业所扣减的资源耗减和环境降级占该行业总产出的比重，然后乘以政府消费对各个行业的消费额，得到政府消费所要扣减的资源耗减和环境降级数额，并用政府消费额减去其扣减数额得到政府绿色消费额。北京市 2005 年政府消费额为 1 291.47 亿元，根据测算应扣除的资源耗减和环境降级的数额为 1.465 亿元，则其绿色消费额为 1 290.005 亿元。

根据北京市 2005 年绿色 GDP 投入产出表的数据分析，2005 年北京市最终消费额为 3 539.51 亿元，扣除的资源耗减和环境降级数额为 13.987 亿元，其绿色最终消费额为 3 525.523 亿元；其中，扣减额占最终消费额的 0.4%，绿色消费额占最终消费额的 99.6%。

2005 年，北京市居民消费额为 2 248.04 亿元，扣除的资源耗减和环境降级数额为 12.522 亿元，其居民绿色消费额为 2 235.518 亿元，其中，扣减额占居民消费额的 0.56%，绿色消费额占居民消费额的 99.44%。农村居民消费额为 184.93 亿元，扣除的资源耗减和环境降级数额为 1.272 亿元，其农村居民绿色消费额为 183.658 亿元，其中，扣减额占农村居民消费额的 0.69%，绿色消费额占农村居民消费额的 99.31%。城镇居民消费额为 2 063.11 亿元，扣除的资源耗减和环境降级数额为 11.25 亿元，其城镇居民绿色消费额为 2 051.86 亿元，其中，扣减额占城镇居民消费额的 0.55%，绿色消费额占城镇居民消费额的 99.45%。

2005 年，北京市政府消费额为 1 291.47 亿元，扣除的资源耗减和环境降级数额为 1.465 亿元，其政府绿色消费额为 1 290.005 亿元，其中，扣减额占政府消费额的 0.11%，绿色消费额占政府消费额的 99.89%。

以上分析说明北京市绿色消费所取得的成果不容忽视。再从绿色生产看，2005 年北京市 GDP 为 6 920.72 亿元，扣除的资源耗减和环境降级数额为 32.61 亿元，其绿色 GDP 为 6 888.11 亿元，其中，扣减额占 GDP 的 0.47%，绿色 GDP 占 GDP 的 99.53%。可见，与绿色消费额占最终消费额的 99.6%相比，其绿化程度相差无几。

（二）北京市 2010 年绿色消费的展望

利用北京市 1978—2008 年的统计数据，采用计量经济学模型预测，2010 年北京市农村居民消费额约为 282.49 亿元，应该扣除的水资源费为 0.25 亿元，扣除废水排放未达标所需的虚拟治理费用为 1.43 亿元，则其绿色消费额为 280.81 亿元；2010 年北京市城镇居民消费额约为 4 276.36 亿元，应该扣除的水资源费 6.55 亿元，扣除废水排放未达标所需的虚拟治理费用为 3.01 亿元，扣除垃圾排放未达标处理所需的虚拟治理费用为 0.063 亿元，扣除废气排放未达标所需的虚拟治理费用为 1.25 亿元，则其绿色消费额为 4 265.487 亿元；2010 年北京市政府消费额约为 3 349.08 亿元，根据测算应扣除的资源耗减和环境降级数额为 3.35 亿元，则其绿色消费额为 3 345.73 亿元。

按照上述预测，2010 年北京市最终消费额为 7 907.93 亿元，扣除的资源耗减和环境降级数额为 15.903 亿元，其绿色最终消费额为 7 892.027 亿元；其中，扣减额占最终消费额的 0.2%，绿色消费额占最终消费额的 99.8%。相应对绿色生产进行预测，2010 年北京市绿色 GDP 约为 14 176.05 亿元，GDP 约为 14 227.93 亿元，则绿色 GDP 占 GDP 的 99.64%，略低于绿色消费所占的比例。

四、结论与建议

通过以上对北京市绿色消费的讨论与分析，我们有如下的结论与建议。

（一）北京市绿色消费已达到一个较高水平

北京市的绿色消费如同北京市的绿色生产一样，已达到一个较高的水平，绿色消费额已占到最终消费额的 99%以上。按照经验数据，一个地区绿色 GDP 能占到 GDP 的 94%属于正常现象。北京市作为大都市，以服务业为主，绿色消费与绿色生产的水平要超出一般水平。但同时我们也应看到，北京市从 2001 年申办夏季奥运会成功以后就提出“绿色奥运”的理念，2008 年奥运会成功举办后又提出“绿色北京”的口号，在环境治理方面下了很大力气，实行了大动员、大投入和大治理：大动员就是动员全民参与，包括首钢搬迁、大的工业企业搬出五环路，家用轿车按尾号限行等；大投入就是配合奥运场馆等基础设施的建设进行环境治理投入；大治理包括提高污水处理、垃圾无害化处理能力，降低废气排放量等。2001 年北京市污水处理率仅为 42%，2008 年达到 78.9%，2009 年又上升到 80.3%；2004 年北京市垃圾无害化处理率为 79.3%，2008 年达到 97.7%，2009 年又提高到 98.2%；2001 年北京市二氧化硫排放量为 20.1 万吨，2008 年下降到 12.3 万吨，2009 年又下降至 11.9 万吨；2001 年北京市二氧化碳年日均值为 0.071 毫克/立方米，2008 年为 0.049 毫克/立方米，2009 年为 0.053 毫克/立方米；2001 年北京市空气质量二级及好于二级天数为 185 天，2008 年上升为 274 天，2009 年又上升为 285 天。这些数据反映了北京市绿色经济的发展。

（二）北京市扩大绿色消费还有一定的潜力

我们计算北京市绿色消费主要是依据绿色生产核算的有关概念进行的，其内容是扣除消费额中的资源耗减和环境降级的有关项目，绿色生产核算没有考虑的项目则也不考虑。而目前绿色消费的理论研究已超出了资源耗减和环境降级的内容界定，出现了从绿色消费角度来界定绿色生产的认知，比如购买消费品时认定绿色产品标志，提倡绿色食品消费，少使用一次性产品，拒绝消费品的过度包装等。按照新的理论和概念，北京市扩大绿色消费还有许多工作要做。

如果我们仅从资源耗减和环境降级的方面考虑，北京市扩大绿色消费还有一定的潜力。比如北京市的污水处理率现在为 80%左右，还有上升的空间，与此同时中水的利用率也有上升空间。再比如北京市二氧化碳年日均值在 2008 年达到最低点，为 0.049 毫克/立方米，2009 年这一数字又有所反弹，说明我们可以经过努力保持 2008 年的碳排放水平。北京市的汽车尾气仍是一大污染源，发展清洁能源汽车或者提高汽车尾气的排放标准可以进一步提高北京市的空气质量。

此外，北京市是一个以服务业为主的大都市，服务业的特点是生产无形产品而且消费与生产同步，扩大绿色消费与扩大绿色生产是同义语。北京市扩大绿色消费应主要从服务业挖掘潜力，比如提倡绿色旅游、绿色出行、绿色购物、绿色办公等。

（三）北京市应加强绿色消费的核算

北京市绿色国民经济核算已经起步，并积累了一定的经验，现在的任务是将绿色国民经济核算常态化、制度化。绿色消费核算是一个新生事物，既要考虑其与绿色生产核算的关系，又要考虑其本身的特殊性。

建立绿色消费核算要考虑以下三点。

1. 在绿色 GDP 核算的框架内建立绿色消费核算。具体讲是从绿色生产核算的角度建立绿色消费核算，计算从消费额中应该扣减的资源耗减和环境降级项目，并进行逐项计算。目前要核准的主要数据是从外地调水的水资源费与居民生活用水每吨所交的水资源费是否相符；居民生活所交的污水处理费、垃圾清运费是否能够保证污水处理和垃圾无害化处理的费用需要，如果不能保证，政府每年需要补贴多少费用；降低废气排放应达到什么标准，消费活动占整个废气排放的比例是多少。只有将这些基本数据弄清楚以后，才能计算其实际费用与虚拟治理费用。

2. 从考虑绿色消费特殊性的角度建立绿色消费核算。按照新的理解，绿色消费包括以下三个方面。

第一，绿色产品的购买和使用。绿色有形产品（货物）是指具有明确的产品标准、经过权威组织认证、使用特定绿色产品标志的产品，绿色产品主要包括工业产品中的环境标志产品、生态纺织品，食品和农产品中的有机食品、绿色食品和无公害食品，建筑产品中的绿色建筑等；绿色无形产品（服务）主要包括绿色旅游费和绿色物流费等。绿色消费包括上述绿色产品的购买费和使用费。

第二，绿色消费带来的消费方式转变、消费物品改变和消费结构改变，包括尽量少用一次性产品、拒绝过度包装、购买节约型或可循环型产品、节约用电、节约用水等。

第三，绿色消费带来的产品在生命周期中使用、报废和处置方面的改变，包括废弃物循环利用、垃圾分类、废旧电池回收和废旧电子电器产品回收处置等。可见，用新的概念进行绿色消费核算已超出原有的核算范围，已不是简单地做加减法的问题，需要重新建立核算体系，这是需要时间进行试点与试算的。

3. 节能、节水和减少排放是提高绿色消费水平的有效办法。无论是按绿色生产的概念还是按新的绿色消费概念核算绿色消费，都有一个共同的内容，那就是在消费活动中要节能、节水和减少排放。北京市是一个水资源短缺的城市，要从外地调水；北京市的能源也主要靠外地运送（或输送）；生活垃圾的处理已成为大都市共同的问题。因此，北京市要提高绿色消费水平，首先要考虑的就是节能、节水和减少排放。

北京市在生活节能、节水和减少垃圾方面已做出很大成绩，但按绿色消费的要求还有努力的空间。实行节能、节水和减少排放，一靠科技，二靠管理体制，三靠价格机制。发展实用的科学技术对节能、节水、中水的利用、垃圾的资源化和无害化处理有着实际的意义。实行合理的管理体制，既要发挥政府机构的职能作用，也要发挥民间机构和社会公益性组织的积极作用，即举全民之力来关注节能、节水和减少排放。采用合理的价格机制，比如生活用电、用水采取阶梯价格，既能保证人民生活的基本需要，又能限制对电和水的过度浪费。绿色消费直接关系到人民生活的质量，应加大这方面的宣传，使老百姓都认识到这不只是少交电费、水费和垃圾清运费的事情，更能为子孙后代留下绿色的遗产，让他们有一个绿色生存的空间。

参考文献

[1] 廖明球．行业绿色增加值核算方法的讨论［J］．山东财政学院学报，2010（1）．

[2] 北京市统计局，国家统计局北京调查总队．北京统计年鉴（2009）［M］．北京：中国统计出版社，2009.

中国绿色投入产出表的分析①

——以 2007 年为例

一、2007 年绿色核算的主要数据

根据本课题组编制的中国 2007 年绿色 GDP 投入产出表（编制方法见廖明球《绿色 GDP 投入产出模型建立的构想》，《统计与决策》2009 年第 20 期），可知 2007 年中国 GDP 约为 266 044 亿元，其中农业增加值约为 28 659 亿元，约占 GDP 比重的 10.8%；工业及建筑业增加值约为 134 496 亿元，约占 GDP 比重的 50.5%；服务业增加值约为 102 889 亿元，约占 GDP 比重的 38.7%。根据不完全推算，2007 年中国资源耗减和环境降级总成本为 3 733 亿元，其中农业为 2 712 亿元，占 72.6%，该数据大的主要原因是水土流失带来的损失较大；工业及建筑业为 750 亿元，占 20.1%，该数据小的主要原因是没有考虑酸雨的损失（缺乏相关数据）；服务业为 271 亿元，占 7.3%。由此可得，2007 年中国的绿色 GDP 为 262 311 亿元，为 GDP 的 98.6%。其中，农业绿色增加值为 25 947 亿元，占绿色 GDP 比重的 9.9%；工业及建筑业绿色增加值为 133 746 亿元，占绿色 GDP 比重的 51.0%；服务业绿色增加值为 102 618 亿元，占绿色 GDP 比重的 39.1%。

二、四部门绿色关联分析

产业关联方式主要包括两种：一是后向关联，即甲产业对需求本产业产品的其他产业所产生的影响，其中甲产业起到需求拉动作用；二是前向关联，即甲产业对提供本产业生产要素的其他产业所产生的影响，甲产业起到供给推动作用。由此，用绿色直接消耗系数 a_{ij} 和绿色完全消耗系数 b_{ij} 作为后向直接关联和后向完全关联的指标，用绿色直接分配系数 r_{ij} 和绿色完全分配系数 s_{ij} 作为前向直接关联和前向完全关联的指标。其中，关联度等于 0，表示某产业与另一产业无关联关系；关联度大于 0，同时小于平均关联度，表示某产业

① 本文原载于《首都经济贸易大学学报》2013 年第 6 期，作者：廖明球、王明哲。本文为教育部人文社会科学研究项目《中国绿色 GDP 投入产出表编制与分析研究》（08JA790086）。

与另一产业是非紧密关联关系；关联度大于平均关联度，表示某产业与另一产业紧密关联。

（一）工业及建筑业绿色关联分析

1. 后向绿色关联分析。先来看工业部门后向绿色产业关联。根据绿色直接消耗系数 a_{ij} 和绿色完全消耗系数 b_{ij} 的计算结果，可得表 1。

表 1　工业绿色消耗系数表

部　门	绿色直接消耗系数	比　重	部　门	绿色完全消耗系数	比　重
工　业	0. 633 6	0. 824 6	工　业	2. 098 7	0. 797 8
服务业	0. 085 4	0. 111 1	服务业	0. 346 3	0. 131 6
农　业	0. 049 1	0. 063 9	农　业	0. 182 5	0. 069 4
建筑业	0. 000 3	0. 000 4	建筑业	0. 003 3	0. 001 2
平均值	0. 192 1		平均值	0. 657 7	

由表 1 可知，工业部门绿色直接消耗系数的平均值为 0. 192 1，四部门中大于这一平均值的只有工业部门自身，即工业对本部门有紧密的后向直接关联关系，其关联度的比重达到了 82%，说明工业的直接拉动作用更多地体现在第二产业内部。表 1 显示，工业对其他产业的直接拉动力由大到小分别是工业、服务业、农业、建筑业，a_{ij} 分别为 0. 633 6、0. 085 4、0. 049 1、0. 000 3，换个角度讲，如果工业部门生产出 1 万元的总产品，所直接消耗的中间产品价值中，有 6 336 元来自自身，有 854 元来自服务业，有 491 元来自农业，有 3 元来自建筑业。

另外，工业部门绿色完全消耗系数的平均值为 0. 657 7，四部门中大于这一平均值的也只有工业部门自身，即工业对本部门有紧密的后向完全关联关系，其关联度的比重达到了 80%，说明工业的完全拉动作用更多地体现在第二产业内部。同时还应注意到，工业对服务业的后向完全关联度比后向直接关联度有了明显上升，说明工业对服务业的间接消耗较大。表 1 显示，工业对其他产业的完全拉动力由大到小依然是工业、服务业、农业、建筑业，b_{ij} 分别为 2. 098 7、0. 346 3、0. 182 5、0. 003 3，换个角度讲，如果工业部门生产出 1 万元的最终产品，所直接和间接消耗的中间产品价值中，有 20 987 元来自自身，有 3 463 元来自服务业，有 1 825 元来自农业，有 33 元来自建筑业。

再来看建筑业后向绿色产业关联。根据绿色直接消耗系数 a_{ij} 和绿色完全消耗系数 b_{ij} 的计算结果，可得表 2。

表 2　建筑业绿色消耗系数表

部　门	绿色直接消耗系数	比　重	部　门	绿色完全消耗系数	比　重
工业	0.604 7	0.786 7	工业	2.045 7	0.784 9
服务业	0.150 3	0.195 5	服务业	0.419 4	0.160 9
建筑业	0.009 5	0.012 4	农　业	0.128 3	0.049 2
农　业	0.004 1	0.005 4	建筑业	0.013 0	0.005 0
平均值	0.192 2		平均值	0.651 6	

由表 2 可知，建筑业绿色直接消耗系数的平均值为 0.192 2，四部门中大于这一平均值的有工业和服务业，即建筑业对工业和服务业有紧密的后向直接关联关系，其关联度的累计比超过了 98%，其中工业部门所占比重很大，这说明建筑业的直接拉动作用更多地体现在第二产业内部，其次是第三产业。表 2 显示，建筑业对其他产业的直接拉动力由大到小分别是工业、服务业、建筑业、农业，a_{ij} 分别为 0.604 7、 0.150 3、 0.009 5、 0.004 1，换个角度讲，如果建筑业生产出 1 万元的总产品，所直接消耗的中间产品价值中，有 6 047 元来自工业，有 1 503 元来自服务业，有 95 元来自自身，有 41 元来自农业。

另外，建筑业绿色完全消耗系数的平均值为 0.651 6，四部门中大于这一平均值的有工业和服务业，即建筑业对工业和服务业有紧密的后向完全关联关系，其关联度的累计比接近 95%，而且工业所占比重达到了 78%，这说明建筑业的完全拉动作用更多地体现在第二产业内部，且它对工业的间接消耗远远大于对服务业的间接消耗。表 2 显示，建筑业对其他产业的完全拉动力由大到小依次是工业、服务业、农业、建筑业，b_{ij} 分别为 2.045 7、 0.419 4、 0.128 3、 0.013 0，换个角度讲，如果建筑业生产出 1 万元的最终产品，所直接和间接消耗的中间产品价值中，有 20 457 元来自工业，有 4 194 元来自服务业，有 1 283 元来自农业，有 130 元来自建筑业。

2. 前向绿色关联分析。下面看工业部门前向绿色产业关联。根据绿色直接分配系数 r_{ij} 和绿色完全分配系数 s_{ij} 的计算结果，可得表 3。

表 3　工业绿色分配系数表

部　门	绿色直接分配系数	比　重	部　门	绿色完全分配系数	比　重
工业	0.633 6	0.768 8	工业	2.098 7	0.745 8
服务业	0.091 8	0.111 4	服务业	0.368 5	0.130 9
建筑业	0.073 7	0.089 4	建筑业	0.249 2	0.088 6
农　业	0.025 2	0.030 4	农　业	0.097 7	0.034 7
平均值	0.206 1		平均值	0.703 5	

由表 3 可知，工业部门绿色直接分配系数的平均值为 0.206 1，四部门中大于这一平均值的只有工业部门自身，即工业只对自身有紧密的前向直接关联关系，其关联度的比重将近 77%，说明工业部门的直接推动作用更多地体现在第二产业内部。表 3 显示，工业部门对其他产业的直接推动力由大到小分别是工业、服务业、建筑业、农业，r_{ij} 分别为 0.633 6、0.091 8、0.073 7、0.025 2，换个角度讲，如果工业部门产出 1 万元的产品，所直接分配的中间产品价值中，有 6 336 元去向自身，有 918 元去向服务业，有 737 元去向建筑业，有 252 元去向农业。

另外，工业部门绿色完全分配系数的平均值为 0.703 5，四部门中大于这一平均值的也只有工业部门自身，即工业只对自身有紧密的前向完全关联关系，其关联度的比重将近 75%，说明工业部门的完全推动作用更多地体现在第二产业内部。同时还需注意，服务业的前向完全关联度比重比前向直接关联度比重有所提高，说明工业对服务业的间接供给相对较大。表 3 显示，工业部门对其他产业的完全推动力由大到小分别是工业、服务业、建筑业、农业，s_{ij} 分别为 2.098 7、0.368 5、0.249 2、0.097 7，换个角度讲，如果工业部门产出 1 万元的产品，所直接和间接分配的中间产品价值中，有 20 987 元去向自身，有 3 685 元去向服务业，有 2 492 元去向建筑业，有 977 元去向农业。

再来看建筑业前向绿色产业关联。根据绿色直接分配系数 r_{ij} 和绿色完全分配系数 s_{ij} 的计算结果，可得表 4。

表 4　建筑业绿色分配系数表

部　门	绿色直接分配系数	比　重	部　门	绿色完全分配系数	比　重
服务业	0.019 6	0.615 4	服务业	0.028 0	0.405 0
建筑业	0.009 5	0.299 0	工　业	0.026 7	0.385 3

续表

部门	绿色直接分配系数	比重	部门	绿色完全分配系数	比重
工业	0.002 5	0.079 9	建筑业	0.013 0	0.187 8
农业	0.000 2	0.005 7	农业	0.001 5	0.021 9
平均值	0.008 0		平均值	0.017 3	

由表 4 可知，建筑业绿色直接分配系数的平均值为 0.008 0，四部门中大于这一平均值的有服务业和建筑业自身，即建筑业对服务业和本部门有紧密的前向直接关联关系，其关联度的累计比重超过了 90%，而服务业所占比重接近 62%，说明建筑业的直接推动作用更多地体现在第三产业中。表 4 显示，建筑业对其他产业的直接推动力由大到小分别是服务业、建筑业、工业、农业，r_{ij} 分别为 0.019 6、 0.009 5、 0.002 5、 0.000 2，换个角度讲，如果建筑业产出 1 万元的产品，所直接分配的中间产品价值中，有 196 元去向服务业，有 95 元去向建筑业，有 25 元去向工业，有 2 元去向农业。

另外，建筑业绿色完全分配系数的平均值为 0.017 3，四部门中大于这一平均值的有服务业和工业，即建筑业对服务业和工业有紧密的前向完全关联关系，其关联度的比重超过了 79%，而且两产业几乎各占 40%，这说明建筑业的完全推动作用平均地体现在第二、三产业中。同时还需注意，与绿色直接分配系数比重相比，建筑业自身的绿色完全分配系数比重大幅下降，而工业的比重大幅上升，这说明建筑业对本部门的直接供给较大，且对第二产业其他部门的间接供给较大。表 4 显示，建筑业对其他产业的完全推动力由大到小分别是服务业、工业、建筑业、农业，s_{ij} 分别为 0.028 0、0.026 7、0.013 0、0.001 5，换个角度讲，如果建筑业产出 1 万元的产品，所直接和间接分配的中间产品价值中，有 280 元去向服务业，有 267 元去向工业，有 130 元去向建筑业，有 15 元去向农业。

（二）农业和服务业绿色关联分析

1. 后向绿色关联分析。接下来，再看农业部门后向绿色产业关联。根据绿色直接消耗系数 a_{ij} 和绿色完全消耗系数 b_{ij} 的计算结果，可得表 5。

表 5　农业绿色消耗系数表

部门	绿色直接消耗系数	比重	部门	绿色消耗系数	比重
工业	0.264 9	0.564 3	工业	1.028 6	0.702 6

续表

部　门	绿色直接消耗系数	比　重	部　门	绿色消耗系数	比　重
农　业	0. 140 9	0. 300 2	农　业	0. 226 0	0. 154 4
服务业	0. 063 3	0. 135 0	服务业	0. 207 5	0. 141 7
建筑业	0. 000 2	0. 000 5	建筑业	0. 001 9	0. 001 3
平均值	0. 117 3		平均值	0. 366 0	

由表 5 可知，农业绿色直接消耗系数的平均值为 0. 117 3，四部门中大于这一平均值的有工业和农业自身，即农业对工业和本部门有紧密的后向直接关联关系，其关联度的累计比重超过 86%，而工业所占比重就达到了 56%，说明农业的直接拉动作用更多地体现在第二产业中。表 5 显示，农业对其他产业的直接拉动力由大到小分别是工业、农业、服务业、建筑业，a_{ij} 分别为 0. 264 9、 0. 140 9、 0. 063 3、 0. 000 2，换个角度讲，如果农业部门生产出 1 万元的总产品，所直接消耗的中间产品价值中，有 2 649 元来自工业，有 1 409 元来自自身，有 633 元来自服务业，有 2 元来自建筑业。

另一方面，农业部门绿色完全消耗系数的平均值为 0. 366 0，四部门中大于这一平均值的只有工业部门，即农业对工业有紧密的后向完全关联关系，其关联度的比重达到了 70%，说明农业的完全拉动作用更多地体现在第二产业中。同时还应注意到，农业对自身的后向完全关联度比后向直接关联度有了明显下降，说明农业对自身的间接消耗很小。表 5 显示，农业对其他产业的完全拉动力由大到小依然是工业、农业、服务业、建筑业，b_{ij} 分别为 1. 028 6、 0. 226 0、 0. 207 5、 0. 001 9，换个角度讲，如果农业部门生产出 1 万元的最终产品，所直接和间接消耗的中间产品价值中，有 10 286 元来自工业，有 2 260 元来自自身，有 2 075 元来自服务，有 19 元来自建筑业。

再来看服务业后向绿色产业关联。根据绿色直接消耗系数 a_{ij} 和绿色完全消耗系数 b_{ij} 的计算结果，可得表 6。

表 6　服务业绿色消耗系数表

部　门	绿色直接消耗系数	比　重	部　门	绿色完全消耗系数	比　重
工　业	0. 245 6	0. 526 6	工　业	0. 986 2	0. 685 9
服务业	0. 201 1	0. 431 2	服务业	0. 365 0	0. 253 9
农　业	0. 013 3	0. 028 4	农　业	0. 077 5	0. 053 9

续表

部　门	绿色直接消耗系数	比　重	部　门	绿色完全消耗系数	比　重
建筑业	0.006 4	0.013 8	建筑业	0.009 1	0.006 3
平均值	0.116 6		平均值	0.359 5	

由表 6 可知，服务业绿色直接消耗系数的平均值为 0.116 6，四部门中大于这一平均值的有工业和服务业自身，即服务业对工业和本部门有紧密的后向直接关联关系，其关联度的累计比重超过 95%，而且两部门比重相差不多，这说明服务业的直接拉动作用相对均匀地体现在第二产业和第三产业中。表 6 显示，服务业对其他产业的直接拉动力由大到小分别是工业、服务业、农业、建筑业，a_{ij} 分别为 0.245 6、 0.201 1、 0.013 3、 0.006 4，换个角度讲，如果服务业生产出 1 万元的总产品，所直接消耗的中间产品价值中，有 2 456 元来自工业，有 2011 元来自自身，有 133 元来自农业，有 64 元来自建筑业。

另一方面，服务业绿色完全消耗系数的平均值为 0.359 5，四部门中大于这一平均值的有工业和服务业，所以服务业对工业和本部门都有紧密的后向完全关联关系，其关联度的累计比接近 94%，而且工业所占比重超过了 68%，这说明服务业的完全拉动作用更多地体现在第二产业上，且它对工业的间接消耗远远大于对服务业自身的间接消耗。表 6 显示，服务业对其他产业的完全拉动力由大到小依然是工业、服务业、农业、建筑业，b_{ij} 分别为 0.986 2、0.365 0、0.077 5、0.009 1，换个角度讲，如果服务业生产出 1 万元的最终产品，所直接和间接消耗的中间产品价值中，有 9 862 元来自工业，有 3 650 元来自自身，有 775 元来自农业，有 91 元来自建筑业。

2. 前向绿色关联分析。下面看农业部门前向绿色产业关联。根据绿色直接分配系数 r_{ij} 和绿色完全分配系数 s_{ij} 的计算结果，可得表 7。

表 7　农业绿色分配系数表

部　门	绿色直接分配系数	比　重	部　门	绿色完全分配系数	比　重
工业	0.517 2	0.722 8	工业	1.922 0	0.734 3
农　业	0.140 9	0.196 9	服务业	0.304 9	0.116 5
服务业	0.052 2	0.072 9	农　业	0.226 0	0.086 3
建筑业	0.005 3	0.007 4	建筑业	0.164 6	0.062 9
平均值	0.178 9		平均值	0.654 4	

由表 7 可知，农业绿色直接分配系数的平均值为 0.178 9，四部门中大于

这一平均值的只有工业，即农业只对工业有紧密的前向直接关联关系，其关联度的比重达到 72%，说明农业部门的直接推动作用更多地体现在第二产业中。表 7 显示，农业部门对其他产业的直接推动力由大到小分别是工业、农业、服务业、建筑业，r_{ij} 分别为 0.517 2、 0.140 9、 0.052 2、 0.005 3，换个角度讲，如果农业部门产出 1 万元的产品，所直接分配的中间产品价值中，有 5 172 元去向工业，有 1 409 元去向自身，有 522 元去向服务业，有 53 元去向建筑业。

另一方面，农业绿色完全分配系数的平均值为 0.654 4，四部门中大于这一平均值的也只有工业，即农业对工业有紧密的前向完全关联关系，其关联度的比重达到 73%，说明农业的完全推动作用更多地体现在第二产业中。同时还需注意，服务业的前向完全关联度比重相比前向直接关联度比重有所提高，说明农业对服务业的间接供给相对较大。表 7 显示，农业对其他产业的完全推动力由大到小分别是工业、服务业、农业、建筑业，s_{ij} 分别为 1.922 0、0.304 9、0.226 0、0.164 6，换个角度讲，如果农业部门产出 1 万元的产品，所直接和间接分配的中间产品价值中，有 19 220 元去向工业，有 3 049 元去向服务业，有 2 260 元去向自身，有 1 646 元去向建筑业。

再来看服务业前向绿色产业关联。根据绿色直接分配系数 r_{ij} 和绿色完全分配系数 s_{ij} 的计算结果，可得表 8。

表 8　服务业绿色分配系数表

部　门	绿色直接分配系数	比　重	部　门	绿色完全分配系数	比　重
工业	0.228 5	0.461 9	工业	0.926 7	0.625 6
服务业	0.201 1	0.406 5	服务业	0.365 0	0.246 4
建筑业	0.049 0	0.099 0	建筑业	0.136 7	0.092 3
农业	0.016 1	0.032 6	农业	0.052 7	0.035 7
平均值	0.123 7		平均值	0.370 3	

由表 8 可知，服务业绿色直接分配系数的平均值为 0.123 7，四部门中大于这一平均值的有工业和服务业自身，即服务业对工业和自身有紧密的前向直接关联关系，其关联度的累计比重超过了 86%，而工业所占比重超过 46%，说明服务业的直接推动作用更多地体现在第二产业中，其次为第三产业。表 8 显示，服务业对其他产业的直接推动力由大到小分别是工业、服务业、建筑

业、农业，r_{ij} 分别为 0. 228 5、 0. 201 1、 0. 049 0、 0. 016 1，换个角度讲，如果服务业产出 1 万元的产品，所直接分配的中间产品价值中，有 2 285 元去向工业，有 2 011 元去向自身，有 490 元去向建筑业，有 161 元去向农业。

另一方面，服务业绿色完全分配系数的平均值为 0. 370 3，四部门中大于这一平均值的只有工业，但服务业自身也接近这一平均值，所以可以说服务业对工业和自身都有紧密的前向完全关联关系，其关联度的比重超过了 87%，其中工业所占比重更大，超过了 62%，这说明服务业的完全推动作用更多地体现在第二产业中，其次是第三产业。同时还需注意，与绿色直接分配系数比重相比，服务业自身的绿色完全分配系数比重大幅下降，而工业的比重大幅上升，这说明服务业对本部门的直接供给较大，且对工业的间接供给较大。表 8 显示，服务业对其他产业的完全推动力由大到小分别是工业、服务业、建筑业、农业，s_{ij} 分别为 0. 926 7、 0. 365 0、 0. 136 7、 0. 052 7，换个角度讲，如果服务业产出 1 万元的产品，所直接和间接分配的中间产品价值中，有 9 267 元去向工业，有 3 650 元去向服务业，有 1 367 元去向农业，有 527 元去向建筑业。

三、30 个部门绿色关联分析

绿色关联分析还可以通过计算绿色影响力和绿色感应度系数展开。现引入绿色影响力系数 δ_j 和感应度系数 θ_i 来分别反映某产业对其他产业的总拉动效应和总推动效应。由于影响力系数和感应度系数的计算方法尚未统一，本文将根据以下较为传统的方法进行计算：

$$\delta_j = \frac{\sum_{i=1}^{n} \bar{b}_{ij}}{\frac{1}{n}\sum_{j=1}^{n}\sum_{i=1}^{n} \bar{b}_{ij}} \quad (j = 1,\ 2,\ \cdots,\ n)$$

$$\theta_i = \frac{\sum_{j=1}^{n} \bar{s}_{ij}}{\frac{1}{n}\sum_{i=1}^{n}\sum_{j=1}^{n} \bar{s}_{ij}} \quad (i = 1,\ 2,\ \cdots,\ n)$$

式中，$\bar{b}_{ij}$ 与 $\bar{s}_{ij}$ 分别是 $\bar{B}$ 与 $\bar{S}$ 的元素。δ_j 主要反映 j 部门增加一个单位最终产品时对国民经济各个部门所产生的生产需求波及程度；θ_i 主要反映 i 部门增加一个单位增加值时对国民经济其他部门所起的推动作用。

（一）2007 年与 2005 年绿色影响力系数分析

表 9 列出计算得到的 2007 年与 2005 年各行业绿色影响力系数。

表9　2007年与2005年绿色影响力系数比较

位次	2007年			2005年		
	部门	编码	影响力系数	部门	编码	影响力系数
1	通信设备、计算机及其他电子设备制造业	19	1.524 2	通信设备、计算机及其他电子设备制造业	19	1.345 8
2	仪器仪表及文化办公用机械制造业	20	1.396 4	仪器仪表及文化办公用机械制造业	20	1.219 9
3	电气机械及器材制造业	18	1.395 5	交通运输设备制造业	17	1.212 4
4	交通运输设备制造业	17	1.390 3	电气机械及器材制造业	18	1.206 2
5	金属制品业	15	1.291 8	金属制品业	15	1.176 4
6	通用、专用设备制造业	16	1.268 3	通用、专用设备制造业	16	1.160 8
7	纺织业	07	1.256 3	化学工业	12	1.150 2
8	化学工业	12	1.246 0	纺织业	07	1.149 0
9	纺织服装鞋帽皮革羽绒及其制品业	08	1.244 3	金属冶炼及压延加工业	14	1.138 2
10	金属冶炼及压延加工业	14	1.223 2	造纸印刷及文教体育用品制造业	10	1.137 2
11	木材加工及家具制造业	09	1.199 4	木材加工及家具制造业	09	1.131 6
12	建筑业	26	1.190 2	纺织服装鞋帽皮革羽绒及其制品业	08	1.128 7
13	工艺品及其他制造业	21	1.156 4	建筑业	26	1.098 5
14	造纸印刷及文教体育用品制造业	10	1.152 9	工艺品及其他制造业	21	1.080 6
15	电力、热力的生产和供应业	23	1.067 7	非金属矿物制品业	13	1.063 5
16	非金属矿物制品业	13	1.067 5	非金属矿及其他矿采选业	05	1.046 7
17	石油加工、炼焦及核燃料加工业	11	0.992 6	金属矿采选业	04	1.031 6
18	金属矿采选业	04	0.989 3	燃气生产和供应业	24	1.015 9
19	燃气生产和供应业	24	0.974 9	电力、热力的生产和供应业	23	1.007 1

续表

位次	2007 年			2005 年		
	部门	编码	影响力系数	部门	编码	影响力系数
20	食品制造及烟草加工业	06	0.966 9	食品制造及烟草加工业	06	0.974 0
21	非金属矿及其他矿采选业	05	0.909 8	煤炭开采和洗选业	02	0.947 2
22	煤炭开采和洗选业	02	0.802 0	石油加工、炼焦及核燃料加工业	11	0.937 0
23	其他服务业	30	0.791 4	其他服务业	30	0.913 9
24	水的生产和供应业	25	0.776 7	水的生产和供应业	25	0.888 7
25	农林牧渔业	01	0.659 4	流通行业	27	0.841 9
26	流通行业	27	0.644 0	农林牧渔业	01	0.784 2
27	石油和天然气开采业	03	0.636 1	金融业	28	0.683 7
28	金融业	28	0.374 2	石油和天然气开采业	03	0.669 8
29	房地产业	29	0.228 7	房地产业	29	0.524 6
30	废品废料	22	0.183 7	废品废料	22	0.334 7

在 2007 年，绿色影响力系数大于 1 的部门共有 16 个，它们全部来自第二产业，而且排在前列的主要以制造业为主，说明制造业对国民经济的带动作用很大，对其他部门的需求依赖较强。这些部门技术化强、附加值高、辐射作用大，对产业结构优化起着至关重要的作用。在 2007 年，绿色影响力系数小于 1 的部门共有 14 个，主要有农业、服务业和资源开采业。农业和资源开采业在经济链条中属于上游产业，因此对其他部门的依赖相对较小，而服务业大部分属于无形产品产业，且技术水平高、内部分工程度高，因此不太依赖其他产业。

与 2005 年相比，高于社会影响力平均水平的部门少了 3 个，分别是金属矿采选业、非金属矿及其他矿采选业、燃气生产和供应业。也就是说，这三个部门对经济的影响出现了下滑，主要体现为对其他部门产品需求量相对下降。

（二）2007 年与 2005 年绿色感应度系数分析

表 10 列出计算得到的 2007 年与 2005 年各行业绿色感应度系数。

表10　2007年与2005年绿色感应度系数比较

位次	2007年			2005年		
	部门	编码	感应度系数	部门	编码	感应度系数
1	水的生产和供应业	25	2.794 2	水的生产和供应业	25	2.618 1
2	石油和天然气开采业	03	2.661 8	石油和天然气开采业	03	2.256 4
3	金属矿采选业	04	1.918 0	废品废料	22	2.085 2
4	煤炭开采和洗选业	02	1.662 8	金属矿采选业	04	1.980 5
5	废品废料	22	1.545 1	煤炭开采和洗选业	02	1.516 8
6	电力、热力的生产和供应业	23	1.413 1	石油加工、炼焦及核燃料加工业	11	1.293 5
7	石油加工、炼焦及核燃料加工业	11	1.376 2	化学工业	12	1.228 6
8	化学工业	12	1.208 0	非金属矿及其他矿采选业	05	1.169 3
9	非金属矿及其他矿采选业	05	1.186 8	电力、热力的生产和供应业	23	1.154 4
10	金属冶炼及压延加工业	14	1.177 7	金属冶炼及压延加工业	14	1.145 7
11	仪器仪表及文化办公用机械制造业	20	1.140 1	造纸印刷及文教体育用品制造业	10	0.946 3
12	造纸印刷及文教体育用品制造业	10	1.003 5	金融业	28	0.858 7
13	燃气生产和供应业	24	0.947 3	金属制品业	15	0.817 4
14	金融业	28	0.887 7	流通行业	27	0.811 4
15	金属制品业	15	0.852 2	仪器仪表及文化办公用机械制造业	20	0.809 4
16	通信设备、计算机及其他电子设备制造业	19	0.819 1	电气机械及器材制造业	18	0.764 5
17	通用、专用设备制造业	16	0.776 6	木材加工及家具制造业	09	0.743 8
18	流通行业	27	0.709 6	通用、专用设备制造业	16	0.740 9
19	电气机械及器材制造业	18	0.701 1	燃气生产和供应业	24	0.714 6
20	非金属矿物制品业	13	0.686 3	通信设备、计算机及其他电子设备制造业	19	0.713 1

续表

位次	2007 年			2005 年		
	部门	编码	感应度系数	部门	编码	感应度系数
21	农林牧渔业	01	0.679 8	农林牧渔业	01	0.710 5
22	木材加工及家具制造业	09	0.667 5	非金属矿物制品业	13	0.705 1
23	纺织业	07	0.640 9	交通运输设备制造业	17	0.694 3
24	交通运输设备制造业	17	0.578 5	纺织业	07	0.684 6
25	食品制造及烟草加工业	06	0.503 1	工艺品及其他制造业	21	0.612 0
26	工艺品及其他制造业	21	0.450 1	食品制造及烟草加工业	06	0.557 7
27	其他服务业	30	0.408 9	其他服务业	30	0.535 8
28	纺织服装鞋帽皮革羽绒及其制品业	08	0.327 7	纺织服装鞋帽皮革羽绒及其制品业	08	0.419 1
29	房地产业	29	0.252 2	房地产业	29	0.398 1
30	建筑业	26	0.024 0	建筑业	26	0.314 2

2007 年，绿色感应度系数大于 1 的部门有 12 个，它们同样全部来自第二产业，以资源开采业和能源供应业为主，这说明资源开采业和能源供应业对国民经济的推动作用很大，其中间产品对其他产业的供给作用十分突出，这主要是由它们共有的上游产业的特点所致。但值得注意的是，水的生产和供应业、石油和天然气开采业等的感应度系数都超过社会平均水平的 1 倍以上，金属矿采选业也超过社会平均水平近 1 倍，这说明国民经济的发展对它们过度依赖，一旦进入经济高增长时期，这几个产业很有可能成为制约国民经济发展的“瓶颈”产业。在 2007 年，绿色感应度系数小于 1 的部门有 18 个，以农业、服务业和制造加工业为主，这说明它们对国民经济的制约作用很小。需要注意的是，服务业中的金融业和流通部门位置相对靠前，在国民经济中的推动作用相对较强。房地产业尤其是建筑业对国民经济的推动作用相对较小，这主要是因为在考虑了资源耗减和环境降级的因素后，这两个产业对经济的影响减弱了。

与 2005 年相比，高于社会平均感应度水平的部门多了 2 个，即仪器仪表及文化办公用机械制造业、造纸印刷及文教体育用品制造业，也就是说这两个部门对经济的推动和制约作用在提高。但水的生产和供应业的感应度系数有了一定幅度的上升，这说明该产业的“瓶颈”特征越发明显。

四、结论与建议

（一）结论

第一，中国发展绿色经济取得一定的成效。2007 年中国绿色 GDP 为 262 311 亿元，占 GDP 的比重为 98.6%，高于国际上通常采用的 94%的经验数据。从三次产业看，第一产业（即农业）绿色增加值为 25 947 亿元，占农业增加值的比重为 90.5%；第二产业（即工业、建筑业）绿色增加值为 133 746 亿元，占工业、建筑业增加值的比重为 99.4%；第三产业（即服务业）绿色增加值为 102 618 亿元，占服务业增加值的 99.7%。第二、三产业绿色增加值的占比很高，得益于国家采取的节水、节能和减排措施。

第二，资源耗减和环境降级问题仍不容忽视。一是水土流失比较严重，造成农业绿色增加值的占比相对较低；二是水资源的破坏较为严重，这主要是由工业部门造成的，当然也存在农业对水的污染问题；三是大气污染在某些地区依然存在，并造成酸雨等问题；四是资源的使用费（或税）不能弥补相关费用，造成某些资源的过度开采和无序开采。

第三，从四部门绿色投入产出分析看，中国农业的粗放型发展和集约化程度低的问题依然突出；工业的技术化和专业化水平日益提高，但建筑业的技术化程度不高、粗放发展的问题仍然存在；服务业更加集约化，但对工业的依赖依然较强。

第四，中国高新技术产业的发展势头迅猛，对国民经济的拉动作用愈发明显；轻工业对经济的辐射力小幅上升，这得益于国家鼓励出口政策的加强；资源开采及能源工业部门的影响力基本不变，其资本密集型特点依然明显；服务业对国民经济的拉动作用仍相对较弱，有待提高；资源开采业对国民经济的制约力过大，若管理不善很可能成为经济发展的“瓶颈”；重工业的感应度系数相对较大，说明中国工业化进程中重工业仍发挥重要作用；服务业对经济的推动作用依然不明显，还需进一步发展。

（二）建议

第一，继续强化对资源及环境的保护，尤其是水资源。其一，要继续加强企业及居民对资源及环境的保护意识；其二，要合理开发资源，避免资源及环境遭到破坏；其三，要提高资源的利用率，防止浪费现象出现；其四，合理开征资源、环境保护税（费），并将其所得用于资源、环境保护，建议每年至少将 GDP 的 2%左右用于资源与环境的保护和治理。

第二，加大对能源供应业的改造和升级，使其适应目前的经济发展现状。一方面从宏观上进行能源的优化控制，另一方面从微观上细化节能措施。同时应进一步制定相应政策鼓励清洁能源的研究和开发工作，尽可能减小经济对传统能源的依赖，从而实现可持续发展。

第三，加大工业内部产业结构调整力度。进一步促进重化工业等基础工业的技术化、集约化进程。努力使其提高产能的同时降低能耗，突出其在国民经济中的支柱作用，发挥主导力量。大力发展高新技术产业，使其成为中国经济的新增长点。由于高新技术产业在发展绿色经济中占据重要地位，应加大对其的投入，鼓励研发，争取早日缩小与发达国家的差距，提高国家的绿色竞争力。

第四，推进绿色农业和绿色服务业发展。发展绿色农业，一方面是发展节水农业，改造农村水利设施，保证农业用水安全；另一方面是发展绿色农产品，保证其食用和使用安全。发展绿色服务业，一方面，注意服务业的节水、节能和减排，减少服务业和生活污染；另一方面，注意劳动密集型和资本密集型并举，使它能带动经济发展、刺激就业，同时对环境的损害相对较小。要借鉴国际的先进经验，提高服务部门的科技含量和对经济的影响力，进而促进其对经济发展的贡献。

投入产出第Ⅳ象限理论与实践[①]

投入产出第Ⅳ象限是投入产出模型进行循环分析的重要环节，有必要从理论和实践两个方面对第Ⅳ象限进行一些探讨。

一、第Ⅳ象限客观存在

第Ⅳ象限客观存在，它是投入产出表第Ⅱ象限和第Ⅲ象限的交叉延长部分，从主栏看反映的是分配问题，从宾栏看反映的是使用问题，即增加值是怎样通过分配后进行使用的。由于第Ⅱ象限是按支出法计算的国内生产总值，第Ⅲ象限是按收入法计算的国内生产总值，作为第Ⅳ象限，其总控制数也应是国内生产总值。它反映国内生产总值经过分配、支出后的一个结果，我们把它称为最终支出象限（见表1）。

表1 最终支出象限

项目	总投资	总消费	净出口
固定资产损耗 劳动者报酬 生产税净额 营业盈余	Ⅳ象限（最终支出象限）		

由上表可知，第Ⅳ象限要解决的是国内生产总值的每个构成项目是怎样用于最终使用的，即用于总投资、总消费和净出口的情况。也只有把国内生产总值每个构成项目用于最终使用的情况弄清楚，投入产出模型才能进行循环分析。因此我们必须正视第Ⅳ象限客观存在这一现实，通过有关途径和方法编制出第Ⅳ象限，以拓展投入产出模型的应用领域。

二、第Ⅳ象限不能由第Ⅱ、Ⅲ象限直接得出

投入产出第Ⅳ象限是第 Ⅱ、Ⅲ象限的交叉延长部分，但并不等于第Ⅳ象

① 本文原载于《统计与决策》2000年第9期。

限可以由第Ⅱ、Ⅲ象限的有关资料直接得出，主要原因是第Ⅲ象限反映的是初次分配，第Ⅱ象限反映的是最终使用，这中间跳过了再分配的环节。而第Ⅳ象限恰恰是再分配的一个结果，它反映的是再分配后形成的最终支出。我们通过第Ⅱ、Ⅲ象限只能确定第Ⅳ象限的列合计和行合计（即行列控制数），不可能得到其流量矩阵。那么怎样才能得到最终支出的流量矩阵？我们设计了反映再分配状况的两个辅助象限，即第Ⅴ、Ⅵ象限（见图1）。

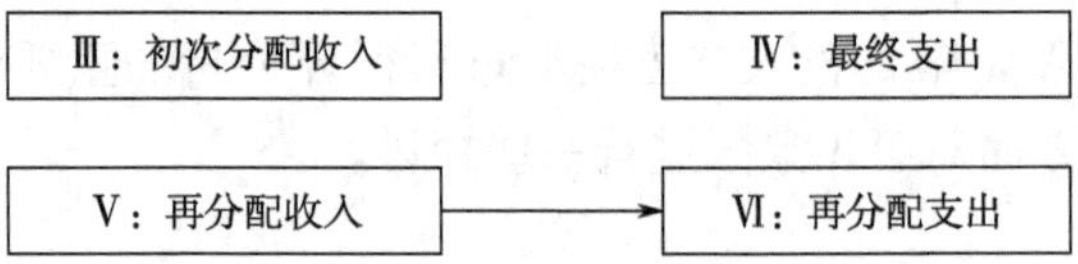

图1　辅助象限

从上面框图我们可以看到，无论是从理论上讲还是从实际操作出发，第Ⅲ象限都不可能跳到Ⅳ象限，只能借助于第Ⅴ、Ⅵ象限这个再分配环节来得出第Ⅳ象限。

三、第Ⅳ象限编制的关键技术

第Ⅳ象限不能由第Ⅱ、Ⅲ象限直接得出，但可以通过再分配环节，即第Ⅴ、Ⅵ象限推算得出。这样要编制出第Ⅳ象限，先要编出第Ⅴ、Ⅵ象限。

第Ⅴ象限如前所述是接在第Ⅲ象限之下的，主栏是参与再分配的交易主体，又称机构部门；宾栏是投入产出所划分的产品部门（也可以是产业部门）。这样第Ⅴ象限就成了再分配收入的流量矩阵，反映的是每个产品部门的增加值是怎样进行三者分配而形成各机构部门的可支配收入的，编制时可以从第Ⅲ象限得到列合计控制数，从资金流量表（收入分配部分）或者机构部门账户中得到各机构部门的可支配收入，即行合计数。其流量矩阵可以发表进行基层调查，要企事业单位列出在初次分配上所进行的再分配情况，这样就得到了一张机构部门×产品部门的增加值再分配流量表。

第Ⅵ象限是接在第Ⅳ象限之下的，主栏同第Ⅴ象限是机构部门，宾栏同第Ⅱ象限是最终使用的项目。第Ⅵ象限要反映的是再分配支出。编制时可以从第Ⅱ象限得到各最终使用项目的控制数，即列合计控制数；可以从第Ⅴ象限得到各机构部门可支配收入的控制数，即行合计控制数。其流量矩阵可以直接取自资金流量表（收入分配部分），即增加值通过分配后形成各机构部门的可支配收入以及反映各机构部门的可支配收入是怎样用于消费、投资与调出和调入的，由于机构部门在资金运用上要调剂余缺，要使各机构部门再分配收入与再分配支出衔接，必须在宾栏设置一个储蓄投资差的项目，即资金运用的平衡项。

待第Ⅴ、Ⅵ象限编制出来以后，编制第Ⅳ象限就相对容易一些了。第Ⅳ象限比较特殊的是它所反映的内容是一个再分配的结果，而它的主栏却是初次分配项目。那么怎样来解决这一难题呢？不妨采用逆向思维的方法。既然根据第Ⅲ象限的初次分配收入和有关调查资料编制出了反映再分配收入的第Ⅴ象限，那么第Ⅲ象限与第Ⅴ象限之间必然存在一个初次分配收入与再分配收入之间的数量关系。如果我们根据所收集的基层调查资料找到了这一数量关系，就可以根据第Ⅴ象限的行合计数据反推出第Ⅲ象限的行合计数据。若第Ⅴ象限能够反推出第Ⅲ象限，则我们可以根据同一数量关系，由第Ⅵ象限数据反推出第Ⅳ象限数据，即由再分配支出得到最终支出。

四、第Ⅳ象限与投入产出模型的扩展

投入产出第Ⅳ象限编制出来以后，投入产出模型在应用领域便会得到广泛的扩展。

投入产出模型扩展的第一步是六个象限扩展模型，其模型框图如图 2 所示。

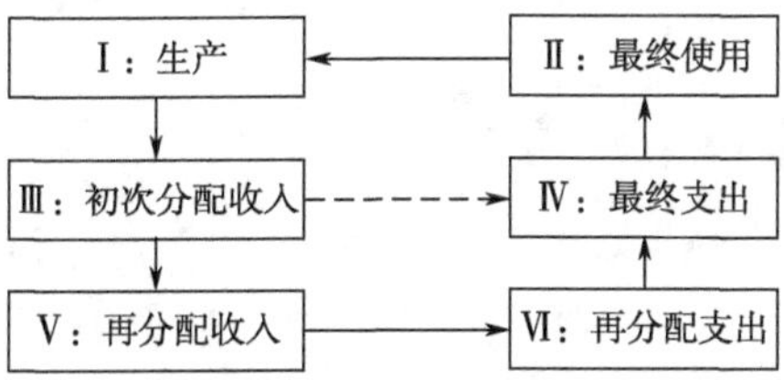

图 2　六象限模型

图 2 中，六个象限形成的模型体系是全循环模型体系，只采用第Ⅰ、Ⅱ、Ⅲ、Ⅳ四个象限的模型称为半循环模型体系。这一模型体系的特点是哪一个象限都可以作为模型循环的起点，这样我们进行宏观经济循环研究和政策模拟就比较方便了。

投入产出模型扩展的第二步是七加一个象限扩展模型，即在六个象限的基础上加上第Ⅶ象限（占用产出象限）和补充象限（对外收支象限），其模型框图如图 3 所示。

图 3 与六个象限框图比较，增加了占用产出，解决了流量与存量的相互衔接。同时，为了适应扩大开放的需要，专门编制对外收支象限，补充在第Ⅱ象限的右边，与第Ⅱ象限的净出口（净调出）对应。从七加一象限框图我

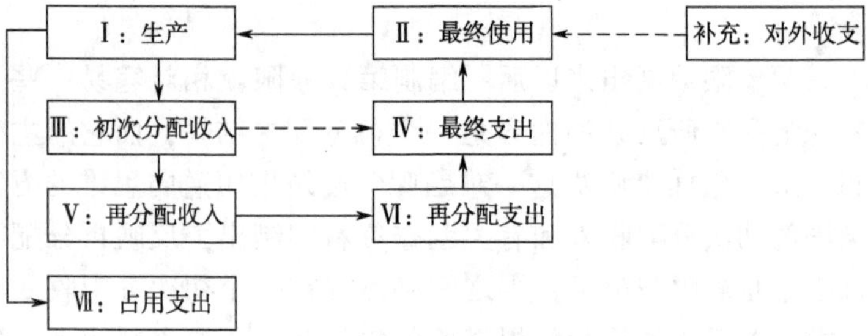

图3　七加一象限模型

们可以看出，它包括国民经济中五大核算的内容。第Ⅰ、Ⅱ、Ⅲ三个象限反映国内生产总值及其使用核算和投入产出核算，第Ⅳ、Ⅴ、Ⅵ三个象限反映资金流量核算（收入分配部分），补充象限反映对外收支核算，第Ⅶ象限反映资产负债核算。五大核算由模型连接起来，进一步拓展了投入产出分析方法的应用领域，同时也促进了国民经济核算五张基本表之间在指标、计算范围、口径等方面的相互衔接。可以说投入产出第Ⅳ象限的编制不仅仅解决了投入产出编表本身的问题，更是投入产出模型进行扩展的重要环节，我们应该重视投入产出第Ⅳ象限的编制。

绿色 GDP 投入产出模型建立的构想[①]

GDP 这一总量指标的不足是没有充分考虑资源和环境的因素，因此，联合国统计委员会在 1993 年修订的 SNA 版本中提出了绿色 GDP 这一指标。由于核算体系中 GDP 这一指标的核心地位并没有改变，绿色 GDP 仅仅是一个附属的参考性指标。目前在经济理论界用绿色 GDP 指标替代 GDP 指标的呼声很高，这对核算工作者来说是一个全新的课题。

一、问题的提出

树立科学的发展观，说到底就是走可持续发展道路。在我国，各级政府在制定规划时早已将可持续发展作为基本的发展方略。从国民经济核算的角度来讲，经济核算、资源核算、环境核算越来越完善。目前，从总量指标和核算方法上讲有两个研究方向，一个是绿色 GDP 总量指标的研究，二是绿色投入产出方法的研究。

绿色 GDP 总量指标的研究，采用的方法是联合国统计委员会 1993 年 SNA 版本中的环境与经济综合核算体系（SEEA）框架，即环境核算的卫星账户。绿色投入产出方法研究不改变 GDP 的总量指标，只是将资源、环境因素都放在投入产出表中形成经济、资源、环境投入产出表。

我们先讨论一下 SEEA 框架。SEEA 框架没有打乱以 GDP 为总量指标的核算体系，而是在 GDP 指标的基础上扣除资源耗减和环境降级，从而得到绿色 GDP 指标。SEEA 框架见表 1。

从表 1 的第 1 列和第 8 行的平衡关系中我们可以知道绿色 GDP 的计算方法。

先看第 1 列的平衡关系：

总产出-中间投入-固定资产损耗=国内生产净值

国内生产净值-生产中使用的非生产自然资产=绿色国内生产净值

上述第二个等式给出了绿色国内生产净值的计算方法，也就是从国内生

① 本文原载于《统计与决策》2009 年第 20 期。本文受北京市哲学社会科学规划项目和北京市教育委员会人文社会科学研究计划重点项目基金资助（SZ200710038017）。

产净值中扣除生产中使用的非生产自然资产。由表 1 第 6 行可知，生产中使用的非生产自然资产包括非生产经济资产耗减和非生产自然资产降级两项内容，具体扣除时扣除这两项内容。

再看第 8 行的平衡关系：

绿色国内生产净值=(净出口+最终消费+资本形成净额）-非生产经济资产净耗减-自然资产降级与减少

等号右边前三项之和为国内生产净值，后两项为扣除项。前一个扣除项为非生产经济资产净耗减，是非生产经济资产耗减抵消自然资产转为经济资产部分后的净耗减额。后一项为自然资产降级与减少，包括非生产自然资产降级和自然资产减少两部分。从表 1 的第 7 行可知自然资产减少额等于自然资产转为经济资产额，即上式中前一个扣除项中抵消的自然资产转为经济资产数额等于后一个扣除项中的自然资产减少数额。因此，等式中实际扣除的数额仍为非生产经济资产耗减和非自然资产降级这两项内容。也就是说从表 1 第 8 行所计算的绿色国内生产净值等于从第 1 列计算的绿色国内生产净值。用绿色国内生产净值加上固定资产损耗等于绿色 GDP。

我们再来讨论绿色投入产出分析方法。由于绿色 GDP 的指标还没有正式纳入国家核算制度，所以绿色投入产出分析仍然以 GDP 作为总量指标。绿色投入产出分析在编表上有两种处理方法：一种是在编制经济投入产出表的基础上编制资源投入产出表和环境投入产出表，共编制三张表；一种方法是将资源、环境因素直接引入投入产出表，编制经济、资源、环境投入产出表，即只编一张表。

编制三张表的优点是可以详细地列出经济、资源、环境数据，能够充分运用投入产出分析、投入占用产出分析以及存量投入产出分析方法。编制一张表的优点是将经济、资源和环境因素罗列在一起，分析起来比较简洁，编表工作量相对要小。下面我们简要介绍一张表的绿色投入产出分析框架，见表 2。

表 1　SEEA 框架的基本结构

项目	经济活动					环境
	生产	国外	最终消费	经济资产		其他非生产自然资产
				生产资产	非生产自然资产	
1. 期初资产存量				期初存量	期初存量	

续表

	经济活动					环境
2. 供给	总产出	进口				
3. 经济使用	中间投入	出口	最终消费	资本形成总额		
4. 固定资产损耗	固定资产损耗			固定资产损耗		
5. 国内生产净值	国内生产净值	净出口	最终消费	资本形成净额		
6. 非生产自然资产的使用	生产中使用的非生产自然资产				非生产经济资产耗减	非生产自然资产降级
7. 非生产自然资产的其他积累					自然资产转为经济资产	自然资产减少
8. 绿色国内生产净值	绿色国内生产净值	净出口	最终消费	资本形成净额	非生产经济资产净耗减	自然资产降级与减少
9. 持有损益				持有损益	持有损益	
10. 资产物量其他变化				其他变化	其他变化	
11. 期末资产存量				期末存量	期末存量	

注：绿色国内生产总值（绿色 GDP）= 绿色国内生产净值+固定资产损耗

表 2　绿色投入产出表

项目	资源恢复部门	一次能源部门	二次能源部门	其他产业部门	环境治理部门	最终产出		进口	总产出
						本国使用	出口		
资源使用 一次能源部门 二次能源部门									

续表

项目	资源恢复部门	一次能源部门	二次能源部门	其他产业部门	环境治理部门	最终产出		进口	总产出
						本国使用	出口		
其他产业部门									
污染物排放									
增加值									
总投入									
实物资产									
环境资产									

在表2中将原有的投入产出部门划分为一次能源部门、二次能源部门和其他产业部门，为了研究资源和环境，增加了资源恢复部门与环境治理部门。从理论上讲，资源恢复部门与环境治理部门都是虚拟部门，资源恢复部门指的是资源的发现（如地质勘探）和节约；环境治理部门是指各个部门治理污染的活动，主要是设备的投入和人力的投入。此外，在表的主栏列出了实物资产和环境资产，以反映各部门对实物资产和环境资产的占用情况。但表的控制数仍然是总产出、增加值，没有改变以 GDP 作为总量指标的投入产出分析方法。

通过以上讨论可以知道，绿色 GDP 的测算只提供了总量指标，而不便于分析其结构；而绿色投入产出分析能分析其结构，但没有改变 GDP 指标本身存在的问题。于是，我们提出这样一个问题：将绿色 GDP 指标的测算与绿色投入产出分析方法结合起来，建立绿色 GDP 投入产出模型。在绿色 GDP 投入产出模型中，核心指标是绿色 GDP，整个模型的架构都从这一指标出发，同时也考虑投入产出分析方法的充分运用。

二、模型的架构

在国民经济核算中，国内生产总值和投入产出核算都属于生产核算，国内生产总值是总量核算，投入产出是流量核算，通常说投入产出核算是国内生产总值核算的细化和延伸。投入产出价值表是根据国内生产总值的三种计算方法设计的，第Ⅰ象限反映的是生产法，第Ⅱ象限反映的是支出法，第Ⅲ象限反映的是收入法。因此，设计绿色 GDP 投入产出模型，也要考虑到绿色 GDP 的三种计算方法，即生产法、收入法和支出法。解决了计算方法问题，绿色 GDP 才可能从附属指标变为核心指标，绿色 GDP 投入产出模型才能真正建立。

建立绿色 GDP 投入产出模型可以采用一步到位法和两步到位法：一步到位法是完全按绿色 GDP 的三种计算方法设计模型，在模型中看不到 GDP 指标的痕迹；两步到位法是在 GDP 投入产出模型的基础上进行某些修改，既保留原有 GDP 指标，又能计算绿色 GDP 指标。在绿色 GDP 指标尚未纳入核算制度时，先采用两步到位法设计模型。模型的具体架构如表 3。表 3 即为绿色 GDP 投入产出表。

表 3　绿色 GDP 投入产出表

<table>
<tr><td colspan="2" rowspan="3">投入</td><td colspan="7">产出</td></tr>
<tr><td>中间使用</td><td colspan="5">最终使用</td><td rowspan="2">总产出</td></tr>
<tr><td>1，2，…，n 合计</td><td>最终消费</td><td>资本形成总额</td><td>净出口</td><td>资源环境支出</td><td>合计</td></tr>
<tr><td>中间投入</td><td>1，2，…，n
合计</td><td>Ⅰ</td><td colspan="5">Ⅱ</td><td></td></tr>
<tr><td>资源耗减环境降级</td><td>1，2，…，n</td><td>Ⅲ</td><td colspan="5">Ⅳ</td><td></td></tr>
<tr><td>绿色 GDP</td><td>固定资产损耗
劳动者报酬
生产税净额
营业纯盈余</td><td>Ⅴ</td><td colspan="5"></td><td></td></tr>
<tr><td colspan="2">总投入</td><td></td><td colspan="5"></td><td></td></tr>
</table>

绿色 GDP 投入产出表由五个象限组成。第Ⅰ象限与 GDP 投入产出表完全相同，反映国民经济各部门在生产过程中对产品的消耗，包括对有形产品货物和无形产品服务的消耗。第Ⅱ象限反映产品的最终使用，包括最终消费、资本形成总额与净出口；考虑到绿色 GDP 的最终使用要小于 GDP 的最终使用，特别在产品的最终使用栏中增加了资源环境支出，以便分别计算 GDP 与绿色 GDP。第Ⅲ象限反映国民经济各部门在生产过程中所引起的资源耗减和环境降级，其中资源耗减包括矿物的耗减，森林中开采木材，水土流失对农业用地生产能力的影响，酸雨对农业、林业的影响等；环境降级包括对鱼的过度捕杀，原始森林中开采木材，猎取野生动物以及残余物排放对水、空气、鱼类和野生森林的质量的影响等。第Ⅳ象限仅有一个合计栏与第Ⅲ象限对应，

反映生产过程中资源耗减和环境降级与最终使用中资源环境支出的一一对应关系。第Ⅴ象限为绿色 GDP 象限，反映国民经济各部门所创造的绿色 GDP 数量，是生产法绿色 GDP 与收入法绿色 GDP 的计算结果。

通过绿色 GDP 投入产出表可以用三种方法计算绿色 GDP。

生产法：绿色 GDP＝总投入－中间投入－资源耗减和环境降级。

收入法：绿色 GDP＝固定资产损耗＋劳动者报酬＋生产税净额＋营业纯盈余。

支出法：绿色 GDP＝最终消费＋资本形成总额＋净出口－资源环境支出。

与 GDP 投入产出表相比，绿色 GDP 的生产法计算不仅从总投入中扣除了中间投入，还扣除了资源耗减和环境降级数额；收入法计算中将营业盈余改为营业纯盈余，即各部门营业盈余抵消资源耗减和环境降级后所剩下的为营业纯盈余；支出法中增加对资源环境支出，即在原有的产品最终使用中也相应扣除其资源环境支出，成为绿色 GDP 最终使用额。

编制绿色 GDP 投入产出表时按纵向搜集资料，主要工作量是编制第Ⅲ象限，因为其他象限的数据仍然可以参考 GDP 投入产出表。第Ⅲ象限的数据为资源耗减和环境降级，在具体编表时可以做如下处理。从资源耗减看，矿物的耗减放在相应的采矿部门，森林中开采木材放在木材采运业，水土流失对农业用地生产能力的影响放在种植业部门，酸雨对农业、林业的影响分别放在种植业与林业部门。从环境降级看，对鱼的过度捕杀放在渔业部门，原始森林中开采燃材与木材放在木材开采业，猎取野生动物放在牧业部门，残余物排放对水、空气、鱼类和野生森林质量的影响放在排放部门，如工业排放则放在相应的工业部门。

因为第Ⅲ象限是一个矩阵，仅知道纵向放在哪个部门还不够，还要知道横向放在哪个部门，如：耗减的是什么矿物，就放在什么采矿部门；森林中开采木材，放在木材采运业；水土流失对农业用地生产能力的影响应该折算成氮、磷、钾肥料，放在生产化肥部门；酸雨影响农业、林业的生产能力，直接放在种植业和林业部门；对鱼的过度捕捞应直接放在渔业部门；原始森林中开采燃材与木材应直接放在木材开采业；猎取野生动物应直接放在牧业部门；残余物排放要求达标排放，工业排放行向放在环境保护部门，城市其他行业排放行向放在市政管理部门。

这样编表可能会出现资源性行业创造的绿色 GDP 过低，但并不影响绿色 GDP 的投入产出分析，因为投入产出分析不仅研究直接影响，还要研究间接影响。有些行业在生产过程中所直接引起的资源耗减和环境降级数额并不多，但间接引起的资源耗减和环境降级数额可能较大。通过研究国民经济各部门在生产过程中所直接引起和间接引起的资源耗减和环境降级，可以提出产业结构的调整方向，要着力发展低消耗低污染的行业，对于高消耗高污染的行业要采取措施降低其消耗和污染。因此，绿色 GDP 投入产出分析要为产业结构的调整提供准确的信息，在编制第Ⅲ象限时要广泛地搜集各种数据，并且对各种数据的处理要符合实际。

三、应用的方法

在绿色 GDP 投入产出表编制出来以后，如何运用它进行相关的研究？有必要讨论一下其应用的方法。由于绿色 GDP 投入产出表比原有的投入产出表应用更加广泛，因此在这里仅讨论绿色 GDP 投入产出行模型和列模型。

先讨论行模型。建立行模型的平衡关系式为：

中间产品使用+资源环境使用+绿色 GDP 最终使用=总产出

在行平衡关系中，只有将第Ⅰ象限和第Ⅲ象限数据合并再加上绿色 GDP 最终使用才等于总产出。

设：中间产品使用（即第Ⅰ象限）的元素为 $x_{ij}^{(1)}$，资源环境使用（即第Ⅲ象限）的元素为 $x_{ij}^{(2)}$，绿色 GDP 最终使用（即第Ⅱ、Ⅳ象限）的元素为 $\dot{Y}_i$，总产出的元素为 X_i。根据行平衡关系式，有：

$$\begin{cases}(x_{11}^{(1)}+x_{12}^{(1)}+\cdots+x_{1n}^{(1)})+(x_{11}^{(2)}+x_{12}^{(2)}+\cdots+x_{1n}^{(2)})+\dot{Y}_1=X_1\\(x_{21}^{(1)}+x_{22}^{(1)}+\cdots+x_{2n}^{(1)})+(x_{21}^{(2)}+x_{22}^{(2)}+\cdots+x_{2n}^{(2)})+\dot{Y}_2=X_2\\\qquad\vdots\qquad\qquad\qquad\vdots\\(x_{n1}^{(1)}+x_{n2}^{(1)}+\cdots+x_{nn}^{(1)})+(x_{n1}^{(2)}+x_{n2}^{(2)}+\cdots+x_{nn}^{(2)})+\dot{Y}_n=X_n\end{cases}\tag{1}$$

引入直接消耗系数 $a_{ij}^{(1)}$ 和资源环境直接耗用系数 $a_{ij}^{(2)}$，其中：

$$a_{ij}^{(1)}=\frac{x_{ij}^{(1)}}{X_j}\tag{2}$$

$$a_{ij}^{(2)}=\frac{x_{ij}^{(2)}}{X_j}\tag{3}$$

式（2）中 $a_{ij}^{(1)}$ 表示 j 部门单位总产出所消耗的中间产品数量，式（3）中 $a_{ij}^{(2)}$ 表示 j 部门单位总产出所直接引起的资源和环境的耗用数量。将式（2）、式（3）代入式（1），有：

$$\begin{cases}(a_{11}^{(1)}X_1+a_{12}^{(1)}X_2+\cdots+a_{1n}^{(1)}X_n)+(a_{11}^{(2)}X_1+a_{12}^{(2)}X_2+\cdots+a_{1n}^{(2)}X_n)+\dot{Y}_1=X_1\\(a_{21}^{(1)}X_1+a_{22}^{(1)}X_2+\cdots+a_{2n}^{(1)}X_n)+(a_{21}^{(2)}X_1+a_{22}^{(2)}X_2+\cdots+a_{2n}^{(2)}X_n)+\dot{Y}_2=X_2\\\qquad\vdots\qquad\qquad\qquad\vdots\\(a_{n1}^{(1)}X_1+a_{n2}^{(1)}X_2+\cdots+a_{nn}^{(1)}X_n)+(a_{n1}^{(2)}X_1+a_{n2}^{(2)}X_2+\cdots+a_{nn}^{(2)}X_n)+\dot{Y}_n=X_n\end{cases}\tag{4}$$

$$\sum_{j=1}^{n} a_{ij}{}^{(1)} X_j + \sum_{j=1}^{n} a_{ij}{}^{(2)} X_j + \dot{Y}_i = X_i \quad (i=1,\ 2,\ \cdots,\ n) \tag{5}$$

用矩阵表示为：

$$A^{(1)}X+A^{(2)}X+\dot{Y}=X \tag{6}$$

经推导有：

$$(I-A^{(1)}-A^{(2)})\ X=\dot{Y} \tag{7}$$

$$X=(I-A^{(1)}-A^{(2)})^{-1}\dot{Y} \tag{8}$$

运用式（7）可以由总产出测算绿色 GDP 使用额，运用式（8）可以由绿色 GDP 使用额测算总产出。计算 $\dot{B}=(I-A^{(1)}-A^{(2)})^{-1}-I$，则 $\dot{B}$ 矩阵的元素 $\dot{b}_{ij}$ 为 j 部门生产单位绿色 GDP 使用额对 i 部门产品以及资源和环境的完全消耗。

再讨论列模型。建立列模型的平衡关系式为：

中间投入+资源环境耗减+绿色 GDP=总投入

在列平衡关系中，各部门在生产过程中的中间投入加上对资源环境的耗减再加上创造的绿色 GDP 等于总投入。

设：中间投入（第Ⅰ象限）和资源环境耗减（第Ⅲ象限）的元素同行模型，绿色 GDP（第Ⅴ象限）的元素为 $\dot{H}_j$，总投入为 X_j。根据列平衡关系式，有：

$$\begin{cases}(x_{11}{}^{(1)}+x_{21}{}^{(1)}+\cdots+x_{n1}{}^{(1)})+(x_{11}{}^{(2)}+x_{21}{}^{(2)}+\cdots+x_{n1}{}^{(2)})+\dot{H}_1=X_1\\(x_{12}{}^{(1)}+x_{22}{}^{(1)}+\cdots+x_{n2}{}^{(1)})+(x_{12}{}^{(2)}+x_{22}{}^{(2)}+\cdots+x_{n2}{}^{(2)})+\dot{H}_2=X_2\\\qquad\vdots\qquad\qquad\qquad\vdots\\(x_{1n}{}^{(1)}+x_{2n}{}^{(1)}+\cdots+x_{nn}{}^{(1)})+(x_{1n}{}^{(2)}+x_{2n}{}^{(2)}+\cdots+x_{nn}{}^{(2)})+\dot{H}_n=X_n\end{cases} \tag{9}$$

引入直接消耗系数 $a_{ij}{}^{(1)}$ 和资源环境直接耗用系数 $a_{ij}{}^{(2)}$，其经济含义同行模型式（2）与式（3），将其代入式（9），有：

$$\begin{cases}(a_{11}{}^{(1)}X_1+a_{21}{}^{(1)}X_1+\cdots+a_{n1}{}^{(1)}X_1)+(a_{11}{}^{(2)}X_1+a_{21}{}^{(2)}X_1+\cdots+a_{n1}{}^{(2)}X_1)\\+\dot{H}_1=X_1\\(a_{12}{}^{(1)}X_2+a_{22}{}^{(1)}X_2+\cdots+a_{n2}{}^{(1)}X_2)+(a_{12}{}^{(2)}X_2+a_{22}{}^{(2)}X_2+\cdots+a_{n2}{}^{(2)}X_2)\\+\dot{H}_2=X_2\\\qquad\vdots\qquad\qquad\qquad\vdots\\(a_{1n}{}^{(1)}X_n+a_{2n}{}^{(1)}X_n+\cdots+a_{nn}{}^{(1)}X_n)+(a_{1n}{}^{(2)}X_n+a_{2n}{}^{(2)}X_n+\cdots+a_{nn}{}^{(2)}X_n)\\+\dot{H}_n=X_n\end{cases} \tag{10}$$

$$\sum_{i=1}^{n} a_{ij}{}^{(1)} X_j + \sum_{i=1}^{n} a_{ij}{}^{(2)} X_j + \dot{H}_j = X_j (j=1,\ 2,\ \cdots,\ n) \tag{11}$$

用矩阵表示为：

$$\hat{A}_c^{(1)}X+\hat{A}_c^{(2)}X+\dot{H}=X \tag{12}$$

在式（12）中：

$$\hat{A}_c^{(1)}=\begin{pmatrix} \sum_{i=1}^{n}a_{i1}^{(1)} & & & \\ & \sum_{i=1}^{n}a_{i2}^{(1)} & & \\ & & \ddots & \\ & & & \sum_{i=1}^{n}a_{in}^{(1)} \end{pmatrix},$$

$$\hat{A}_c^{(2)}=\begin{pmatrix} \sum_{i=1}^{n}a_{i1}^{(2)} & & & \\ & \sum_{i=1}^{n}a_{i2}^{(2)} & & \\ & & \ddots & \\ & & & \sum_{i=1}^{n}a_{in}^{(2)} \end{pmatrix}$$

则：

$$X-\hat{A}_c^{(1)}X-\hat{A}_c^{(2)}X=\dot{H}$$

$$(1-\hat{A}_c^{(1)}-\hat{A}_c^{(2)})\ X=\dot{H} \tag{13}$$

$$X=\ (I-\hat{A}_c^{(1)}-\hat{A}_c^{(2)})^{-1}\dot{H} \tag{14}$$

式（13）可以由总投入测算绿色 GDP 生产额，式（14）可以由绿色 GDP 生产额测算总投入。这便是列模型的应用。

参考文献

[1] 廖明球．国民经济核算中绿色 GDP 测算探讨［J］．统计研究，2000（6）．

[2] 雷明．地区绿色投入产出核算［J］．统计研究，2000（5）．

绿色 GDP 投入产出表的编制方法①

投入产出核算可以细化国内生产总值（GDP）核算，同样绿色投入产出核算也可以细化绿色 GDP 核算。以原有的投入产出表为基础，编制绿色 GDP 投入产出表，可以推进投入产出核算和分析。

一、绿色 GDP 投入产出表的框架设计

绿色 GDP 投入产出表的设计可以参考 GDP 投入产出表的设计方法。我们知道 GDP 投入产出表的设计是按照 GDP 的三种计算方法设计的，其表的第Ⅰ象限是中间投入（中间产品），第Ⅱ象限是最终产品，第Ⅲ象限是增加值（最初投入）。第Ⅰ、Ⅲ象限结合起来利用生产法计算 GDP，即：GDP＝总产出－中间投入；第Ⅲ象限利用收入法计算 GDP，即：GDP＝固定资本损耗＋劳动者报酬＋生产税净额＋营业盈余；第Ⅱ象限是利用支出法计算 GDP，即：GDP＝最终消费＋资本形成总额＋净出口。

绿色 GDP 同样也有三种计算方法，根据绿色 GDP 的定义，它是从 GDP 中扣除资源耗减和环境降级后得到的。其生产法计算公式为：绿色 GDP＝总产出－中间投入－资源耗减和环境降级；其收入法计算公式为：绿色 GDP＝固定资本损耗＋劳动者报酬＋生产税净额＋营业纯盈余，营业纯盈余是用营业盈余扣除资源耗减和环境降级得到的；其支出法计算公式为：绿色 GDP（绿色最终使用）＝最终消费＋资本形成总额＋净出口－资源环境支出。绿色 GDP 投入产出表的设计有两种方法，一种是一步到位法，另一种是两步到位法。所谓一步到位法是在绿色 GDP 投入产出表中看不到 GDP 指标的任何痕迹，全部用绿色 GDP 指标替代，并且采用三个象限表式，与原有的投入产出表类似。所谓两步到位法是在绿色 GDP 投入产出表中保留 GDP 指标，在原有投入产出表的基础上增加两个象限专门反映资源耗减和环境降级，即采用五个象限表式（具体表式见表 1）。

在初次编制绿色 GDP 投入产出表时采用两步到位法表式（五个象限表

① 本文原载于《统计与决策》2011 年第 3 期。本文为教育部人文社会科学研究规划基金资助项目（08JA790086）；北京市教育委员会人文社会科学研究计划重点资助项目（SZ200710038017）。

式）较好。其一是便于数据验证。绿色 GDP 核算是在 GDP 核算的基础上进行的，具体到各个行业是以增加值核算为基础建立绿色增加值核算。在绿色 GDP 投入产出表中保留 GDP 就是保留行业增加值，这样便于行业绿色增加值核算，以验证分行业的绿色增加值核算是否准确。其二是便于模型研究。在绿色 GDP 投入产出表中保留 GDP，可以建立两个投入产出模型，即 GDP 投入产出模型和绿色 GDP 投入产出模型，可以进行直接消耗系数和完全消耗系数的比较，研究资源耗减和环境降级对整个国民经济的影响，为可持续发展提供决策依据。

根据两步到位法表式（五个象限表式）编表比较直观，首先是保留原有的投入产出表的三个象限，再是增加资源耗减和环境降级两个象限。该表五个象限的具体内容为：第Ⅰ象限为中间投入（中间使用）象限，与原有的投入产出表一致；第Ⅱ象限为绿色最终使用象限，为了反映绿色 GDP 核算，增加了资源环境支出一栏，其他与原有的投入产出表一致；第Ⅲ象限为资源耗减、环境降级象限，是新增加的象限，反映生产领域引起的资源耗减和环境降级，根据绿色 GDP 核算和行业绿色增加值核算，确定其总量和流量；第Ⅳ象限反映消费领域引起的资源耗减和环境降级，以及资源环境总支出；第Ⅴ象限反映绿色 GDP，即分行业的绿色增加值，与原有的投入产出表比较，将营业盈余改为营业纯盈余。

表 1　绿色 GDP 投入产出表

<table>
<tr><td colspan="2" rowspan="3">投入</td><td colspan="8">产出</td></tr>
<tr><td>中间使用</td><td colspan="6">绿色最终使用</td><td rowspan="2">总产出</td></tr>
<tr><td>1，2，…，n
合计</td><td>最终消费</td><td>资本形成总额</td><td>净出口</td><td>调整项</td><td>资源环境支出</td><td>合计</td></tr>
<tr><td>中间投入</td><td>1，2，…，n
合计</td><td>Ⅰ</td><td colspan="6">Ⅱ</td><td></td></tr>
<tr><td>资源耗减环境降级</td><td>1，2，…，n</td><td>Ⅲ</td><td colspan="6">Ⅳ</td><td></td></tr>
</table>

续表

<table>
<tr><th colspan="2" rowspan="3">投入</th><th colspan="7">产出</th><th rowspan="3">总产出</th></tr>
<tr><th>中间使用</th><th colspan="6">绿色最终使用</th></tr>
<tr><th>1，2，…，n
合计</th><th>最终消费</th><th>资本形成总额</th><th>净出口</th><th>调整项</th><th>资源环境支出</th><th>合计</th></tr>
<tr><td>绿色GDP</td><td>固定资产损耗
劳动者报酬
生产税净额
营业纯盈余</td><td>V</td><td colspan="6"></td><td></td></tr>
<tr><td colspan="2">总投入</td><td></td><td colspan="6"></td><td></td></tr>
</table>

二、绿色 GDP 投入产出表的数据资料收集

根据两步到位法表式（五个象限表式）收集资料，一是收集原有的投入产出表，可以是基准年表（我国是 2、7 表），也可以是延长年表（我国是 0、5 表）；二是收集分行业计算的绿色增加值的有关资料。由于原有投入产出表的编制已形成制度，有现成的数据资料，所以收集资料主要是收集资源耗减和环境降级方面的数据资料。

从整个国民经济来看，资源耗减包括矿物的耗减，森林中开采木材，水土流失对农业用地生产能力的影响，酸雨对农业、林业的影响等；环境降级包括对鱼的过度捕杀，原始森林中开采木材，猎取野生动物以及残余物排放对水、空气、鱼类和野生森林的质量的影响等。

从各个行业来看，由于其行业特点不同，收集资料的方法不同。一般来讲，可以分农业、工业和建筑业、服务业分别收集资源耗减和环境降级的数据。

首先讨论农业。属于农业经济活动所引起的资源耗减几乎没有，比如森林中开采木材属于资源耗减，但计算在森林工业中，农民对自己种的树进行零星砍伐没有单独计算，如果计算在林业的产值中也应该扣减，可以利用农民零星砍树的数量，乘以当年市场上的平均单价计算。属于大自然引起的农业资源的耗减主要有水土流失对农业用地生产能力的影响，可以收集水土流失面积和水土流失数量，乘以每吨土壤中所含肥料的价值。农业经济活动所引起的环境降级包括猎取野生动物、对鱼的过度捕杀、农用化学品（包括农药、

化肥、塑料薄膜等）过量或不当使用造成的对环境的污染和农产品质量的下降、牲畜粪便的不当处理对环境的污染、兽药和激素的不当使用造成畜产品质量的下降、水产品的养殖中过量地投食投药造成水产品质量下降和对水体的污染。猎取野生动物在畜牧业统计中有现成数据，可直接收集。对鱼的过度捕杀，可以先计算前五年的平均捕杀数据，如果当年捕杀量超过这一数据视为过度捕杀，用过度捕杀量乘以市场上的平均价格。农用化学品（包括农药、化肥、塑料薄膜等）过量或不当使用造成的对环境的污染和农产品质量的下降，如果有统计数据利用统计数据，没有统计数据利用相关资料推算。牲畜粪便的不当处理对环境的污染、兽药和激素的不当使用造成畜产品质量的下降，一定要把握其不当处理或不当使用数量，再计算其损失；没有造成损失的不予计算。水产品的养殖中过量地投食投药造成水产品质量下降和对水体的污染，也要考虑其是否过量投放饵料和药物，造成损失的计算其损失。

再讨论工业和建筑业。属于工业与建筑业经济活动所引起的资源耗减包括矿物的耗减，森林中开采木材，酸雨对农业、林业的影响。矿物的耗减只要计算其缴纳的开采费，以弥补找矿的费用。森林中开采木材可以从统计资料中找到木材开采数量，乘以当年市场上木材的平均价格。酸雨对农业、林业的影响，主要是根据专家研究的数据，一是测算酸雨带，二是测算酸雨造成的损失。属于工业与建筑业经济活动所引起的环境降级包括原始森林中开采木材，废水、废气、废物的排放对水、空气、鱼类和野生森林质量的影响，采掘造成的地面塌陷与污染土壤对种植业、林业的影响，工业噪声与建筑施工噪声污染。原始森林中开采木材的计算方法同森林中开采木材，不再讨论。废水、废气、废物的排放对水、空气、鱼类和野生森林质量的影响，其中废水、废气、废物的排放有统计数据，对于已经治理的排放不计算损失，但对未达标排放的要按达标排放计算其虚拟费用，从相关行业中扣除。采掘造成的地面塌陷与污染土壤对种植业、林业的影响如果没有统计资料暂不计算，对于纳入污染源普查的要计算其损失。工业噪声与建筑施工噪声污染根据统计资料计算，主要是噪声监测数据。

最后讨论服务业。服务业经济活动不直接涉及资源耗减，比如服务业对能源和水的消耗已经是工业产品，是对工业产品的消耗。属于服务业经济活动引起的环境降级主要有废水排放、废气排放、产生的垃圾、产生的噪声等。服务业产生的污染大家都习惯称之为生活污染，其实服务业活动产生的污染与居民生活产生的污染不同，一个是生产活动产生的，一个是消费活动产生的。但是，这两者又难以完全区别。服务业与居民生活的废水排放是直接排放的，在城市如果有污水处理厂则统一进行处理，凡是没有污水处理厂的城镇与农村则靠大自然净化。对于没有处理、大自然又难以净化的废水，应计算其虚拟费用。对于服务业和居民生活产生的废气排放，在小城镇和农村靠大自然净化，在城市则难以净化，没有治理的应计算其虚拟费用。服务业与居民生活产生的垃圾一般都进行了无害化处理，对于小城镇未进行无害化处理的应计算其虚拟费用。对于服务业和居民生活产生的噪声一般略而不计，但在大城市有噪声监测数据的可以测算。

在编表时注意，先把农村居民生活污染放在农业污染中，把城镇居民生活污染放在服务业污染中，具体编表时再做技术处理。

三、绿色 GDP 投入产出表的编制方法

当获得原有的投入产出表数据和分行业的资源耗减和环境降级的数据后，就可以编制绿色 GDP 投入产出表，具体编制时要确定编表的原则和方法。

首先是编表的原则。一是市场原则。计算 GDP 中涉及的资源耗减和环境降级数据，已不是存量数据，而是流量数据，从流量数据的特点看已进入当年的市场，可以直接根据市场定价，至少可以参考市场定价。二是权责发生制原则。分行业计算资源耗减与环境降级应以直接为主，即哪个行业直接造成资源耗减与环境降级就计算到哪个行业，并从该行业的营业盈余中扣除；对于大自然造成的损失则计算到受损失的部门。三是复式记账原则。投入产出表的建立是通过复式记账实现的，对于资源耗减和环境降级计算也不例外，比如酸雨造成的农业、林业损失，农业、林业受到损失应该记账，但根据责任应该扣减未按标准排放废气造成酸雨的行业，不能扣减农业、林业本身，因此可以视为废气排放行业对农业、林业的消耗，从废气排放行业的营业盈余中扣除，并放在该行业对应的农业、林业一栏中。

再是编表的方法。根据投入产出表的编制特点应该先确定总量，然后确定流量。因此编制绿色 GDP 投入产出表时，关键是确定分行业的绿色增加值，即分行业计算资源耗减和环境降级的价值量。通过各种渠道得到分行业的资源耗减和环境降级数据后，将分行业的营业盈余扣除资源耗减和环境降级价值量计算出分行业的营业纯盈余，那么绿色 GDP 投入产出表的第Ⅴ象限的数据（行业绿色增加值）就确定了。与此同时，绿色 GDP 投入产出表的第Ⅲ象限（资源耗减和环境降级矩阵）的列合计数据也确定了，有了分行业资源耗减和环境降级合计数，再逐列分解，放到相应的部门，也就是确定流量。

《中国绿色国民经济核算报告（2004）》中的经环境污染调整的 GDP 部门核算表中有分部门的虚拟治理成本，我们可以从各部门的营业盈余中扣除虚拟治理成本，将其作为绿色 GDP 投入产出表第Ⅲ象限（资源耗减和环境降

级矩阵）的列合计数，再根据分部门的虚拟治理成本中废水、废气、固体废物虚拟治理成本各自的数量进行分解。将废水的虚拟治理成本放在水的生产和供应业一栏；将废物的虚拟治理成本放在废品废料一栏；将废气的虚拟治理成本中的工业粉尘放在各自的工业部门，将废气的虚拟治理成本中的二氧化硫、烟尘放在煤炭开采和洗选业，将废气的虚拟治理成本中的氮氧化物放在石油加工、炼焦及核原料加工业。

为了便于计算绿色 GDP，在绿色 GDP 投入产出表的第Ⅲ象限中先将农民生活污染的虚拟治理成本放在农业，将城市居民生活污染的虚拟治理成本放在服务业中的其他社会服务业（包含环境管理业）。同时，在绿色 GDP 投入产出表第Ⅳ象限的农村居民消费、城镇居民消费中也相应列出其数据，为了保持总表的平衡，在第Ⅳ象限的宾栏中设置调整栏，以负数形式出现，避免重复计算。利用《中国绿色国民经济核算报告（2004）》数据，已经计算了残余物排放对水、空气、鱼类和野生森林的质量的影响等，但这不是资源耗减和环境降级的全部，还需要收集其他方面的资料。应采取分行业逐一收集的办法，收集一项计算一项，计算一项则分解一项。下面专门讨论计算与分解的办法。

水土流失对农业用地生产能力的影响，从农业中扣减同时放在农业部门。农民零星砍树，从林业中扣减同时放在林业。猎取野生动物、对鱼的过度捕杀，从畜牧业和渔业中扣减放在畜牧业和渔业部门。矿物开采从采掘业部门扣减并放在相应的矿物产品部门。森林和原始森林中开采木材，从开采业中扣减放在林业。酸雨对农业、林业的影响，从废气排放部门扣减放在农业和林业部门。其他项目采取类似的办法，哪个行业造成的影响从哪个行业中扣减，并将其放到受影响的部门。

当资源耗减和环境降级所包含的内容逐项计算完以后，形成了资源耗减和环境降级矩阵。最后还要进行平衡调整。平衡调整时用表的第Ⅴ象限各部门的营业盈余扣除资源耗减和环境降级，这样第Ⅴ象限和第Ⅲ象限的列合计就确定了，第Ⅴ象限为行业绿色增加值，第Ⅲ象限为资源耗减和环境降级矩阵。再将第Ⅲ象限的行合计相应作为第Ⅳ象限中资源环境支出的行合计，同时将农村居民消费和城镇居民消费虚拟治理成本放在第Ⅳ象限，为了避免与第Ⅲ象限重复，在第Ⅳ象限调整栏中用负数表示。在第Ⅳ象限中，资源环境支出栏的行合计数等于第Ⅲ象限的行合计，而最终净使用行合计栏也采用第Ⅲ象限行合计，只是用负数表示，这样与第Ⅱ象限相应行相加，为绿色最终使用合计。

四、北京绿色 GDP 投入产出表的编制说明

由于2008年是全国经济普查年份，在普查数据出来之后可能要修正2007年的数据，特别是GDP方面的数据，这样2007年投入产出表要等经济普查数据公布之后才能公布。为了使绿色GDP投入产出表编制工作如期进行，我们选择的年份由2007年改为2005年，即以2005年投入产出延长表为基础来编制绿色GDP投入产出表。

北京是全国2004年绿色国民经济核算的试点之一，有较为详细的绿色核算基础资料，主要是按部门划分的水污染、大气污染、废物污染的实物量和价值量，分部门的废水、废气、废物实际治理成本（费用）和虚拟治理成本（费用），经环境污染调整的GDP部门核算表。利用这些资料可以较为方便地编制绿色GDP投入产出表中的资源耗减和环境降级矩阵。编制方法是先计算各部门（行业）虚拟治理成本占增加值的比重，用这一比重乘以2005年分部门的增加值，得到2005年分部门（行业）虚拟治理成本，再从分部门的营业盈余中扣除，这样便有了绿色GDP投入产出表的第Ⅴ象限和第Ⅲ象限列合计控制数。再计算2004年分部门的水污染、大气污染、废物污染虚拟治理成本占总虚拟治理成本的比例，并乘以2005年的总虚拟治理成本，得到2005年分部门的水污染、大气污染、废物污染虚拟治理成本。然后将水污染虚拟治理成本放在水的生产和供应业一栏；将废物污染虚拟治理成本放在废品废料一栏；将大气污染中的工业粉尘的虚拟治理成本放在各自的工业部门，将大气污染中二氧化硫、烟尘、氮氧化物虚拟治理成本分别放在煤炭开采和洗选业与石油加工、炼焦及核原料加工业一栏。

北京经济属于大都市经济，许多资源耗减以及环境降级的内容可以略而不计，比如矿物耗减，森林和原始森林中开采木材，猎取野生动物，对鱼的过度捕杀，水土流失对农业用地生产能力的影响，酸雨对农业、林业的影响等北京几乎没有，即使有也微乎其微，这次编表时没有考虑。也就是说，在编制全国表时要考虑的有些内容在编制北京表时不予考虑。

参考文献

[1] 廖明球. 经济、资源、环境投入产出模型研究 [M]. 北京：首都经济贸易大学出版社，2005.

[2] 廖明球. 中国北京奥运经济投入产出与计量模型研究 [J]. 首都经济贸易大学学报，2007（1）：49-56.

[3] 王伟中．中国可持续发展态势分析［M］．北京：商务印书馆，1999.
[4] 联合国．国民经济核算体系（1993）［M］．国家统计局，译．北京：中国统计出版社，1995.

绿色 GDP 投入产出表的实证分析
——以北京市为例[①]

一、北京市 6 部门绿色 GDP 投入产出表分析

（一）北京市 2007 年绿色 GDP 投入产出表的主要数据

北京市 2007 年总产出为 26 749.96 亿元，中间投入总合计数为 17 170.54 亿元，原增加值（GDP）总合计数为 9 579.42 亿元，由资源耗减和环境降级引起的虚拟治理成本为 32.60 亿元，实际治理成本为 2.46 亿元，扣减由资源耗减和环境降级引起的虚拟治理成本后得到的绿色增加值（绿色 GDP）为 9 546.82 亿元。其中由资源耗减和环境降级引起的虚拟治理成本所占增加值的比重为 0.34%，绿色增加值所占增加值的比重达到 99.66%。扣减虚拟治理成本前的增加值占总产出的比重为 35.81%，扣减虚拟治理成本后的绿色增加值占总产出的比重为 35.69%，比扣减前下降了 0.12%。

（二）6 部门绿色影响力系数与绿色感应度系数分析

影响力系数的大小反映了某部门对其他部门的拉动作用，影响力系数越大，说明该部门在国民经济中的作用越大，处于一个主导地位。影响力系数通常有三种取值：当影响力系数大于 1 时，表明该部门对国民经济中其他部门的生产波及程度超过了社会平均影响力水平；当影响力系数等于 1 时，表明该部门对国民经济中其他部门的生产波及程度和社会平均影响力水平一样；当影响力系数小于 1 时，表明该部门对国民经济中其他部门的生产波及程度低于社会平均影响力水平。

感应度系数反映了某部门的感应度水平和社会平均感应度水平之间的关系。感应度系数越大，说明国民经济中其他部门对该部门的感应程度越高，

---

① 本文原载于《统计与决策》2012 年第 21 期，作者：廖明球、岳洋。本文为教育部人文社会科学研究规划基金资助项目（08JA790086）；北京市教委人文社会科学研究计划重点资助项目（SZ200710038017）。

该部门在国民经济中的基础地位越显著；同时伴随一个问题，即当该部门的供给不足时，就会限制国民经济其他部门的发展，成为其他部门发展的瓶颈部门。感应度系数通常有三种取值：当感应度系数大于 1 时，意味着该部门所受到的其他部门的感应程度低于社会平均感应度水平；当感应度系数等于 1 时，意味着该部门所受到的其他部门的感应程度与社会平均感应度水平相同；当感应度系数小于 1 时，意味着该部门所受到的其他部门的感应程度低于社会平均感应度水平。

依据绿色影响力系数和绿色感应度系数的计算公式，笔者计算了北京市 2007 年 6 部门的绿色影响力系数和绿色感应度系数，如表 1 所示。

表 1　6 部门的绿色影响力与绿色感应度系数

部门	绿色影响力系数	绿色感应度系数
农业	0.667 546 681	0.629 501 434
工业和建筑业	1.026 313 178	0.988 125 489
流通部门	0.817 003 972	1.226 354 658
生产生活服务部门	1.379 690 318	1.544 822 813
科教文卫部门	1.255 628 367	1.396 276 609
其他服务业	1.147 689 185	0.526 826 854

注：本表依据“北京市 2007 年 6 部门绿色 GDP 投入产出表”数据计算整理

1. 绿色影响力系数分析。从 6 部门的绿色影响力系数可以看出，服务业中的生产生活服务部门的绿色影响力系数值最大，排在首位；排在二到五位的依次是科教文卫部门、其他服务业、工业和建筑业、流通部门；而农业位于最末位。6 部门中，生产生活服务部门、科教文卫部门、其他服务业、工业和建筑业对北京市国民经济中其他部门的生产波及程度均超过了社会平均影响力水平，对国民经济的发展具有较大的拉动作用；其余的两个部门，即流通部门和农业，对国民经济中其他部门的生产波及程度均低于社会平均影响力水平。其中，生产生活服务部门在国民经济中的支柱作用最为明显，而农业的贡献相对较小。从整体上看，服务业在北京市国民经济中处于主导地位，其次是第二产业，最后为农业。

2. 绿色感应度系数分析。从 6 部门的绿色感应度系数可以看出，依旧是服务业中的生产生活服务部门的绿色感应度系数值最大；然后依次是科教文卫部门、流通部门、工业和建筑业、农业；其他服务业处于最末位。6 部门中，生产生活服务部门、科教文卫部门和流通部门的绿色感应度系数大于 1，即这三个部门受到其他部门的感应程度高于社会平均感应度水平。其中，生产生活服务部门在国民经济中的基础地位最为显著；同时，当该部门无法提供充足的供给时，就会成为制约其他部门发展的瓶颈部门。从整体上看，服务业处于北京市国民经济基础地位，对经济的制约作用最为明显，其次为第二产业和农业。

二、北京市 31 部门绿色 GDP 投入产出表的分析

虽然前文已对 6 部门的绿色影响力与感应度系数进行了分析，但为了能够更全面地研究各产业之间的波及程度及影响，有必要对 2007 年和 2005 年的 31 部门的绿色影响力系数与绿色感应度系数进行分析比较（见表 2 和表 3）。通过比较可以了解北京市产业结构变化与存在的问题。

（一）北京市 2007 年与 2005 年绿色影响力系数对比

由表 2 可以看出，2007 年北京市绿色影响力系数大于 1 的有 25 个部门。其中，服务业的绿色影响力系数全部大于 1，绿色影响力系数排在前五位的部门分别为生产生活服务部门、科教文卫部门、水的生产和供应业、其他社会服务业，公共管理和社会组织。服务业占了其中的四席，说明服务业对其他产业的总体拉动作用较大，在北京市国民经济发展中，服务业处于主导地位，在国民经济发展中起到支柱作用。第二产业中绝大多数部门的绿色影响力系数大于 1，农业的绿色影响力系数接近 1，说明在北京市产业结构中，第二产业有一定的地位。在影响力系数小于 1 的第二产业部门中，有的属于传统重工业部门，其产品有中间产品性质；有的属于能源供应和资源开发部门，为其他部门提供原材料，属于产业链中的后向部门，因此与其他产业部门的关联程度较低。与 2005 年相比较，可以发现服务业明显成为北京市国民经济发展的主导产业；同时，有三个部门的绿色影响力系数下降到 1 以下，分别为金属采矿业，金属制品业，石油加工、炼焦及核燃料加工业，即这三个部门对国民经济其他部门的拉动作用减小了。

表 2　北京市 2007 年与 2005 年绿色影响力系数对比表

排名	2007 年绿色影响力系数			2005 年绿色影响力系数		
	部门	编号	影响力系数	部门	编号	影响力系数
1	生产生活服务部门	28	4.378 1	交通运输设备制造业	17	3.029 4
2	科教文卫部门	30	4.333 8	通信设备、计算机及其他电子设备制造业	19	3.029 3

续表

排名	2007年绿色影响力系数			2005年绿色影响力系数		
	部门	编号	影响力系数	部门	编号	影响力系数
3	水的生产和供应业	25	3.588 0	煤炭开采和洗选业	02	2.556 2
4	其他社会服务业	29	3.489 7	建筑业	26	2.522 1
5	公共管理和社会组织	31	3.396 4	木材加工及家具制造业	09	2.463 9
6	通信设备、计算机及其他电子设备制造业	19	3.298 8	仪器仪表及文化办公用机械制造业	20	2.355 5
7	交通运输设备制造业	17	3.235 8	纺织业	07	2.341 1
8	非金属矿物制品业	13	2.985 5	通用、专用设备制造业	16	2.325 6
9	通用、专用设备制造业	16	2.954 0	其他社会服务业	29	2.306 8
10	建筑业	26	2.904 9	电气、机械及器材制造业	18	2.300 7
11	煤炭开采和洗选业	02	2.882 8	服装皮革羽绒及其制品业	08	2.296 2
12	其他制造业	21	2.745 5	其他制造业	21	2.269 2
13	木材加工及家具制造业	09	2.618 6	非金属矿物制品业	13	2.246 6
14	流通部门	27	2.102 0	水的生产和供应业	25	2.229 1
15	仪器仪表及文化办公用机械制造业	20	2.072 0	化学工业	12	2.226 4
16	服装皮革羽绒及其制品业	08	1.931 3	金属制品业	15	2.212 8
17	造纸印刷及文教体育用品制造业	10	1.865 5	电力、热力的生产和供应业	23	2.207 2
18	电气、机械及器材制造业	18	1.819 7	食品制造及烟草加工业	06	2.176 7
19	纺织业	07	1.437 4	造纸印刷及文教体育用品制造业	10	2.114 3

续表

排名	2007 年绿色影响力系数			2005 年绿色影响力系数		
	部门	编号	影响力系数	部门	编号	影响力系数
20	非金属矿采选业	05	1. 373 4	石油加工、炼焦及核燃料加工业	11	2. 044 0
21	农业	01	1. 160 5	非金属矿采选业	05	1. 986 8
22	化学工业	12	1. 151 3	农业	01	1. 911 9
23	食品制造及烟草加工业	06	1. 148 7	科教文卫部门	30	1. 868 9
24	电力、热力的生产和供应业	23	1. 052 3	流通部门	27	1. 710 7
25	金属冶炼及压延加工业	14	1. 005 5	金属冶炼及压延加工业	14	1. 700 9
26	石油加工、炼焦及核燃料加工业	11	0. 537 5	生产生活服务部门	28	1. 659 0
27	金属制品业	15	0. 379 1	金属矿采选业	04	1. 639 7
28	金属矿采选业	04	0. 319 2	公共管理和社会组织	31	1. 583 3
29	燃气生产和供应业	24	0. 154 4	燃气生产和供应业	24	0. 873 0
30	废品废料	22	0. 151 6	废品废料	22	0. 011 9
31	石油和天然气开采业	03	0. 072 7	石油和天然气开采业	03	0. 000 0

注：本表依据“北京市 2007 年 31 部门绿色 GDP 投入产出表”数据计算整理

表 3　北京市 2007 年与 2005 年绿色感应度系数对比表

排名	2007 年绿色感应度系数			2005 年绿色感应度系数		
	部门	编号	感应度系数	部门	编号	感应度系数
1	生产生活服务部门	28	6. 619 3	生产生活服务部门	28	4. 494 7
2	电力、热力的生产和供应业	23	3. 404 8	流通部门	27	2. 665 0
3	流通部门	27	3. 403 5	电力、热力的生产和供应业	23	2. 443 9
4	科教文卫部门	30	3. 203 7	科教文卫部门	30	2. 241 8

续表

排名	2007年绿色感应度系数			2005年绿色感应度系数		
	部门	编号	感应度系数	部门	编号	感应度系数
5	化学工业	12	2.776 0	通信设备、计算机及其他电子设备制造业	19	1.910 6
6	通信设备、计算机及其他电子设备制造业	19	2.521 5	交通运输设备制造业	17	1.743 8
7	交通运输设备制造业	17	2.046 0	化学工业	12	1.628 5
8	通用、专用设备制造业	16	1.576 4	金属冶炼及压延加工业	14	1.486 4
9	金属冶炼及压延加工业	14	1.345 9	石油加工、炼焦及核燃料加工业	11	1.425 9
10	煤炭开采和洗选业	02	1.341 8	煤炭开采和洗选业	02	1.352 8
11	电气、机械及器材制造业	18	1.138 7	金属矿采选业	04	1.001 2
12	石油加工、炼焦及核燃料加工业	11	0.904 5	通用、专用设备制造业	16	0.924 7
13	造纸印刷及文教体育用品制造业	10	0.807 0	电气、机械及器材制造业	18	0.860 3
14	金属制品业	15	0.805 4	其他社会服务业	29	0.718 7
15	仪器仪表及文化办公用机械制造业	20	0.750 4	造纸印刷及文教体育用品制造业	10	0.676 8
16	石油和天然气开采业	03	0.695 0	纺织业	07	0.640 3
17	纺织业	07	0.579 3	金属制品业	15	0.638 9
18	食品制造及烟草加工业	06	0.543 1	仪器仪表及文化办公用机械制造业	20	0.638 6
19	农业	01	0.535 4	石油和天然气开采业	03	0.605 0
20	金属矿采选业	04	0.529 0	农业	01	0.527 0

续表

排名	2007 年绿色感应度系数			2005 年绿色感应度系数		
	部门	编号	感应度系数	部门	编号	感应度系数
21	非金属矿物制品业	13	0.459 1	食品制造及烟草加工业	06	0.453 8
22	木材加工及家具制造业	09	0.438 9	建筑业	26	0.399 0
23	建筑业	26	0.378 2	非金属矿物制品业	13	0.371 9
24	其他社会服务业	29	0.309 5	木材加工及家具制造业	09	0.323 9
25	其他制造业	21	0.122 6	其他制造业	21	0.211 0
26	水的生产和供应业	25	0.118 1	非金属矿采选业	05	0.172 1
27	非金属矿采选业	05	0.111 1	水的生产和供应业	25	0.127 3
28	服装皮革羽绒及其制品业	08	0.109 8	废品废料	22	0.127 2
29	燃气生产和供应业	24	0.070 03	服装皮革羽绒及其制品业	08	0.102 0
30	公共管理和社会组织	31	0.028 08	燃气生产和供应业	24	0.067 1
31	废品废料	22	0.013 05	公共管理和社会组织	31	0.019 6

注：本表依据“北京市 2007 年 31 部门绿色 GDP 投入产出表”数据计算整理

（二）北京市 2007 年与 2005 年绿色感应度系数对比

由表 3 可以看出，2007 年北京市绿色感应度系数大于 1 的部门共有 11 个，排在前五位的分别为生产生活服务部门，电力、热力的生产和供应业，流通部门，科教文卫部门，化学工业，其中服务业占了三席。在 11 个部门中，除了服务业的三个部门外，其余的均来自第二产业，有的属于能源利用部门，有的属于资源开采部门，有的属于高新技术产业，它们都对国民经济中其他部门的制约程度较高。服务业和上述几个部门在北京市国民经济中处于基础地位，同时伴随一个问题，即当这些部门的供给不足时，就会限制国民经济其他部门的发展，成为其他部门发展的瓶颈部门。与 2005 年相比，食品制造及烟草加工业的绿色感应系数变大，说明该行业对经济的制约作用越发明显，瓶颈作用日益凸显。而其他社会服务业的绿色感应度系数大幅下降，说明其他社会服务业的制约作用减轻了。

（三）北京市 2007 年 31 部门绿色影响力系数和绿色感应度系数分布表

绿色影响力系数大于 1、绿色感应度系数也大于 1 的部门对国民经济既具有较大的辐射能力，同时也对国民经济的发展有很大的制约作用。由表 4 可知这类部门有 11 个：通信设备、计算机及其他电子设备制造业，金属冶炼及压延加工业，电力、热力的生和供应业，化学工业，科教文卫部门，交通运输设备制造业，通用、专用设备制造业，煤炭开采和洗选业，电气、机械及器材制造业，流通部门，生产生活服务部门。其中服务业中的部门就占有三个席位，说明服务业在北京市国民经济中居于主导地位。

绿色影响力系数小于 1、绿色感应度系数大于 1 的部门属于辐射能力较低、对其他部门制约作用较强的部门。从表 4 中可以发现，北京市没有该类部门。

绿色影响力系数小于 1、绿色感应度系数也小于 1 的部门不仅辐射能力低，而且对其他部门的制约作用也不明显，主要有以下 6 个部门：石油加工、炼焦及核燃料加工业，金属制品业，金属矿采选业，燃气生产和供应业，废品废料，石油和天然气开采业。绿色影响力系数大于 1、绿色感应度系数小于 1 的部门有 14 个，虽然这些部门对其他部门的制约作用并不明显，但辐射能力却很强。

表 4　2007 年 31 部门完全关联分布表

类别	绿色影响力系数大于 1	绿色影响力系数小于 1
绿色感应度系数大于 1	生产生活服务部门 电力、热力的生产和供应业 科教文卫部门 通信设备、计算机及其他电子设备制造业 交通运输设备制造业 通用、专用设备制造业 煤炭开采和洗选业 流通部门 电气、机械及器材制造业 化学工业 金属冶炼及压延加工业	—

续表

类别	绿色影响力系数大于1	绿色影响力系数小于1
绿色感应度系数小于1	水的生产和供应业 其他社会服务业 公共管理和社会组织 非金属矿物制品业 建筑业 其他制造业 木材加工及家具制造业 仪器仪表及文化办公用机械制造业 服装皮革羽绒及其制品业 造纸印刷及文教体育用品制造业 纺织业 非金属矿采选业 农业 食品制造及烟草加工业	石油加工、炼焦及核燃料加工业 金属制品业 金属矿采选业 燃气生产和供应业 废品废料 石油和天然气开采业

（四）北京市2007年绿色消耗系数与原消耗系数的对比分析

根据编制出的北京市2007年31部门绿色GDP投入产出表和原有投入产出表，可以分别计算出31部门的绿色直接消耗系数与直接消耗系数，绿色完全消耗系数与完全消耗系数，用绿色消耗系数减去原消耗系数便得到两者差值，进行对比分析。

首先，对直接消耗系数进行对比分析。从表5中可以看到，直接消耗系数变化最大的是非金属矿及其他矿采选业，其差值为0.056 659 39，位于第二位到第五位的依次为其他社会服务业，农林牧渔业，电力、热力的生产和供应业，化学工业，其差值分别为0.019 777 63、0.011 133 15、0.008 308 23、0.008 236 62。非金属矿及其他矿采选业的差值最大，主要原因是分摊了煤炭开采和采选业投入的虚拟治理成本，由石油加工、炼焦及核燃料加工业引起的成本，水的生产和供应业以及其自身的虚拟费用。农业的变化主要是由水的生产和供应业的成本引起的。其中，石油和天然气开采业的差值为0，即资源耗减和环境降级成本为0，绿色直接消耗系数等于原消耗系数。

再进行完全消耗系数对比分析。从表5可以看到，完全消耗系数变化最大的依然是非金属矿及其他矿采选业，其差值为2.354 066 52，位于第二位到第五位的依次为废品废料、水的生产和供应业、农林牧渔业、非金属矿物制品业，其差值分别为1.427 256 14、0.630 049 49、0.548 057 92、

0.488 108 34。非金属矿及其他矿采选业完全消耗系数的变化是由煤炭等燃料燃烧造成大气污染而引起的虚拟治理成本所致。引起农业完全消耗系数变化的主要原因是水污染所引起的虚拟治理成本分摊到农业上，促使农业对水的生产和供应业的完全消耗系数增加。

表 5　绿色消耗系数与原消耗系数差值表

部门	编号	绿色直接消耗系数-直接消耗系数	绿色完全消耗系数-完全消耗系数
农林牧渔业	01	0.011 133 15	0.548 057 92
煤炭开采和洗选业	02	0.000 801 68	0.138 235 02
石油和天然气开采业	03	0	0.029 863 05
金属矿采选业	04	0.002 195 42	0.132 380 04
非金属矿及其他矿采选业	05	0.056 659 39	2.354 066 52
食品制造及烟草加工业	06	0.002 933 71	0.266 607 43
纺织业	07	0.001 676 2	0.161 549 06
纺织服装鞋帽皮革毛皮羽毛（绒）及其制品业	08	0.001 412 28	0.089 998 23
木材加工及家具制造业	09	0.000 712 94	0.156 817 17
造纸印刷及文教体育用品制造业	10	0.002 518 38	0.195 266 05
石油加工、炼焦及核燃料加工业	11	0.000 162 18	0.054 879 62
化学工业	12	0.008 236 62	0.338 878 25
非金属矿物制品业	13	0.001 378 79	0.488 108 34
技术冶炼及压延加工业	14	0.001 597 29	0.156 173 42
金属制品业	15	0.000 161 22	0.155 486 86
通用、专用设备制造业	16	0.000 565 5	0.095 733 65
交通运输设备制造业	17	0.000 256 66	0.086 311 73
电气机械及器材制造业	18	0.000 118 37	0.159 845 61
通信设备、计算机及其他电子设备制造业	19	0.000 042 143	0.087 443 36
仪器仪表及文化、办公用机械制造业	20	0.000 455 39	0.079 747 22

续表

部门	编号	绿色直接消耗系数-直接消耗系数	绿色完全消耗系数-完全消耗系数
工艺品及其他制造业	21	0.002 143 52	0.158 486 99
废品废料	22	0.000 755 69	1.427 256 14
电力、热力的生产和供应业	23	0.008 308 23	0.127 537 38
燃气生产和供应业	24	0	0.029 655 2
水的生产和供应业	25	0.000 027 853	0.630 049 49
建筑业	26	0.000 269 6	0.238 813 13
流通部门	27	0.000 181 29	0.043 969 23
生产生活服务部门	28	0.000 021 812	0.055 982 03
其他社会服务业	29	0.019 777 63	0.405 026 96
科教文卫部门	30	0.000 963 29	0.117 069 75
公共管理和社会组织	31	0.001 757 22	0.086 111 75

注：本表依据“北京市 2007 年 31 部门绿色 GDP 投入产出表（含原投入产出表）”的数据计算整理

三、结论和建议

（一）结论

1. 北京市采取控制环境污染的措施已见成效。北京市 2007 年绿色增加值占增加值的比重达到 99.66%，比 2005 年上升了 0.13%，扣减虚拟治理成本后的绿色增加值占总产出的比重比扣减前下降了 0.12%。与 2005 年相比，这一比重下降了 0.17%。这说明严格控制污染排放物和大量资金的投入起到了一定的作用。但是，大气污染依旧需要重点控制；同时，北京市的水资源短缺，对于提高水资源的利用效率、有效降低水资源的污染，仍需采取进一步的措施。

2. 造成北京市资源环境较大损耗的部门有非金属矿及其他矿采选业，电力、热力的生产和供应业，水的生产和供应业，其他社会服务业以及农林牧渔业。这些部门在对北京市 GDP 做出贡献的同时也对资源环境造成了损耗，其中第二产业（即工业与建筑业）造成的资源耗减和环境降级最严重。

3. 服务业是构成北京市国民经济的主要部门。从服务业的绿色影响力系数和绿色感应度系数可以发现，服务业对其他部门的发展具有较大的辐射作用，同时也制约着国民经济中其他部门的发展。传统服务业的地位依旧显著，同时以金融、保险、旅游、信息技术为主体的现代服务业成为北京市发展的主导产业。

4. 工业在北京市国民经济中仍占据一定地位。工业中轻工业的绿色影响力系数大于 1，而绿色感应度系数小于 1，说明轻工业对其他部门的辐射作用较为明显，但对国民经济发展的制约作用较小。制造业中的通信设备、计算机及其他电子设备制造业，通用、专用设备制造业，电气、机械及器材制造业等高新技术产业属于知识密集型产业，附加值高，产业链长，对北京市国民经济中其他部门的拉动作用大，供给不足时也会成为制约其他部门发展的瓶颈产业。

5. 农业占北京市国民经济的比重逐渐下降，但地位不容忽视。北京市发展大都市经济使得农业比重有所下降，即便如此，依旧不能忽视农业的发展，因为根据前面的分析可知，农业的绿色影响力系数大于 1，说明农业对北京市国民经济其他部门具有较强的辐射作用，即具备一定程度的拉动作用，但同时农业生产也造成了资源环境的损耗，所以我们要重视农业内部的结构优化。

（二）建议

1. 从总体上讲，北京市应该根据其自身的经济特点与发展模式，进行产业结构的优化升级；大力推行循环经济，对污染物的排放制定严格的标准及奖罚措施；提高资源的利用效率，提高能源的使用效率；建立废水、废物的无害化处理厂；通过征税等手段使资源环境的损耗程度降到最低。

2. 由于服务业在北京市国民经济中所占的比重最高，是北京市国民经济的主导产业，具有附加值高、资源损耗小的特征，因此提高服务业的产业规模就具有重要的现实意义。首先，根据北京市的城市定位及其自身的资源优势，重点发展金融保险、信息服务、旅游会展、文教卫体等现代服务业；其次，使制造业逐渐渗透到第三产业的服务中，使第二产业和第三产业相互促进、共同发展；最后，综合运用现代化的经营管理理念，对传统服务业进行经营管理，全面提升传统服务业的档次。

3. 制造业中的通信设备、计算机及其他电子设备制造业，通用、专用设备制造业，电气、机械及器材制造业等，因其产业链长，附加值高，对国民经济其他部门具有较大的拉动作用；同时这些高新技术产业容易对其他部门起到制约作用，成为瓶颈行业。因此应该加大对高新技术产业的投资力度和研发力度。

4. 由于工业是造成资源损耗的最主要的部门，因此应该逐渐降低其在国民经济中的比重，改变工业在北京市的产业布局。工业的布局可以以中关村科技园区和经济技术开发区为依托，通过将工业企业迁至工业园区实现工业在北京市周边地带的聚集。

5. 在农业的结构调整中，着力发展现代都市型农业。根据北京市的城市特点，将农业逐步渗透到工业和服务业的发展中，通过加大在设施农业、精品农业、加工农业、种子农业、观光农业和出口农业等的投资，提高北京市农业的综合生产能力和经济效益，以促进农业的产业优化升级。

6. 向公民普及绿色 GDP 观念，加强公民环境保护意识。制定相关的法律法规政策，为实现绿色 GDP 的增长提供有效保障。与国际接轨，推行企业绿色会计制度，为实现社会的可持续发展奠定坚实的基础。

低碳经济量化模型设计研究①

一、引言

无论从总量层次还是结构层次都可以设计低碳经济量化模型，而已有的研究成果大都是分开设计的。从总量层次上设计主要采用计量经济学模型，用得较多的有生产函数模型，其方法是在原有生产函数中增加能源、二氧化碳两个变量，形成有技术、资本、劳动、能源、碳排放五个因素的广义生产函数，以此研究低碳经济；也有采用向量自回归方法，将国内生产总值、能源消耗量和二氧化碳排放量三个总量指标结合起来，建立向量自回归模型研究低碳经济的。从结构层次上设计主要采用投入产出模型，设计低碳经济投入产出表，尽管设计的表式不尽相同，但都是分析某个行业的二氧化碳等温室气体的排放强度，既可以分析单位总产出的碳排放强度，也可以分析单位增加值的碳排放强度。

本文的研究力求将已有的研究成果结合起来，既从总量层面上设计低碳经济量化模型，也从结构层面上设计低碳经济量化模型，并将两个层面的模型结合起来，形成一个整体模型。总量模型主要用于预测未来年份的二氧化碳等温室气体排放总量，以进行碳排放等的总量控制；结构模型主要用于研究各个行业的二氧化碳等温室气体的排放强度，以便提出产业结构调整的政策建议。

二、低碳经济投入产出模型的设计

低碳经济投入产出模型是从结构层面研究低碳经济的模型，其设计包括投入产出表与投入产出模型的设计。

（一）低碳经济投入产出表的设计

低碳经济投入产出表的设计包括两种方法，一种是嵌入式方法，一种是加边矩阵式方法。

嵌入式方法是在原有投入产出表的第Ⅰ、Ⅱ象限中嵌入碳排放矩阵，突

---

① 本文原载于《统计与决策》2014 年第 24 期。本文为北京市哲学社会科学规划研究基地重点项目（13JDJGA024）。

出低碳经济投入产出表的主题，但打乱了原有投入产出表的分析框架。而加边矩阵式方法可以完整保留原有投入产出表的第Ⅰ、Ⅱ、Ⅲ象限，在其下面加第Ⅳ、Ⅴ象限，使其成为分别反映生产领域和最终使用领域的碳排放矩阵，这样分析起来非常方便。本文采用加边式矩阵方法设计低碳经济投入产出表，见表1。

表1　低碳经济投入产出表

<table>
<tr><th colspan="2" rowspan="3">投入</th><th colspan="3">产出</th></tr>
<tr><th>中间产品（使用）</th><th>最终产品（使用）</th><th rowspan="2">总
产
出</th></tr>
<tr><th>1，2，…，n 合计</th><th>消投出进合
费资口口计</th></tr>
<tr><td>中
间
投
入</td><td>1，
2，
⋮，
n
合计</td><td>Ⅰ
x_{ij}</td><td>Ⅱ
y_{ij}</td><td></td></tr>
<tr><td>增
加
值</td><td>固定资产折旧
劳动者报酬
生产税净额
营业盈余
合计</td><td>Ⅲ
h_{ij}</td><td></td><td></td></tr>
<tr><td colspan="2">总投入</td><td></td><td></td><td></td></tr>
<tr><td>二
氧
化
碳
等
废
气
排
放
量
（吨）</td><td>煤炭消耗：
二氧化碳
二氧化硫
⋮
石油消耗：
二氧化碳
二氧化硫
⋮
天然气消耗：
二氧化碳
二氧化硫
⋮
炼焦、燃气：
二氧化碳
二氧化硫
⋮
工业粉尘排放</td><td>Ⅳ
x^c_{ij}</td><td colspan="2">Ⅴ
y^c_{ij}</td></tr>
</table>

该表由五个象限组成。第Ⅰ象限为中间投入（中间使用）象限，第Ⅱ象限为最终使用象限，第Ⅲ象限为最初投入象限，这三个象限是原有投入产出表存在的三个象限。第Ⅳ象限反映生产领域的二氧化碳等废气排放量，第Ⅴ象限反映最终使用领域的二氧化碳等废气排放量，这两个象限是新加上去的，用来分析各行业、各用途（最终使用）碳排放强度。要强调的是，该表的第Ⅰ、Ⅱ、Ⅲ象限是用价值量反映的，而第Ⅳ、Ⅴ象限则是用实物量反映的。

从Ⅳ、Ⅴ象限内容来看，先要弄清分行业（生产部门）、分用途（最终使用）的化石能源消耗量，包括煤炭、石油、天然气、焦炭与燃气等的消耗量，再推算各种化石能源消耗释放的二氧化碳、二氧化硫等废气排放量。对于工业部门，还要推算工业粉尘排放量。

（二）低碳经济投入产出模型的设计

低碳经济投入产出理论模型的平衡关系式（行平衡）是：

生产领域二氧化碳等废气排放量+最终使用领域二氧化碳等废气排放量=二氧化碳等废气总排放量

设：X_i^c 为二氧化碳等废气排放总量，x_{ij}^c 为生产领域二氧化碳等废气排放量，y_{ij}^c 为最终使用领域二氧化碳等废气排放量，i 为某种废气排放，j 为某个行业或某种最终使用。其行模型为：

$$\sum_{j=1}^{n} x_{ij}^c + \sum_{j=1}^{k} y_{ij}^c = X_i^c \qquad (i=1,\ 2,\ \cdots,\ m) \tag{1}$$

式（1）中，n 表示 n 个生产（行业）部门，k 表示 k 种最终使用，m 表示 m 种废气。

引入生产领域直接碳排放系数 a_{ij}^c，其计算公式为：

$$a_{ij}^c = x_{ij}^c / X_j \tag{2}$$

式（2）中，X 表示生产领域各行业部门（j 部门）的总产出。

将式（2）代入式（1），有：

$$\sum_{j=1}^{n} a_{ij}^c X_j + \sum_{j=1}^{k} y_{ij}^c = X_i^c \tag{3}$$

将上式用矩阵形式表示，有：

$$A^c X + Y^c = X^c \tag{4}$$

式（4）中，A^c 是碳直接排放系数矩阵，X 为各生产部门总产出向量，Y^c 为最终使用领域的碳排放量，X^c 为整个国家（或地区）二氧化碳等废气排放总量。该式是低碳经济投入产出模型的基本表达式。

利用该模型表达式可以做出各种分析。

比如，将经济投入产出模型表达式 $X=(1-A)^{-1}Y$ 代入式（4）有：

$$A^c\ (I-A)^{-1}Y+Y^c=X^c \tag{5}$$

式（5）中，$(I-A)^{-1}$ 为列昂惕夫逆矩阵，Y 为最终产品列向量。

三、低碳经济计量模型的设计

（一）单方程低碳经济计量模型的设计

单方程低碳经济计量模型在已有的成果中出现很多，但有代表性的是广义生产函数模型。可以从国民经济整体或者从第一、二、三产业出发建立广义生产函数模型。

设 Q 为总产出（或增加值），A 为技术效率，K 为资本，L 为劳动，E 为能源，T 为碳排放，则低碳经济广义生产函数模型为：

$$Q=f\ (A,\ K,\ L,\ E,\ T) \tag{6}$$

式（6）与原有的生产函数比较，增加了 E、T 两个变量，因此称为广义生产函数模型。

为了分析的方便，可以建立分第一、二、三产业的广义生产函数模型。

广义生产函数模型的计量形式大多采用柯布-道格拉斯函数形式：

$$Q=AK^{\alpha}L^{\beta}E^{\gamma}T^{\delta}\mu \tag{7}$$

式（7）中，α 为资本弹性系数，β 为劳动弹性系数，γ 为能源弹性系数，δ 为碳排放弹性系数，μ 为随机扰动项。对式（7）取对数，有：

$$\ln Q=\ln A+\alpha\ln K+\beta\ln L+\gamma\ln E+\delta\ln T+\ln\mu \tag{8}$$

式（8）为双对数模型，运用它可以做弹性分析。δ 为碳排放弹性系数，利用它能够分析碳排放与总产出（或增加值）之间的数量关系。

（二）多方程低碳经济计量模型的设计

根据低碳经济计量模型研究的重点，我们建立的二氧化碳等废气排放与经济、能源消耗总量的向量自回归模型（VAR 模型）如下。

先设：国内（或地区）生产总值为 GDP，能源消耗总量为 NH，二氧化碳等废气排放总量为 FP；

再设：$Y_t=(GDP_t\quad NH_t\quad FP_t)$，则 VAR（3）的表达式为：

$$Y_t=\Pi_0+\Pi_1Y_{t-1}+\Pi_2Y_{t-2}+\Pi_3Y_{t-3} \tag{9}$$

式（9）中，Y_t 为 t 时期包含国内生产总值、能源消耗总量、二氧化碳等废气排放总量三个变量的向量，Y_{t-1}、Y_{t-2}、Y_{t-3} 分别为该向量相对上时期的滞后一期、滞后二期、滞后三期的数值，Π_0、Π_1、Π_2、Π_3 为参数矩阵。向量自回归模型预测功能较强，但存在过度参数化问题，解决的方法是进行脉冲响应分析和方差分解分析。

四、几点思考

（一）数据收集与处理问题

我们设计的低碳经济量化模型包括投入产出模型和计量模型，收集原始数据的工作量很大。为了节省数据收集的时间，我们必须与国家统计调查的时间同步。

我国逢2、7年份编制投入产出基本表，逢0、5年份编制投入产出延长表，因此我们必须选择国家编表年份编制某年低碳经济投入产出表。编制低碳经济投入产出表应该先收集化石能源消耗总量，包括煤炭、石油、天然气、焦炭与燃气等的消耗总量，再根据每种化石能源的单位消耗（每吨或每立方米）所排放的二氧化碳、二氧化硫等废气排放的额度，确定某个国家（或地区）某年的二氧化碳、二氧化硫等废气排放总量，对于工业部门还要调查其工业粉尘排放量。有了废气排放总量的总控制数后，再分行业（生产部门）、分用途（最终使用）进行分解。分解的依据是利用原投入产出表第Ⅰ、Ⅱ象限中化石能源消耗额行向量数据逐一分摊。

建立低碳经济计量模型，无论是广义生产函数模型还是向量自回归模型都需要收集最综合的数据，并且是时间序列数据。为了使分析与预测更加深入，应该用大样本数据，最好是30年以上的数据。根据研究的思路，在向量自回归模型中首先收集国内（地区）生产总值（GDP）的数据；再收集能源消耗总量的数据，包括化石能源与非化石能源，为了使能源能够加总，用标准煤作为单位，即某年消耗了多少吨标准煤；最后收集二氧化碳、二氧化硫等废气排放量，采用立方米作为实物量单位。为了研究的深入，可以将二氧化碳进行单独分析，再用所有的废气排放量做分析。在广义生产函数模型中，还需要收集资本、劳动等方面的数据。

（二）投入产出模型与计量模型的衔接问题

在设计低碳经济模型时，投入产出模型与计量模型是分开设计的，建立数据模型的时候也是分开的，主要原因是投入产出模型是某年的数据，而计量模型是时间序列数据。因此，在分析时应将两个模型有机地衔接起来。

低碳经济计量模型的任务是从总量层面上研究经济、能源消耗、碳排放之间的关系。其中，广义生产函数模型主要用来预测经济总量，而向量自回归模型主要用来预测经济、能源消耗和碳排放等废气排放总量。

低碳经济投入产出模型的任务主要是从结构层面上研究各行业（生产部门）、各用途（最终使用）的碳排放强度，研究各行业、各用途的经济规模、能耗、碳排放之间的数量关系，为经济结构调整提出政策建议。

这两个模型的衔接方法主要是用计量模型启动投入产出模型。在预测方面，先用计量模型对后续年份的经济规模、能源消耗、碳排放等废气排放量进行总量预测。广义生产函数模型还可以预测分第一、二、三产业的经济总量。将预测的经济总量用投入产出模型进行分行业分解，推算出预测年份各行业、各用途的能耗、碳排放等废气排放量。

（三）量化分析问题

低碳经济投入产出分析，可以根据低碳经济投入产出表中第Ⅳ、Ⅴ象限的不同内容分开分析。利用第Ⅳ象限数据可以进行生产领域的碳排放分析，方法是计算某个行业（生产）部门单位总产出所排放的二氧化碳等废气排放量，再深入一点，可以计算该部门单位总产出消耗某种化石能源的数量与该化石能源排放的废气数量。为了满足政策分析的需要，还可以计算某部门单位增加值所排放的二氧化碳等废气排放，弄清低排放产业与高排放产业，为产业结构的调整提供依据。利用第Ⅴ象限数据可以进行最终使用领域的碳排放分析，方法是计算某用途（消费、投资、出口、进口）单位数额所排放的二氧化碳等废气排放量，计算单位数额消耗某种化石能源与该化石能源的废气排放量，为最终使用内部结构调整提供依据。做预测分析时，可以先利用列昂惕夫逆矩阵与最终使用矩阵预测总产出向量，再预测生产领域的二氧化碳等废气排放量。对于碳排放的强度分析，可以先计算各生产部门的直接碳排放系数，再利用列昂惕夫逆矩阵作乘数矩阵，推算出各生产部门的完全碳排放系数。

低碳经济计量分析，可以分为广义生产函数分析与向量自回归分析。广义生产函数分析的重点是弹性系数分析，包括能源弹性系数与碳排放弹性系数分析。根据时间序列模型数据，计算能源对生产的弹性系数与碳排放对生产的弹性系数的平均水平。向量自回归模型分析的重点是脉冲响应分析和方差分解分析。脉冲响应分析是将向量自回归模型表示为移动平均模型形式，等于把时间序列向量自身的惯性趋势转化为一系列随机扰动、新生的白噪声扰动影响的叠加，该移动平均模型系数矩阵称为“脉冲-响应函数”，该函数是研究新生冲击的长期影响的方法。方差分解分析是把系统中每个内生变量的波动按其成因分解为与各方程信息相关联的多个组成部分，从而了解每个信息扰动对模型预测误差的相对作用。

将低碳经济投入产出分析与低碳经济计量分析结合起来，可以进行预测分析和政策模拟分析，为发展低碳经济提供决策依据。

参考文献

[1] 廖明球，等．绿色 GDP 投入产出模型研究［M］．北京：首都经济贸易大学出版社，2012.

[2] 廖明球．基于“节能减排”投入产出模型研究［J］．中国工业经济，2011（7）．

[3] 廖明球，李雪，等．计量经济学简明教程［M］.2 版．北京：首都经济贸易大学出版社，2010.

[4] 廖明球．投入产出及其扩展分析［M］．北京：首都经济贸易大学出版社，2009.

[5] 李雪松．高级经济计量学［M］．北京：中国社会科学出版社，2008.

[6] 谢识予，朱弘鑫．高级计量经济学［M］．上海：复旦大学出版社，2005.

[7] 李子奈，潘文卿．计量经济学［M］.2 版．北京：高等教育出版社，2005.

中国低碳经济统计数据库设计研究①

发展低碳经济的重要内容就是在发展经济的过程中保护好环境，减少二氧化碳等温室气体的排放。因此，建立低碳经济统计数据库要围绕二氧化碳排放量等核心指标展开。

一、设计的原则

任何数据库都不可能包罗万象，只能根据研究需要满足有限目标。因此，在中国低碳经济统计数据库的设计中，采取以下三条原则。

（一）实用性原则

实用性原则是建立数据库的首要原则。我们建立低碳经济统计数据库首先要考虑其实用性，看是否符合中国的国情，是否满足低碳经济本身的研究需要。比如我们要研究改革开放以来中国的低碳发展过程，数据库的时间起点应该是 1978 年。而环境统计数据强调废水、废气、废物的排放，这样有些数据的起点是 1995 年，从实用的角度讲有些数据应该补齐。又比如二氧化碳排放量是根据不同的能源消耗量测算的，因此从分析的角度出发，应该先建立不同能源消耗量的数据库，再建立二氧化碳排放量数据库。再比如要收集各地的数据，如果重庆数据的时间起点不能满足需要，则与四川的数据合并。

（二）可行性原则

可行性原则是建立数据库的重要原则。设计数据库必须考虑数据的来源，即可不可行。如果我们只根据理论经济学的概念或者陈旧的统计指标来设计，必然找不到相应数据。我们国家改革开放后逐步由计划经济向市场经济过渡，为此统计体系也进行了重大改革。比如国民经济核算体系，由 MPS 体系转向 MPS 与 SNA 混合体系，再转向 SNA 体系。为了与国民经济核算体系的转化相适应，经济统计指标体系也进行了相应变革。设计低碳经济统计数据库应与

① 本文受国家社会科学基金项目《中国低碳经济统计数据库及其量化模型研究》（编号：14BTJ026）资助。该文为第十八次全国统计科学讨论会入选论文。

市场经济体制相适应，采用新的统计指标体系，这样能够找到可靠的数据，使我们的后续分析有强大的数据支撑体系。

（三）系统性原则

系统性原则是建立数据库的主要原则。一个数据库反映的是一个系统，低碳经济统计数据库反映的是低碳经济系统。因此，我们建立低碳经济统计数据库应遵循系统性原则。如果从低碳经济考虑，至少包括三个方面的指标体系：一是经济方面的指标体系，二是能源消耗方面的指标体系，三是二氧化碳排放方面的指标体系。三个方面的指标体系形成三个系统，三个系统结合起来形成一个总的系统。如果从分析的层面来考虑，一是全国性的指标体系（时间序列数据），二是各省（自治区、直辖市）的指标体系（面板数据），三是产业结构方面的指标体系（投入产出表）。我们建立低碳经济统计数据库，既要考虑经济、能源消耗、二氧化碳排放三个系统，又要考虑时间序列数据、面板数据、投入产出表三种数据结构。

二、指标体系的架构

数据库的建立需要收集数据，而收集数据必须先建立指标体系。根据研究的层面，我们需要收集全国性的统计数据、各省（自治区、直辖市）的统计数据、各产业的统计数据。在设计时，分以下三种数据结构来建立指标体系。

（一）时间序列的指标体系

从全国层面看，我们需要建立时间序列形式的指标体系。为了保证时间序列数据的分析与预测功能，要有足够多的样本。因此我们需要改革开放以来，也就是1978年以来的样本数据。根据我们设定的研究方案，用全国性的统计数据至少建立两个模型：第一个模型是ARIMA模型（单整自回归移动平均模型）和VAR模型（向量自回归模型）；第二个是低碳生产函数模型。

ARIMA模型和VAR模型属于时间序列计量经济学模型。ARIMA模型是用一个指标建立的模型，而VAR模型是用多个指标建立的模型。由于受样本时间长度的影响，特别是VAR模型需要较长的时间长度，因此指标不宜过多。考虑研究需要与样本的长度，在此，我们只采用三个关键指标：一个是反映经济总量的指标，一个是反映能源消耗总量的指标，一个是二氧化碳排放总量的指标。

反映经济总量的指标是国内生产总值，尽管国内生产总值这一指标没有反映资源耗减与环境降级，但目前绿色国内生产总值还未作为经济总量指标，我们只能采用国内生产总值。国内生产总值是指一个国家在一定时期内（通常为一年或一个季度）生产的全部最终产品的价值，它不包括中间产品。用它反映经济总量比其他指标更为贴切。由于国内生产总值是价值量指标，而能源消耗与二氧化碳排放指标是实物量指标，为了统一起见，将现价国内生产总值转化为不变价的国内生产总值。反映能源消耗总量的指标是能源消费总量，包括生产领域的消耗总量和居民生活领域的消费总量，由于能源消耗的品种较多，有煤炭、石油、天然气等，要计算总量只能采用标准煤作为总量单位，即一共消耗了多少标准煤。二氧化碳排放量不是直接统计出来的，是根据各种能源消耗量的排放强度推算出来的，实物单位为立方米（或吨）。因此，为了推算二氧化碳排放量，先列出不同能源的消耗量。

低碳生产函数模型是回归模型，为了预测，可以采用时间序列数据。低碳生产函数是在普通生产函数的基础上扩充出来的，同时生产函数模型有各种各样的表达式。为了研究的方便，我们采用超越对数式生产函数，在普通生产函数的基础上增加能源消耗和二氧化碳排放指标。

普通生产函数大部分采用柯布-道格拉斯形式，该函数只有三个指标，即产出总量、资本总量、劳动总量。产出总量作被解释变量，资本总量与劳动总量作解释变量。产出总量可以采用总产出，也可采用国内生产总值，出于收集数据的方便，我们采用国内生产总值。资本总量是存量资本，需要用年初资本加年末资本除以二。资本总量指标不能直接得到，需要根据有关指标推算。劳动总量可以采用从业人员数，用年初人员加年末人员数除以二得到相关数据。劳动力人数没有价格因素，也要求产出总量、资本总量用不变价格反映。低碳生产函数在普通生产函数的基础上增加能源消耗指标和二氧化碳排放量指标。具体设计时可以这样处理：一是直接将能源消耗总量与二氧化碳排放量作为解释变量纳入普通生产函数使之成为低碳生产函数；二是将能源消耗量和二氧化碳排放强度作为解释变量纳入普通生产函数形成低碳生产函数，不过二氧化碳排放强度通常采用的是单位国内生产总值的二氧化碳排放量，而国内生产总值是生产函数的被解释变量，采用时应考虑能否通过计量经济学检验。

（二）面板数据的指标体系

从各省（自治区、直辖市）的层面看，我们需要建立面板数据库，设计面板数据的指标体系。面板数据是截面数据与时间序列数据的结合。我国除香港、澳门、台湾三个地区外，有 31 个省（自治区、直辖市），考虑到重庆的数据时间短一些，可以与四川合并，这样每个截面有30个数据。从时间序列来看，考虑收集数据工作量，时间长度拟为1990年至2013年，2014年作为预测比较年度，这样在时间维度上有24个样本。每个指标的样本量为30乘24。用各省（自治区、直辖市）的面板数据建立两个模型，一个是二氧化碳排放回归模型，另一个是低碳生产函数模型。

二氧化碳排放回归模型采用面板数据，解释变量不宜过多。考虑研究各地区的二氧化碳排放量，拟将地区二氧化碳排放量作为被解释变量，将直接影响各地区二氧化碳排放量的经济总量、能耗总量以及人口总量作为解释变量。地区二氧化碳排放量是根据各地区各种能源消耗量的二氧化碳排放系数测算的，实物单位为立方米（或吨）。地区经济总量拟采用地区生产总值指标，地区生产总值是指某一地区一定时期内生产的最终产品的价值量，由于二氧化碳排放量是实物量，地区生产总值拟采用不变价格的价值量。地区能源消耗量与全国能源消耗量一样，包括煤炭、石油、天然气等各种能源消耗量，拟采用标准煤作实物单位。地区人口总量采用年常住平均人口这一指标，由于人口流动大，采用常住人口能够反映其与二氧化碳排放量的一致性。由于人口数是每天变化的，采用年平均人口较好，即用年初人口加年末人口除以二获得相关数据。在各地区模型中增加人口指标作解释变量，是考虑到各地区经济发展水平不一样，单用经济总量指标不全面。而二氧化碳排放与人的活动关系密切，增加人口指标会更加全面。

地区低碳生产函数模型的指标选择原则上同全国模型。先选择地区生产总值、地区资本总量、地区劳动力总量、地区能源消耗总量、地区二氧化碳排放总量五个指标，仍然采用超越对数模型形式。在该模型中地区生产总值作被解释变量，地区资本总量、劳动力总量、能源消耗总量、二氧化碳排放总量作解释变量。数据类型仍然是面板数据。

（三）“碳排”投入产出表的指标体系

从产业结构层面看，我们需要编制二氧化碳排放投入产出表（以下简称“碳排”投入产出表）。“碳排”投入产出表是在普通投入产出表的基础上扩充相关内容得到的。投入产出表的优势是反映经济结构，编制“碳排”投入产出表可以研究如何通过产业结构调整减少二氧化碳排放量。由于投入产出表不是每年编制的，只能选择编表年份的表。2012年是编表年份，估计2014年年底会编制完成。因此，我们采用2012年数据编制“碳排”投入产出表。

普通投入产出表就是将生产法、收入法、支出法三种方法核算的国内生产总值放在一张表上，并按产品（产业）部门划分，形成棋盘式表格。生产法的指标体系包含三个总量指标，即总产出、中间投入、增加值（各部门生产的国内生产总值）。其计算方法是增加值等于总产出减去中间投入。总产出是一个国家（或一个部门）一定时期内生产出来的全部产品的价值之和，包括中间产品（中间投入）与最终产品（部门增加值，即国内生产总值）。中间投入（中间产品）是指产品在生产过程中被消耗的产品价值之和，包括原料、燃料、动力和服务性产品的消耗。增加值（国内生产总值）是指生产过程中产生的附加价值，也是总产出减去中间投入的剩余项。

收入法的指标体系包含五个总量指标，即增加值、固定资产损耗、劳动者报酬、生产税净额、营业盈余。其计算方法是增加值（国内生产总值）等于固定资产损耗、劳动者报酬、生产税净额、营业盈余之和。增加值指标含义同前面的解释。固定资产损耗是指在生产过程造成的固定资产消耗，一般用固定资产折旧代替。劳动者报酬是指有劳动能力的人从事劳动所获得的报酬，包括现金形式与实物形式的报酬，但不包括劳动者生产过程中所使用的劳保用品，农民收入是指纯收入。生产税净额是指生产税减补贴的剩余部分，是政府的收入，生产税是利前税，补贴是指政府从生产税中拿出一部分补贴给企业，也称负税。营业盈余是指从增加值中扣除固定资产损耗、劳动者报酬、生产税净额后的剩余项，相当于营业利润。

支出法的指标体系是四个总量指标，六个分组（或分类）指标。第一个总量指标是最终消费，最终消费又包括两个分组指标，即居民消费与政府消费；第二个总量指标是资本形成总额，资本形成总额包括两个分组指标，即固定资本形成与存货增加；第三个总量指标是净出口，它是由出口总额减进口总额得到的，也包含了出口、进口两个分类指标。第四个总量指标是用支出法计算的国内生产总值，它是由最终消费、资本形成总额、净出口相加得到的。其中，最终消费是指当年的实际消费支出，居民只有购买住房算投资，住房的折旧算消费，居民购买耐用消费品和其他商品、服务都算消费，农民自产自用的产品也算消费；政府消费主要指提供公共产品的支出。资本形成总额中，固定资本形成是指当年形成的固定资产，包括利用积累与折旧的资金建成和购买的固定资产的价值；存货增加是指有形产品（货物）年末库存减年初库存的变化额。净出口中的出口与进口既包括有形产品（货物），也包括无形产品（服务）。

"碳排"投入产出表是在普通投入产出表的基础上，增加二氧化碳排放方面的内容形成的，主要包括能源消费量和二氧化碳排放量。由于不同的能源在消耗中排放的二氧化碳不一样，因此要将能源消耗分类。这样，需要计算分行业的能源消耗量和分行业的二氧化碳排放量。由于投入产出表采用矩阵形式，需要将能源分类，至少分为煤炭、石油、天然气等几类；同时将二氧化碳排放量也按能源消耗进行相应的分类。

三、数据的收集

在确定了数据库的设计原则与指标体系后，紧接着需要讨论的是数据的收集，即采用什么样的方法收集数据，建立数据库。根据我们设计的低碳经济统计指标体系，数据的来源有三个方面：一是从统计年鉴、统计资料中收集，二是根据相关资料进行推算，三是通过编表的方法进行核算。下面分开讨论。

（一）从统计数据中直接收集

我们国家以及31个省（自治区、直辖市）从改革开放以来，每年都编辑统计年鉴与相关统计资料，国家各部委也有相应的统计资料。我们尽可能地从这些统计资料中收集所需要的数据。通过查阅这些统计资料，有以下数据可以直接得到。

经济总量指标方面的数据有现价的国内生产总值（地区生产总值），国内生产总值（地区生产总值）以1978年为100的物量指数，第一、二、三产业的现价增加值及相应的物量指数。为此，我们设计一张简单的数据收集表（见表1）。

表1　经济总量数据表

年份	现价国内生产总值（亿元）	国内生产总值指数（1978年为100）	现价第一产业增加值（亿元）	第一产业增加值指数（1978年为100）	现价第二产业增加值（亿元）	第二产业增加值指数（1978年为100）	现价第三产业增加值（亿元）	第三产业增加值指数（1978年为100）
1978								
1979								
⋮								
2013								

人口与劳动力总量指标方面的数据有年末常住总人口，年末从业人员数，第一、二、三产业从业人员数。为此，我们设计一张数据收集表（见表2）。

能源消费总量指标方面的数据有能源消耗总量，其中有煤炭消耗量、石油消耗量、天然气消耗量、其他能源消耗量。为此，我们设计一张数据收集表（见表3）。

表2　人口和劳动力总量数据表

年份	年末常住总人口（万人）	年末从业人员数（万人）	年末第一产业从业人员数（万人）	年末第二产业从业人员数（万人）	年末第三产业从业人员数（万人）
1978					
1979					
⋮					
2013					

表3　能源消耗总量数据表

年份	能源消耗总量（万吨标准煤）	煤炭消耗量（万吨标准煤）	石油消耗量（万吨标准煤）	天然气消耗量（万吨标准煤）	其他能源消耗量（万吨标准煤）
1978					
1979					
⋮					
2013					

（二）通过加工与数据处理间接收集

有些低碳经济分析方面的数据不能直接从统计数据中得到，需要根据相关数据推算。

首先，需要推算的数据是二氧化碳排放量，它是低碳经济研究的核心数据。二氧化碳排放量是根据能源消耗量推算的，我们在已收集各种能源消耗量的基础上，再收集各种能源消耗量的排放系数。上海财经大学葛守中教授在低碳核算中为我们提供了各种能源消耗所排放的二氧化碳的系数(见表4)。

表4　中国各种能源的二氧化碳排放系数　单位：万吨 CO_2/万吨

能源	二氧化碳排放系数	能源	二氧化碳排放系数
原煤	2.07	汽油	3.00
焦炭	3.04	煤油	3.08
原油	3.07	柴油	3.16

续表

能源	二氧化碳排放系数	能源	二氧化碳排放系数
燃料油	3.24	天然气	21.84

注：天然气的计量单位为万吨 CO_2/亿立方米

资料来源：葛守中《上海市“碳排”投入产出表的编制及其应用研究》。

根据表3的数据结合表4的排放系数，我们可以推算出相关年份全国以及各个地区的二氧化碳排放量。

其次，需要推算的数据是生产函数中的资本总量。国内生产总值中只有当年的资本形成总额，属于流量。因此，我们必须先找到一个年份的资产负债表，再根据联合国推荐的永续盘存法，推算每年资本期末的存量，然后用期初存量加期末存量除以二得到。同时利用投资价格指数，使之成为不变价的资本总量。需要收集的相关数据见表5。

由于每个省（自治区、直辖市）公布的资产负债表年份不一样，因此要对每个省（自治区、直辖市）单独推算，但要统一采用不变价的年份。这样，面板数据才能适用。

表5 推算资本总量的相关数据

年份	资本形成总额（亿元）	固定资产投资完成额（亿元）	固定资产投资价格指数（上年为100）	工业品价格指数（上年为100）
1978				
1979				
⋮				
2013				

（三）通过编制表格系统收集

由于“碳排”投入产出表用矩阵形式反映，我们只能通过编制表格系统收集数据。“碳排”投入产出表有不同的设计方法：一种设计方法是保留原有的投入产出表的第Ⅰ、Ⅱ、Ⅲ象限，在表的下方增加能源消耗与二氧化碳排放量的第Ⅳ、Ⅴ象限，这样“碳排”投入产出表有五个象限；另一种设计方法是把能源消耗量与二氧化碳排放量作为第Ⅰ、Ⅱ象限，原有投入产出表的三个象限为Ⅲ、Ⅳ、Ⅴ象限，这样“碳排”投入产出表也有五个象限。我们采用前一种设计方法（见表6）。

表 6　“碳排”投入产出表　　单位：亿元

<table>
<tr><td colspan="2" rowspan="3">投入</td><td colspan="3">产出</td></tr>
<tr><td>中间产品（使用）</td><td>最终产品（使用）</td><td rowspan="2">总产出</td></tr>
<tr><td>1，2，…，n</td><td>消费 投资 出口 进口 合计</td></tr>
<tr><td>中间投入</td><td>1，2，…，n
合计</td><td>Ⅰ</td><td>Ⅱ</td><td></td></tr>
<tr><td>增加值</td><td>固定资产折旧
劳动者报酬
生产税净额
营业盈余
合计</td><td>Ⅲ</td><td></td><td></td></tr>
<tr><td colspan="2">总投入</td><td></td><td></td><td></td></tr>
<tr><td>二氧化碳等废气排放量（吨）</td><td>煤炭消耗：
二氧化碳排放量
石油消耗：
二氧化碳排放量
天然气消耗：
二氧化碳排放量
炼焦、燃气：
二氧化碳排放量
⋮</td><td>Ⅳ</td><td>Ⅴ</td><td></td></tr>
</table>

从表 6 来看，由于没有变动原有的投入产出表，所以其数据库建立的主要任务就是收集分行业的能源消耗与二氧化碳排放量数据，编制第Ⅳ、Ⅴ象限。收集的顺序是从总量数据到分组数据。根据前述的讨论，我们要编制的是 2012 年中国“碳排”投入产出表，首先收集 2012 年各种能源消耗总量，包括生产领域与消费领域的消耗量。生产领域的能源消耗量再按第一、二、三产业划分，弄清各产业的各种能源消耗量；然后按照投入产出的部门划分，推算出各产品部门的各种能源消耗量。待能源消耗量矩阵编制完成后，利用表 4 提供的各种能源消耗所排放的二氧化碳的系数，计算出分生产领域各产品部门以及消费领域的二氧化碳排放量，编制出二氧化碳排放量矩阵。至此，

完成“碳排”投入产出表的编制。

参考文献

[1] 廖明球．基于“节能减排”投入产出模型研究［J］．中国工业经济，2011（7）．

[2] 葛守中．“碳排”投入产出表的编制及其应用研究［C］//中国投入产出学会．中国投入产出学会第八届年会论文集．北京：中国统计出版社，2011.

投入产出分析在生态文明建设中的应用研究[①]

从不同的角度考虑，在生态文明建设中可以进行不同的投入产出分析，建立不同的投入产出模型，例如经济、资源、环境投入产出模型，绿色 GDP 投入产出模型，节能减排投入产出模型，低碳经济投入产出模型。

一、建立经济、资源、环境投入产出模型

经济、资源、环境投入产出模型，简单地说就是将经济、资源、环境因素结合起来考虑建立投入产出模型。

（一）经济、资源、环境投入产出表的设计

1. 设计的思想。经济、资源、环境投入产出表的设计思想有哲学思想、经济学思想、方法论思想。

哲学思想主要有平衡与不平衡的矛盾运动、联系的普遍性、内容和形式的统一。首先，投入产出表是部门联系平衡表，所谓平衡，就是矛盾的暂时的统一，而任何事物都是在平衡和不平衡的矛盾运动中前进的。在社会主义市场经济体制下，市场作为一只看不见的手在配置资源，政府调控作为一只看得见的手也在配置资源，配置资源的目的是要使全社会达到供需平衡。不能认为不平衡是绝对的，就不去重新配置资源。重新配置资源正是在绝对的不平衡中寻求相对的平衡。经济发展过程中存在着与资源、环境矛盾的一面，同时也存在着与资源、环境统一的一面，正是这统一的一面为我们进行平衡研究奠定了基础。投入产出表总是平衡的，我们完全可以从相对平衡的层面来研究经济、资源、环境之间的数量关系。其次，投入产出分析方法的特点是研究事物之间的数量联系，而联系具有普遍性，经济、资源、环境是一个联系的整体，因此必须驾驭住这个整体，抓住主要联系进行表的设计。最后，任何事物都有自己的内容，也都有自己的形式，二者缺一不可。经济、资源、环境投入产出表的设计力求内容和形式的统一。一方面，要抓住经济、资源、环境的主要内容选择量化指标；另一方面，要考虑投入产出表这种特殊的反映形式。

① 本文原载于《亚太数学与统计学》2019 年 10 月。

经济学思想主要有市场配置资源，有投入才有产出，资源、环境具有价值等。首先，投入产出表的设计要考虑市场。我国的经济体制是市场配置资源为主，政府调控为辅。一方面，考虑消费、投资、出口对经济的拉动作用；另一方面，考虑供给侧结构改革。表的设计不仅要考虑中间流量与最终流量的区别，而且要考虑中间存量与最终存量的区别。其次，有投入才有产出，产出始终等于投入。在表的设计中，特别是在设计资源、环境投入产出表时要考虑投入与产出的平衡关系。最后，资源、环境具有价值，资源、环境直接和间接地融入了人类一般劳动，包括维护和修复，要考虑其价值，正如习总书记所说的“绿水青山就是金山银山”。因此，需要将资源、环境投入产出表由实物形态表转化为价值形态表。

方法论思想是在设计表时进行模块组合，有大模块与小模块、主模块与衔接模块、核心模块与卫星模块。投入产出表由象限组成，每张表是大模块，而象限是小模块。在设计时先确定表的框架，再具体设计每个象限，即先考虑大模块，再确定小模块。经济、资源、环境投入产出表由经济、资源、环境三大模块组成。为了研究的方便，在设计主模块的同时设计衔接模块，即主模块与衔接模块结合。主模块分经济、资源、环境模块，要在经济模块与资源模块之间和经济模块与环境模块之间设计两个衔接模块。为了突出研究重点，将设计的模块分为核心模块与卫星模块，即经济模块是核心模块，资源、环境模块是卫星模块。

2. 具体设计。依据上述设计思想，经济、资源、环境投入产出表包括经济投入产出表、资源投入产出表、环境投入产出表、经济与资源衔接表（固定资产、存货占用投入产出表）、经济与环境衔接表（生产部门投入及产污表）。

（1）经济投入产出表。经济投入产出表采用国民经济投入产出表的设计方法。考虑与资源、环境投入产出表的结合分析，在表格中设计部门时不宜太粗略也不宜太细化，最好采用 40 个左右。表式见表 1。

表 1　经济投入产出表

<table>
<tr><th colspan="2" rowspan="3">投入</th><th colspan="2">产出</th><th rowspan="3">总产出</th></tr>
<tr><th>中间产品</th><th>最终产品</th></tr>
<tr><th>1，2，…，n　合计</th><th>消费　投资　出口　进口</th></tr>
<tr><td>中间投入</td><td>1，2，…，n
合计</td><td>Ⅰ</td><td>Ⅱ</td><td></td></tr>
</table>

续表

<table>
<tr><td rowspan="3">投入</td><td colspan="2">产出</td><td></td></tr>
<tr><td>中间产品</td><td>最终产品</td><td rowspan="2">总产出</td></tr>
<tr><td>1，2，…，n　合计</td><td>消费　投资　出口　进口</td></tr>
<tr><td>增加值</td><td>Ⅲ</td><td></td><td></td></tr>
<tr><td>总投入</td><td></td><td></td><td></td></tr>
</table>

（2）资源投入产出表。资源投入产出表又称存量投入产出表。我们将固定资产和存货放入中间存量与最终存量，将其他非金融资产、土地资源、矿藏资源、水资源、人力资源等放入其他资源。部门划分同经济投入产出表。其表式见表2。

表2　资源投入产出表

<table>
<tr><td colspan="2" rowspan="3">投入</td><td colspan="3">产出</td></tr>
<tr><td>中间存量配置</td><td>最终存量配置</td><td rowspan="2">总存量配置</td></tr>
<tr><td>1，2，…，n　合计</td><td>投资　消费和出口</td></tr>
<tr><td>中间存量占用</td><td>1，2，…，n
合计</td><td>Ⅰ</td><td>Ⅱ</td><td></td></tr>
<tr><td colspan="2">其他资源占用</td><td>Ⅲ</td><td></td><td></td></tr>
<tr><td colspan="2">总资源占用</td><td></td><td></td><td></td></tr>
</table>

（3）环境投入产出表。环境投入产出表又称经济环境投入产出表，在经济投入产出表中下接污染物矩阵，并将生产部门划分为产业部门与治污部门，治污部门为消除污染物的活动部门。这样，产业部门与排污对应，治污部门与治污对应，排污量+治污量=产污量。生产部门投入及产污量不在此表中反映，而是在衔接表中反映。由于投资过程的产污在建筑业与相关产业中反映，因此只列示了居民消费及产污。其表式见表3。

表3　环境投入产出表

<table>
<tr><th colspan="2" rowspan="3">投入</th><th colspan="3">产出</th></tr>
<tr><th>产业部门及排污</th><th>治污部门及治污</th><th rowspan="2">消费与产污</th></tr>
<tr><th>1，2，…，n　合计</th><th>1，2，…，n　合计</th></tr>
<tr><td>中间投入</td><td>1，2，…，n
合计</td><td>Ⅰ</td><td>Ⅳ</td><td>Ⅶ</td></tr>
<tr><td colspan="2">增加值</td><td>Ⅱ</td><td>Ⅴ</td><td>—</td></tr>
<tr><td colspan="2">污染物</td><td>Ⅲ</td><td>Ⅳ</td><td>Ⅷ</td></tr>
</table>

（4）固定资产、存货平均占用表。这两张表是经济表与资源表的衔接表。设计此表之前，实际上我们已考虑编制投资矩阵，包括固定资产投资矩阵和存货投资矩阵，并根据期初、期末固定资产、存货矩阵进行数据衔接，因此这两张表均是方阵表。其表式见表 4 和表 5。

（5）生产部门投入及产污表。这张表是经济与环境衔接表。该表将生产部门的投入与产污连接起来，实际上是环境投入产出表中的第Ⅰ、Ⅱ、Ⅲ象限与第Ⅳ、Ⅴ、Ⅵ象限对应相加。表式见表 6。

表 4　固定资产平均占用表

项目	1，2，…，n 合计
1，2，…，n 合计	

表 5　存货平均占用表

项目	1，2，…，n 合计
1，2，…，n 合计	

表 6　生产部门投入及产污表

投入		产出
		中间产出
		1，2，…，n 合计
中间投入	1，2，…，n 合计	Ⅰ
增加值		Ⅱ
污染物		Ⅲ

（二）经济、资源、环境投入产出模型的建立

1. 分模块建立模型。首先，建立经济投入产出模型，包括行模型和列模型。行模型的表达式为：中间产出+最终产出=总产出。用字母表示：

$$AX+Y=X \tag{1}$$

式（1）中，A 为直接消耗系数矩阵，X、Y 分别表示总产出与最终产出列向量。

列模型的表达式为：中间投入+增加值=总投入。用字母表示：

$$AcX+N=X \tag{2}$$

式（2）中，Ac 为直接消耗系数对角阵，X、N 分别表示总产出与增加值列向量。

其次，建立资源投入产出模型，包括行模型和列模型。行模型的表达式为：中间存量+最终存量=总存量。用字母表示：

$$A^{C}X+Y^{C}=X^{C} \tag{3}$$

式（3）中，A^{C} 为中间存量直接占用系数，X 为总产出列向量，X^{C}、Y^{C} 分别表示总存量与最终存量列向量。

列模型的表达式为：中间存量占用+其他资源占用=总资源占用。用字母表示：

$$A_{C}^{C}X+N^{C}=Q^{C} \tag{4}$$

式（4）中，A_{C}^{C} 为中间存量直接占用系数对角阵，X 为总产出列向量，N^{C}、Q^{C} 分别为其他资源与总资源列向量。

最后，建立经济环境投入产出模型。

模型一：产业部门中间产出+治污部门中间产出+最终产出=总产出。用字母表示：

$$A_1X_1+A_2X_2+Y=X \tag{5}$$

式（5）中，A_1、X_1 分别为产业部门的直接消耗系数矩阵和产出列向量，A_2、X_2 分别为治污部门的直接消耗系数矩阵和产出列向量，X、Y 分别为总产出和最终产出列向量。

模型二：生产部门产污量+消费部门产污量=总产污。用字母表示：

$$FX+S=W \tag{6}$$

式（6）中，F 为直接产污系数矩阵，S 为消费部门产污量，X 为总产出列向量，W 为总产污列向量。

2. 各模块结合分析。首先是固定资产与存货平均占用矩阵分析。根据这两个矩阵结合总产出的数据，可以计算固定资产直接占用系数矩阵 D_1、存货直接占用系数矩阵 D_2。在此基础上，还可以计算包括固定资产占用的完全需要系数矩阵（$I-A-\alpha_1D_1$）$^{-1}$ 和包括固定资产占用和存货占用的完全需要系数矩阵（$I-A-\alpha D$）$^{-1}$。先推导包括固定资产占用的完全消耗系数矩阵 B_1^*：

$$B_1^*=A+B_1^*A+\alpha_1D_1+B_1^*\alpha_1D_1 \tag{7}$$

上式的经济含义是：包含固定资产占用的完全消耗=对产品的直接消耗+对产品间接消耗+对固定资产的直接消耗+对固定资产的间接消耗（其中 α_1 为固定资产折旧率对角阵）。

根据上式有：

$$B_1^*(I-A-\alpha_1D_1)=A+\alpha_1D_1$$

$$B_1^*=(A+\alpha_1D_1)(I-A-\alpha_1D_1)^{-1}$$

$$B_1^*=[I-(I-A-\alpha_1D_1)](I-A-\alpha_1D_1)^{-1}$$

$$B_1^*=(I-A-\alpha_1D_1)^{-1}-I \tag{8}$$

包含固定资产消耗的完全需要系数矩阵为：

$$B_1^*+I=(I-A-\alpha_1D_1)^{-1} \tag{9}$$

又设：$\alpha D=\alpha_1D_1+a_2D_2$，其中，$\alpha_1$、$D_1$ 分别表示固定资产折旧率和固定资产直接占用系数矩阵，α_2、D_2 分别表示存货占用率对角阵和存货直接占用系数矩阵（折旧率一般采用5%，存货占用率用中间货物投入占总产出比重）。

包含固定资产与存货占用的完全需要系数矩阵为：

$$B_1+I=(I-A-\alpha D)^{-1} \tag{10}$$

再是计算存量完全占用系数矩阵。根据式（3）：$A^cX+Y^c=X^c$，引入产出总存量系数 β_i，即：

$$\beta_i = X_i^c / X_i \tag{11}$$

其矩阵形式为：

$$X^c = \beta X \tag{12}$$

式中，β 为产出总存量系数对角阵。将式（12）代入式（13）有：

$$A^c X + Y^c = \beta X$$

$$\beta X - A^c X = Y^c$$

$$(\beta - A^c)\ X = Y^c$$

$$X = (\beta - A^c)^{-1}\ Y^c \tag{13}$$

将 $X = \beta^{-1} X^c$ 代入式（3）有：

$$A^c \beta^{-1} X^c + Y^c = X^c$$

$$(I - A^c \beta^{-1})\ X^c = Y^c$$

$$X^c = (I - A^c \beta^{-1})^{-1} Y^c \tag{14}$$

二、建立绿色 GDP 投入产出模型

绿色 GDP（国内生产总值）投入产出模型就是将 GDP 指标转换成绿色 GDP，根据绿色 GDP 核算方法建立投入产出模型。

（一）绿色 GDP 投入产出表的设计

1. 设计的思路。树立科学的发展观，不以 GDP 的增长论英雄已逐渐成为各级政府和宏观经济管理者的共识。这样就提出了一个问题，用什么指标来替代 GDP。为此，联合国统计委员会在 1993 年 SNA 中首先提出绿色 GDP 指标，这一指标考虑了资源、环境因素。目前绿色核算有两个研究方向，一是绿色 GDP 总量指标的研究，二是绿色投入产出方法研究。绿色 GDP 总量指标的研究采用的方法是联合国统计委员会 1993 年 SNA 中的环境与经济综合核算体系（SEEA），即环境核算的卫星账户。绿色投入产出方法研究不改变 GDP 的总量指标，只是将资源、环境因素放在投入产出表中，形成经济、资源、环境投入产出表。这两种研究方法有其局限性：绿色 GDP 的测算只提供了总量指标，而不便于分析其结构；而绿色投入产出分析能分析其结构，但没有改变 GDP 指标本身存在的问题。于是，我们提出这样一个设想：将绿色 GDP 指标的测算与绿色投入产出分析方法结合起来，建立绿色 GDP 投入产出表。在绿色 GDP 投入产出表中，核心指标是绿色 GDP，整个表的架构都从这一指标出发，同时也考虑投入产出方法的充分运用。

2. 表格的设计。设计绿色 GDP 投入产出表可以采用一步到位法和两步到位法。一步到位法是完全按绿色 GDP 的三种计算方法设计表，在表中看不到

GDP 指标的痕迹；两步到位法是在 GDP 投入产出表的基础上进行某些修改，既保留原有 GDP 指标，又能计算绿色 GDP 指标。在绿色 GDP 指标尚未纳入核算制度时，先采用两步到位法设计表（见表 7）。

表7　绿色 GDP 投入产出表

<table>
<tr><td colspan="2" rowspan="3">投入</td><td colspan="3">产出</td></tr>
<tr><td>绿色中间产品</td><td>绿色最终产品</td><td rowspan="2">总产出</td></tr>
<tr><td>1，2，…，n　合计</td><td>消费　投资　…　资源环境支出</td></tr>
<tr><td>中间投入</td><td>1，2，…，n
合计</td><td>Ⅰ</td><td>Ⅱ</td><td></td></tr>
<tr><td>资源耗减环境降级</td><td>1，2，…，n
合计</td><td>Ⅲ</td><td>Ⅳ</td><td></td></tr>
<tr><td colspan="2">绿色增加值</td><td>Ⅴ</td><td></td><td></td></tr>
<tr><td colspan="2">总投入</td><td></td><td></td><td></td></tr>
</table>

利用上述绿色 GDP 投入产出表可以有三种方法计算绿色 GDP。

生产法：绿色 GDP（绿色增加值）= 总投入-中间投入-资源耗减和环境降级。

收入法：绿色 GDP（绿色增加值）= 固定资产损耗+劳动者报酬+生产税净余额+营业纯盈余。

支出法：绿色 GDP（绿色最终使用）= 最终消费+资本形成总额+净出口+调整项-资源环境支出。

绿色 GDP 投入产出表有五个象限。第Ⅰ象限与 GDP 投入产出表完全相同，反映国民经济各部门在生产过程中对产品的消耗。第Ⅱ象限反映产品的最终使用，包括最终消费、资本形成总额与净出口；考虑到绿色 GDP 的最终使用小于 GDP 的最终使用，特别在产品的最终使用栏中增加了资源环境支出，将最终使用改为绿色最终使用，以便分别计算支出法 GDP 和绿色 GDP。第Ⅲ象限反映国民经济各部门在生产过程中引起的资源耗减和环境降级，其中，资源耗减包括矿物的耗减，森林中开采木材，水土流失对农业用地生产能力的影响，酸雨对农业、林业的影响等；环境降级包括对鱼的过度捕杀，原始森林中开采木材，猎取野生动物，以及残余物排放对水、空气、鱼类和野生森林质量的影响等。第Ⅳ象限合计与第Ⅲ象限对应，同时也考虑居民消费引起的生活污染虚拟治理成本，并设调整项进行平衡处理，反映生产过程中资源耗减和环境降级与绿色最终使用中资源环境支出的一一对应关系。第Ⅴ象限为绿色增加值象限，反映国民经济各部门创造的绿色增加值，是生产法绿色 GDP 与收入法绿色 GDP 的计算结果。

（二）绿色 GDP 投入产出模型的建立

1. 编表与建模方法。编表采用两步到位法，即按照表 7 的表式编表。建模可以采用两步到位法建模，也可以采用一步到位法建模。两步到位法建模，即按五个象限建模。一步到位法建模，即将第Ⅰ象限与第Ⅲ象限合并，将第Ⅱ象限与第Ⅳ象限合并，形成三个象限后再建模。

两步到位法编表，重点是编制第Ⅲ象限，即编制资源耗减与环境降级矩阵。在编制资源耗减与环境降级矩阵时采取分项目与分行业结合核算的办法，其核算原则是权责发生制和复式记账。权责发生制，就是哪个行业造成资源耗减与环境降级，就计算到哪个行业；对大自然造成的资源耗减与环境降级，则计算到被损失的行业。复式记账，是按照投入产出账户的基本要求将每一笔账放在资源耗减与环境降级矩阵中。例如，酸雨对农业、林业造成的损失价值，先将其总损失价值按各行业排放二氧化硫量分摊，再将其放在资源耗减与环境降级矩阵中农业（包括林业）那一行，可以反映某个行业因排放二氧化硫引起酸雨对农业、林业造成的损失。

两步到位法建模，引入产品直接消耗系数与资源环境直接耗用系数矩阵，可以建立绿色 GDP 投入产出模型。一步到位法建模，将产品直接消耗系数与资源环境直接耗用系数对应相加，计算绿色中间投入系数矩阵，即建立绿色 GDP 投入产出模型。

2. 模型的建立。一是两步到位法建模。引入直接消耗系数 $a_{ij}^{(1)}$ 和资源环境直接耗用系数 $a_{ij}^{(2)}$，其行平衡关系为：绿色中间产品+绿色最终产品=总产出。有：

$$A^{(1)}X+A^{(2)}X+Y^{*}=X \tag{15}$$

式（15）中，$A^{(1)}$ 为直接消耗系数矩阵，$A^{(2)}$ 为资源环境直接耗用系数矩阵，Y^{*} 为绿色最终产品列向量，X 为总产出列向量。式（15）变形为：

$$(I-A^{(1)}-A^{(2)})X=Y^{*} \tag{16}$$

$$X=(I-A^{(1)}-A^{(2)})^{-1}Y^{*} \quad (17)$$

其列平衡关系为：绿色中间投入+绿色增加值=总投入。有：

$$A_C^{(1)}X+A_C^{(2)}X+H^{*}=X \quad (18)$$

式（18）中，$A_C^{(1)}$ 为直接消耗系数对角矩阵，$A_C^{(2)}$ 为资源环境直接耗用系数对角矩阵，H^{*} 为绿色增加值列向量，X 为总投入列向量。式（18）变形为：

$$(I-A_C^{(1)}-A_C^{(2)})X=H^{*} \quad (19)$$

$$X=(I-A_C^{(1)}-A_C^{(2)})^{-1}H^{*} \quad (20)$$

二是一步到位法建模。行模型为：绿色中间产品+绿色最终产品=总产出。有 $A^{*}=A^{(1)}+A^{(2)}$，则式（15）变为：

$$A^{*}X+Y^{*}=X \quad (21)$$

式（21）中，A^{*} 为绿色直接消耗系数矩阵，Y^{*} 为绿色最终产品列向量，X 为总产出列向量。式（21）变形为：

$$(I-A^{*})X=Y^{*} \quad (22)$$

$$X=(I-A^{*})^{-1}Y^{*} \quad (23)$$

列模型为：绿色中间投入+绿色增加值=总投入。有 $A_C^{*}X=A_C^{(1)}+A_C^{(2)}$，则式（18）变为：

$$A_C^{*}X+H^{*}=X \quad (24)$$

式（24）中，A_C^{*} 为绿色直接消耗系数对角矩阵，H^{*} 为绿色增加值列向量，X 为总投入列向量。式（24）变形为：

$$(I-A_C^{*})X=H^{*} \quad (25)$$

$$X=(I-A_C^{*})^{-1}H^{*} \quad (26)$$

三、建立节能减排投入产出模型

节能减排投入产出模型就是将能源投入产出模型和环境投入产出模型结合起来，研究能源节约和环境减排。

（一）节能减排投入产出表的设计

1. 设计的出发点。节约能源和减少排放是我国实施科学发展观的一项重大举措，它关系到国民经济的持续、健康发展。而已有投入产出表是将节能和减排分别研究的，研究节能编制能源投入产出表，研究减排编制环境投入产出表。本文试图将节能和减排同时纳入投入产出分析框架，编制节能减排投入产出表。

节能减排投入产出表的设计要考虑以下几个方面。一是充分运用原有经济投入产出表的基本分析框架，使得数据的收集和模型的建立有坚实的基础，具体讲，就是在原有经济投入产出表的第Ⅰ、Ⅱ、Ⅲ象限的基础上架构。二是抓住能源投入产出表和环境投入产出表的共同点，在中间投入中考虑能源的投入和消除污染活动的投入，这样中间投入分为能源投入、环境投入和其他投入三部分，为了与原有的经济投入产出表第Ⅰ象限对应，将其他投入放在前面，表示扣除能源投入和环境投入后的剩余部分。三是第Ⅱ象限设计与第Ⅰ象限对等，也分为三个部分，即其他最终产品、能源最终产品、环境最终产品，可以研究其他产品、能源产品和环境产品的平衡，也可以研究总产品的平衡。四是将第Ⅲ象限的增加值改为调整增加值，因为在环境投入中既有实际投入也有虚拟投入，所谓虚拟投入是指未达标排放部分所需治理费用，这部分费用从增加值中扣除，因此将增加值改为调整增加值。

2. 详细的设计。依据以上几个方面的考虑，节能减排投入产出表的设计见表 8。

表 8 仍然是三个象限投入产出表，只是第Ⅰ象限和第Ⅱ象限分为三个部分。

在第Ⅰ象限中，第（1）部分反映生产中其他产品中间投入，即扣除能源投入与环境投入后的剩余部分；第（2）部分反映生产中能源产品的中间投入；第（3）部分反映生产中的环境中间投入。在第Ⅱ象限中，第（1）部分反映其他产品的最终使用；第（2）部分反映能源产品最终使用；第（3）部分反映环境产品最终使用，即最终需求领域的环境投入。在第Ⅱ象限中，最终产品=最终消费+资本形成总额+净出口+环境支出。第Ⅲ象限反映调整后的增加值，即扣除环境治理的虚拟费用后的增加值。调整后的增加值中营业盈余已成为营业纯盈余，即调整增加值=固定资产损耗+劳动者报酬+生产税净额+营业纯盈余。该表的设计是将环境虚拟投入和环境实际投入放在一起的，分析时一定要分开。

表 8　节能减排投入产出表

<table>
<tr><td rowspan="3" colspan="3">投入</td><td colspan="7">产出</td></tr>
<tr><td>中间产品（使用）</td><td colspan="6">最终产品（使用）</td></tr>
<tr><td>1，2，…，n　合计</td><td>消费</td><td>投资</td><td>出口</td><td>进口</td><td>环境支出</td><td>合计</td></tr>
<tr><td rowspan="2">中间投入</td><td rowspan="2">其他投入</td><td>1，2，…，n</td><td rowspan="2">Ⅰ（1）</td><td colspan="6" rowspan="2">Ⅱ（1）</td></tr>
<tr><td>小计</td></tr>
</table>

注：原表“总产出”列位于最终产品右侧。

续表

<table>
<tr><th colspan="3" rowspan="3">投入</th><th colspan="3">产出</th></tr>
<tr><th>中间产品（使用）</th><th>最终产品（使用）</th><th rowspan="2">总产出</th></tr>
<tr><th>1，2，…，n 合计</th><th>消费 投资 出口 进口 环境支出 合计</th></tr>
<tr><td rowspan="2">中间投入</td><td>能源投入</td><td>1，2，…，n
小计</td><td>Ⅰ（2）</td><td>Ⅱ（2）</td><td></td></tr>
<tr><td>环境投入</td><td>1，2，…，n
小计
合计</td><td>Ⅰ（3）</td><td>Ⅱ（3）</td><td></td></tr>
<tr><td colspan="3">调整增加值</td><td>Ⅲ</td><td></td><td></td></tr>
<tr><td colspan="3">总投入</td><td></td><td></td><td></td></tr>
</table>

（二）节能减排投入产出模型的建立

1. 编表的思路。编表主要做两项工作。

第一项工作是将已有的中间投入分为其他投入、能源投入、环境投入，先将中间投入分成三个相同的象限，再将能源投入、环境投入从中间投入中分离出来，剩下的是其他投入。能源投入就是中间投入中各部门生产对能源产品的投入（消耗），可以直接从能源部门分离。比较困难的是环境投入的分离，没有现成资料，可以参考的是已有环境统计资料和 2004 年绿色国民经济核算试点资料（已公布）。从环境统计年报中确定当年环境治理的实际投入金额，包括企业（主要是工业企业）和环境保护部门的实际投入，将这些实际投入按投入产出表的部门划分作为该部门的环境投入总控制数，结合有关地区环境投入产出表计算环境中间投入（不包括环境设备的折旧和人员工资）及其结构，以此作为环境投入从中间投入中分离出来。当中间投入（消耗）象限（第Ⅰ象限）分成三部分之后，最终使用象限（第Ⅱ象限）也应相应地划分成三部分，比较简单的方法是根据这三部分中间投入的行合计占原来中间投入对应行合计的比例，将最终使用每行的数据分成三部分。

第二项工作是将环境的虚拟投入从原增加值的营业盈余中分离出来，作为虚拟环境投入，简单的办法是先从原增加值（第Ⅲ象限）中生成一个虚拟环境投入象限，将虚拟环境投入分离出来以后，剩下的是调整增加值。可以根据废水、废气、废物的排放数据，计算废水、废气、废物的达标排放量所占比例和治理费用，推算未达标排放所需的治理费用，即采取维护费用法计算虚拟环境投入。具体计算时从环境统计年报推算虚拟环境投入的总额，即总控制数据，参考全国绿色国民经济核算试点的数据计算各部门的虚拟环境投入，将各部门增加值减去虚拟环境投入得到各部门的调整增加值。各部门的虚拟环境投入计算出来以后还要分解成矩阵形式，将其中废水的虚拟费用放在水的生产和供应业，废气的虚拟费用根据比例放在煤的开采和洗选业与石油开采和加工业两个部门，废物的虚拟费用直接放在废品和废料部门。当虚拟环境投入矩阵编制完以后其数据先单独保留一份再与实际环境投入合并，以方便不同的分析。当虚拟环境投入合并到实际环境投入之后，在最终产品象限中也设相应调整项使之平衡。

为了简化编表工作，对于生活污染造成的虚拟环境费用，农村居民的可以放在农业或者略而不计（视为自然净化），城镇居民的先放在服务业中的环境管理服务业。如果需要单独分析，即研究消费领域的节能减排，可以将其并入居民消费中，同时对最终产品象限做平衡调整。

2. 模型的建立。在编制节能减排投入产出表之后，可以建立节能减排投入产出模型，包括行模型和列模型。

首先建立行模型。引入其他产品直接消耗系数 $a_{ij}^{(1)}$、能源产品直接耗用系数 $a_{ij}^{(2)}$、环境产品直接消耗系数 $a_{ij}^{(3)}$，其平衡关系为：其他中间产品+能源中间产品+环境中间产品+全部最终产品=总产品。有：

$$A^{(1)}X+A^{(2)}X+A^{(3)}X+Y=X \tag{27}$$

式（27）中，$A^{(1)}$为其他产品直接消耗系数矩阵，$A^{(2)}$为能源产品直接消耗系数矩阵，$A^{(3)}$为环境产品直接消耗系数矩阵，Y为最终产品列向量，X为总产出列向量。式（27）变形为：

$$(I-A^{(1)}-A^{(2)}-A^{(3)})X=Y \tag{28}$$

$$X=(I-A^{(1)}-A^{(2)}-A^{(3)})^{-1}Y \tag{29}$$

其次建立列模型。其平衡关系为：其他产品中间投入+能源产品中间投入+环境产品中间投入+调整增加值=总投入。有：

$$A_C^{(1)}X+A_C^{(2)}X+A_C^{(3)}X+H=X \tag{30}$$

式（30）中，$A_C^{(1)}$ 为其他产品直接消耗系数对角矩阵，$A_C^{(2)}$ 为能源产品直接消耗系数对角矩阵，$A_C^{(3)}$ 为环境产品直接消耗系数对角矩阵，H 为调整增加值列向量，X 为总投入列向量。式（30）变形为：

$$(I-A_C^{(1)}-A_C^{(2)}-A_C^{(3)})\ X=H \tag{31}$$

$$X=(I-A_C^{(1)}-A_C^{(2)}-A_C^{(3)})^{-1}H \tag{32}$$

四、建立低碳经济投入产出模型

低碳经济投入产出模型，就是将二氧化碳排放引入投入产出模型，编制低碳经济投入产出表，并建立相应的模型。

（一）低碳经济投入产出表的设计

1. 设计的想法。低碳经济属于绿色经济的范畴，绿色经济泛指在经济发展中对资源和环境的保护，要求从国内生产总值中扣除资源耗减和环境降级的费用，计算绿色国内生产总值。而低碳经济是指在经济发展过程中减少二氧化碳等温室气体的排放，保护好大气环境。低碳经济与节能减排的概念有密切联系，也有不同点：相同之处是节能特别是减少化石能源的消耗是相通的；不同之处是低碳经济强调减少二氧化碳等温室气体排放，而一般的减排概念则要求减少废水、废气、废物的排放，即所谓的减少“三废”排放。

低碳经济投入产出表的设计包括两种方法，一种是嵌入式方法，另一种是加边矩阵式方法。嵌入式方法是在原有投入产出表的第Ⅰ、Ⅱ象限中嵌入碳排放矩阵，突出低碳经济投入产出表的主题，但打乱了原有投入产出表的分析框架。而加边矩阵式方法可以完整保留原有投入产出表的第Ⅰ、Ⅱ、Ⅲ象限，在其下面加第Ⅳ、Ⅴ象限，使其成为分别反映生产领域和最终使用领域的碳排放矩阵，这样分析起来就更方便了。

2. 表格的设计。根据上述想法，低碳经济投入产出表的设计见表9。

表9　低碳经济投入产出表

<table>
<tr><td colspan="2" rowspan="3">投入</td><td colspan="3">产出</td></tr>
<tr><td>中间产品（使用）</td><td>最终产品（使用）</td><td rowspan="2">总产出</td></tr>
<tr><td>1，2，…，n　合计</td><td>消费　投资　出口　进口</td></tr>
<tr><td>中间投入</td><td>1，2，…，n
合计</td><td>Ⅰ</td><td>Ⅱ</td><td></td></tr>
</table>

续表

<table>
<tr><td colspan="2" rowspan="3">投入</td><td colspan="3">产出</td></tr>
<tr><td>中间产品（使用）</td><td>最终产品（使用）</td><td rowspan="2">总产出</td></tr>
<tr><td>1，2，…，n　合计</td><td>消费　投资　出口　进口</td></tr>
<tr><td colspan="2">增加值</td><td>Ⅲ</td><td></td><td></td></tr>
<tr><td colspan="2">总投入</td><td></td><td></td><td></td></tr>
<tr><td>二氧化碳排放量</td><td>煤炭消耗
煤炭排放
焦炭消耗
焦炭排放
原油等消耗
原油等排放
⋮</td><td>Ⅳ</td><td>Ⅴ</td><td></td></tr>
</table>

该表由五个象限组成。第Ⅰ象限为中间投入（中间产出）象限，第Ⅱ象限为最终产出象限，第Ⅲ象限为增加值象限，这是原有投入产出表的三个象限。第Ⅳ象限反映生产领域的二氧化碳排放量，第Ⅴ象限反映最终使用领域的二氧化碳排放量。这两个象限是新加上去的，用来分析各行业、各用途（最终使用）碳排放强度。要强调的是，该表第Ⅰ、Ⅱ、Ⅲ象限是用价值量反映的，而第Ⅳ、Ⅴ象限则是用实物量反映的。

（二）低碳经济投入产出模型的建立

1. 表的编制方法。首先是部门划分，考虑2007年、2010年、2012年投入产出表的不同部门划分形式，最后可以设定41个部门。其次是收集各行业、各用途能源消耗量数据，主要包括煤炭、焦炭、原油、汽油、煤油、柴油、燃料油、天然气、电力9种主要形式，除电力外，其他8种能源消耗排放二氧化碳的数据可以从能源统计中获得。最后是利用“中国各种能源形式的二氧化碳排放系数”表（葛守中提供），计算各种能源消耗时所排放的二氧化碳量，编制出二氧化碳排放量矩阵。

2. 模型的建立。编制出二氧化碳排放量矩阵后，可以建立低碳经济投入产出模型。低碳经济投入产出模型的平衡关系式（行平衡）是：生产领域二氧化碳排放量+最终使用领域二氧化碳排放量=二氧化碳排放总量。

设：X_i^e 为二氧化碳排放总量，x_{ij}^e 为生产领域二氧化碳排放量，y_{ij}^e 为最终使用领域二氧化碳排放量，i 为某种能源消耗的二氧化碳排放量，j 为某个行业或某种最终使用。

其行模型为： $\sum_{j=1}^{n}x_{ij}^{e}+\sum_{j=1}^{k}y_{ij}^{e}=X_{i}^{e}$ $(i=1, 2, \cdots, m)$ (33)

式（33）中，n 表示 n 个生产（行业）部门，k 表示 k 种最终使用，m 表示 m 种能源消耗排放的二氧化碳。

引入生产领域碳直接排放系数 a_{ij}^{e}，其计算公式为：

$$a_{ij}^{e}=x_{ij}^{e}/X_{j} \tag{34}$$

式（34）中，X_j 表示生产领域各行业（j 部门）的总产出。将式（34）代入式（33），有：

$$\sum_{j=1}^{n}a_{ij}^{e}X_{j}+\sum_{j=1}^{k}y_{ij}^{e}=X_{i}^{e}\ (i=1, 2, \cdots, m) \tag{35}$$

将上式用矩阵形式表示，有：

$$A^{e}X+Y^{e}=X^{e} \tag{36}$$

式（36）中，A^e 是碳直接排放系数矩阵，X 为各生产部门总产出列向量，Y^e 为最终使用领域的碳排放量列向量，X^e 为二氧化碳排放总量列向量。利用式（36）可以进行如下分析。

一是计算碳完全碳排放系数：

$$B^{e}=A^{e}(I-A)^{-1} \tag{37}$$

式（37）中，B^e 为碳完全排放系数矩阵，$(I-A)^{-1}$ 为列昂惕夫逆矩阵。

二是将经济投入产出模型 $X=(I-A)^{-1}Y$ 代入式（36），有：

$$A^{e}(I-A)^{-1}Y+Y^{e}=X^{e} \tag{38}$$

还可以利用 Y^e 矩阵的资料结合 Y 矩阵的资料，计算单位最终产品的碳排放系数。这样，可以从生产领域到最终使用领域全方位地进行碳排放强度分析，为经济结构调整和最终使用（特别是消费）结构的调整提出政策建议。

参考文献

[1] 廖明球．经济、资源、环境投入产出模型研究［M］．北京：首都经济贸易大学出版社，2005.

[2] 廖明球，等．绿色 GDP 投入产出模型研究［M］．北京：首都经济贸易大学出版社，2012.

[3] 廖明球．基于“节能减排”的投入产出模型研究［J］．中国工业经济，2011（7）．

[4] 廖明球．低碳经济量化模型设计研究［J］．统计与决策，2014（24）．